普通高等学校应用型教材·国际贸易

国际贸易

（第三版）

INTERNATIONAL
TRADE

U0852966

主　编　李　丹　崔日明

中国人民大学出版社
·北京·

图书在版编目（CIP）数据

国际贸易/李丹，崔日明主编．--3 版．--北京：
中国人民大学出版社，2022.7
普通高等学校应用型教材．国际贸易
ISBN 978-7-300-30674-2

Ⅰ.①国… Ⅱ.①李… ②崔… Ⅲ.①国际贸易－高
等学校－教材 Ⅳ.①F74

中国版本图书馆 CIP 数据核字（2022）第 092092 号

普通高等学校应用型教材·国际贸易
国际贸易（第三版）
主　编　李　丹　崔日明
Guoji Maoyi

出版发行	中国人民大学出版社		
社　　址	北京中关村大街 31 号	**邮政编码**	100080
电　　话	010－62511242（总编室）		010－62511770（质管部）
	010－82501766（邮购部）		010－62514148（门市部）
	010－62511173（发行公司）		010－62515275（盗版举报）
网　　址	http://www.crup.com.cn		
经　　销	新华书店		
印　　刷	北京密兴印刷有限公司	**版　　次**	2014 年 6 月第 1 版
开　　本	787 mm×1092 mm　1/16		2022 年 7 月第 3 版
印　　张	19.5 插页 1	**印　　次**	2025 年 9 月第 4 次印刷
字　　数	443 000	**定　　价**	45.00 元

内容简介

国际贸易是研究国与国之间各种商品交换活动规律的一门学科，研究对象是国际贸易产生的基础、国际贸易利益的来源和贸易利益的分配等。它涉及的内容包括：国际贸易形成与发展的理论体系、国际贸易政策措施与影响、国际服务贸易、对外直接投资与国际贸易的融合、区域经济一体化与多边贸易体制、中国在世界贸易中的地位与作用等。全书共包括十三章、三大部分内容：一是国际贸易基础理论及理论动态；二是贸易政策、措施与经济效应；三是主要区域和国家的国际贸易实践。

作者简介

李丹，经济学博士，现任辽宁大学金融与贸易学院副院长、教授、博士生导师。主要研究方向为国际贸易理论与政策。兼任全国高校国际贸易学科协作组服务经济与贸易论坛副秘书长，辽宁省经济与贸易类教指委秘书长，入选辽宁省“兴辽英才计划”青年拔尖人才、辽宁省高等学校优秀人才支持计划。在《经济学动态》《经济学家》《国际贸易问题》等刊物上公开发表学术论文 50 余篇，出版专著和教材 6 部；主持国家社科基金项目 2 个，教育部人文社科基金项目、国家发改委项目、辽宁省社科基金项目等省部级项目课题 20 余项。研究成果获得国家级和省部级以上奖励多项。

崔日明，经济学博士，辽宁大学教授，博士生导师。主要研究方向为国际贸易理论与政策。兼任教育部高等学校经济与贸易类教指委副主任委员、全国国际商务专业学位研究生教指委委员、国家社科基金重大项目首席专家，享受国务院政府津贴。发表学术论文百余篇，出版专著和教材 20 余部，主持国家级和省部级课题 60 余项。研究成果得到党和国家领导人等重要批示，获得国家级和省部级以上奖励多项。

前言 第三版

PREFACE

自2008年金融危机爆发以来，世界经济复苏缓慢，全球经贸格局发生了深刻而复杂的变化。近年来，中美关系演变、全球疫情蔓延、俄乌冲突爆发等诸多全球性和区域性问题叠加，使得世界各国对外经济合作更是趋于保守，全球化发展进入深度调整阶段。一方面，多边贸易体制面临诸多挑战，WTO内部的改革谈判达成共识困难重重、上诉机构停摆，造成全球贸易自由化谈判进展缓慢。另一方面，全球化的区域化特征愈发明显。随着《区域全面经济伙伴关系协定》(RCEP)、《全面与进步跨太平洋伙伴关系协定》(CPTPP) 和《数字经济伙伴关系协定》(DEPA) 等区域合作协议的发展，全球化的内涵和形式发生了演化。更进一步地，美欧等发达经济体的战略重点转向了"脱钩"和"战略自主"，以此构建新的由发达国家主导的全球多边和双边框架协议。

扩大开放和推进合作是中国始终如一的战略导向，是中国经济稳定和民生稳定的关键。对此，构建以国内大循环为主体、国内国际双循环相互促进的新发展格局，是以习近平同志为核心的党中央积极应对世界百年未有之大变局和当前国内外经济形势变化的战略之举。面对国内国际形势如此巨大的变革，无论是从应对变革和冲击推进国家经济高质量发展的角度、从适应新形势促进国际贸易学科发展的角度还是从满足社会需求提升高端人才复合型知识和能力的角度，国际贸易理论、政策与规则等基础知识的与时俱进都是必不可少的。为了响应国家经济发展战略诉求、顺应学科发展要求以及满足人才培养需求，第三版教材在编写过程中特别注重结合中国对外开放事业的实践和成果，深入细致地阐释基础理论、科学合理地剖析内在效应、客观全面地分析国际贸易政策体系、合理全面地展现国际贸易实践与规则演变。全书共包括十三章、三大部分内容：一是国际贸易基础理论及理论动态；二是贸易政策、措施与经济效应；三是主要区域和国家的国际贸易实践。在内容方面更加注重对理论的深入阐释和实际应用。

第三版教材以习近平新时代中国特色社会主义思想为指导，全面落实党的二十大精神，主要特色和创新为：

1. 科学选材，注重教材的可读性和指导性。教材除了对课程的知识内容进行了严谨的设计外，第三版教材新增并精心选取了各章的开篇引导案例和文中的相关案例，使得国际贸易理论分析、政策分析与国际贸易实践能够密切结合，课程的知识内容具有更强的直观感，教材的可读性增强。同时，每一章后都科学设计了选择、判断、简答等类型的课后习题，以辅助教师教学和指导学生学习，加深学生的理解和学习效果。

2. 巧妙设计，融入课程思政元素。课程思政是新文科建设的时代要求。在教材编写过程中，结合国际贸易课程教学内容中思维方法呈现和价值理念引领的独特特征，深入挖掘课程思政元素，实现教学内容中课程思政的有机融入、科学融入。同时，教材每章开篇都对具体的思政元素进行了提纲挈领的分析，并与课程内容和相关案例相联系，打造教材的课程思政特色。

3. 体现前沿，体现创新性与应用性的融合统一。作为国际贸易课程教科书，本教材重视对传统理论的分析与阐释，但理论分析深入浅出。以大量案例和图表突出对基础理论和相关概念的应用，而非单纯的理论讲解。本教材对整体结构、内容、观点和数据进行了较大程度的更新，更真实地反映了国际贸易发展状况，充分体现了国际贸易领域理论与实践的最新发展。

在教材修订过程中，参考并借鉴了国内外主要的国际贸易学教程、相关学术文献、大量的报刊文章以及网络资料，在此向为国际贸易学科发展做出贡献的所有同行深表谢意。第三版教材由辽宁大学李丹教授和崔日明教授担任主编，本教材编写团队的每一位成员都做出了巨大贡献。董琴、赵鲁南、武杰、吕鑫萌、宋换换、陈永胜、黄灿灿、宋心、赵奇、杨竞航、吴桐等做了大量工作，在此一并表示感谢。本书的知识体系基本涵盖经济与贸易类、管理类专业学生进行系统的国际贸易理论学习的内容；满足非经贸管理类学生学习国际贸易通识知识之用；适合从事经济、贸易、管理等方面工作的人员了解国际贸易理论知识之用。教材既可以作为高等院校国际经济与贸易、贸易经济、国际金融、工商管理等经济与贸易类和管理类本科专业的基础课教材，又可以作为财政学、国民经济学、会计学等专业的选修课教材，还可以作为从事国际贸易理论研究和实际工作人员的参考书。

编　者

目录

CONTENTS

第三版

第一章

国际贸易导论 …… 1

第一节 国际贸易概述 …… 3

第二节 国际贸易学科的研究内容 …… 12

第二章

国际贸易的形成与发展 …… 16

第一节 国际贸易的雏形 …… 17

第二节 真正意义的国际贸易的形成与发展 …… 21

第三节 当代国际贸易的发展及其新特点 …… 24

第三章

古典国际贸易理论 …… 30

第一节 国际贸易理论的起源 …… 32

第二节 绝对优势理论 …… 32

第三节 比较优势理论 …… 36

第四章

新古典国际贸易理论 …… 43

第一节 要素禀赋理论 …… 44

第二节 里昂惕夫悖论及其解释 …… 49

第五章

国际贸易新理论 …… 53

第一节 产业内贸易理论 …… 54

第二节 规模经济理论 …… 57

第三节 需求偏好相似理论 …… 61

第四节 产品生命周期理论 …… 63
第五节 国家竞争优势理论 …… 65
第六节 国际贸易理论的最新发展 …… 72

第六章
保护贸易理论 …… 85
第一节 重商主义理论 …… 87
第二节 保护幼稚产业理论 …… 88
第三节 超保护贸易理论 …… 94
第四节 战略性贸易政策理论 …… 96
第五节 保护贸易理论新发展 …… 101

第七章
进口贸易政策——关税措施 …… 106
第一节 国际贸易政策概述 …… 107
第二节 关税措施概述 …… 112
第三节 关税的经济效应 …… 118

第八章
进口贸易政策——非关税措施 …… 126
第一节 非关税壁垒概述 …… 128
第二节 非关税壁垒的主要种类 …… 130
第三节 新型非关税壁垒 …… 140
第四节 非关税壁垒的经济效应 …… 155

第九章
出口贸易政策 …… 161
第一节 鼓励出口的政策与措施 …… 163
第二节 限制出口的政策与措施 …… 176
第三节 出口贸易政策的经济效应 …… 180

第十章
国际服务贸易 …… 190
第一节 国际服务贸易的定义、分类与特点 …… 192
第二节 当代国际服务贸易发展的原因与特点 …… 196
第三节 《服务贸易总协定》 …… 202

第十一章
对外直接投资、跨国公司与国际贸易 …… 212
第一节 对外直接投资概述 …… 214
第二节 跨国公司概述 …… 220
第三节 跨国公司与对外直接投资 …… 225
第四节 跨国公司与国际贸易 …… 232

第十二章
区域经济一体化 …… 240
第一节 区域经济一体化概述 …… 242
第二节 区域经济一体化的经济效应 …… 247
第三节 主要区域经济一体化组织 …… 251

第十三章
全球多边贸易体制 …… 270
第一节 国际贸易条约与协定 …… 271
第二节 关税及贸易总协定 …… 279
第三节 世界贸易组织 …… 284
第四节 世界贸易组织与中国 …… 296

第一章 国际贸易导论

学习目标

1. 掌握国际贸易的相关概念和主要分类。
2. 掌握国际贸易的基本特点。
3. 了解国际贸易学科的主要研究内容。

本章教学重点和难点为国际贸易的内涵、国际贸易的基本概念。

中国视角

通过导读案例、中国对外贸易发展的实际数据和图表，从政策分析和学术分析等角度了解中国对外开放的历程和发展，以及中国参与国际分工的整体过程。具体目标包括：

1. 政治认同：通过对本章的学习，切实感受中国的经济腾飞，充分认识中国在加入世界贸易组织后，党对国际形势的精准判断和对中国比较优势的清晰把握。

2. 法治观念：通过对本章的学习，从国际视野出发，形成对国际贸易规则和世界市场发展的深入、具体和客观认知。

引导案例

世界贸易组织与中国崛起

2021年是中国加入世界贸易组织20周年。站在新的历史起点，回溯20年来的艰辛历程与辉煌成就，对探索和深化更具战略自主性和韧性的开放型经济新体制，积极参与、推动和主导全球经济治理体系重构都具有重要意义。

1986年，我国正式向关税及贸易总协定（GATT）提交了关于恢复中国GATT缔约方地位的申请，开启了复关谈判的历史进程。1995年，世界贸易组织（WTO）成立，复关谈判正式转换为入世谈判。经过多年的社会主义市场经济体制建设和入世谈判，中国于2001年12月11日正式加入世界贸易组织，成为第143名成员。

加入世界贸易组织以来，中国从2009年起，由2001年的世界第六大出口国跃居世界第一大出口国，在世界贸易中占有举足轻重的地位。中国的经济规模，先后超过英国、法国、德国、日本，成为世界第二大经济体。

加入世界贸易组织以来，中国经济与世界经济融合发展，成为促进世界经济发展的重要引擎之一。中国自加入世界贸易组织以来，全球货物贸易从2001年的12.6万亿美元增长到2020年的37.1万亿美元，是120多个国家和地区的主要贸易伙伴。中国的关税总水平从15.3%大幅降至7.5%以下，远低于入世承诺的10%。

自加入世界贸易组织以来，中国的经济贸易成就表现突出，对外贸易增长速度长期显著高于GDP增速。以2020年数据为例，货物进出口总额为46 463亿美元，继续稳居全球货物贸易总额第一位；利用外资1 443.74亿美元，成为全球最大外资流入国；对外直接投资额达1 329.4亿美元，实现了跨越式增长。中国加入世界贸易组织对世界经济增长产生了强劲的推动作用，为世界各国贡献了更多的市场机遇和更为物美价廉的商品。中国对全球经济增长的年均贡献率接近30%，在发展本国经济的同时也极大地造福世界，成为世界经济复苏和发展的重要稳定器和动力源，为世界贡献了中国发展的红利。

资料来源：光明日报，2021-11-09（16）.

注：案例标题为编者自拟。同时，为使内容更加丰富，对原文中的数据进行了扩充。

国际贸易是研究国家之间商品和服务交换的一门独立的学科，有其固有的知识体系。本章作为导论，将从国际贸易的基本知识点出发，对国际贸易的含义、基本特点、基本概念以及国际贸易的分类进行详细介绍，同时对国际贸易学科的主要研究内容做必要介绍，为读者更好地学习其他章节奠定良好的基础。

第一节　国际贸易概述

一、国际贸易的含义

国际贸易（international trade）是指各自独立的国家或政府之间进行的商品、服务和技术等交换活动的总和。

国际贸易以国际分工为基础，是国际分工的表现形式。各国从事国际贸易活动的目的主要是通过世界市场实现商品、资本、劳动、技术和服务等生产要素的合理配置，促进本国经济的发展，同时获取国际贸易利益。

如果从一国的角度来看，一国与世界其他国家进行的交换活动就被称为对外贸易（foreign trade）；如果从国际范围来看，世界各国对外贸易的总和就构成了国际贸易，又称世界贸易（world trade）。

从国际贸易包含的领域和范围来看，国际贸易有广义和狭义之分。狭义的国际贸易是指一切有形商品的交易，如机器、设备、各种耐用消费品或农副产品等的进出口，通常也被称为有形贸易。广义的国际贸易除包括有形贸易外，还包括无形贸易，如运输、保险、旅游、劳务输出入、技术咨询和信息服务等方面的跨国界经济活动。

国际贸易在规模不断扩展的同时，其本身的内涵也在不断变化。在相当长的历史时期内，狭义的有形商品贸易一直是国家间发生经济联系的唯一形式，并且今天仍然是国际经济关系中的主体部分。但第二次世界大战以后，随着资本、技术、劳动力等生产要素国际流动规模的日益扩大，国际贸易的内涵和外延进一步丰富和扩展。在现代，国际贸易这一概念更加广义化，包括国家之间在服务、劳务和技术方面的合作。

二、国际贸易的基本特点

国际贸易与国内贸易有一定的相似之处，例如：两者都是指商品和劳务的交换活动；主要都是以货币作为交换媒介；价格的决定基础都是价值和市场供求关系；经营的目的都是获得利润或经济利益；等等。但两者又存在着明显的区别：

第一，国际贸易属于开放经济的范畴。国际贸易的发展速度和各国在国际贸易中所占的比重反映了世界经济一体化的程度。一国对外贸易的增长及其在国民经济中的地位和作用的提高反映了该国经济的对外开放程度。与此相比，单纯的国内贸易在经济学中属于封闭经济的范畴。国内贸易反映的是一国国内市场的统一、商品经济的繁荣和国内区际贸易的发展状况。

第二，国际贸易受不同国家利益关系的制约。各国为了本国的利益制定了不同的外贸政策、措施以及法律法规。国际贸易虽然有共同遵守的国际惯例和国际条约，但仍受不同国家外贸政策、法律制度的制约，而且受不同国家外交政策的制约。因此，在国际贸易中经常会发生国家与国家之间在经济贸易利益方面的矛盾、摩擦与冲突。国内贸易是在一个国家的统一市场内部进行的，所以没有这方面的冲突。

第三，国际贸易受很多因素的制约和影响，较国内贸易更难以进行。例如，从语言来看，各国差别很大，尽管当今国际贸易中的商业语言以英语为主，但在有些地区英语使用得还不够普遍，因此存在交流方面的障碍。从法律和风俗习惯来看，各国也有很大的差异，不了解和掌握这方面的知识会给贸易洽商、缔约及履约和开展市场营销活动带来极大的困难，甚至造成重大损失。

第四，国际贸易比较复杂。例如，各国的货币与度量衡差别很大，货款计价、支付及结算都远比国内贸易复杂得多。各国和各地区市场的商业习惯不同，对国际贸易中的规则和条例的解释也不一致，从而会给贸易各方的沟通造成障碍。与此同时，各国的海关制度及其他贸易法规也不同，而货物的种类、品质、规格、包装和商标等必须符合进口国的有关规定才能进入该国市场。此外，国际贸易货款的清偿多以外汇支付，而汇价依各国采取的汇率制度而定，从而使国际汇兑变得更加复杂。在进出口货物的运输中，还要考虑运输工具、运输合同的条款、运费、承运人与托运人的责任。此外，办理装卸、提货手续及保险也非常复杂。

第五，国际贸易的风险较大。例如，在国际贸易中，买卖双方接洽、报价、还价、缔约和履约的整个过程时间较长，在此期间买卖双方的财务经营可能会发生变化，有时会危及履约而出现信用风险。在国际贸易中，因货样不符、交货期晚、单证不符等，进口商往往拒收货物，从而给出口商造成商业风险。在国际贸易中，如果出现外汇汇率变化，信息不灵，就会出现汇兑风险。国际货物运输里程长，由于自然条件和各种人为因素的影响，会产生各种运输风险。贸易双方签约后，货价可能上涨或下跌，对买卖双方会造成价格风险。另外，一些国家因政权更迭频繁、贸易政策不稳和多变，常常使进出口商承担更多的政治风险。

总之，了解国际贸易的特点，认识国际贸易与国内贸易的区别，对于创造有利的外贸经营条件具有重要意义。

三、国际贸易的基本概念

（一）贸易额

贸易额是以货币表示的贸易数值，它包括两个密切相关的指标，即对外贸易额（进出口贸易额）和国际贸易额（出口贸易额）。

对外贸易额（value of foreign trade）是指一定时期内一国或地区从国外进口和出口货物、提供和需求服务、引进和输出技术等的全部价值，也被称为进出口总额。对外贸易额是反映一国对外贸易规模的重要指标之一。该指标一般用本国货币表示，也有用国际上通用的货币表示的，其中以美元表示的居多。

国际贸易额（value of international trade）是指世界各国在一定时期内出口贸易额的总和。国际贸易额不是各个国家对外贸易额的加总，因为一国的出口就是另一国的进口，如果把世界各国的进口额和出口额简单相加从而作为国际贸易额会导致重复计算。

以货币表示的贸易额经常会受到价格变动的影响，因此，不同时期的贸易额是不能直接比较的。在实际工作中，往往要用以固定年份为基期计算的进口或出口商品价格指数去除当年的进口额或出口额，得到按不变价格计算的进口额或出口额，这就是贸易量。

（二）贸易量

贸易量是剔除了价格变动因素后，用不变价格表示的贸易规模。这一指标能够反映对外贸易的数量规模，便于不同时期对外贸易额的比较。具体计算公式为：

$$贸易量=\frac{贸易额}{价格指数} \tag{1-1}$$

贸易量包括对外贸易量和国际贸易量两个指标。其中，对外贸易量（quantum of foreign trade）是指一国一定时期内进口贸易量与出口贸易量的总和。而国际贸易量（quantum of international trade）是指一定时期内世界各国出口贸易量的总和。用公式表示分别为：

$$对外贸易量=\frac{对外贸易额}{进出口价格指数} \tag{1-2}$$

$$国际贸易量=\frac{国际贸易额}{出口价格指数} \tag{1-3}$$

由于进出口商品价格经常变动，国际贸易额往往不能准确反映国际贸易的实际规模及其变化趋势。贸易量指标剔除了价格因素的影响，不仅可以比较确切地反映出贸易的规模，便于比较不同时期的贸易额，而且可以由此计算各个时期定期的或环比的物量指数。

（三）贸易差额

贸易差额（balance of trade）是指一国在一定时期内出口贸易总额与进口贸易总额之间的差额。当出口总额大于进口总额时，称为贸易顺差（trade surplus），或称贸易盈余或出超；当进口总额大于出口总额时，称为贸易逆差（trade deficit），或称贸易赤字或入超；当出口总额与进口总额相等时，则称为贸易平衡。

贸易差额是衡量一国对外贸易乃至国民经济状况的重要指标。由于进出口贸易收支是一国国际收支中最重要的组成部分，所以贸易差额的状况对一国的国际收支有重大影响。一般来说，一国的贸易差额应该保持平衡，不要出现过大的顺差或过大的逆差。如果一国顺差过大，或者持续时间较长，那么必然会遭到贸易伙伴国的贸易报复甚至制裁。不仅如此，顺差的长期存在还会使大量的国内资源通过出口的方式流出，不利于本国资源在国内的优化配置，容易造成资源的浪费或过度使用。一国长期的逆差对国内经济也会起到阻碍作用。因为贸易逆差必然会减少一国的国际储备，所以在某种程度上就会降低一个国家在国际市场上的购买力，从而阻碍某些关键设备和技术的进口，进而延缓国内经济的发展。

整体来看，在一国的经济发展中，对外贸易顺差不一定好，而逆差也不一定就对经济发展不利，要根据具体情况进行分析。一般来说，发达国家面临的主要矛盾是总需求不足，生产能力过剩。因此，对外贸易顺差能缓和需求不足的矛盾，有利于扩大国内生产规模，增加就业机会。所以发达国家往往主张通过政府干预对外贸易，保持顺差来促进国内经济发展。对于发展中国家来说，在高速经济增长时期出现贸易逆差通常是难以避免的，甚至在某种程度上是有益的。发展中国家经济发展的主要矛盾是供给不足，保持一定程度的贸易逆差实际上是利用外部资源支持国内建设。需要指出的是，发展中国家情况各异，经济发展过程中也不必然导致贸易逆差。中国改革开放以来，特别是加入世界贸易组织以来，多数年份为贸易顺差。因此，贸易逆差和顺差需要根据实际情况进行分析。

（四）对外贸易商品结构与国际贸易商品结构

对外贸易商品结构（composition of foreign trade）是指各类商品的贸易额在总贸易额中所占的比重。它是衡量一国经济和科技发展水平以及资源禀赋的重要指标。例如，在发达国家的出口中，资本和技术密集型机器设备等制成品所占的比重最大，而发展中国家的出口则以初级产品和劳动密集型产品为主。

国际贸易商品结构（composition of international trade）是各类商品的贸易额在国际贸易总额中所占的比重。随着世界生产力的发展和科学技术的不断进步，国际贸易商品结构也不断地发生变动，初级产品在国际贸易中的比重大大下降，而工业制成品的比重却不断上升，特别是资本密集型和技术密集型产品的比重显著提高。另外，零部件等中间产品也随着跨国公司的对外投资而在国际贸易中的比重日益提高。

（五）贸易地理方向

贸易地理方向（direction of trade）可以分为对外贸易地理方向和国际贸易地理方向。

对外贸易地理方向（direction of foreign trade）又称对外贸易地区分布或国别结构，是指一定时期内各个国家或区域集团在一国对外贸易中所占的地位。通常以它们在该国的进出口总额或者进出口总额中的比重来表示。一国对外贸易地理方向反映了该国与世界各国或地区的经济贸易联系程度。对一个国家而言，如果它与某一个或某几个国家的贸易额占其对外贸易总额的绝大部分，则说明该国的对外贸易地理方向比较集中；反之，则说明该国的对外贸易地理方向相对分散。

国际贸易地理方向（direction of international trade）也称国际贸易地区分布，是指各国在国际贸易中所占的地位。通常用各国的对外贸易额在国际贸易额中所占的比重来表示。国际贸易地理方向不是一成不变的，它会随着国际经济政治关系的不断调整和变化以及各国经济实力的变动而发生变化。

国际贸易地理方向可以表明各大洲、地区或国家在国际贸易中的地位，如 2020 年中国占世界货物贸易出口总额的比重为 15%。

（六）贸易条件

贸易条件（terms of trade）也称贸易比价，是指一国在对外贸易中出口商品与进口商品的交换比率。贸易条件通常有两种表示方法。一种是用物物交换表示，即用实物形态来表示的贸易条件。这种表示方法不牵涉货币因素和物价水平的变动。当一定量的出口商品能够换到更多的进口商品时，贸易条件就得到了改善；反之，贸易条件就有所恶化。另一种，也是最常用的表示方法，是通过计算商品贸易条件指数的比值来表示，即出口商品价格指数和进口商品价格指数的比例。用公式表示为：

$$贸易条件指数=\frac{出口商品价格指数}{进口商品价格指数}\times 100 \tag{1-4}$$

贸易条件是衡量一国或地区对外贸易经济效益的一种综合指标。从出口商品或进口商品价格的变动上我们可以看出其对国民经济的影响。如果贸易条件指数大于100，说明出口价格比进口价格相对上涨，出口同量商品能换回的进口商品比原来增加，该国的该年度贸易条件比基期有利，即得到改善；如果贸易条件指数小于100，说明出口价格比进口价格相对下跌，出口同量商品能换回的进口商品比原来减少，该国的该年度贸易条件比基期不利，即恶化了。可见，贸易条件的实质是国际贸易利益的分割问题。

例如，假定2000年为基准年，某国进出口价格指数均为100，因此贸易条件指数也是100。2010年，该国的出口价格指数为90，下降了10%，进口价格指数为105，上升了5%，那么该国商品贸易条件指数为：

$$贸易条件指数=(90/105)\times 100=85.7$$

这表明从2000年到2010年，该国的贸易条件指数下降了近15个百分点，贸易条件恶化了。

（七）对外贸易依存度

对外贸易依存度（ratio of dependence on foreign trade）简称外贸依存度，又称外贸系数、外贸率、外贸贡献度或经济开放度，是一国对外贸易额在其国内生产总值（GDP）或国民生产总值（GNP）中所占的比重。外贸依存度能够反映一国国民经济对进出口贸易的依赖程度，或国际贸易对经济增长的贡献度。外贸依存度主要用于说明一国对外贸易在国民经济中的地位，同其他国家经贸联系的密切程度，以及该国参与国际分工、世界市场的广度和深度。

一般来说，从横向比较，一国外贸依存度越高，则对外贸易在国民经济中的作用越大，与外部的经贸联系越多，经济开放度也就越高；从纵向比较，如果一国外贸依存度提高，则不仅表明其外贸增长率高于国内生产总值或国民生产总值增长率，而且意味着对外贸易对其经济增长的作用加大，其经济开放度提高。

外贸依存度可分为出口依存度和进口依存度。出口依存度（ratio of dependence on export）是指一国出口额在其国内生产总值或国民生产总值中所占的比重。进口依存度（ratio of dependence on import）是指一国进口额在其国内生产总值或国民生产总值中所占的比重。值得注意的是，许多欧美学者将出口依存度定义为外贸依存度，而且用出口额占国内生产总值或国民生产总值的比重来计算外贸依存度的方法，在很大程度上已成为某种国际惯例。

相关案例

谁更依赖外贸?

德国在 2019 年经济非常低迷，仅实际增长 0.6%，完成的名义 GDP 约为 3.85 万亿美元，在全球排第四名。同期，德国的进出口虽下降了 4.3%，但仍然达到了 27 234.3 亿美元——在全球仅次于中国和美国（两国都超过 4 万亿美元），排第三名。德国 GDP 总量远低于日本，但外贸总额却排第三名（超过日本的外贸总额），这意味着德国经济更依赖对外贸易（外贸依存度高达 71.5%）。德国国内市场相对狭窄，需要国际市场来消化产能，因此长期重视对外贸易。

2019 年韩国经济同比实际增长了 2%，完成的名义 GDP 约为 1.64 万亿美元，人均 GDP 约为 3.175 万美元。同期，韩国的货物进出口额为 10 455.8 亿美元，同比下降了 8.3%。其中，出口额为 5 422.3 亿美元，进口额为 5 033.4 亿美元，韩国经济对贸易的依存度也高达 63.75%——虽略低于德国的 71.5%，但仍属较高水平。由此可见，当前德国、韩国的经济发展模式都是外向型和出口型经济。

2019 年日本经济继续保持较低的增速——仅同比实际增长 0.7%，完成的名义 GDP 接近 554.5 万亿日元，按平均汇率折算接近 5.087 万亿美元，在全球继续排第三名。2019 年日本的货物进出口总额为 14 262.7 亿美元，同比下降 4.1%。其中，出口商品 7 055.3 亿美元，同比下降 4.4%；进口商品 7 207.4 亿美元，同比下降 3.7%——经简单计算可知，2019 年日本的外贸依存度为 28%。这意味着，日本经济已经不再过多依赖贸易，已经不再是“贸易立国”了，转变成了“内需型经济”，即主要依靠国内需求特别是国内消费需求的不断扩大来实现经济增长的经济发展模式。

资料来源：新浪财经，2020-04-28.

四、国际贸易的分类

国际贸易的范围广泛，类别繁多，从不同的角度可以被划分为不同类型。

（一）按商品流向划分

1. 出口贸易

出口贸易（export trade）又称输出贸易，是指一国把自己生产的商品或加工后的商品输往国外市场销售。不在国外市场销售的货物不列入，如运往国外供驻外使领馆使用的货物、国际旅行的旅客因个人使用而带出国境的货物等不列入出口贸易。

2. 进口贸易

进口贸易（import trade）又称输入贸易，是指一国从国外市场购进用以生产或消费的商品。同样，不属于在国内市场销售的商品不计入，如外国使领馆运进供自用的货物、国际旅行的旅客自用而带入国内市场的货物等不列入进口贸易。

3. 过境贸易

过境贸易（transit trade）是指别国出口货物通过本国关境，未经加工改制，在保持原状的条件下运往另一国的贸易活动。过境贸易又可分为直接过境贸易和间接过境贸易两种。直接过境贸易是指在海运的情况下，境外货物到达港口后，在海关的监管下，从一个港口通过境内航线装运到另一港口，或在同一港口内从一艘船上转装到另一艘船上，然后运离关境；或不经卸货转船，仍由原船运出，这种行为完全是为了转运而通过关境，与该国对外贸易无关。间接过境贸易是指境外货物到达关境后，暂存在仓库如海关保税仓库中，然后未经加工改制，又从海关保税仓库提出并运出关境。在总贸易体系中，间接过境贸易将被计入该国的对外贸易总额。

4. 复出口贸易

复出口贸易（re-export trade）又称再出口贸易，是指将国外商品输入本国后未经加工而再向国外输出的贸易活动。复出口贸易由两部分组成：一是从本国自由贸易区或海关保税仓库再出口；二是经过海关结关手续后的本国化的商品再出口。

5. 复进口贸易

复进口贸易（re-import trade）又称再进口贸易，是指将本国商品输往国外后未经加工而又重新运回国内的贸易活动。复进口贸易一般是由商品在国外未能售出、损坏或质量与合同不符而退运等原因造成的，所以具有偶然性。

（二）按国境与关境划分

1. 总贸易

总贸易（general trade）是按国境划分的贸易。有些国家（如日本、美国等）以国境作为划分进出口的标准，凡进入国境的商品一律列为进口，凡离开国境的商品统统看成出口。总进口额和总出口额之和，被称作总贸易额。总贸易包括所有进、出该国国境的商品，主要反映一国在国际商品流通中所处的地位。

2. 专门贸易

专门贸易（special trade）是按关境划分的贸易。有些国家（如德国、意大利、瑞士等）把关境作为划分进出口的标准。按这种统计标准，外国商品进入国境后，被暂时存放在保税仓库，不进入关境，则一律不被列为进口。只有从外国进入关境的商品以及从保税仓库提出、进入关境的商品才被列为进口，被称作专门进口。从国内运出关境的本国商品以及进口后未经加工又复运出关境的商品被称作专门出口。专门进口额和专门出口额之和被称为专门贸易额。专门贸易主要反映一国作为生产者和消费者在国际贸易中所起的作用。

各国在编制货物进出口贸易统计时，有的采用总贸易体系，有的采用专门贸易体系，所以联合国在发布各国货物对外贸易额时，一般均注明是按何种贸易体系编制的。世界各国服务贸易额的统计，只进入国际收支统计，不进入海关统计，因此总贸易体系与专门贸易体系只适用于货物贸易统计。①

---

① 关于国际收支统计和海关统计，详见下面有关有形贸易和无形贸易的内容。

（三）按商品形态划分

1. 有形贸易

有形贸易（visible trade）是指有形的、可以看得见的物质性商品的进出口贸易活动。国际贸易中的有形商品种类繁多，联合国把有形商品分为 10 大类：0 类为食品及主要供食用的活动物；1 类为饮料及烟类；2 类为燃料以外的非食用粗原料；3 类为矿物燃料、润滑油及有关原料；4 类为动植物油、油脂及蜡；5 类为未列明化学品及相关产品；6 类为主要按原料分类的制成品；7 类为机械及运输设备；8 类为杂项制品；9 类为未分类的其他商品。在国际贸易统计中，一般把 0～4 类商品称为初级产品，把 5～8 类商品称为工业制成品。这 10 大类商品又可以进一步被划分为 63 章、223 组、786 个分组和 1 924 个基本项目。我国施行的新商品分类标准，就是以联合国 2006 年修订后的《国际贸易标准分类》（SITC）为基础，结合我国进出口货物实际情况编制而成的。有形贸易的进出口额要经过海关手续，并表现在海关贸易统计上，作为一国国际收支的主要构成部分。

2. 无形贸易

无形贸易（invisible trade）是指一切不具备物质自然属性的商品或称无形商品的国际交易活动，如运输、保险、金融、国际旅游、技术转让等方面劳务的提供和接受，以及其他非实物形态的进出口，即服务贸易。无形贸易不经过海关手续，一般不表现在海关统计资料上，但也是一国国际收支的构成部分。

无形贸易主要包括：（1）和商品进出口有关的一切从属费用的收支，如运输费、保险费、商品加工费、装卸费等；（2）和商品进出口无关的其他收支，如国际旅游费用、外交人员费用、侨民汇款、特许权使用费、国外投资汇回的股息和红利、公司或个人在国外服务的收支等。

WTO《服务贸易总协定》（General Agreement on Trade in Services，GATS）指出，服务贸易的形式为：（1）由一个成员境内向另一个成员境内提供的服务（跨境交付）。（2）在一个成员境内向任何其他成员的消费者提供的服务（境外消费）。（3）通过一个成员的商业实体在任何其他成员境内的存在而提供的服务（商业存在）。（4）由一个成员为在任何其他成员境内的个人提供的服务（自然人流动）。①

（四）按贸易是否有第三者参加划分

1. 直接贸易

直接贸易（direct trade）是指商品生产国与商品消费国直接买卖商品的行为。其中生产国是直接出口，消费国是直接进口。有些发展中国家为了独立自主地发展民族经济，禁止外资企业经营进出口贸易，而是由本国厂商或国有厂商经营，这类贸易均属于直接贸易。

---

① 有关服务贸易更加详细的内容，参见本书第十章。

2. 间接贸易

间接贸易（indirect trade）是指商品生产国通过第三国同商品消费国进行商品买卖的行为。其中生产国是间接出口，消费国是间接进口，第三国便是转口国。在某些发展中国家，由外商投资企业完成的对外出口，也被归为间接出口。

3. 转口贸易

商品生产国与商品消费国通过第三国进行贸易，对第三国来说，就是转口贸易（entrepot trade）。即使商品直接从生产国运到消费国，只要两国之间并未直接发生交易关系，而是由第三国转口商分别同生产国与消费国发生交易关系，就仍属转口贸易。从事这种贸易的国家大多地理位置优越、运输便利、贸易限制较少。

（五）按清偿工具划分

1. 自由结汇方式贸易

自由结汇方式贸易（free-liquidation trade）又称现汇贸易。在国际贸易中，以货币作为清偿工具的，叫作自由结汇方式贸易。在当今国际贸易中，能够充当这种国际支付手段的货币主要有美元、英镑、欧元和日元等。

2. 易货贸易

易货贸易（barter trade）又称换货贸易。在国际贸易中，以经过计价的商品作为清偿手段的，叫作易货贸易。采用这种贸易方式的原因通常是某些国家外汇不足，无法以自由结汇方式进行交易。易货贸易的特点是，两国间直接以货物交换货物，进口与出口直接联系起来，双方有进有出，一方既是买方，又是卖方，进出平衡，不以外汇支付。这种贸易方式有一定的局限性，交换的货物不易对路，交换过程比较复杂，交换金额不易平衡。因此，在外汇支付不困难的条件下，国家之间很少采用这种贸易方式。

（六）按经济水平划分

1. 水平贸易

水平贸易（horizontal trade）是指经济发展水平比较接近的国家之间开展的贸易活动。例如，发达国家与发达国家之间、发展中国家与发展中国家之间以及区域性集团内的贸易即为水平贸易。

2. 垂直贸易

垂直贸易（vertical trade）是指经济发展水平不同的国家之间的贸易。这些国家在国际分工中所处的地位及经济发达程度相差甚远，其贸易往来具有与水平贸易大不相同的特点。例如，发达国家与发展中国家之间的贸易即为垂直贸易。

（七）按交货时间划分

1. 现货贸易

现货贸易（spot trade）是指已备商品的贸易，在交易达成后可马上交货。

2. 期货贸易

期货贸易（future trade）是指规定在一定时间内交货的贸易。如大多数农副产品，由于有季节性生产周期，一般都提前签订销售合同，待收获之后再交货。

（八）按贸易政策划分

1. 自由贸易

自由贸易（free trade）是指国家对本国的贸易活动不干涉，取消对进出口设立的种种障碍，允许贸易方实行自由竞争。

2. 保护贸易

保护贸易（protective trade）是指国家广泛制定各种政策措施限制进口，使国内市场免受国外竞争，以及对本国出口商给予各种优惠和补贴，奖出限入，保护国内产业的发展。

（九）按货物运送方式划分

1. 陆路贸易

陆路贸易（trade by roadway）是指采用陆路方式运送货物的贸易，其运输工具通常为火车、卡车等。陆路贸易经常发生在各大陆内部陆地相连的国家之间。

2. 海路贸易

海路贸易（trade by seaway）是指采用海运方式运送货物的贸易，其运输工具主要是各种船舶。这是国际贸易最主要的运送方式，目前国际贸易中的货物有三分之二以上是通过海运进行的。

3. 空运贸易

空运贸易（trade by airway）是指采用航空方式运送货物的贸易。这种方式通常适用于贵重、数量小或时间性强的商品的贸易，如鲜活食品、急需商品等。

4. 邮购贸易

邮购贸易（trade by mail order）是指采用邮政包裹方式寄送货物的贸易。邮购贸易一般适用于数量不多的商品的贸易。

5. 多式联运贸易

多式联运贸易是指综合运用海、陆、空各种运输方式运送货物的行为。国际物流革命促进了这种方式的贸易。

第二节　国际贸易学科的研究内容

作为一门学科，国际贸易有其独立的研究内容。概括来说，国际贸易学主要是研究世界各国之间的商品交换理论、交换活动、交换条件及交易组织等的特点及其发展变化规律。这里所说的商品，不仅包括用于国际交换的有形商品，而且包括服务、技术等无形商品。作为一门课程，国际贸易重点讲述国际贸易理论与政策问题，重点关注国际贸易产生、发展、贸易利益及其分配问题，以揭示其中的特点与规律。其具体内容大体包括以下四个方面。

一、不同历史阶段国际商品流通的一般规律

这一内容包括原始社会末期对外贸易产生的条件，奴隶社会和封建社会对外贸易发展的特点，资本主义生产方式下对外贸易的发展和真正意义的国际贸易的形成，以及第二次世界大战后国际贸易发展的新特点、新趋势。由于生产力、国际分工是世界市场和国际贸易的基础及前提，所以在研究各个历史阶段国际贸易发展的特点时，必须分析当时社会生产力、国际分工与世界市场发展的特点。

二、各种国际贸易理论与学说

这一内容包括西方经济学家和马克思主义经典作家对国际贸易理论的研究与探讨。

国际贸易对资本主义生产方式的产生和资本主义经济的发展发挥了非常重要的作用，而且这一作用还在继续。因此，西方经济学家非常关注对国际贸易理论的研究。资本主义原始积累时期的重商主义者研究对外贸易如何带来财富。资本主义自由竞争时期的古典政治经济学派创始人亚当·斯密（Adam Smith，1723—1790）和大卫·李嘉图（David Ricardo，1772—1823）探讨了国际分工形成的原因和分工的依据，论证了国际分工和国际贸易的利益。进入 20 世纪，瑞典经济学家伊莱·赫克歇尔（Eli F. Heckscher，1879—1952）和伯蒂尔·俄林（Bertil G. Ohlin，1899—1979）提出了按照生产要素禀赋进行国际分工的学说。第二次世界大战后，西方经济学家把传统贸易理论动态化，又形成了一系列新的贸易理论。而发展经济学则旨在探讨发展中国家的贸易发展模式。

马克思主义经典作家也一直注重研究和探讨国际贸易中的各种问题与规律。马克思在《资本论》和《剩余价值学说史》等经典著作中，对国际分工、世界市场、对外贸易与资本主义生产方式的关系等都做出了精辟的分析。此后，列宁、布哈林等也先后论述了国际分工、世界市场、贸易垄断以及社会主义国家也要发展对外贸易等问题。

三、国际贸易政策与措施

各国对外贸易政策基本上有两种类型，即自由贸易政策和保护贸易政策。随着时代的发展，对外贸易政策也在不断变化。在资本主义原始积累时期，出现了重商主义的保护贸易政策；在资本主义自由竞争时期，自由贸易政策占据主导地位；在垄断资本主义时期，出现了超保护贸易政策。第二次世界大战后，自由贸易政策与保护贸易政策并存，但随着世界贸易组织的建立，以及一整套协调各国经贸关系的国际贸易政策和措施的制定与完善，总的发展趋势是贸易自由化。

对外贸易措施是对外贸易政策的具体表现，包括关税壁垒和非关税壁垒、鼓励出口和限制进口等措施。

四、国际贸易组织与区域经济一体化集团

第二次世界大战后初期成立的关税及贸易总协定（简称“关贸总协定”，GATT）是调整缔约方对外贸易政策和国际贸易关系等方面的相互权利、义务的国际多边贸易组织。在此后的48年时间里，关贸总协定在维护国际贸易秩序、推进贸易自由化和促进国际贸易发展等方面做出了巨大贡献。但由于其法律地位、职权范围和管辖内容方面的局限性，其作用难以进一步扩大。1995年，世界贸易组织正式成立，取代了原来的关贸总协定。世界贸易组织的建立，对世界经济和贸易发展具有重要意义。与关贸总协定相比，世界贸易组织具有参加成员增多、管辖领域扩大、组织机构正式以及法律地位权威、权利与义务统一等特点。

国际贸易领域中的另一个发展趋势是区域经济一体化和贸易集团化的不断出现，这对国际贸易的发展也产生了深远的影响。因此，分析和研究这些区域经济一体化的有关理论及其对国际贸易的积极或消极影响也是国际贸易课程的重点内容之一。

本章练习题

一、不定项选择题

1. 下列哪个指标不仅可以比较确切地反映出对外贸易的规模，便于把不同时期的对外贸易额进行比较，而且可以由此计算各个时期定期的或环比的物量指数？（　　）

A. 价格指数　　B. 贸易量

C. 贸易额　　D. 贸易结构

2. 通常所说的国际货物贸易额是指（　　）。

A. 世界进口货物总额　　B. 世界出口货物总额

C. 世界进出口货物总额　　D. 世界进出口货物量

3. 凡是离开关境的都被列为出口、凡是进入关境的都被列为进口所统计贸易额被称为（　　）。

A. 总贸易　　B. 无形贸易

C. 专门贸易　　D. 直接贸易

二、判断题

1. 对某一个国家来说，对外贸易商品结构是指一定时期内进出口贸易中各类商品的构成情况，通常以各类商品的贸易额在国际贸易总额中所占的比重来表示。（　　）

2. 商品生产国与商品消费国通过第三国进行的贸易，对第三国来说是转口贸易。（　　）

3. 总贸易体系是以货物通过关境作为统计进出口的标准。（　　）

4. 专门贸易体系是以货物通过国境作为统计进出口的标准。（　　）

5. 贸易量指标不仅可以比较准确地反映出对外贸易的规模，进行比较，而且可以由

此计算各个时期定期的或环比的物量指数。（　　）

三、简答题

1. 简述国际贸易的含义。
2. 论述相对于国内贸易，国际贸易的特点。
3. 论述贸易差额与一国经济发展的关系。
4. 简述贸易条件的含义及其表示方法。
5. 简述国际贸易的分类。

第二章
国际贸易的形成与发展

学习目标

1. 了解国际贸易的雏形。

2. 了解国际贸易的形成和发展。

3. 熟悉当代国际贸易的发展和特点。

本章教学重点和难点为自由竞争和垄断资本主义条件下国际贸易的发展情况，以及21世纪初国际贸易发展的基本特点及趋势。

中国视角

了解世界范围的国际贸易的形成和发展历程，尤其是了解中国改革开放以来的对外贸易发展历程，感知党的对外开放政策的伟大意义，以及理解作为当代大学生所应肩负的伟大责任与担当。具体目标包括：

1. 政治认同：通过了解中国改革开放实践，充分认识党的正确领导的意义和社会主义制度的优越性，加强对中国特色社会主义道路的坚定信念。

2. 法治观念：通过对本章的学习，形成国际视野，熟悉国际规则，能够理解和遵守各国的相关政策和法律。积极倡导和培养参与国际经贸规则以及全球治理规则体系改革与建设的意识与能力。

3. 社会主义核心价值观：通过对本章的学习，了解科技是推动世界发展的重要手段，形成开拓创新精神。

引导案例

交通运输工具与国际贸易发展

交通运输一直以来都与国际贸易息息相关，交通成本的降低对国际贸易的发展做出了巨大贡献。14—15 世纪，西欧的造船技术和航海技术有了显著进步，西欧各地的陆路交通大为改善，这对于西欧与东方的贸易规模和贸易活动范围的扩大都至关重要。此时西欧通往东方的陆路和海上商路主要有以下几条：陆上交通起自地中海北岸，经小亚细亚、中亚到东亚，止于中国，即古“丝绸之路”；海上商路有两条，一条从地中海沿岸到叙利亚，经幼发拉底河和底格里斯河流域到波斯湾，再越阿拉伯海到印度；还有一条也是通往印度的航路，但起点是经地中海南岸，从埃及下红海，再过印度洋在印度登陆。这几条交通干线跨越欧、亚二洲，连接西欧与东方的贸易交往，贸易国通过它们将大量商品运到对方。而从 15 世纪末开始，以西班牙、葡萄牙为主的一些西欧国家掀起了一场远洋探险热潮，并最终开辟了到达亚洲的新航路，使得贸易地区迅速扩大，从而改变了商业性质和经营方式，促进了商业组织形式的发展。16 世纪以后，新航路的开辟及其对外贸易区域的扩大极大地推动了西欧国际贸易的持续向前发展，它不仅促进了西欧与美洲、亚洲各地之间的贸易，而且促进了地中海、大西洋、北海、波罗的海的区域贸易，使地区之间贸易愈发频繁，交换货物的范围愈发广泛。而随着大吨位轮船在海上开始取代帆船，加之铁路网的建设，极大地降低了货物的运输费用，便利了国际贸易，使各国的国内市场逐渐汇合成一个统一的世界市场，扩大了世界商品的行销空间。到了 20 世纪 60 年代，集装箱货运出现，成为推动国际贸易发展的巨大推动力。1984 年，在三条主要的东西方贸易路线（跨太平洋、横贯大西洋和欧洲—远东路线）中，集装箱货物所占的份额为 75%。到了 2020 年，全球集装箱船的总运力已经达到 2.7 亿载重吨。

资料来源：【人类经济万年史】086 西欧中世纪商业与国际贸易（上），https://www.163.com/dy/article/GBSIG90305434E62.html.

国际贸易的形成与发展经历了漫长的过程，是一个历史的范畴，在其发展的不同阶段，均具有各自的特点。本章将从各个不同的历史时期，简单介绍国际贸易形成的基础和各个时期发展所呈现出的不同特点，并重点介绍国际贸易的形成与发展以及当代国际贸易发展的新特点。

第一节　国际贸易的雏形

国际贸易的产生首先要具备三个基本条件：一是社会生产力发展到一定程度，存在可供交换的剩余产品；二是存在各自为政的社会经济实体，特别是国家的形成；三是社会分工发展到一定阶段，分工超越了国家的界限。

一、原始社会末期的剩余产品交换

在原始社会初期，社会生产力水平极度低下，社会中不会出现剩余产品，没有私有制，更没有所谓的阶级和国家。当时人类生活处于自然分工状态，即按照性别和年龄分工，这也是最早的、最简单的分工形式。集体劳动所获得的物质生产资料虽然数量非常有限，但几乎是当时人们的唯一生活物质来源，在此基础上，人们依据平均分配原则在成员之间进行分配。因此，原始社会是一种自然经济，一种内部分配而非交换形式的经济，不会存在对外交换，国际贸易更是无从谈起。随着生产力水平的提高，人类社会出现了三次大分工。

人类历史上的第一次社会大分工是指游牧部落从其他部落中分离出来。

人类历史上的第二次社会大分工是指手工业从农业中分离出来。

人类历史上的第三次社会大分工是指随着商品货币关系的发展，出现了专门从事贸易的商人。

上述三次社会大分工促进了氏族部落和后来形成的国家之间商品交换的发展。具体来讲，三次分工的过程及作用如下文所述。

人类历史上的第一次社会大分工促成了畜牧业和农业之间的分离，它发生在野蛮时代的中级阶段。在早期征服自然的过程中，原始人发现牛、羊、马、骆驼、大象、猪等动物可以驯服、繁殖，能够保证他们正常地得到乳类、肉类、皮、毛等生活资料。于是一部分原始人便在拥有丰茂天然牧草、适于游牧的地带驯养动物，从事原始的畜牧业，并从其他人群中分离出来成为游牧部落。这便是人类历史上的第一次社会大分工。另一些没转化为游牧部落的原始人，则发现并发展了原始农业，由以采集和渔猎为主逐渐转变为以从事种植为主，进而扩大和加深了这一分工。原始社会在分工产生后，生产力水平得到提高，产品开始出现少量剩余。在氏族公社，部落之间就出现了偶然的和少量的物物交换。剩余产品的出现，使吸收新的劳动力成为人们向往的事情，战俘不再被屠杀，而是被吸收为劳动力，成为奴隶。这样就零散地出现了奴隶制。

第二次社会大分工带来了手工业和农业之间的分离。它出现在野蛮时代的高级阶段。随着铜器、青铜器和铁器的应用，开始出现大面积的农田耕作和伐林垦荒。铁制工具的使用和生产技术的进步促进了农业的发展和劳动生产率的提高，农业规模不断扩大，经营种类不断增多。除了谷物种植外，人类还经营园艺，栽培各种经济作物，把经济作物加工成油、酒等。随着经营规模的扩大和经营活动的丰富，各种手工操作活动逐渐增多，手工业向多样化发展。既农耕，又畜牧，还要进行各种手工制作，让人越来越难以胜任，于是有人脱离农业或畜牧业生产而转入手工业的专门化发展。专职的手工业者逐渐增多，手工业最后从农业活动中分离，成为一个独立的生产部门。手工业从农业中分离出来，这便是第二次社会大分工。随着第二次社会大分工的出现，直接以交换为目的的商品生产也随即出现。同时，因为产生了以交换为目的的商品生产，商品生产和商品交换不断扩大，随即产生了货币，氏族部落之间的物物交换变成了以货币为媒介的商品交换。第二次社会大分工进一步促进了交换的发展，产生了贸易的初级形式。国家出现之后，这种初级贸易形式就是国际贸易产生的基础。

在前两次社会大分工之后，人类历史上的第三次社会大分工产生，其发生的时间是在文明时代的门槛。由于商品交换的发展，出现了商人阶级，一个不从事生产而只从事交换的全新的阶级。商人作为生产者与消费者之间的中间人，一方面剥削生产者，取得生产的领导权，另一方面又从消费者身上赚取利润。同时，交换发展的需要产生了金属货币。货币借贷、利息和高利贷也相继出现。在土地方面，土地私有权被牢固地确立起来，土地完全成为私人财产，甚至可以世袭、抵押及出卖。除了自由人和奴隶的差别外，出现了富人和穷人之间的差别。这是随着新分工产生的新的阶级划分。财富集中到极少数人手中，奴隶数量增多，奴隶们的强制性劳动成为整个社会的经济基础。由于有了阶级对立，所以产生了国家、产生了专门从事贸易的商人。商人的出现，促进了氏族部落之间商品的进一步发展。到了原始社会末期，出现了阶级和国家，商品流通超出了国界，产生了对外贸易。

二、奴隶社会有限的对外贸易

从原始社会过渡到奴隶社会，生产力水平得到了进一步发展，商品交换的种类和范围也随之扩大。早在公元前 2000 多年，由于水上交通便利，地中海沿岸的各个奴隶社会国家之间就开展了对外商品交换，出现了腓尼基、希腊、罗马等贸易中心。当时的欧洲，其商业中心地区的手工业已经发展到相当高的水平。随着分工的日益精细，出现了许多新的手工业产品，最为典型的如玻璃器皿、染色纺织品和金属用品等。这些产品大多销往北非、西欧和中欧以及遥远的东方各国。简单且有限的国际贸易就在这一过程中悄然形成，也为日后发达的国际贸易奠定了基础。

尽管这种简单的国际贸易时常发生，但因为当时所处的社会背景为奴隶社会，经济形势仍然是自给自足的自然经济占据主导地位，商品经济不发达。人们生产的目的仍然是自身的直接消费，满足自身需求，因此剩余产品不充足，进入外贸流通领域的商品自然是少之又少，对外贸易在各国经济发展中的地位自然是微不足道的。再从贸易商品结构来看，主要是奴隶主阶级需要的奢侈品，如宝石、香料、各种织物和装饰品等。当时，奴隶也是对外交换的主要商品。古希腊城邦雅典就是当时贩卖奴隶的中心之一。

可见，当时国际贸易的目的主要是满足地主阶级的需求，商品种类非常单一，且由于交通工具、技术等其他条件的限制，国际贸易只集中在极少数商业较发达的地区，所以可以得出奴隶社会国家间商品交换极为有限的结论。

三、封建社会欧、亚、非区域性贸易的发展

封建社会相比先前的奴隶社会，在各方面均有了进步和发展。在国际贸易上，更是有了进一步的发展。这一发展主要得益于城市的兴起、手工业的发展和资本主义因素的生长及商品经济的发展。

从封建社会中期开始，实物地租转变为货币地租，商品经济的范围逐步扩大，国际贸易也随之有了进一步的增长。11 世纪之后，由于意大利北部和波罗的海沿岸城市的兴起，贸易范围从原来的欧洲内陆地区扩大到了地中海沿岸，甚至到了北海和黑海沿岸。

此后，随着手工业的发展，贸易得以进一步扩大。例如，意大利北部城市佛罗伦萨成为当时毛纺织业的中心，它从英国和西班牙进口羊毛，从荷兰进口粗制呢绒，进行纺织与加工后输往东方。到14—15世纪，在地中海沿岸的某些城市已经出现了资本主义生产的最初萌芽。从分工来看，已经形成了欧洲与亚洲、欧洲与非洲以及欧洲各个地区之间的地域分工。与此相适应，形成了以地中海区域性市场和波罗的海区域性市场为中心，连接欧洲、亚洲、非洲各个区域性市场的网络。

封建社会各国之间所进行的贸易，主要表现出以下特点：第一，贸易范围不断扩大。在西方，贸易中心由地中海东部扩大到地中海、北海、波罗的海、黑海沿岸。在东方，中国、印度、伊朗等亚洲国家的对外贸易也从近海逐渐扩展到远海。公元前2世纪，著名的“丝绸之路”被开辟出来，从中国新疆经中亚通往中东和欧洲地区。明代，郑和七下西洋，足迹遍布东南亚各个沿海国家，最远到达了非洲东海岸。第二，贸易的品种增多，尤其是增加了许多手工业产品，然而奢侈品仍然是当时贸易中的主要商品，即西方国家以呢绒、酒、装饰品等来换取东方国家的丝绸、香料、珠宝等。第三，已出现了固定的交易场所和有组织的贸易行为。到12—13世纪，具有全欧意义的香槟集市是当时最大的国际集市，东方的香料和丝绸奢侈品、佛兰德的呢绒、法国的葡萄酒和家畜、德国的金属制品、英国的羊毛、北欧的皮毛等，都在集市中出现。至14世纪中叶，以德意志北部各城市为主，联合近百个北欧城市形成了一个庞大的带有政治性的贸易联盟——“汉萨同盟”，该同盟在各国设有商馆。

封建社会国家与国家之间的贸易往来虽然有了空前的发展，但是因为受到生产力水平、生产方式和交通条件以及自然经济因素的制约，各国之间的贸易仍然处于较低水平，并不能成为当时国家经济的主体部分。到这时，真正意义的国际贸易尚未形成，各国和地区之间的贸易无论是贸易商品的种类、数量还是贸易范围都远未达到真正的国际贸易的水平。

相关案例

海上丝绸之路

海上丝绸之路是古代中国与外国贸易和文化交流的海上通道，海上丝绸之路是陆上丝绸之路的延伸，也称“海上陶瓷之路”和“海上香料之路”。它形成于秦汉时期，发展于隋朝时期，繁荣于唐宋时期，转变于明清时期，是已知的最为古老的海上航线。海上丝绸之路主要有东海启航线和南海启航线两条线路。其中南海丝绸之路从中国经中南半岛和南海诸国，穿过印度洋，进入红海，抵达东非和欧洲，途经100多个国家和地区，成为中国与外国贸易往来和文化交流的海上大通道，并推动了沿线各国的共同发展。东海航线也叫“东方海上丝绸之路”。春秋战国时期，齐国在胶东半岛开辟了“循海岸水行”直通辽东半岛、朝鲜半岛、日本列岛直至东南亚的黄金通道。唐代，山东半岛和江浙沿海的中国、韩鲜半岛、日本海上贸易逐渐兴起。宋代，宁波成为中国、韩鲜半岛、日本海上贸易的主要港口。表2-1列出了古代部分主要始发港口的到达地及所运输商品。

表 2-1　古代部分主要始发港口贸易情况概述

朝代	海上商路到达地	主要始发港口	主要输出商品	主要输入商品
汉	中南半岛、印度、斯里兰卡、红海、地中海地区、朝鲜半岛、日本列岛	徐闻、合浦、番禺	丝绸等丝织品	珠玑、犀角、玳瑁、乳香等
两宋	东南亚、阿拉伯沿岸、东非、红海、朝鲜半岛、日本列岛	杭州、扬州、广州、登州、泉州、明州、越州、温州、台州、莱州	瓷器、丝绸、药材、五金原料等	香料、象牙、犀角、珍珠、珊瑚、琉璃、玛瑙、乳香等
清前期	与全球海上贸易路线衔接，基本能达到世界各地	广州	茶叶、丝绸、瓷器、中草药等	棉纱、毛纺织品、皮货、金属制品等

资料来源：编者根据相关史料归纳、整理。

第二节　真正意义的国际贸易的形成与发展

真正意义的国际贸易发生在资本主义社会。之前各种社会形态中的国际贸易均是发生在少数国家和地区，是具有地域性和局限性的国际贸易形式。

一、国际贸易产生的准备时期与物质基础

16—18 世纪中叶，欧洲各国资本主义进行大量原始积累，生产力水平的空前发展为国际贸易的扩大和发展奠定了物质基础。而在这一时期，先后四次“地理发现”则为国际贸易在全球范围内的大规模扩展创造了条件。首先，1492 年意大利航海家哥伦布由西班牙出发，经大西洋发现了美洲。美洲大陆的发现，开辟了核心航道，使得世界市场领域突然扩大。其次，1497 年葡萄牙人达·伽马从欧洲绕道南非好望角前往印度，开启了欧洲各国经济与贸易的发展之门。西方殖民主义者利用武力、欺骗和贿赂等残暴手段，在南美洲、亚洲和非洲进行疯狂掠夺，获取大量资源。他们通过开发矿山，取得矿产资源；通过建立甘蔗、烟草等农作物种植园，获取本国生产所必需的农作物原料；同时使用超经济的强制手段，扩大本国工业品的生产和出口。上述现象正是宗主国与殖民地之间最初的分工形式。再次，“地理大发现”后，西欧的经济重心由封闭的地中海地区转向了更为开放的大西洋地区。大西洋沿岸国家如葡萄牙、西班牙、荷兰和英国的经济借助交通等便利优势，实现了与外界的更多交流，国家经济也随之兴盛起来。最后，英国发展成为国际经济与贸易的中心。

这一时期，各国对外贸易在政策上均采取一系列鼓励商业、工业、航运业和殖民扩张的重商主义政策，借助专制王权制度，实现增加国库财源的目的。这在一定程度上促进了这些国家对外贸易的发展。从各国对外贸易发展的特点来看，主要表现为：贸易的

整体规模扩大，贸易所涉及的商品种类和商品总量急剧增加；贸易的范围扩大，殖民主义者用武力、欺骗等超经济手段实现掠夺性贸易，把广大殖民地国家卷入国际贸易中；贸易中的商品结构开始转变，工业原料和城市居民消费品的比重开始上升；垄断海外贸易，特别是殖民地贸易的大型商业公司纷纷建立起来。但这一时期的国际贸易仍然带有浓厚的资本原始积累色彩。殖民主义者对落后的美洲、非洲地区进行疯狂的掠夺，通过掠夺性贸易的方式迅速实现了本国货币资本的大量积累。当时最残酷、最大规模的贸易活动是所谓的奴隶贸易。欧洲殖民者先将工业品运往非洲，交换廉价的黑奴，再运往美洲农场，换取大量的农产品及原料运回欧洲。当时，这一连接欧、非、美三洲的贸易航线大致呈三角形，所以这一罪恶贸易被称为“死亡三角贸易”。资本主义生产方式准备时期的国际贸易较之前奴隶社会和封建社会的贸易有了很大的发展。

二、国际贸易的扩展时期与资本主义自由竞争

18 世纪中叶至 19 世纪末是资本主义产业革命和资本主义制度建立时期，也是资本主义自由竞争时期。在这一期间，英国率先完成了产业革命，资本主义机器大工业得以建立并广泛发展，形成了机器大工业的生产体系，随后欧洲其他国家和美国也先后发生了产业革命。产业革命和机器大工业的建立为国际贸易的发展和最终形成奠定了物质基础。机器大工业的建立与发展，一方面使得生产力水平大大提高，商品产量大大增加，可供交换的产品空前增多，国际分工得以真正形成，另一方面使得交通运输与通信联络发生了巨大变革，各地区之间的联系变得更加便捷，这些都极大地推动了国际贸易的发展。此外，产业革命促进了运输工具和运输方式的变革，大大缩短了世界各国之间的距离，而电报等现代化通信工具的产生则解决了世界各国之间远距离通信的困难，这些都为国际贸易的发展提供了条件。

在产业革命的推动下，这一时期的国际贸易在各个方面都发生了显著的变化。

第一，国际贸易量迅速增加，国际贸易的范围迅速扩展。在 1720—1800 年的 80 年间，国际贸易量只增长了 1 倍。而在 19 世纪的头 70 年中，国际贸易量却增长了十几倍，其增长速度超过了世界生产的增长速度。产业革命后，世界各个地区和各类国家都被卷入国际贸易中，形成了真正意义的国际贸易。

第二，英国在国际贸易中占据垄断地位。在资本主义自由竞争时期，与国际贸易的空前发展相联系的，是殖民主义国家对殖民地进行的进一步掠夺与扩张。其中尤以英国最为突出，其抢占的殖民地规模，横跨五大洲，英国成为所谓的“日不落帝国”。从 19 世纪 60 年代开始，英国依靠产业革命造就了雄厚的技术基础，并取得了世界工业霸主的地位，是名副其实的“世界工厂”。在这一时期的国际贸易中，英国占据了垄断地位，其次是法国、德国和美国。19 世纪，法国、德国、美国等国家也相继完成了产业革命，并开始在世界市场上展开激烈竞争，这些国家在国际贸易中都占据了重要的地位。

第三，国际贸易的商品结构发生了显著的变化，工业品的比重显著上升。早期的大宗商品贸易，如香料、茶叶、装饰品等所占的比重明显下降。这一时期进入国际贸易中的商品主要是工业原料和生活必需品以及工业制成品。在工业品的贸易中以纺织品的增

长最为迅速并占有重要地位。英国在19世纪完成产业革命后，成为棉布的主要出口国，在其出口的商品中，有将近一半为纺织品。同时，煤炭、钢铁、机器等商品的贸易也有了很大的增长。

第四，国际贸易方式和组织形式有了很大进步。国际定期集市的作用下降，现场看货交易（现货交易）逐渐转变为样品展览会和商品交易所，交易商根据样品来签订合同。期货交易也已经出现，棉花、小麦等常在收获之前就已被售出，交易所里的投机交易应运而生。例如，1848年第一个谷物交易所，芝加哥期货交易所，在美国芝加哥成立；1877年伦敦金属交易所在伦敦成立；19世纪后半叶纽约棉花交易所在纽约成立；等等。在国际贸易的组织形式上，经营组织日趋专业化，成立了许多专门经营某一种或某一类商品（如谷物、纺织品、金属等）的贸易企业，同时，为国际贸易服务的组织也趋向专业化，出现了专门的运输公司、保险公司等，银行信贷业务也开始在国际贸易中得到广泛运用。

第五，政府在国际贸易中的作用也出现了转变。以英国为首的资本主义国家先后放弃了长期以来推行的重商主义政策，开始转向自由贸易政策。而其他国家为抵御来自英国等强国的经济入侵，采取了一些保护贸易政策来保护本国幼稚的民族工业。在这一时期，在国际上为了调整各国彼此间的贸易关系，协调移民和其他待遇方面的问题，国家之间开始普遍签订贸易条约。这些条约最初是为了资本主义国家间的公平竞争、发展相互间的贸易往来而签订的，但后来逐渐演变成发达国家在落后国家谋求特权、推行经济扩张的政策工具。

三、国际贸易的深入发展时期与垄断资本主义

（一）这一时期国际贸易发展的主要影响因素

从19世纪中叶到第二次世界大战期间国际贸易的发展表现为，各主要资本主义国家从自由竞争阶段过渡到垄断阶段。影响这一时期国际贸易发展的主要因素包括：

第一，资本主义世界爆发了第二次产业革命。机械、电器工业发展迅速，石油、汽车、电力工业的建立为工业提供了新材料，补充了新能源。交通运输工具的发展，特别是苏伊士运河和巴拿马运河的建成，以及电报、海底电缆的出现，都极大地促进了世界经济的发展，为国际贸易的进一步发展奠定了物质基础。

第二，新的国际分工体系的形成，使得宗主国同殖民地、工业品生产国同初级产品生产国之间的分工日益加深。亚、非、拉国家不再是简单地参与国际商品流通，而是被拉入世界资本主义生产体系中。这些国家因此形成畸形、片面的单一经济，其主要作物和出口商品只限于一两种或两三种商品，而这些单一化的商品大部分又被销售到工业发达国家的市场上去，因此造成了亚、非、拉国家的两种依赖性：一方面，在经济生活上对少数几种商品的依赖性；另一方面，对世界市场特别是对工业发达国家市场的高度依赖性。而在发达国家中，原来以英国为中心的分工体系被改变，形成了多个国家互为市场的国际分工体系。国际分工体系的形成，使世界各国间的相互依赖关系加强，国际分工的依存度得以强化，从而使国际贸易在各国经济中占据更为重要的地位。

第三，统一的无所不包的世界市场最终形成。技术的进步使航运、保险、银行和各种专业机构的发展更为健全。多边贸易及多边支付体系的形成、国际金本位制度的建立和世界货币的形成等，都对国际贸易产生了极大的促进作用。同时，国际价值规律以及资本主义的各种固有的规律也在国际贸易中发挥重要作用。

第四，在19世纪末20世纪初，各主要资本主义国家从自由竞争阶段过渡到垄断资本主义阶段，垄断开始对国际贸易产生重要影响。

（二）这一时期国际贸易的主要特点

除了上述影响因素外，这一时期国际贸易的主要特点可以概括为：

第一，国际贸易量仍然增长，但增长速度下降，国际贸易格局和商品结构发生了新的变化。第二次产业革命、国际分工体系的形成和世界市场的发展，使国际贸易总额增长了3倍以上，但两次世界大战以及其间经济危机的频繁爆发、贸易保护主义的盛行等多方面因素带来了国际贸易发展的不稳定。

第二，国际贸易由一国垄断变为多国垄断。国际贸易中明显形成了国际垄断组织瓜分世界市场的局面，最大限度地追求利润是这些垄断组织开展国际贸易的根本原因。在第一次世界大战之前，资本主义国家就形成了100多个国际卡特尔组织。垄断并不排除竞争，而是使世界市场上的竞争更加激烈。

第三，一些主要资本主义国家采取资本带动出口的贸易方式，各垄断组织开始输出资本。资本主义国家通过资本输出，不仅可以带动本国商品的出口，而且能以低廉的价格获得原料，同时资本输出也是在国外市场上排挤其他竞争者的一种手段。经济落后国家由于加入了国际分工体系，或是由于受跨国公司或殖民体系的影响，不仅成为发达国家的原料产地、商品销售市场，而且成为重要的投资场所。

第四，从贸易政策来看，这一时期发达资本主义国家竞相采取保护贸易政策，严重阻碍了国际贸易的发展。

第三节　当代国际贸易的发展及其新特点

一、第二次世界大战后到20世纪末推动国际贸易发展的主要因素

第二次世界大战后发生的第三次科技革命，扩大和加深了国际分工及生产国际化，成为推动国际贸易发展的直接社会经济基础和动力。世界经济结构发生历史性的变化是当代国际贸易迅速发展的根本原因。20世纪60年代兴起的新科技革命加速了这种历史演变的进程，从而引起世界贸易结构以及人们社会生活方式的改变。总而言之，当代国际贸易发展的主要影响因素包括以下三个方面：

（一）第三次科技革命使国际分工发生了重大变化

按照发展经济学的经济增长阶段论，随着一国经济发展能力的增强，该国的产业结构将依次提升，逐步由农业经济过渡到工业经济，再由工业经济发展到服务经济。从分

工格局来看，工业化国家之间的分工开始居于主导地位，传统的以自然为基础的分工逐步发展为以现代化技术、工艺为基础的分工。从工业部门的分工来看，各国间工业部门内部的分工有逐步增强的趋势，各部门、各企业间的分工已发展成由跨国公司所协调的企业内部的分工。20 世纪 60 年代初，主要西方国家都已完成了本国的工业化进程，开始步入后工业化发展阶段，即国内经济重心向服务业偏移。由各国经济发展能力增强所带动的产业升级使得世界产业结构发生了大规模的调整。

（二）新科技革命有力地推动了国际贸易的迅猛发展

新科技革命，特别是 20 世纪 60 年代兴起的信息技术革命，有力地推动了国际贸易的迅猛发展。高新技术被广泛应用到了各个行业，使许多原先“不可贸易”的行业转化成“可贸易”的行业，从而使国际贸易的种类增加，范围扩大。新兴的电子、信息、服务、软件、宇航、生物工程和原子能等新型产业都是代表，并成为国际贸易深入发展的物质基础。信息技术和通信技术的发展，还促使银行、保险、商品零售等业务得以在全球范围内开展，为各国贸易的发展带来了诸多机遇。

科技革命的发展推动了新兴产业的出现，带动了相关产品的贸易，在促进国际贸易的同时改善了国际贸易的结算方式，转变了国际贸易的商品结构，加深了世界内的贸易程度。

特别需要指出的是，随着互联网技术尤其是人工智能、大数据、云计算等数字技术的成熟和应用，一些新的贸易方式也得到了迅速发展，跨境电子商务（cross-border electronic commerce）就是一种具有较强代表性的新型贸易方式。跨境电子商务的发展不仅冲破了国家间的障碍，使国际贸易走向无国界贸易，而且正在引起世界经济贸易的巨大变革。在跨境电子商务发展的基础上，数字贸易（digital trade）也出现了迅速增长的势头。数字贸易是信息通信技术发挥重要作用的贸易形式。数字贸易有两大特征，分别是贸易方式数字化和贸易对象数字化。其中，贸易方式数字化是指信息技术与传统贸易开展过程中各个环节深入融合渗透；贸易对象数字化是指数据和以数据形式存在的产品和服务贸易。因此，数字贸易不仅推进了国际贸易的深度和广度，而且有利于提升贸易效率和降低贸易成本。

（三）世界经济一体化和社会生活国际化成为推动国际贸易发展的强大动力

世界经济区域化、一体化的发展和各国人民生活水平的大幅度提高，使得现代人的社会生活越来越国际化，现代人对技术密集型贸易产品包括服务贸易的需求大大增加，出国旅游、接受教育以及聘请专门人才等，均已成为全世界人民共同认可的发展趋势。这些也使得国际贸易的发展得以不断扩大，出现了更多更广形式的各国间贸易往来活动。

除了上述因素外，第二次世界大战后殖民统治的瓦解，发展中国家经济的恢复与走向国际化，社会主义国家的经济开放，国际政治格局的变化，东西关系、南北关系的缓和，以及各种世界性和区域性经济贸易组织的建立与完善等因素，都是推动国际贸易发展的强大动力。

二、21 世纪初国际贸易发展的特点与趋势

进入 21 世纪，随着全球经济的高速发展，国际贸易的发展也相应地表现出新的特点和趋势。

（一）第四次工业革命重新构造了国际贸易格局

第四次工业革命是在 21 世纪以后发展起来的，是由以物联网、大数据、机器人及人工智能为代表的数字技术所驱动的社会生产方式变革。它推动了工厂之间、工厂与消费者之间的“智能连接”，使生产方式从大规模制造转向大规模定制。第四次工业革命的核心是网络化、信息化与智能化的深度融合。在这场技术革命中，工厂内外的生产设备、产品及人员将连接在一起，企业收集分析相关信息，预判错误，不断进行自我调整，以适应不断变化的环境。而第四次工业革命对生产方式变革的影响，将显著影响国际贸易格局。

（二）竞争优势取代比较优势，成为国际贸易分工的重要基础

在经济一体化的背景下，比较优势①已不再是决定国际分工的重要基础，取而代之的是竞争优势②。随着生产要素特别是资本、技术和高级人才等要素的流动性日益增强，比较优势已不再为一国所独享。在这种情况下，某国的比较优势只能作为本国及外国可利用的区位优势③，而国际竞争的实质是跨国公司依靠竞争优势，借助投资活动，在全球范围内对资源的重新整合与配置。竞争优势作为国际贸易分工的基础，表现为：依靠资本的力量从事大规模生产所获得的成本优势；依靠研发获得技术优势和生产差别化产品的能力；依靠独特的管理方法和完善的市场制度降低交易成本的能力；等等。竞争优势由此主要表现为跨国公司的市场力量，而资源丰缺、成本高低不再是竞争优势的主要决定因素。

同时，具有竞争优势的跨国公司多分布于发达国家，以跨国公司为支撑的国际分工进一步加深，技术优势和人才优势成为主要因素，各国在跨国公司的基础上建立起相应的市场机制，发展本国的竞争优势。

（三）国际贸易动态利益取代静态利益，成为国际贸易利益的主要衡量标准

传统的自由贸易理论强调的是国际贸易的静态利益④。而当今国际贸易的衡量则变

---

① 比较优势是大卫·李嘉图的比较优势理论的重要概念。古典国际贸易理论认为，比较优势是国家之间进行国际分工和对外贸易的基础优势。这一概念和相关理论将在本书第三章详细阐述。

② 竞争优势是迈克尔·波特的国家竞争优势理论的重要概念，也是国际贸易新理论的代表性思想。随着国际贸易理论与实践的发展，国家之间竞争的基础优势由比较优势发展为竞争优势。这一概念和相关理论将在本书第五章详细阐述。

③ 区位优势即区位的综合资源优势，是指某一地区在发展经济方面客观存在的有利条件或优越地位。其构成因素主要包括自然资源、地理位置、社会、经济、政治、科技、文化、教育等。区位优势是一个综合性概念，单项优势往往难以形成区位优势。

④ 静态利益主要包括两个方面：一是通过国际交换获得本国不能生产或生产成本太高的产品，从而使本国消费者得到更高水平的满足；二是通过国际分工、发挥比较优势使本国资源得到最优配置，以便用最少的资源耗费生产出能获得最佳效益的商品和劳务。

为更加重要的动态利益，包括通过国际贸易促进竞争，加快技术进步，促进资金积累，优化和升级产业结构，引进和吸收先进理念和制度等。随着经济一体化的进一步深化，动态利益的地位上升，动态利益成为世界各国尤其是发展中国家参与国际分工和贸易的重要着眼点和主要寻求目标。

（四）国际贸易结构走向高级化，服务贸易和技术贸易的发展方兴未艾

伴随产业结构的优化，国际贸易结构走向国际化，各国的服务贸易和技术贸易的规模及水平均迅速提高。随着各国产业结构的优化升级，全球的服务贸易和技术贸易走向更高层次的发展水平。此外，高新技术产品在制成品贸易中所占的份额不断扩大，尤其是信息通信技术产品的出口增长最快，这也使得服务贸易和技术贸易的发展呈现出空前的规模。

（五）国际贸易波动前进，贸易保护主义有所抬头

21 世纪初，随着全球经济的快速发展和全球化的不断纵深，国际贸易增长显著加速，进入新一轮高速增长期。在世界经济强劲增长、国际市场对能源和原材料等需求旺盛以及美元贬值因素的影响下，全球货物和服务贸易呈现出高速增长态势。全球范围内的高速增长，得益于科技进步、生产力提高、国际分工深化等因素的共同作用。但伴随 2008 年国际金融危机和发达国家“逆全球化”思潮泛滥，国际贸易增长受到影响，贸易保护主义有所抬头，国际贸易在波动中缓慢前行。

（六）多边贸易体制面临新的挑战，全球范围的区域经济合作势头高涨

经济全球化与区域经济一体化已经成为近年来世界经济发展的重要趋势。区域化和全球化的相互促进、互为补充乃至阶段性的交替发展，凸显了社会生产力发展的必然要求以及当代国际贸易发展的本质特征。这种区域一体化的格局，一方面，在世界贸易组织的积极运作和协调下，推动了全球经济进入新的快速增长期；另一方面，由于多边贸易体制存在着一定的局限性，区域内部经济发展迅速，自由化程度很高，但区域外各国与其贸易发展则表现出更多的限制性因素。

现阶段，世界贸易组织在世界经济发展中的作用开始弱化，区域经济的发展日益加深，代表性的区域经济集团涌现。世界各国纷纷寻求区域经济合作，发展双边贸易，建立相应的自贸区，国际贸易的合作呈现多样化的趋势。

（七）贸易投资一体化趋势明显，跨国公司对全球贸易的主导作用日益增强

跨国公司的迅猛发展，得益于科技的进步和分工的深化。跨国公司通过在全球范围内建立生产和营销网络，使贸易投资日益一体化，并对国际经济贸易格局产生了深远影响，表现为：跨国公司已成为全球资源配置的核心力量，其发展直接推动了国际贸易和国际资本流动的发展；随着追求比较优势转化为追求竞争优势，各国竞争的核心倾向于并表现为各国能够拥有更多的具备竞争优势的跨国公司；跨国公司的产业转移不断加快，加工贸易在整个国际贸易中的比重持续上升，已成为发展中国家对外贸易的重要增长点；

随着国际贸易格局向产业内贸易方向转变，跨国公司的运作方式进一步促进了以中间产品、零部件贸易为主的贸易方式的发展。

（八）贸易自由化和贸易保护主义的斗争愈演愈烈，各种贸易壁垒花样迭出

当前，各国经济发展的非均衡性、区域贸易集团的排他性、贸易利益分配的两极化等都是造成贸易保护主义盛行的重要原因。贸易保护主义呈现的特点包括：一是基于战略利益考虑而引发的贸易摩擦增多；二是保护贸易手段不断翻新；三是摩擦从单纯的贸易问题转向更为综合的领域。社会劳工及保障问题、汇率制度、环境问题等已成为摩擦的新领域，资源摩擦与贸易摩擦交互作用的趋势越来越明显。

（九）国际贸易交易方式网络化、数字化

伴随第四次工业革命的到来，世界各国都不约而同地进入了一个以信息技术引领的时代，国际贸易日益借助国际互联网来完成，出现了所谓的网络贸易。整个交易过程，包括交易磋商、签约、货物交付、货款收付等大多通过计算机网络完成。而伴随数字经济的出现，贸易数字化发展迅速，以数据驱动为关键、以数据赋能为主线，实现货物贸易各环节、全流程数字化。由于数字贸易表现出强大的生命力，世界各国和国际经济组织都非常关注贸易数字化，纷纷通过制定各种政策和采取各种措施来维护与促进数字贸易的发展。

（十）国际贸易利益分配两极化

由于发达国家和发展中国家在全球贸易发展和知识经济发展领域所处的地位不同，所以在国际贸易利益分配格局中，两极化的趋势将进一步凸显，即呈现出所谓的“中心-外围”① 化趋势。在知识经济全面发展的 21 世纪，在国际贸易利益分配中，发达国家“中心化”和发展中国家“边缘化”“外围化”的趋势将进一步加剧。

发展中国家作为国际贸易中相对弱势的一方，开始从各方寻求发展，极力缩小与发达国家的差距，面对利益分配的两极化趋势，寻求更多的贸易机会和贸易利益。

（十一）跨国公司投资活动成为国际贸易发展的加速器

跨国公司的投资活动在全球经济发展中发挥着举足轻重的作用，因此世界各国政府竞相采取不同的优惠政策以期吸引更多的外商投资尤其是跨国公司投资。而通过跨国公司投资的外溢效应可以有效促进一国技术进步与对外贸易发展，进而提高一国在国际市场上的竞争力。同时，国际贸易的发展使跨国公司在世界市场上的竞争地位不断提升，这也为跨国公司的发展提供了更多的机会和制度保证。

---

① 中心-外围理论，是由阿根廷经济学家劳尔·普雷维什提出的一种理论模式。该理论将资本主义世界划分成两个部分：一个部分是大的工业中心，主要由西方发达国家构成；另一个部分则是为大的工业中心生产粮食和原材料的外围，主要包括广大的发展中国家。中心国家在资金、技术、人才、管理以及贸易、投资、金融等方面都占有绝对的优势，因而成为经济全球化的最大受益者。而外围国家则由于在制定国际经济和贸易规则上的附属地位以及在市场经济体制下的弱者地位，因而能够从经济全球化进程中获得的利益将是十分有限的。

总之，从上述特点和趋势我们可以看出，尽管世界政治和经济发展道路并不平坦，但总体趋势仍然是向前迈进的。在经历了全球金融危机之后，各国经济开始升温，并且世界经济增长处于新旧动能转换的关键时期，这为国际贸易的发展提供了动力。世界各国在参与国际竞争的同时，都在积极地参与国际分工和国际贸易，以促进本国经济的发展。在未来的国际贸易发展中，各国将会有更多的发展机遇和更好的发展前景。

本章练习题

一、不定项选择题

1. 国际贸易属于（　　）。

A. 历史范畴　B. 社会范畴　C. 哲学范畴　D. 经济范畴

2. 对外贸易产生和发展的基础是（　　）。

A. 社会生产力的发展　B. 社会分工的扩大　C. 商业的出现　D. 国家的出现

3. 在人类历史上，真正的国际贸易出现在下列哪一社会形态？（　　）。

A. 奴隶社会　B. 封建社会

C. 资本主义社会　D. 社会主义社会

4. 国际贸易形成与发展经历了几个主要阶段？（　　）。

A. 准备时期　B. 扩展时期

C. 深入发展时期　D. 急速发展时期

二、判断题

1. 国际贸易产生于奴隶社会。（　　）

2. “地理发现”为国际贸易在全球范围内的大规模扩展创造了条件。（　　）

3. 国际贸易交易方式逐渐呈现网络化、数字化发展趋势。（　　）

4. 在现阶段，世界各国纷纷寻求区域经济合作，发展双边贸易，建立相应的自贸区，国际贸易合作呈现多样化发展趋势。（　　）

三、简答题

1. 简述国际贸易产生的基本条件。

2. 简述国际贸易形成和发展的主要阶段以及不同阶段国际贸易发展的影响因素。

3. 简述第二次世界大战后推动国际贸易发展的主要因素。

4. 简述 21 世纪国际贸易发展的主要特点。

第三章
古典国际贸易理论

学习目标

1. 掌握绝对优势理论和比较优势理论的含义和内容。

2. 运用比较优势理论分析中国在经济发展中的政策经验及现实问题。

本章教学重点和难点为绝对优势理论与比较优势理论的数学理解，以及绝对优势理论与比较优势理论的区别与联系。

中国视角

结合本章引导案例，明确中国参与国际分工的经济理论基础，了解中国参与国际分工的比较优势的动态演变。具体目标包括：

1. 政治认同：通过对本章的学习，了解改革开放四十多年以来，中国参与国际分工和对外贸易的伟大实践。掌握不同历史阶段，我国以不同比较优势参与国际分工的情况，充分了解国家以国际形势的准确判断为基础，正确指导我国对外贸易比较优势的动态发展过程。

2. 社会主义核心价值观：通过本章的数据和实例分析，切身感受国家的快速发展以及所面临的机遇和挑战，了解国家如何通过一系列政策设计正确指导贸易的发展，从而将个人价值实现与民族复兴大业相契合。

引导案例

中国正失去廉价劳动力优势，但新优势正在形成

比较优势理论认为，通过出口丰裕要素密集型商品和进口稀缺要素密集型商品，所有国家都能从国际贸易中获益。以中国为例，多年来，中国在劳动密集型制造业方面拥有竞争优势，但这一优势近年来正逐渐减弱。首先，随着制造业劳动力成本的上升，制造业增加值占中国 GDP 的比重从 2006 年的 32.5%下降到 2019 年的 27.2%。其次，随着中国与发达国家比较优势的互补性减弱，中国对高收入经济体商品出口占商品出口总额的比重从 2006 年的 81.4%下降到 2018 年的 69.6%。最后，中国商品贸易占 GDP 的比重从 2006 年的 64%下降到 2019 年的 31.9%。并且随着中国产业升级，出口商品中的资本和技术密集程度不断提高，这也导致中国正在失去其在廉价劳动力方面的比较优势。

但中国作为世界上最大的制造业产品生产国和出口国，其在全球价值链中发挥着重要作用。中国可能正在失去其在劳动密集型产品方面的比较优势，但它却在全球价值链的许多生产流程和技术环节上仍拥有比较优势，这使中国制造业企业能够牢牢地嵌入到全球价值链中。中国是世界上人口最多的国家，中等收入群体规模也位居世界第一，并且仍在不断扩大，由此产生的巨大需求必然会成为贸易和投资决策者重点考虑的因素。即使是新冠肺炎疫情暴发以来，当潜在合作伙伴在安全（脱钩）和盈利（不脱钩）之间权衡时，中国巨大的市场也会令它们明显倾向于后者。中国越是让市场充分发挥其潜能，它在全球价值链中的地位就越高。

因此，在短期内，中国应充分利用率先从疫情中恢复过来的机遇，展示中国经济的韧性，为世界经济复苏做出贡献。从长远看，中国必须将创新发展与市场比较优势相结合，以提升在全球价值链中的地位。同时，在招商引资方面，中央和地方政府要通过为所有企业营造公平竞争氛围、鼓励创新、保护知识产权来着力改善营商环境，充分发挥投资潜力。为了增加投资需求，中国还应改善基础设施，以适应新技术环境。此外，中国还应刺激消费。2019 年中国 GDP 占全球的 16.3%，而最终消费仅占全球的 12.1%，这表明中国居民消费还有很大的提升空间。

综上，随着经济的发展，中国的比较优势发生了动态变化：不再是丰富的廉价劳动力，而是巨大的市场和在全球价值链中的地位。中国当下提出的“双循环”发展模式，并不意味着中国将从全球经济体系中退出，而是对外开放的“升级版”，使之向国内市场倾斜，以充分发挥中国新的比较优势。

资料来源：蔡昉：中国正失去廉价劳动力优势，但新优势正在形成．中国日报网，2020-10-17.

国际贸易理论主要回答三个方面的问题：国际贸易的产生、结构以及利益分配。国际贸易理论的起源可追溯到 15 世纪末 16 世纪初的重商主义学说。古典国际贸易理论产生于 18 世纪中叶，完成于 20 世纪 30 年代。该理论用各国的比较优势来说明国际贸易的产生、结构和利益分配。在亚当·斯密的绝对优势理论和大卫·李嘉图的比较优势理论中，劳动是唯一的生产要素，生产技术是给定的，生产规模报酬不变。亚当·斯密与大卫·李嘉图的贸易理论是古典经济学理论体系的一部分，因此被称为古典国际贸易理论。

第一节　国际贸易理论的起源

早在15—18世纪，欧洲国家就推崇一种被称为重商主义（mercantilism）的经济哲学。重商主义者主张通过扩大出口、减少进口这一扩大贸易顺差的方法实现国家的富强。贸易顺差可以使国外的黄金和白银等贵重金属流入国内。重商主义者认为一个国家拥有的金银越多，这个国家就会越富有和强大。为达到这一目的，政府应竭尽所能地扩大出口，减少甚至限制进口。然而，一国的贸易顺差意味着其他国家的贸易逆差，一国的金银流入就是其他国家的金银流出。在任一时点上金银总量一定的情况下，顺差国的贸易利得就是逆差国的损失。因此，重商主义者所主张的经济民族主义必然导致贸易伙伴之间在国家利益分配上存在根本的冲突。

重商主义的发展分为两个阶段：从15世纪到16世纪中叶为早期重商主义时期；从16世纪下半叶到18世纪为晚期重商主义时期。早期的重商主义者强调绝对的贸易顺差，主张多卖少买，甚至主张通过行政手段来控制商品进口，禁止货币输出以积累货币财富。这种思想被称为货币平衡论。晚期的重商主义者重视长期和总体上的贸易顺差，即一定时期的贸易逆差可以被允许，只要最终的贸易结果是顺差即可。这种思想被称为贸易平衡论。

重商主义的局限性在于它将国际贸易看作一种零和博弈，即国际贸易是一种赢输分明的游戏，有赢必然有输。因此，重商主义的必然结果是奖出限入，而各国运用重商主义理论管理国际贸易将导致国际贸易的萎缩。

第二节　绝对优势理论

一、绝对优势理论的产生背景

18世纪英国资本主义正处于成长时期，随着第一次产业革命的出现，英国工场手工业开始向机器大工业过渡。当时的大英帝国呈现出如下特点：新技术发明不断出现，国内生产规模进一步扩大；“圈地运动”使得农民破产，农村人口不断涌向城市，城市人口倍增，资本主义工业拥有了大量的廉价劳动力；工场手工业中的分工日益发达，家庭手工业相继沦为资本主义大工业的附庸；殖民地得以不断开拓，海外市场得以陆续扩张；等等。

重商主义对英国进行资本原始积累曾起过重要作用。但到了18世纪的最后30年，英国在第一次产业革命进程后已成为世界第一的商业和殖民地强国，它不再需要贸易保护主义，此时曾经流行一时的重商主义的限制政策已成为英国大工业生产、海外扩张的束缚。

处在青年时期的英国资产阶级，为了清除前进道路上的障碍，迫切要求从理论上和政策上废除重商主义，建立一个自由的经济学说体系，为它鸣锣开道。亚当·斯密的《国民财富的性质和原因的研究》（简称《国富论》）就是在这个历史时期，肩负着这样的阶级历史任务而问世的。它代表了走上政治舞台的工商业资产阶级的利益和要求。

二、绝对优势理论的主要内容

亚当·斯密花了将近10年的时间，于1776年出版了一部古典政治经济学理论体系的奠基之作——《国富论》。在这部著作中，亚当·斯密一方面对重商主义理论做出了系统的批判；另一方面提出了自由贸易的思想，也就是我们所熟知的绝对优势理论。《国富论》在令当时世界震惊的同时也为后世所推崇，成为打击英国封建主义残余的一枚重磅炸弹。

（一）对重商主义的批判

亚当·斯密认为，衡量一国财富和强盛的不是它所拥有的贵重金属的多少，而是可供人们消费的物品以及可以用来生产这些物品的各种资本，包括劳动力。贵重金属只是一种有助于人们有效率地交换物品从而增加人们的消费的媒介。亚当·斯密指出重商主义强调出口、限制进口的做法是主次颠倒。出口的重要性是间接的，出口是不得已而为之的事，因为只有通过出口才能换取用于进口的外汇，而进口才是最重要的，因为进口的物品直接为本国人民所消费，从而提高人民的福利。

亚当·斯密认为贸易不是零和博弈，而是正和博弈。在其《国富论》中，亚当·斯密比较了国家之间的贸易与一国内家庭之间的贸易，认为两者之间没有什么区别。一个家庭的生产是为了其成员的消费，它向别的家庭销售产品是因为需要获得其他物品以满足自己家庭成员的消费。这样的生产和交易行为对于每个家庭来说都是有好处的。国家之间的贸易其实也一样，通过自由贸易，世界上的资源可以实现最有效的分配，为每个国家带来贸易收益。政府对贸易的任何阻碍都会导致资源分配的低效，进而减少贸易收益。

（二）绝对优势理论的构建

在对重商主义批判的基础上，亚当·斯密提出了自由贸易的思想，也就是绝对优势理论。该理论是建立在一系列假设之上的。

假设1： 世界上仅有两个国家——英国和法国。

假设2： 两个国家都只生产两种产品——毛呢和葡萄酒。

这两个假设实际上就是希望通过简化成两个国家、两种产品的情形从而使国际贸易更容易理解。

假设3： 在生产过程中只使用一种生产要素——劳动力。这一假设认为劳动力在一个国家内是同质的，没有熟练劳动和非熟练劳动的区别。生产单位产品所消耗的生产要素量表现为劳动力的消耗量，也就是单位产品的生产成本。生产成本的高低标志着生产该产品的特定国家的技术水平的高低。

假设 4：生产要素可以在一国范围内的各部门间自由流动，但不可以在国家之间移动。这意味着在一国市场范围内，生产要素的流动不受任何限制，表明在一国内各部门之间的工资水平都是相同的。但国与国之间没有生产要素的流动。

假设 5：两个国家的生产要素都被充分利用。这意味着一个部门产品产量的增加需要另一个部门生产要素的释放，即需要生产要素在各部门之间转移。

假设 6：当生产要素从一个部门转移到另一个部门时，多生产的产品的机会成本保持不变。也就是说，每增加一单位某一部门产品的产量，所放弃的另外一个部门产品的产量保持不变。

假设 7：两国之间均不存在技术进步和经济发展。这一假设表明两国生产产品的劳动生产率和生产成本保持不变，两国的劳动力数量保持不变。

假设 8：两国之间没有贸易壁垒，处于完全竞争状态。

假设 9：国际贸易中没有运输成本。

假设 8 和假设 9 都表明在两国之间开展贸易后，两国的相同产品可以在同一国际价格下进行交易。

亚当·斯密认为各国进行国际贸易的基础是各国之间生产技术的差别，而生产技术的差别主要通过各国间存在的劳动生产率和生产成本的绝对差别来衡量。如果一国在某种产品上具有比别国高的劳动生产率，那么该国在这一产品上就具有绝对优势（absolute advantage）；相反，一国对劳动生产率低的产品就不具有绝对优势，即具有绝对劣势（absolute disadvantage）。绝对优势也可间接地由生产成本来衡量：如果一国生产某种产品所需的劳动量比别国生产同样产品所需的劳动量要少，那么该国就具有生产这种产品的绝对优势，反之则具有绝对劣势。因此，绝对优势理论（theory of absolute advantage）可表述为：各国应该集中生产并出口其具有劳动生产率和生产成本绝对优势的产品，进口其不具有绝对优势的产品，其结果比自己什么都生产更有利。绝对优势理论又被称为绝对成本理论（theory of absolute cost）。

亚当·斯密的贸易理论可用数字来阐述。假定英国和法国都生产毛呢和葡萄酒两种产品。英国的一单位劳动可生产 5 匹毛呢或 3 桶葡萄酒，而法国的一单位劳动可生产 3 匹毛呢或 5 桶葡萄酒，如表 3-1 所示。

表 3-1 分工前

产品	英国	法国
毛呢（匹）	5	3
葡萄酒（桶）	3	5

由表 3-1 可见，英国在生产毛呢方面具有比法国更低的生产成本，即具有绝对优势；但在生产葡萄酒方面，英国的生产成本高于法国，法国在生产葡萄酒方面具有绝对优势。于是两国的劳动都转移到本国优势部门，生产自己的优势产品。英国集中生产毛呢而法国集中生产葡萄酒，英国向法国出口毛呢换取法国的葡萄酒。这样英国原来生产葡萄酒的工人转而生产毛呢后，英国共可生产 10 匹毛呢。而法国原来生产毛呢的工人转而生产葡萄酒后，共可生产 10 桶葡萄酒，如表 3-2 所示。

表 3-2　分工后

产品	英国	法国
毛呢（匹）	10	0
葡萄酒（桶）	0	10

英国用 5 匹毛呢去换法国的 5 桶葡萄酒，交换后英国比分工以前多了 2 桶葡萄酒，而法国则多了 2 匹毛呢，如表 3-3 所示。两个国家都从贸易中获得了好处，整个世界的福利都增加了。这就是分工和绝对优势所带来的好处。

表 3-3　交换后

产品	英国	法国
毛呢（匹）	10－5＝5	5
葡萄酒（桶）	5	10－5＝5

三、绝对优势理论的局限性

绝对优势理论解释了国际贸易产生的部分原因，也首次论证了贸易双方都可以从国际分工与交换中获得利益的思想。国际贸易可以是一个“双赢”的局面，而不是一个零和博弈。可以说，亚当·斯密把国际贸易理论纳入了市场经济的理论体系，创新了对国际贸易的经济分析。亚当·斯密的绝对优势理论的确描绘了一幅自由贸易的动人画卷，但同时也存在着严重的理论缺陷和局限性。

绝对优势理论要求一国出口商品的生产具有绝对优势，而如果某个国家连一个具有绝对优势的产品都没有，处于全面的绝对劣势，那么这个国家是否会在外界有力的竞争压力下被迫与世隔绝？在这种情况下是否还应该进行贸易？如果还进行贸易，是否还存在普遍的贸易利益？各国是否还应该坚持自由贸易的政策取向？这样一系列尖锐的理论问题和实践问题都不能从亚当·斯密的绝对优势理论中求得答案。

由此可见，亚当·斯密的贸易理论还只是停留在或者说还只是局限于对国际贸易实践中的某个特例（其实主要是针对当时英国这一特例）展开的研究，带有极大的局限性，还不是一种具有普遍指导意义的贸易理论。

相关案例

西伯利亚的毛皮贸易

毛皮贸易是 17 世纪俄国整个拓殖运动不可或缺的组成部分。依托西伯利亚丰厚的毛皮资源与西欧庞大的毛皮消费市场，毛皮贸易成为俄国拓殖西伯利亚的重要形式。

西伯利亚毛皮贸易的勃兴是多方面因素共同作用的结果。首先，丰富的毛皮资源是西伯利亚毛皮贸易迅速兴起的先决条件。西伯利亚素有“毛皮王国”之称，在乌拉尔山以东至楚科奇半岛的广袤区域生存着紫貂、狐狸、貂鼠、松鼠、海狸、狼、海獭等种类繁多的毛皮动物。其次，欧俄地区毛皮资源的枯竭加快了俄国人越过乌拉尔山脉寻找新毛皮产地的步伐。毛皮贸易是俄国传统的经济活动，10世纪至13世纪中叶，基辅就以“欧洲毛皮贸易仓库”著称，而在14—15世纪，诺夫哥罗德几乎垄断了西欧的毛皮供应，成为西欧毛皮产业中心。16世纪初俄罗斯中央集权国家形成之后，毛皮依旧是俄国出口贸易的主打商品。但经过俄国人几个世纪的肆意捕猎，16世纪下半叶北德维纳河流域和伯朝拉河附近的毛皮资源已趋于枯竭。为了继续向海外市场供应数量充足的毛皮商品，17世纪以后俄国毛皮兽捕猎活动基本上转移到西伯利亚地区。再次，毛皮的高额利润驱动着西伯利亚毛皮贸易的兴起。在西伯利亚品种繁多的毛皮中，以紫貂皮最为高档，享有“软黄金”“裘中之王”“金羊毛”等美誉，且由于拥有极高的保值增值功能，紫貂皮的价格愈益昂贵。17世纪，每索罗克紫貂皮的平均售价从20年代的32卢布涨至40年代的57卢布，到80年代高达104卢布。在半个多世纪的时间里，紫貂皮的价格增长了2倍多，有的甚至开出每张400～1 000卢布的天价。最后，毛皮凭借自身所代表的特殊含义而成为人们梦寐以求的物品，毛皮市场因而久盛不衰。毛皮作为一种奢侈品，向来是人们身份和社会地位的象征。在俄国，统治者经常将毛皮作为礼物赐予王室成员、有功之臣、宗教人士或外国君主，以维系统治阶级的内部团结、巩固对外关系。正是毛皮的特定寓意与功能使毛皮贸易在西伯利亚乃至俄国经济中处于显要地位。

在上述因素的推动下，西伯利亚毛皮贸易蓬勃兴起。在西伯利亚毛皮贸易的催生下，毛皮交易市场如雨后春笋般遍布俄国大城市。当时，西欧是西伯利亚紫貂皮的最大买家，据报告，1653年俄国经阿尔汉格尔斯克向西欧输送了总额为98 059卢布的西伯利亚毛皮，这表明毛皮在俄国与西欧的贸易中占有绝对优势地位。此外，西伯利亚毛皮在东方各国的毛皮市场上亦占有一席之地。1646年，俄国经阿斯特拉罕将价值4 251卢布的紫貂皮输入布哈拉；1665年，俄国向波斯输送了价值26 000卢布的紫貂皮和价值6 000卢布的带脐紫貂皮。17世纪中叶与中国建立直接联系之后，俄国开始将西伯利亚毛皮销往中国。当时，在俄国输入中国的商品中，85%～100%属毛皮。可见，西伯利亚毛皮贸易的兴起既有资源禀赋优势，又得益于巨大的毛皮消费市场。在多种因素的推动下，西伯利亚成为17世纪西欧毛皮供应中心。

西伯利亚毛皮贸易在俄国经济史上占有突出地位。对于俄国而言，毛皮贸易不但为俄国创造了巨额财富，减轻了俄国政府的财政压力，而且催生了众多新兴贸易中心，增强了俄国的经济实力及其在世界经济中的地位。对于西伯利亚而言，毛皮贸易作为支柱产业，不仅带动了西伯利亚工商业的勃兴，提高了当地经济发展水平，而且加强了西伯利亚与俄国各大城市的经济联系，从而逐渐将西伯利亚纳入正在形成中的全俄统一市场。东西方国家对毛皮的旺盛需求密切了西伯利亚与外部世界的经济联系，并助推西伯利亚成为17世纪世界闻名的毛皮供应中心。

资料来源：李巧．毛皮贸易与17世纪俄国的西伯利亚拓殖运动．世界历史，2021（1）：50-66.

第三节　比较优势理论

当一国在两种商品的生产中均居于优势地位，而另一国在两种商品的生产中均居于劣势地位，即没有绝对优势时，两国间能否开展贸易？这是绝对优势理论所无法回答的问题。另一位著名的英国经济学家大卫·李嘉图将亚当·斯密的绝对优势理论向前推进了一步，提出了比较优势理论。

一、比较优势理论的产生背景

从 1789 年法国大革命初期到 1815 年拿破仑滑铁卢战败的这一段时间，英国和法国几乎一直处于战争状态，战争影响了英国的贸易。由于英国是制造品出口国和农产品进口国，法国的封锁行动使英国粮食的相对价格提高，工业品厂商的利益受损。然而，英国的土地所有者却从多年的战争中获取了大量利润。战后英国的粮食价格下跌。在 1815—1846 年英国政府为维护地主贵族阶级利益而实行了《谷物法》。该法颁布后，英国粮价上涨，地租猛增，对地主贵族有利，却严重地损害了工业资产阶级的利益。昂贵的谷物使工人的货币工资被迫提高，工业成本增加，利润减少，削弱了工业品的竞争力；同时，昂贵的谷物也扩大了英国各阶层的吃粮开支，减少了对工业品的消费。《谷物法》还招致外国以高关税阻止英国工业品对它们的出口。为了废除《谷物法》，工业资产阶级采取了多种手段，宣传谷物自由贸易的好处。而地主贵族阶级则千方百计维护《谷物法》，他们认为，既然英国能够自己生产粮食，就根本不需要从国外进口，进而反对谷物的自由贸易。

这时，工业资产阶级迫切需要找到谷物自由贸易的理论依据。李嘉图顺势而为，在 1817 年出版的《政治经济学及赋税原理》中提出了著名的比较优势理论（theory of comparative advantage）。这是一项很重要的、至今仍然没有受到太大挑战的经济学普遍原理，具有很强的实用价值和经济解释力。李嘉图认为，英国不仅要从外国进口粮食，而且要大量进口，因为英国在纺织品生产上所占的优势比在粮食生产上所占的优势还大，所以英国应专门发展纺织品生产，以纺织品出口换取粮食，取得比较利益，提高商品生产数量。

二、比较优势理论的主要内容

作为古典政治经济学的重要人物，李嘉图与斯密一样，主张自由贸易，认为国际贸易对所有参加国都是有利的，因此，政府应该采取支持自由贸易或不干预的对外贸易政策。不过，李嘉图并非只是重复斯密关于自由贸易的好处，而是提出了更加系统的自由贸易理论。在其代表作《政治经济学及赋税原理》中，李嘉图阐明并论证了国际贸易的基础是比较优势，而非绝对优势。

比较优势理论的假设前提与绝对优势理论基本一样，除了强调两国之间生产技术存在相对差别而不是绝对差别之外。因此，在比较优势理论中，生产和贸易的模式是由生产技术的相对差别以及由此产生的相对成本差别决定的。

如表 3-4 所示，英国和法国同时生产毛呢和葡萄酒，英国生产一匹毛呢和一桶葡萄酒所需劳动量分别为 100 人/年和 120 人/年，而法国生产一匹毛呢和一桶葡萄酒所需劳动量分别为 90 人/年和 80 人/年。假设英国和法国分别有 220 单位和 170 单位的劳动，则分工前两国分别能生产 1 匹毛呢和 1 桶葡萄酒。按照斯密的绝对优势理论，在上述情况下，英法两国之间不会发生贸易。这是因为法国的这两种产品的生产成本都比英国的低，即法国在这两种产品的生产方面都具有绝对优势；而英国则相反，它不能提供任何一种可以比法国更便宜的产品。

表3-4　分工前

产品	英国	法国
毛呢（人/年）	100	90
葡萄酒（人/年）	120	80

但是，李嘉图认为即使在上述情况下，英法两国之间仍然能够进行对双方都有利的贸易活动。李嘉图首先计算了两个国家生产两种产品的劳动成本比例，结果表明：对于英国来说，法国毛呢的劳动成本比例为 90/100＝0.9；葡萄酒的劳动成本比例为80/120＝0.67。也就是说，法国的这两种产品的生产成本都比英国的低，毛呢的成本为英国的 0.9，葡萄酒的成本为英国的 0.67，但两相比较，葡萄酒的成本相对于英国更低，因而优势更大。相对于法国，英国的这两种产品的生产成本都比较高，毛呢为 100/90＝1.11，葡萄酒为 120/80＝1.5，但两相比较，毛呢的生产成本相对低一些，因而具有相对优势。这就是比较成本或比较优势的意义之所在。接着，李嘉图根据“两利相权取其重，两害相权取其轻”的分工原则指出，法国应分工生产葡萄酒，英国应分工生产毛呢，这样，两国都能从国际分工中获得好处，如表 3-5 所示。

表3-5　分工后

产品	英国	法国
毛呢（匹）	(100＋120)/100＝2.2	0
葡萄酒（桶）	0	(80＋90)/80＝2.125

由表 3-5 可知，尽管英法两国总的劳动量投入没有增加，但由于实行了国际分工，世界总产出增加了，其中葡萄酒增加了 0.125 桶，毛呢增加了 0.2 匹。这再一次证明了分工对提高劳动生产率的作用。

最后，李嘉图还指出，国际贸易可以使分工导致的产量增加转变为各国消费水平的提高。当然，这还取决于贸易条件。按照李嘉图的假定，两种商品的国际交换比例为1∶1。据此，如果法国以 1.1 桶葡萄酒与英国的 1.1 匹毛呢相交换，那么两国国内消费量的变化情况如表 3-6 所示。

由表 3-6 可见，在进行国际贸易后，英法两国在两种产品上的消费量都比分工前增加了。

表3-6　交换后

产品	英国	法国
毛呢（匹）	2.2－1.1＝1.1	1.1
葡萄酒（桶）	1.1	2.125－1.1＝1.025

综上所述，李嘉图用比较成本的概念来分析国际贸易产生的基础，建立了比较优势理论。比较优势理论认为：虽然一国在两种商品的生产上较另一国均处于绝对劣势，但

只要处于劣势的国家在两种商品的生产上劣势的程度不同，处于优势的国家在两种商品的生产上优势的程度不同，则处于劣势的国家在劣势较小的商品生产方面具有比较优势，处于优势的国家则在优势较大的商品生产方面具有比较优势。两个国家分工专业化生产和出口各自具有比较优势的商品，进口各自处于比较劣势的商品，则两国都能从贸易中得到利益。简而言之，“两利相权取其重，两害相权取其轻”。

三、比较优势理论的局限性

比较优势理论尽管自李嘉图提出至今已有 200 多年，但仍不失为指导一般贸易实践的基本原则，然而它也存在一定的局限性。在与绝对优势理论基本相同的假设条件下，比较优势理论把复杂多变的国际经济状况抽象成静态的、凝固的状态，与现实的国际经济状况有一定的差距。尽管这些假定基本上是合理的和有意义的，但毕竟使得由此得出的比较优势理论与现实的国际经济状况相去甚远。这在一定程度上削弱了比较优势理论的实用性。事实上，现代国际贸易理论都力图突破这些假定，争取最大限度地接近国际贸易现实，以增加贸易理论的实用性和可操作性。

四、比较优势理论的扩展

（一）多产品模型——D-F-S 模型

李嘉图的比较优势模型仅包含两种产品，但现实世界中商品贸易的种类要多得多。由此，我们需要引入多产品模型。当前比较完整的多产品模型是由多恩布什（Dornbusch）、费希尔（Fisher）、萨缪尔森（Samuelson）三人建立的，并已成为现代大多数国际贸易教科书中的范例。其核心结论是：在一个经济体存在多种产品的情况下，一种产品总是由生产成本最低的国家进行生产并出口。

例如，用 w 与 w^* 分别表示本国与外国的单位劳动力工资，用 a_{Li} 与 a_{Li}^* 分别表示生产单位某种产品 i 的劳动投入量，则该产品的本国与外国生产成本分别为 wa_{Li} 和 $w^*a_{Li}^*$。若 $wa_{Li}<w^*a_{Li}^*$，即 $\frac{w}{w^*}<\frac{a_{Li}^*}{a_{Li}}$，就表明本国生产产品 i 的成本比外国低，本国与外国的相对工资比本国与外国在该产品生产上的相对劳动生产率低，那么本国在该产品生产的劳动生产率方面就具有比较优势，该产品就应由本国生产与出口；反之，则由外国生产并出口。

（二）多国模型——E-K 模型

李嘉图模型是以两国为基本假设条件的，但现实世界中从事贸易的国家并非两个，而是多达上百个。因此，需要引入多国模型，其中较为经典的当属 E-K（Eaton-Kortum）模型。该模型的核心，其实是一个包含现实地理特征的李嘉图贸易一般均衡模型。在该模型下，伊顿（Eaton）和科图姆（Kortum）使用 1990 年 19 个经济合作与发展组织国家的制造业、价格和地理数据估测了模型的相关参数，并利用模型探讨了各种问题，比如贸易收益、贸易在传播新技术中的作用和关税削减的影响等。通过这些研究，他们发现：

（1）在更加自由的世界贸易体系中，所有国家都会从中获益，但小国比大国获益更多。

（2）随着地理障碍水平的下降，制造业的中间投入往往向更便宜的大国转移。但当地理障碍水平下降到某种程度，即小国也可以低价购买中间产品时，地理障碍水平的进一步下降将会逆转这一趋势。

（3）一个国家技术水平的提高几乎能提高世界各地的福利。但是，只有与技术来源地接近，并且能够灵活压缩国内制造业规模的外国，其获益大小才能最接近本国。

（4）几乎每个国家都能从多边贸易自由化中受益，但若美国单方面降低关税，其将会蒙受损失。并且根据区域内劳动力流动情况，欧洲区域一体化可能会通过贸易转移损害参与国，或者通过恶化贸易条件损害附近的非参与国。

E-K 模型虽然成功地解释了贸易量，但并没有解决贸易模式的决定问题。一些学者以 E-K 模型为基础，在李嘉图模型框架内分析了贸易模式的决定问题：一方面为李嘉图贸易模式提供了补充，另一方面也为实证分析提供了理论支持。

相关案例

比较优势的改变促成“双循环”战略的实施

历史经验表明，发展中大国在经济发展的初期，需要以外向型经济发展战略为主导，充分利用外部市场，销售自己的农产品和为数有限的自然资源产品，以换取购买资本品所需要的外汇。进而在获得一定的进口资本品后，购买先进的机器设备，以便与本国相对丰裕的劳动力结合，高效率地生产劳动密集型产品，逐步形成劳动密集型产品的生产和出口优势。在本国生产能力有限的情况下，其产量对国际市场上该商品的市场价格没有影响。由于该国享受较高的世界市场价格，在其成本相对较低的情况下，产品出口所获得的收入乃至利润是非常大的。这就为该国积累更多的资金创造了条件，从而可以进一步扩大生产规模。然而，伴随生产和出口规模的扩大，该国产品的出口供应会影响到产品的市场价格。同时，伴随 GDP 的增长，丰裕生产要素——劳动力的工资水平也会提升，劳动密集型产品的生产成本上升，产品竞争力下降，其在市场竞争中的份额就会缩减。由此，要求该国产业升级，以便寻求新的比较优势。而且，伴随发展中国家人均收入水平的提高，国内需求逐步增强，内需成为企业销售高质量产品的主要市场。因此，要求最初实施出口导向战略的发展中大国经济发展实施战略性转变，逐步向内需驱动型战略转移。

改革开放 40 多年来，中国经济积极参与国际经济大循环，抓住经济全球化的重大机遇，在实施外向型经济驱动方面取得了很大的成就，不仅实现了由农产品向制成品生产和出口优势方面的转变，也在一定程度上实现了由低级制成品向高端制成品生产和出口优势方面的转变，成为制成品的出口大国。目前，我国是全球制造业部门最为齐全的国家，但还没有成为制造业强国。由于多种原因，我们的一些关键技术还没有过关，某些产品的关键部件还不能生产。国际竞争特别是战略产业竞争，要求我们在供给方面提高自己的科技创新水平，从以贸易促发展向科技促发展、科技投入促发展的方向转变，以提高我国在全球价值链中的竞争力和掌控能力。

从经济全球化的角度看，自20世纪90年代以来，跨国公司为追求高额利润，将生产过程按照各生产地点的成本优势，分布到全球的各个地方，在全球范围内形成了生产链，也将就业机会分布到全世界。中国要抓住难得的历史机遇，积极使自己有比较优势的生产加工环节融入全球生产链和价值链，借助外资、外力发展生产，提高加工能力，参与到经济全球化生产从而是收入分配之中。尽管中国在全球化中获得的利益占比较小，但在总量上却带动了中国经济的发展，促进了劳动力就业水平和收入水平的提高，为中国在经济总量上成为全球位居第二位的国家做出了贡献。

但是，我们也看到，随着中国经济总量由1980年的4 588亿元人民币上升到2019年的99.1万亿元人民币，人均国民生产总值超过1万美元，人民日益增长的美好生活需要和不平衡不充分的发展之间的矛盾日趋突出，国内对高质量产品的需求要求中国制造的质量更高，品种更加多样化。同时，随着人均收入水平的提高，劳动密集型产品的成本优势在逐步弱化，这就要求我们在供给上实施产业升级，在需求上实现向内需驱动为主的发展战略转变。这就意味着，中国在很大程度上要依据内部需求结构的调整驱动产业结构的调整。

资料来源：佟家栋，刘程，张俊美."双循环"的逐步实施与战略转型.南开学报（哲学社会科学版），2021（1）：1-7.

本章练习题

一、不定项选择题

1. 重商主义贸易理论认为贸易是（　　）。

A. 正和博弈　　B. 零和博弈

C. 国际分工　　D. 财富

2. 下列选项中属于绝对优势假设的是（　　）。

A. 世界上仅有两个国家且两个国家均生产两种商品

B. 在生产过程中只使用一种生产要素，且要素能够被充分利用

C. 生产要素可以在国家之间及国内的各部门之间自由流动

D. 两国之间没有贸易壁垒，且处在完全竞争状态

3. 若德国和英国在同一劳动时间内分别生产10码毛呢、15码麻布和10码毛呢、20码麻布，那么，基于比较优势理论的分工格局为（　　）。

A. 英国生产并出口毛呢

B. 英国生产并出口麻布

C. 德国生产并出口毛呢

D. 德国生产并出口麻布

4. 李嘉图的比较优势理论指出（　　）。

A. 贸易导致不完全专业化

B. 一个国家即使不具有绝对成本优势，也可以从出口绝对成本劣势相对较小的产品中获益

C. 与不具备绝对成本优势的国家相比，具有绝对成本优势的国家可以从贸易中获利更多

D. 两个国家专业化生产和出口各自具有比较优势的商品，进口各自处于比较劣势的商品，两国都能从贸易中得到利益

5. 绝对优势理论和比较优势理论都是一种主张（　　）的传统理论。

A. 自由贸易　　B. 保护贸易

C. 国家干预　　D. 国家干预与自由放任相结合

二、判断题

1. 重商主义者主张实行自由贸易，反对政府对贸易的干预政策。（　　）

2. 根据绝对优势理论，一国参加国际贸易并获利的条件是该国至少有一种产品在生产中的劳动生产率高于贸易伙伴国。（　　）

3. 比较优势是指一国在生产某种产品时比另一国更有效率。（　　）

4. 在机会成本递增条件下，比较优势理论仍然有效，参加贸易的国家仍然可以从国际贸易中获益，国际分工也能达到完全专业化的程度。（　　）

5. 在古典国际贸易理论中，生产要素指的是劳动和资本。（　　）

三、简答题

1. 简述重商主义的主要思想及其理论局限性。

2. 简述绝对优势理论与比较优势理论的区别与联系。

3. “世界上最穷的国家没有什么可出口的，因为它们没有什么资源——它们的资本和土地都不丰裕，甚至劳动力都不丰裕。”这一论断对不对？试用相关理论进行解释。

4. 简述比较优势理论的局限性。

第四章
新古典国际贸易理论

学习目标

1. 掌握要素禀赋理论的假设条件及基本概念。

2. 理解里昂惕夫悖论，掌握对其产生原因的不同解释，深化对要素禀赋理论的认识。

本章教学重点和难点为赫克歇尔-俄林模型在现代国际贸易中的应用。

中国视角

本章是对传统比较优势理论的拓展和延伸，主要关注了国际贸易发展对要素价格的影响，探究了里昂惕夫对传统贸易的实践检验。具体目标包括：

1. 政治认同：结合本章对要素禀赋理论以及要素价格均等化定理的分析，从理论层面理解现实世界中要素价格无法实现均等，进而正确认识发达国家和发展中国家工人工资差异的现状，深刻认识国家的开放政策的正确性。

2. 社会主义核心价值观：结合本章关于里昂惕夫悖论的内容，积极培养批判性思维和创新精神，积极探索理论和实践发展的真理，进而提升创新实践能力。

引导案例

中国与东盟农业合作潜力分析

据中国《2018年国民经济和社会发展统计公报》，中国2017年进出口总额为305 050亿元，其中，出口额为164 177亿元，进口额为140 874亿元，进出口差额为23 303亿元；“一带一路”沿线国家进出口总额为83 657亿元，出口额为46 478亿元，进口额为37 179亿元。而东盟进出口总额为38 788亿元，出口额为21 066亿元，进口额为17 722亿元。由此可见，东盟进出口总额占“一带一路”沿线国家进出口总额的46.4%，占中国进出口总额的12.7%。其中农产品相关贸易主要有谷物及谷物粉、大豆、食用植物油等。其中：谷物及谷物粉进出口数量达2 047万吨，金额达385亿元；大豆进出口数量达8 803万吨，金额达2 502亿元；食用植物油进出口数量达629万吨，金额达313亿元。这说明东盟国家已成为中国对外贸易的主要对象。东盟国家除了新加坡，其他国家经济相对落后，主要产业还是以传统农业为主，所以中国对东盟国家的贸易主要体现在农产品贸易方面，通过农产品贸易调整中国农业产业结构，有利于中国农业资源优化配置。

东盟位于亚洲东南部，由中南半岛和马来群岛组成，地理位置优越，地域热量充裕，降水丰沛，适宜热带作物生长；海域辽阔，海洋资源丰盛，是世界上最大的热带经济作物生产基地。根据《东南亚地区发展报告2017—2018》，东盟十国国土面积约为450万平方千米，面积最大的印度尼西亚达190万平方千米；总人口超过6亿，仅次于中国和印度，为农业生产经营活动提供了极其丰富的劳动力资源。中国与东盟各国在劳动力资源转移、人才培训等方面存在较大的合作空间。2017年东盟各国生产总值超过2.7万亿美元，成为继美、中、日、德、英之后的第六大经济体，是世界经济活跃主要地区之一。东南亚是世界稻米生产最多的地区，泰国、越南、缅甸有世界三大“谷仓”之称，印度尼西亚也是世界重要的稻米生产国。东南亚的棕榈油、橡胶、咖啡、椰子等的生产都在世界上占有重要地位，东南亚是世界上天然橡胶的最大生产地，其中，泰国、马来西亚、印度尼西亚三国橡胶产量之和占世界总产量的70%以上，泰国的种植面积约为200万公顷，有“橡胶王国”之称。越南的咖啡产量仅次于巴西，居世界第二。印度尼西亚的木棉、胡椒、金鸡纳霜（奎宁）产量均居世界第一。

资料来源：朱春江. 基于要素禀赋理论的中国与东盟农业合作潜力分析. 贵州农业科学，2020，48（5）：162-166.

19世纪末20世纪初，新古典经济学逐渐形成。在新古典经济学框架下对国际贸易进行分析的新古典国际贸易理论也随之产生，主要包括要素禀赋理论和里昂惕夫悖论。

第一节　要素禀赋理论

以李嘉图模型为核心的古典国际贸易理论围绕比较优势论证了国际贸易的基础。然而，比较优势又是如何产生的呢？古典国际贸易理论简单地认为比较优势源于各国劳动生产率的差异，并没有深入说明产生这种差异的原因。20 世纪 30 年代，瑞典经济学家伊莱·赫克歇尔及其学生伯蒂尔·俄林在继承古典国际贸易理论的基础上创立了要素禀赋理论（又称赫克歇尔-俄林定理，或简称 H-O 定理），从生产要素禀赋的角度解释了比较优势的根源。

一、要素禀赋理论的产生背景

众所周知，1929 年爆发了最严重的一场世界范围内的经济危机。在这场危机的打击下，欧美各主要资本主义国家经济迅速衰退，各国为使自己早日摆脱危机，都主张采取贸易保护政策。各国都试图加强对外商品倾销，同时提高进口关税，限制商品进口，这导致了激烈的贸易战。与此同时，进入 20 世纪的英国已呈颓势。随着英国经济的衰落，与其一同衰败的还有它曾大力倡导的自由贸易理论。此时贸易保护主义理论重新成为各主要国家对外贸易政策的重要理论基础。

瑞典是一个小国，国内市场狭小，对国外市场的依赖性很强，对外贸易极大地影响着瑞典的经济命运。面对这种贸易保护主义急剧抬头的趋势，瑞典经济学家赫克歇尔和俄林认为有必要从更深层次去探讨国际贸易的成因，如果能找到令人信服的证据，那么各国还会向自由贸易回归，这对瑞典极为重要。在这种经济背景的推动下，俄林继承其老师赫克歇尔的论点，于 1933 年出版了《区际贸易与国际贸易》一书。在该书中俄林深入探讨了国际贸易产生的深层原因，创立了要素禀赋理论。令俄林始料未及的是，要素禀赋理论受到西方学术界的特别重视，被誉为与李嘉图的比较优势理论并列的两块柱石之一，俄林也因此而获得 1977 年的诺贝尔经济学奖。

二、要素禀赋理论的主要内容

（一）要素禀赋理论的两个主要概念

1. 要素密集度

一般来说，给定资本和劳动两种生产要素以及 X 和 Y 两种产品，如果 X 产品在生产中投入的资本-劳动比率（K/L）大于 Y 产品在生产中投入的资本-劳动比率，那么，相对于 Y 产品，X 产品的生产更为密集地使用了资本这一生产要素。因此，X 产品是资本密集型产品，而 Y 产品为劳动密集型产品。

需要注意的是，在要素密集度的定义中所使用的标准不是 X 产品和 Y 产品在生产中所使用的生产要素绝对量，而是两种产品在生产中所使用的不同生产要素的相对量（即资本-劳动比率）。

2. 要素丰裕度

如果一个国家 A 的全部资本数量与全部劳动数量的比率高于另一个国家 B，即（K_A/L_A）>（K_B/L_B），则说明 A 国相对于 B 国来说是资本丰裕的，而 B 国是劳动丰裕的。

这里所说的资本-劳动比率也是一个相对量，而不是各国可获得的资本和劳动的绝对数量。因此，只要满足上述不等式，即使 A 国的资本总量小于 B 国，A 国相对于 B 国来说仍然是资本丰裕的。

（二）要素禀赋理论的假设条件

假设 1： 世界上只有两个国家——资本相对丰裕的国家和劳动相对丰裕的国家，使用两种生产要素——资本和劳动，生产两种产品——资本密集型产品和劳动密集型产品。这一假设旨在使理论分析简化。

假设 2： 两国生产同种产品的技术相同，但不同产品的生产技术存在差异。这一假设排除了各国同种产品的技术差异，以便从要素禀赋差异的角度考察比较优势的形成和国际贸易的发生。该假设指出不同产品的生产技术不同，由此可以区分产品是资本密集型的还是劳动密集型的。

假设 3： 两国在生产两种产品的过程中规模报酬不变。也就是说，两个国家多生产一单位产品所需的生产要素投入不变，而且在生产过程中随着资本和劳动投入的增加，生产要素投入与产量同比例增加。

假设 4： 两国的资源都得到了充分利用，而且各国可供利用的生产要素总量不变。这意味着两国都不存在闲置的生产要素，任何一个国家要扩大一种产品的生产，都必须从另一个产业部门中吸收资源，并造成另一个产业部门产量的下降。

假设 5： 在任何相对要素价格下，一种产品相对于另一种产品始终是资本密集型（或劳动密集型）的。这保证了两国在贸易前即具有不同的相对要素价格，在一国属于资本密集型的产品在另一国也必然是资本密集型的，在一国属于劳动密集型的产品在另一国也仍然是劳动密集型的。

假设 6： 在一国市场范围内，产品市场和要素市场都是完全竞争的。这说明所有产品生产者和消费者都是市场价格的接受者，同时生产要素市场上的供给者和需求者同样也是市场价格的接受者。完全竞争市场说明产品的价格等于生产成本；劳动和资本的价格等于其边际生产力。

假设 7： 生产要素在国内完全自由流动，但在国家之间不发生流动。生产要素在国内自由流动的假定意味着劳动和资本能够毫无阻碍地从收益较低的部门流向收益较高的部门。因此，国内各部门同种生产要素的价格在均衡时必定是相等的。生产要素不能在国家间流动意味着两国之间可以存在生产要素的价格差异。

假设 8： 两国在两种产品的生产上的专业化分工都是不完全的。这说明贸易后两国仍然生产两种产品。

假设 9： 两国的需求结构相同。这说明贸易后两国消费者消费产品的结构相同，即两国两种产品消费的相对比重相同。这一假定省却了对复杂的需求因素的考虑，以便集中考察要素供给差异对国际贸易的影响。

假设 10： 两国进行贸易没有运输成本，没有关税和其他贸易壁垒。这主要是保证贸易后，两国的产品价格和要素价格能够实现均等化。而运输成本和各种人为贸易壁垒对自由贸易的干扰会阻碍国际产品价格和国际生产要素价格实现完全均等化。

（三）要素禀赋理论的内容

通过对上面两个主要概念以及假设条件的解释可知，资本丰裕的国家资本的价格

（即利率）相对较低，因而生产资本密集型产品的生产成本较低，进而使得资本密集型产品的价格较低。而劳动丰裕的国家劳动的价格（即工资）相对较低，因而生产劳动密集型产品的生产成本较低，进而使得劳动密集型产品的价格较低。由于两国在劳动密集型产品和资本密集型产品上存在价格差异，国际贸易便有了产生的基础。

要素禀赋理论的基本内容为：在各国生产要素存量一定的情况下，一国将出口较密集地使用其丰裕的生产要素的产品，进口较密集地使用其稀缺的生产要素的产品。简言之，劳动相对丰裕的国家将出口劳动密集型产品，进口资本密集型产品；而资本相对丰裕的国家将出口资本密集型产品，进口劳动密集型产品。

总之，在各国要素需求一定的情况下，各国的要素禀赋决定了要素的相对价格，要素供给丰裕则其成本低、价格相对便宜，反之，要素供给稀缺则其成本高、价格相对昂贵。在产品和要素价格相互影响、相互决定的机制中，生产要素供给即要素禀赋的差异可被用来说明国际贸易发生的根本原因。

下面，我们举个例子来说明要素禀赋理论。①

假设日本和澳大利亚使用劳动和土地两种要素，生产小麦和纺织品两种产品，两国生产小麦和纺织品的生产技术即两种产品的要素比例相同。日本劳动力相对丰富，因而劳动力价格相对便宜；澳大利亚土地相对丰富，因而土地价格相对便宜。要素禀赋的差异决定了两国在小麦和纺织品生产上的比较成本差异。

在表 4－1 中，$(a_1/b_1):(a_2/b_2)=(21/14):(7/21)=(3/2):(1/3)$。因此，日本纺织品 b_1 的成本比较低，澳大利亚小麦 a_2 的成本比较低。因此，根据要素禀赋比率造成的比较成本差异，日本和澳大利亚分工的格局应该是：日本生产纺织品并向澳大利亚出口，澳大利亚生产小麦并向日本出口。

表 4－1　要素比例、要素价格与比较成本

		要素比例		要素价格		比较成本
		劳动	土地	劳动	土地	
日本	小麦（a_1）	1	5	1 日元	4 日元	21 日元
	纺织品（b_1）	10	1	1 日元	4 日元	14 日元
澳大利亚	小麦（a_2）	1	5	2 澳元	1 澳元	7 澳元
	纺织品（b_2）	10	1	2 澳元	1 澳元	21 澳元

三、要素价格均等化定理

要素价格均等化定理是指，在要素禀赋理论框架下，国际贸易将最终导致贸易参加国之间的相对和绝对生产要素价格实现均等。这样，国际贸易便可完全替代生产要素的国际流动。

要素价格均等化的过程可以做如下推导。假设 A 国为资本丰裕的国家，B 国为劳动

① 案例选自范家骧的《国际贸易理论》（人民出版社，1985 年版，第 25 页）。

丰裕的国家；X 为资本密集型产品，Y 为劳动密集型产品。由于 A 国资本比较丰裕，所以贸易前资本的价格——利率较低；而 B 国劳动比较丰裕，所以贸易前劳动的价格——工资率较低。国际贸易发生后，A 国将大部分生产要素用于生产 X 产品，这必然会引起对资本需求的增加。在资本的总供给量一定的情况下，要吸引更多的资本流向资本密集型产品的生产部门，该部门就要提高利率。同时，由于 A 国减少了劳动密集型产品 Y 的生产，所以对劳动力的需求会减少。当然，这也会减少该部门对资本的需求，但由于 Y 产品是劳动密集型的，所以对劳动需求的减少程度大于对资本需求的减少程度。这一过程的结果就是劳动力的工资率下降。从总体上看，国际贸易使得 A 国的资本价格上升而劳动力价格下降。

同样地，对于 B 国，国际贸易会使 B 国劳动力价格上升而资本价格下降。在两方面的共同作用下，当国际贸易处于均衡时，两国资本和劳动的相对价格和绝对价格必然相等。只要国家之间的要素价格还存在差异，国际贸易就会继续发生，贸易规模将进一步扩大。而贸易规模的扩大将会进一步缩小两国之间的要素价格差异，直至要素价格均等化得以完全实现，这时两国之间的产品价格也达到了完全一致。国际贸易的规模会稳定在当前的水平上，各国开放经济下的均衡也得以实现。

由于赫克歇尔和俄林只是对要素价格均等化做出了简单的推论，而萨缪尔森则进行了严格的推理和证明，所以，经济学界又把要素价格均等化定理称为赫克歇尔-俄林-萨缪尔森定理（又称 H-O-S 定理）。

四、理论的局限性

要素禀赋理论和要素价格均等化定理是在比较优势理论基础上的一大进步，有其合理的成分和可借鉴的意义。大卫·李嘉图假设两国进行物物交换，国际贸易起因于劳动生产率的差异，而要素禀赋理论是用等量产品的不同货币价格（成本）比较两国不同的产品价格比例，两国的交换是货币交换，两国的劳动生产率相同，寻求通过产要素禀赋的差异解释国际贸易产生的原因和国际贸易产品结构以及国际贸易对要素价格的影响，研究更深入、更全面。要素禀赋理论具有一定的实用价值。例如，国家间产品相对价格的差异是国际贸易的直接原因，即一国某种生产要素丰富，要素价格低廉，因而出口该要素密集型产品具有比较优势；某种生产要素稀缺，要素价格昂贵，因而进口这种要素密集型产品对本国有利。这些观点或结论既有理论意义，也有政策意义。

但是，要素禀赋理论和要素价格均等化定理具有明显的局限性。要素禀赋理论和要素价格均等化定理所依据的一系列假设条件都是静态的，忽略了国际、国内经济因素的动态变化，使理论难免存在缺陷。就技术而言，现实是技术不断进步，而技术进步能使老产品的成本降低，也能产生新产品，所以会改变一国的比较优势格局，使比较优势产品升级换代，扩大贸易的基础。再以生产要素为例，各国生产要素远非同质，新旧机器总归有别，熟练工人与非熟练工人也不能相提并论。再看同种要素在不同国家的价格，全然不是如要素价格均等化定理所指出的那样会随着产品价格均等而渐趋均等，发达国家与发展中国家工人工资的高低悬殊、利率的差距，足以说明现实世界中要素价格无法均等。

第二节 里昂惕夫悖论及其解释

相关案例

投入产出分析法

瑞典皇家科学院在授予里昂惕夫诺奖的公告里评价，里昂惕夫创立的投入产出分析方法是“独一无二、无与伦比的”。

华西里·里昂惕夫 1906 年出生于俄国圣彼得堡。1921 年，他进入苏联列宁格勒大学，先后学习过哲学、社会学和经济学等专业，主攻社会学。1925 年，年仅 19 岁的里昂惕夫以优异成绩毕业，取得社会学硕士学位，并留校任助教。同年，他移居德国，进入柏林大学学习。在柏林大学期间，里昂惕夫师从著名经济学家冯·博特基威茨学习数理统计学，并任著名经济史学家 W·桑巴特的助手。凭借优异成绩和极富创见的研究成果，他于 1928 年取得哲学博士学位。

1927—1930 年，里昂惕夫在德国基尔大学世界经济研究所工作，其间，1929 年他曾来中国担任过国民党政府铁道部顾问。1931 年，他由德国移居美国，先后任美国国家经济研究局研究助理、哈佛大学经济学教授、纽约大学经济学教授和经济分析局局长。

早在里昂惕夫 1925 年在柏林读书时，就于德国出版的《世界经济》杂志上发表了《俄国经济平衡：一个方法论的研究》，首次阐述了其投入产出思想。

移居美国后，他正式开始进行投入产出分析法的研究工作。1936 年他发表了《美国经济体系中投入产出的数量关系》一文，阐述了美国 1919 年投入产出表的编制工作、投入产出理论和相应的模型、资料来源和计算方案。1941 年，他出版了关于投入产出分析的第一本专著《美国经济的结构：1919—1929 年》。第二次世界大战期间，各国政府为加强对经济的干预和控制，需要一个相当科学和精确的计算工具。投入产出法逐渐引起了美国政府和经济学界的重视。为研究美国的战后生产和就业问题，美国劳工部聘任里昂惕夫指导编制 1939 年的美国投入产出表。1944 年，该表完成后，美国劳工部立即用该表来预测美国 1945 年 12 月的就业情况，并对 1950 年美国就业情况和各经济部门的产出做了预计。后来美国的经济发展情况证实了预测的准确性。此后，美国政府定期编制全国投入产出表，作为国民经济核算和决定经济政策的依据。

里昂惕夫首创的投入产出分析法以一般均衡理论为基础，基于线性代数的方法分析经济系统中各部门间的商品和资金流动，并构建投入产出表来分析一个部门的需求波动对其他部门和整个经济体系产生的影响。具体而言，投入产出分析由部门间交易表（ITT）、直接需求表（DRT）和总需求表（TRT）三个表组成。ITT 和 DRT 表明了控制部门内部和部门之间的中间产品和劳务销售的部门间关系。TRT 则显示了各个部门为满足最终需求而进行的商品、劳务的生产和买卖。这些表格综合起来可反映一家生产企业、一个生产部门甚至整个国民经济的情况。

投入产出分析法最主要的应用是进行经济预测，还能被用来研究某项经济政策的实施将对社会经济产生的影响，以及被用来研究一些专门的社会问题，如环境污染问题、人口问题、世界经济结构等。这一分析方法不只被广泛应用到各种长期、短期预测和计划，还被应用到完全不同经济制度下的预测和计划。

迄今为止，几乎所有国家和地区都已编制了本国和本地区的投入产出表，联合国也将这一方法规定为成员的国民经济核算体系中的重要组成部分。

资料来源：张乐．华西里・里昂惕夫：投入产出分析之父——1973 年诺贝尔经济学奖得主．中国经济评论，2021 (8)：82－83.

一、里昂惕夫悖论

赫克歇尔-俄林定理问世以后，逐渐为大多数人所接受，成为国际贸易的主流理论。第二次世界大战后初期，贸易理论的主要研究方向是运用经验资料对模型进行检验。其中，最引人注目的实证工作由美籍学者里昂惕夫完成，他所发表的检验结果在国际经济学界引起了强烈反响，这就是著名的“里昂惕夫悖论”，又称“里昂惕夫之谜”。

里昂惕夫运用其发明的投入产出分析法对美国 1947 年的数据进行了计算，以验证美国的贸易结构同赫克歇尔-俄林定理的结论是否一致。但结果显示：美国出口的是劳动密集型产品，进口的是资本密集型产品。但根据常识判断，美国资本相对丰裕而劳动相对稀缺，于是，验证结果与赫克歇尔-俄林定理发生矛盾，从而出现所谓的里昂惕夫悖论。其后，一些学者利用其他年份或其他国家的数据进行检验，都得出了类似的验证结果。

二、里昂惕夫悖论的解释

里昂惕夫悖论被提出后，经济学家纷纷从不同角度对里昂惕夫的验证结果进行探讨，试图解释里昂惕夫悖论产生的原因。其中，较为典型的观点主要有以下五种。

（一）自然资源稀缺说

在要素禀赋理论中，只考虑劳动和资本两种生产要素，而忽略了诸如土地、森林、矿藏等自然资源要素。自然资源要素与资本之间有一定的替代性，如果生产一种产品的自然资源不足，就必须采用先进、复杂的设备，投入大量的资本。一些研究表明，美国的多数进口商品正是其自然资源稀缺的产品。自然资源稀缺产品如果在国内生产，必须投入较多的资本，且生产成本较高。而对于出口国来说，这些产品是自然资源密集型产品，所需投入的资本较少，成本较低。这样，就会导致里昂惕夫悖论。

（二）人力资本说

要素禀赋理论假设各国同类要素是同质的。但实际情况是，美国的劳动与其他国家的劳动相比，具有更高的效率，而美国的高劳动生产率得益于劳动者对教育、职业培训、卫生保健等方面的投资，即人力资本（human capital）投资。由此看来，美国是人力资本相对丰裕的国家。因此，美国出口的产品也是人力资本密集型产品。要素禀赋理论将劳动看作是同质的，并得出美国出口的产品是劳动密集型产品的结论，由此导致里昂惕夫悖论。人力资本在决定美国的贸易模式上起着重要作用。这种观点是对里昂惕夫之谜最有说服力的一种解释。

（三）贸易壁垒说

要素禀赋理论是建立在自由贸易的假设基础上的，没有运输成本等各种贸易壁垒。但现实是，国际贸易中存在着大量的关税和非关税壁垒，这些壁垒人为地扭曲了贸易条件，使得产品的相对价格不能反映出真正的比较优势。有关资料显示，当时美国的贸易政策倾向于限制高技术的资本密集型产品的出口，阻止技术落后的劳动密集型产品的进口。正是这些人为的政策因素扭曲了美国的贸易模式。

（四）需求逆转说

要素禀赋理论假设两国的需求偏好是一致的，贸易模式完全取决于要素禀赋的差异。但是如果两国需求偏好的差异超过其在要素禀赋上的差异，就会出现所谓的需求逆转（demand reversal），从而造成与要素禀赋理论的推论完全相反的贸易模式。这种观点认为美国的需求强烈偏好资本密集型产品，从而使得其相对价格较高，因此，美国反而出口劳动密集型产品，进口资本密集型产品。

（五）要素密集度逆转说

在要素禀赋理论的基本模型中，假设X产品与Y产品的要素密集度之间的关系是不变的，即对任何一组要素价格，X永远都是资本密集型产品，而Y永远都是劳动密集型产品。如果在某些要素价格下，X是资本密集型产品，Y是劳动密集型产品，但在另外一些要素价格下，X变为劳动密集型产品，Y变为资本密集型产品，这时就发生了要素密集度逆转（factor intensity reversal）。这样一来，有可能发生这样一种情形：资本丰富的国家可以比较廉价地生产某种资本密集型产品，而劳动丰富的国家也可以比较廉价地生产同样一种产品，因为该产品在劳动丰富的国家是劳动密集型的而不是资本密集型的。

如果考虑到要素密集度逆转现象，里昂惕夫悖论就不难解释。美国出口的产品在其他国家看来是劳动密集型的，而在美国的生产中可能是资本密集型的。例如，美国的农业生产机械化程度很高，属于典型的资本密集型生产，但在一些落后国家，农业生产则是一种典型的劳动密集型生产。

本章练习题

一、不定项选择题

1. 赫克歇尔-俄林提出了（　　）理论。

A. 绝对成本　　B. 比较成本　　C. 动态比较成本　　D. 要素禀赋

2. 要素禀赋理论认为产生国际贸易的直接原因是（　　）。

A. 劳动生产率的国际差异　　B. 价格的国际差异

C. 自然资源的国际差异　　D. 资本生产率的国际差异

3. 如果一个劳动丰富的国家与另一个资本丰富的国家进行自由贸易，那么将出现（　　）。

A. 两国工资水平都会相对于资本成本上升

B. 两国工资水平都会相对于资本成本下降

C. 前一国家的工资会相对于后一国家上升

D. 前一国家的工资会相对于后一国家下降

4. 根据俄林的要素禀赋理论，一国从国外进口的商品应当是（　　）。

A. 该国相对稀缺的生产要素密集的产品

B. 该国相对丰裕的生产要素密集的产品

C. 外国技术较为先进，价格较低的产品

D. 本国与外国需求相似的产品

5. 人力资本说用对人力投资的差异来解释美国对外贸易商品结构符合（　　）。

A. 赫克歇尔-俄林定理　　B. 里昂惕夫悖论

C. 比较成本学说　　D. 劳动熟练说

二、判断题

1. 在要素禀赋理论中，如果一国工人平均占有的资本量多于其他国家，那么该国在资本密集型产品上具有比较优势。（　　）

2. 要素禀赋理论推测贸易将引起劳动丰裕国家的相对工资水平下降。（　　）

3. 里昂惕夫悖论是指工业化国家间比工业化国家与发展中国家间更容易发生贸易。（　　）

4. 要素禀赋理论推测贸易将引起劳动丰裕国家的相对工资水平上升。（　　）

5. 里昂惕夫悖论所要说明的是每一个国家都应生产和出口密集使用本国稀缺要素生产的产品，进口密集使用本国丰裕要素的产品。（　　）

三、简答题

1. 为什么国际贸易会使各国生产要素的价格比率趋向一致？

2. 为什么俄林认为要素价格均等化只是一种趋势？

3. 如何理解如下陈述：“世界上一些最贫穷的国家找不到什么产品出口。它们没有什么资源是丰裕的，它们的资本和土地都不丰裕。在一些又小又穷的国家里，甚至连劳动也不丰裕”？

4. 美国国内的工资水平存在巨大差异。例如，东南部制造业工人的工资比西海岸地区同行的工资低20%。要素价格均等化定理为什么不能被用来解释上述现象？

5. 分析说明为什么里昂惕夫等人的研究结果会与要素禀赋理论相矛盾。

第五章 国际贸易新理论

学习目标

1. 了解国际贸易新理论的主要理论，熟练掌握各种新理论的主要观点，并了解当代国际贸易新理论的发展。

2. 充分掌握不同国际贸易新理论之间的联系与差异。

3. 重点掌握国际贸易新理论发展进程中对微观企业生产率等指标变化的讨论，正确理解微观市场主体在国际贸易新理论形成过程中的核心地位。

本章教学重点和难点为明确主要的国际贸易新理论产生的背景和发展历程，进而了解比较优势理论在不同阶段贸易理论中的动态演进。

中国视角

本章教学以国际贸易动态发展中比较优势的演进为基础，分析以国际贸易发展实践为指导的国际贸易新理论的产生与发展，进而进一步明确中国对外贸易比较优势的动态发展。具体目标包括：

1. 政治认同：通过本章对中国对外贸易实践的介绍，了解中国对外贸易的发展特征及对外贸易政策的制定完全契合中国对外贸易的发展实际，符合比较优势动态发展的理论规律，从而充分认识国家开放政策的正确性及它们对中国经济发展的重要指导意义。

2. 社会主义核心价值观：以国际贸易理论的动态发展为引导，理解国际贸易理论是对国际贸易实践发展的正确反映，进一步养成批判性思维以及勇于探索和创新的精神。

引导案例

论产业内贸易与企业内贸易的关系

已有的产业内贸易模型中，“需求多样化”是产业内贸易的一个至关重要的决定因素。所谓“需求多样化”中的“需求”，实际上是指最终消费的需求，而不是资本品的需求。一般认为，随着国际经济一体化的发展，资本品的标准化程度高于消费品。资本品的高度差异不但不利于国际标准化的推广实施，而且不利于资本品规模效应的充分发挥，并增加了厂商的生产成本。基于生产要素无法跨国流动的假设条件，使得产业内贸易理论对资本品的产业内贸易解释相对苍白。相关研究表明，发达国家相互对外直接投资以及相伴而生的企业内贸易可能降低了相互之间最终产品的产业内贸易水平，但与此同时却提高了彼此之间资本品的产业内贸易水平。对企业内贸易的深入研究很可能会找到一种弥合国际贸易理论与国际直接投资及跨国公司理论长期割裂的行之有效的方法和途径，使国际贸易理论与跨国公司理论在统一的逻辑和理论框架内实现有机融合，从而促进国际贸易的理论创新。

资料来源：李俊．论产业内贸易与企业内贸易的关系．经济评论，2000（5）：25－27.

国际贸易新理论产生于20世纪70年代，是运用新的方法对第二次世界大战后的国际贸易发展所做出的理论思考。第二次世界大战后，随着科学技术的进步、生产力的不断发展以及国际政治经济形势的相对稳定，国际贸易的规模越来越大，国际贸易的商品结构和地区分布与第二次世界大战前相比发生了很大变化，并且出现了很多新的现象。按照新古典国际贸易理论，大部分国际贸易应发生在要素禀赋不同的国家，而第二次世界大战后大部分国际贸易却发生在发达国家之间。发达国家之间的要素禀赋相似，它们之间的贸易是如何获利的呢？此外，第二次世界大战后出现了同一产品的国际贸易。相似产品投入的要素比例基本相同，为什么会出现这种类型的贸易？这显然与传统贸易理论相矛盾。这些贸易实践对贸易理论的挑战成为贸易理论变革的契机，激发经济学家立足当代贸易实践，应用新方法、确立新视角、创立新学说，由此产生了一系列理论。这些理论被称为国际贸易新理论或新贸易理论。

第一节　产业内贸易理论

20世纪中叶后，第三次科技革命的蓬勃兴起推动了生产力的巨大进步，促进了世界经济的发展，同时国际分工的广度和深度亦获得了空前的发展。分工的形式由原来的产业间、垂直型分工①转化为产业内、水平型分工②。相应地，国际贸易的形式也由产业间贸易转化为产业内贸易。产业内贸易理论正是解释同一产业内差异产品在不同国家或地区间双向流动的理论，由格鲁贝尔（H. G. Grubel）、劳埃德（P. J. Loyld）和兰开斯特（K. J. Lancaster）等经济学家提出。

一、产业内贸易的概念与分类

（一）产业内贸易的概念

产业内贸易（intra-industry trade）是指一个国家或地区，在一段时间内，同一产业部门产品既进口又出口的现象。产业内贸易是相对于产业间贸易而言的，是同一产品的双向流动，因此产业内贸易又称双向贸易（two-way trade）或重叠贸易（overlap trade）。

（二）产业内贸易的分类

（1）根据贸易是发生在不同生产过程之间还是发生在同一生产过程的不同阶段之间，产业内贸易可以分为水平型产业内贸易和垂直型产业内贸易。水平型产业内贸易不包括中间产品的贸易，而垂直型产业内贸易包括中间产品的贸易。

（2）根据贸易产品的差异性，产业内贸易可分为水平差异产品产业内贸易和垂直差异产品产业内贸易。

①水平差异产品是指同一类产品具有一些相同的属性，但这些属性的不同组合会使产品产生差异。如混凝土中黄沙、水泥和碎石混合比例的不同使得混凝土有几百个品种，这便是水平差异产品。

②垂直差异产品中的差异是指产品品种上的差异，是同类产品中不同等级或质量上的差异。如同一品牌的汽车有不同的车型，型号即是汽车等级和质量的表现，这便是垂直差异产品。

二、产业内贸易的一般规律

（1）从要素禀赋的角度看，两个国家的生产要素禀赋差异越小，其产业内贸易比重越大。从生产或供给的角度看，产业内贸易取决于向消费者提供产品的异质性，取决于该产品生产的技术进步水平。异质产品可能以相同的技术被生产出来，也可能含有完全相同的物质成分。可见，产业内贸易并不取决于生产要素的内容。

（2）从需求的角度看，两国的人均收入越高，并且两国的人均收入差距越小，则两国间的产业内贸易比重越大。因为相对于高收入阶层而言，低收入阶层消费者对产品的需求具有简单化和标准化的特点，对产品品质不会产生特殊的要求。随着人均收入的增

---

① 垂直型分工是指经济技术发展水平相差悬殊的国家（如发达国家与发展中国家）之间的国际分工。这种分工是一部分国家供给初级原料，而另一部分国家供给制成品的分工模式。例如，发展中国家生产初级产品，发达国家生产工业制成品，这是不同国家在不同产业间的垂直型分工。

② 水平型分工是指经济发展水平相同或接近的国家（如发达国家以及一部分新兴工业化国家）之间在工业制成品生产上的国际分工。

长，消费者的需求会变得多样化和个性化，从而表现出对异质产品的旺盛需求。另外，收入水平决定消费结构，两国人均收入差异不显著，会导致两国间的需求结构有很大的相似性。相似的需求结构和对差异化的个性产品的追求，必然使两国间产业内贸易内容广泛，比重较大。

(3) 从区位的角度看，两国间相距越近，则产业内贸易的比重越大。两国较近的地缘关系、相似的生产特征和相似的消费习惯，加之运输成本低廉和便于开展边境贸易等有利于产业内贸易的因素，使产业内贸易比重相对较大。

(4) 从产业或产品的角度看，产业内贸易的规律是：具有异质产品产业的产业内贸易比重会大于具有同质产品的产业；具有先进技术和革新工艺产业的产业内贸易比重会大于具有简单技术和技术相对停滞的产业；存在大量中间产品产业的产业内贸易比重会大于中间产品较少的产业。

三、产业内贸易理论的主要内容

产业内贸易理论从产品的异质性、需求偏好的相似性和多样性以及规模经济三个角度来解释产业内贸易现象。三者之间的关系是：产品的异质性能满足不同层次、不同消费习惯的消费者的需求，因而是产业内贸易的基础；需求偏好的相似性和多样性使厂商有利于克服社会政治制度、政策、文化不同而造成的市场隔离，便于产品进入全球市场，因而是产业内贸易的动因；规模经济能让可进行大规模生产的国家在产品成本方面具有竞争优势，有条件占领国外市场而获利，因而是产业内贸易的利益来源。具体分析如下：

（一）产品的异质性是产业内贸易的基础

如果不同国家相同产业部门的产品进行贸易和交换，那么这些产品的绝大部分不是同质产品而是存在广泛差异的异质产品。异质产品的特征就是产品的差异性特征，具体表现为同类产品的质量性能的差异，规格型号的差异，使用材料的差异，色彩及商标牌号的差异，包装装潢的差异，广告、售前售后服务的差异，企业形象与企业信誉的差异，等等。任何国家都不可能完全生产所有差异产品，而必须专业化生产其中一部分以获取规模经济利益。因此，产品的异质性是产业内国际分工和产业内贸易的基础。

（二）需求偏好的相似性和多样性是产业内贸易的动因

产品的异质性为产业内贸易的产生提供了可能性，而产业内贸易的内在动力来自不同国家需求结构的多样性和相似性。产业内贸易理论与收入偏好相似理论是相互关联的。

人均收入水平是决定购买力水平和购买商品结构的重要因素。国家之间人均收入水平差距越大，社会消费需求结构差异就越大，国家之间的产业结构和产品结构差异也就越大。因此，国家之间发生产业间贸易的可能性越大，发生产业内贸易的可能性就越小。反之，国家之间人均收入水平越相近，社会消费需求结构越相似，国家之间的产业结构和产品结构也就越相似。这样，发生产业内贸易的可能性越大，而发生产业间贸易的可能性越小。

需求偏好的相似性对于产业内贸易的发生是必要条件而非充分条件，充分条件在于消费需求偏好的多样性，即人均收入水平越高，消费需求结构越复杂，从而产品差异的重要性就越大。反之，人均收入水平越低，消费需求结构越简单，消费者对产品差异的重视程度就越低，只追求产品的主要使用价值。由此可见，需求偏好的相似性和多样性是产业内贸易的动因。

（三）规模经济是产业内贸易的主要利益来源

产业内贸易是以产业内的国际分工为前提的。产业内的国际专业化分工越精细、越多样化，不同国家的厂商就越有条件减少产品品种和规格型号，从事更加专业化的生产。专业化生产有助于厂商采用更加专业化、更高效率的生产设备，从而提高生产效率，降低成本。生产厂家之间的国际专业化分工越细，越有利于扩大生产规模，扩大市场规模，充分实现企业生产的规模经济效应①。这说明规模经济是产业内贸易的主要经济利益来源。

四、产业内贸易的衡量

格鲁贝尔和劳埃德在研究产业内贸易时，曾以指数 B 来测量产业内贸易的程度：

$$B=1-\frac{|X-M|}{X+M}$$

式中，X 与 M 分别代表同一产业的产品的出口值和进口值。B 的最大值为 1，最小值为 0。当某一产业产品的进口、出口相等，即 $X-M=0$ 时，B 取最大值 1；但当某一产业只有进口没有出口或只有出口没有进口，即没有产业内贸易时，B 取最小值 0。

第二节　规模经济理论

要素禀赋理论中有三个假设：假设商品市场和要素市场均为完全竞争市场，不存在垄断因素，也不存在规模经济；假设贸易双方的需求结构相同，即排除需求因素对贸易的影响；假设两国生产同种产品的技术相同，即生产的产品具有同质性。规模经济理论认为完全竞争的假设在现实中并不存在，在现实经济中由垄断竞争②所造成的规模经济使规模报酬递增，已成为当代国际贸易的重要影响因素。因此，随着第二次世界大战后经济的迅速发展、收入水平的不断提高、消费者需求的多样化，消费者对产品质量的要求也不断提高。消费者偏好和需求因素对国际贸易的影响不容忽视。随后，科技创新与技术进步使产品不断更新换代，而且原有的产品也日趋多样化，质量不断提高，这使要素禀赋理论中的产品同质性假设在某种程度上失去了现实意义。

---

① 规模经济是指在一定的产量范围内，随着产量的增加，平均成本不断降低的事实。规模经济效应的存在是由于在一定的产量范围内，固定成本被认为变化不大，新增的产品可以分担更多的固定成本，从而使总成本下降。

② 垄断竞争是指一个市场中有许多厂商生产和销售有差异的同种产品。

一、规模经济的含义

20 世纪 70 年代，格雷和戴维斯等人对发达国家之间的产业内贸易进行了实证研究，从中发现：产业内贸易主要发生在要素禀赋相似的国家，产业内贸易产生的原因是产品的差异性和规模经济的相互作用。在产业内贸易的过程中，对差异产品的需求增加不仅没有提高产品价格，产品价格反而有普遍下降的趋势。这一结果的产生便是由于规模经济的作用。规模经济是指在一定的产量范围内，随着产量的增加，平均成本不断降低的事实。换言之，规模经济是指随着生产规模的扩大、单位生产成本的降低而产生的生产效率的提高。由表 5-1 中的某行业投入产出表我们可以看出，规模经济就是随着生产规模的扩大，平均劳动投入时间减少，从而单位成本降低，生产效率得以提高。依据规模经济的来源，规模经济可分为内部规模经济和外部规模经济。

表 5-1　某行业投入产出表

产出（件）	总劳动投入（小时）	平均劳动投入（小时）
5	10	2.000 0
10	15	1.500 0
15	20	1.333 3
20	25	1.250 0
25	30	1.200 0

（一）内部规模经济

内部规模经济是美国经济学家张伯伦首先提出的一个经济学概念。内部规模经济是指生产差异产品的单个厂商由自身生产规模的扩大所获得的生产成本的显著节约或生产效率的大幅提高。换言之，内部规模经济是指厂商的平均成本随自身生产规模的扩大而下降。

如图 5-1 中厂商的平均成本（AC）曲线所示，在内部规模经济条件下，企业规模越大，竞争优势越大，即大企业具有成本优势。这些行业中的企业通常面临的市场是不完全竞争的。

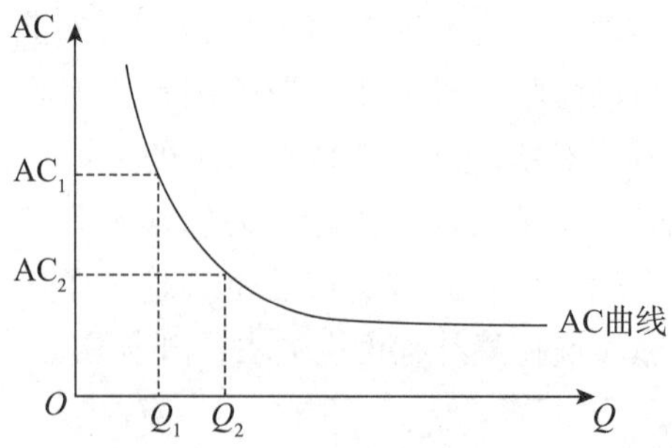

图 5-1　厂商的平均成本曲线

（二）外部规模经济

外部规模经济是由英国经济学家马歇尔首先提出的经济学概念。外部规模经济是指单个厂商从同行业其他厂商的扩大中获得的生产效率的提高和成本的节约。也就是说，外部规模经济的实现依赖于产业的整体规模，而不是单个厂商的规模。如图 5－2 所示，随着行业规模的扩大，行业供给曲线由 S 曲线移动到 S′曲线；相应地拉低了行业平均成本曲线，由 AC 曲线降低到 AC′曲线。外部规模经济产生的原因是集聚效应。在同一行业中企业数量的增加和相对集中有利于同一产业内不同生产商的专业协作和专业化供应商的配套服务，同时也有利于资源、信息等方面的共享和转移，从而使整个产业的生产效率得以提高，所有厂商的平均成本下降。外部经济一般存在于竞争性很强的同质产品行业中。在这类行业中，企业数量多，但企业的规模小。企业即便无法从自身规模扩大中获取内部规模经济，也能从产业的不断壮大中获取外部规模经济。

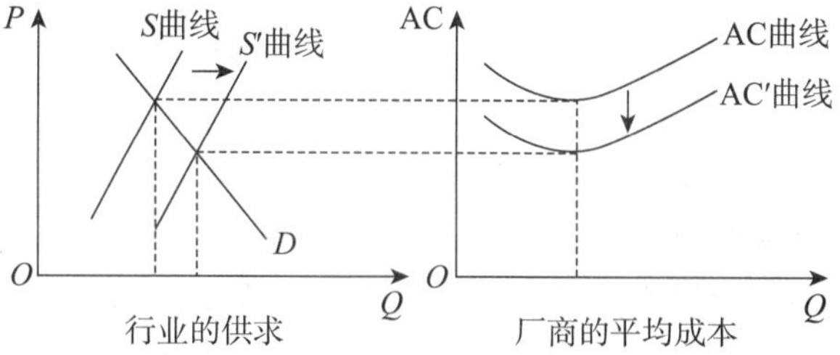

图 5－2　外部规模经济

二、规模经济与国际贸易

假定有 A、B 两国，且拥有的生产要素和消费偏好相同，生产某种产品的技术也相同。如果按照赫克歇尔-俄林模型，这两个国家的成本和价格比率相同，就没有进行互利贸易的基础。

但是，我们可以假定 A 国具有较大的国内市场，从而更易于实现规模经济，而 B 国则恰恰相反，国内市场狭小，只能小规模地、高成本地生产某种产品。具有较大国内市场的 A 国在实现规模经济后，产品的生产成本较低，因而产品的价格也低。而 B 国只能小规模地生产，成本较高，相应地产品价格也高。所以，在国际市场上 A 国因其商品价格较低而具有比较优势，而这一比较优势的基础来源于规模经济。在国际贸易中，A 国将出口这种以规模经济为基础的、它具有比较优势的产品，进口其他国家具有比较优势的产品。

规模经济意味着物质资本、人力资本等生产要素的高度集中。规模经济效应充分发挥与否，有赖于市场的不断开拓。同时，开拓国际市场必须和国内市场联系，以国内市场为依据。一般来说，没有国内需求的产品是不太可能走向国际市场的。国内市场容量不同，对规模经济的影响不同，从而造成各国经济利益的差别。各国从自身角度出发，会采取不同的贸易政策，鼓励或限制这种差别。

正如上文所假设的，A 国市场容量大于 B 国，某产品在 A 国形成规模经济，A 国产品更具有竞争力。为了扩大国际市场以及获取更多的利润，A 国必然主张实行贸易自由化，反对各种形式的贸易壁垒和限制性措施。从理论上讲，B 国从 A 国进口这种产品对双方都有好处，但是同一产业或者产品，在各国经济发展格局中的地位是不同的，每个国家都有自己特殊的经济利益。如果对 B 国而言，这种产品的发展对其他相关产业的带动作用很大，那么 B 国必然高举保护的旗帜，实行一定程度的贸易控制，抵制国外产品的价格优势，以扶持本国产业的发展。

规模经济需要集中巨额资金，进行大量智力投资，需要在一定的经济发展过程中才能逐步形成，但是政府政策的适当干预和引导能够加速这一过程。

三、垄断竞争、规模报酬递增与国际贸易

克鲁格曼的新贸易理论认为：除了资源差异外，规模经济是国际贸易的起因于贸易利益来源的又一独立决定要素，并于 1978 年在其博士学位论文中首次将基于 DS 模型框架的垄断竞争模型推广至开放条件下，首次证明了规模经济与差异产品是国际贸易中产业内贸易的原因。

在克鲁格曼的新张伯伦模型中，假定条件为：

（1）一国只有一种生产要素——劳动，且供给固定。

（2）在一国有许多厂商生产某种产品，每个厂商都生产 X 商品中的某一品种，能够生产的 X 商品不同种类的数目没有限制，且厂商可以自由进入和退出该产业。

（3）每个厂商在生产产品时，生产函数一致。

（4）假定每个消费者的效用函数都相同，且每增加一单位任何品种的消费，总效用相同。消费的品种越多，总效用增加得越多。

由模型对称性可知，每一厂商都会以同样的平均成本生产出同样数量不同品种的 X 产品，并以同样的价格出售。封闭条件下总劳动的供给固定，于是生产厂商的数目，即产品种类可以确定。而当模型处于开放条件时，可以通过如下讨论完成对产业内贸易的解释：假定另外一个国家与本国在所有方面一致。如果两国之间进行贸易，就会发生相异产品的国际贸易。其中，一国生产与另一国完全相同品种的厂商会进行自愿调整，从而在规模经济条件下，两国开展国际贸易后的长期均衡是每个产品的品种都只有一个厂商生产，且该厂商仅存在于两国中的一国。根据前面对消费者效用函数的假定可知，消费者由于可消费产品品种的增加，效用水平随之增加。于是，两国开展产业内贸易后，双方均从中获益。

新贸易理论的主要发现可概括为：在开放条件下，虽然人均消费量减少了，但消费者福利由于可供消费产品品种的增加而上升；对每个国家的消费者来说，可供消费的产品总量变多了；在世界市场上，总产品种类减少，厂商总数目减少，但厂商产量变大了。克鲁格曼模型同以往模型相比，着重强调了产品多样性所带来的消费者福利，为衡量贸易所得提供了更多的工具。更重要的是，克鲁格曼的这一分析框架指出，贸易的基础不一定是由两国之间技术或者要素禀赋上的差异所造成的成本价格差异，扩大市场从而获得规模经济也是企业愿意出口的重要原因之一。

相关案例

D－S 垄断竞争模型的由来与基本内容

不论是在国际贸易理论方面还是在经济增长理论方面，人们均日益发现“规模经济”是问题的核心。尽管人们可以在完全竞争的框架下对外部规模经济问题进行研究，但内部规模经济却无法和竞争性的市场结构兼容。在 D－S 模型被提出以前，由于内部规模经济模型的求解极为复杂且一般不能求出均衡解，更不用说进行福利分析和比较了，因而人们不得不借助于外部性、溢出效应和干中学等似是而非的概念，将研究局限于外部规模经济的分析。不论是经济理论本身还是对经济的显式解释，都要求一种能够对内部规模经济和垄断竞争的市场结构进行严格分析的理论框架，D－S 模型则为该问题的解决提供了简要的基本方法。

迪克西特和斯蒂格利茨在论文中指出，经济学中的一个基本问题是：一个市场能否导致社会最优的产品数量和产品种类？分配不公、外部效应和规模经济都是导致不完全市场结构并使得市场均衡解偏离社会最优解的原因。他们的主要目的是对其中的内部规模经济进行分析。基于此，他们首先构造了著名的迪克西特－斯蒂格利茨效用函数（D－S 效用函数，后被引申为 D－S 生产函数），然后依次在效用函数具有不变弹性、可变弹性和非对称性的情形下求出其市场均衡解，并分别在每种情形下对市场均衡解和社会最优解进行了比较。

总的来看，D－S 模型的核心内容体现在消费和生产两个方面：第一，通过构造一个包含产品种类的 D－S 效用函数，推导出了特定形式的需求函数和张伯伦曲线；第二，通过假定每种产品的生产都具有不变的固定成本和边际成本（这意味着成本函数具有平均成本递减和边际成本不变的性质，从而呈现出内部规模经济的特征），然后结合需求函数和新厂商自由进入的条件，求得每个厂商的均衡产量、均衡价格和产品种类数量。

上述内容是 D－S 模型的核心，也是新古典贸易理论和新增长理论予以借鉴和应用的重要方面。同时，D－S 模型的主要贡献，是为考虑产品种类的垄断竞争模型提供了简要的分析框架。正如迪克西特和斯蒂格利茨在论文引言部分所指出的，尽管兰开斯特的产品特性法、霍特林的空间模型法以及均方差资产选择模型也对产品种类进行了模型化，但这些间接的方法较为复杂，难以进行一般均衡分析和进一步应用。可以看到，在新贸易理论和以罗默模型为基础的新增长理论中，D－S 模型均构成了其基本的逻辑起点。

资料来源：改编自 MBA 智库关于迪克西特－斯蒂格利茨模型的描述。

第三节　需求偏好相似理论

瑞典经济学家林德（S. B. Linder）在 1961 年出版的《论贸易与转型》（*An Essay on Trade and Transformation*）一书中提出了需求偏好相似理论。林德在其理论中指出了要素禀赋理论的不足，认为要素禀赋理论只能解释初级产品，尤其是资源密集型初级产品的贸易方式，而不能解释制成品，尤其是资本密集型制成品的贸易方式。工业化国家之间的制成品贸易要应用新的贸易理论，并且这种新的贸易理论不能仅从供给方面分析，而是必须从需求角度寻求答案。林德认为发达国家之间制成品贸易的种类、范围、流量是由各国需求因素决定的。需求偏好相似理论主要包括以下三个方面内容。

一、国内需求是出口贸易的基础

林德认为，一国企业生产的产品首先是以满足国内市场需求为条件的，其次才考虑出口到国际市场，满足国际市场的需求。换句话说，出口只是国内生产和销售的延伸。企业不可能去生产一种国内不存在的产品。企业为满足消费者的需求而生产产品。国内企业对国外市场的熟悉程度不及国内市场，因此，在最初阶段，企业更看重国内市场的获利机会。企业首先是在了解国内需求的基础上满足国内市场的需求。在生产过程中，生产者不断进行技术革新，实现规模经济，增加产量，降低成本。当国内市场制约了企业生产规模的进一步扩大的时候，生产企业便会开拓相对不熟悉的国际市场，通过产品出口扩大生产，增加盈利。

二、贸易规模取决于两国需求偏好相似的程度

既然可供出口的商品一定是国内需求的产品，那么两国的偏好越相似，相互之间开展贸易的机会便越大，因为任何一国生产的产品都可能在另一国找到市场。需求偏好相似的两国的贸易量要大于需求偏好有较大差异的两国的贸易量。如果两国需求结构完全一致，则一个国家所有可能进出口的产品同时也是另一个国家可能进出口的产品。因此，两国需求偏好相似的程度决定了相互之间开展贸易的可能性和规模，是两国开展国际贸易的基础。

三、一国的需求结构取决于该国的平均收入水平

林德假定世界上不同国家的消费者如果收入水平相同，其偏好也相同。因此，人均收入水平不同的国家，其需求结构也不同。从消费品的需求看，一方面，收入水平低的国家需要的主要是生活必需品，而收入水平高的国家不仅需要生活必需品，而且需要高品质的耐用品；另一方面，由于收入分配不均，富国的低收入阶层与穷国的高收入阶层会有类似的需求，所以，无论是从国家还是从家庭的角度看，收入水平与消费结构都有一个很强的相关关系。因此，两国需求偏好的重叠部分使得两国间的贸易成为可能。从资本品的需求看，在大多数情况下，人均收入由现有资本品存量决定，而已有资本数量又决定了对新的资本品的需求。资本丰裕即人均收入较高的国家相对需要更多高级装备和设施。相应地，人均收入较低的国家相对需要更多不那么高级的装备和设施。但同时，人均收入较低的国家对高质量资本品也有一些需求，正如人均收入较高的国家对低品质资本品也有一些需求一样。重叠的需求同样使国际贸易成为可能。平均收入水平越高，对消费品的质和量的要求就越高；平均收入水平越高，对先进的资本设备的需求就越高。因此，若两国人均收入相同，需求偏好相似，两国间的贸易范围就可能很大。但如果人

均收入水平相差较大，需求偏好相异，两国贸易则会存在障碍。

综上所述，由于出口范围由需求决定，需求结构又由人均收入水平决定，所以，两国的人均收入水平越接近，两国的偏好和需求结构就越类似，两国的产品构成就越类似，两国相互满足对方需求的能力就越强，两国间的贸易也就越密集。

第四节　产品生命周期理论

规模经济理论较好地解释了要素禀赋相同、技术水平相近和需求偏好相似的国家之间的贸易，在一定程度上解决了赫克歇尔-俄林模型留下的问题。但随着知识、技术密集型产品贸易量的不断增大，国际贸易中又出现了一个新的现象：作为技术创新产物的知识密集型产品均是在以美国为代表的西方发达国家创造发明的，随着产品标准化程度的提高，该产品的生产和出口才逐步由发明国转向其他国家。美国经济学家弗农（R. Vernon）于 1966 年在其《产品周期中的国际投资和国际贸易》（International Investment and International Trade in the Product Cycle）一文中提出了产品生命周期理论（theory of product life cycle），对上述现象进行了解释。根据产品在国际贸易中的动态变化，弗农将产品生命周期划分为三个阶段，即产品创新阶段、产品成熟阶段和产品标准化阶段。该理论建立在波斯纳（R. A. Posner）的技术差距论的基础上，认为产生这种周期的原因在于各国技术进步的贡献不同。

一、技术差距论

技术差距论（technological gap theory）又称创新与模仿理论，由美国经济学家波斯纳于 1961 年在《国际贸易与技术变化》（International Trade and Technical Change）一文中提出。这一理论把国际贸易与技术差距的存在联系起来，指出技术差距是国际贸易的原因。波斯纳在描述技术差距时提出了模仿时滞的概念。

波斯纳把从某种新技术的发明到其他国家掌握该种新技术的这段时间称为模仿时滞（imitation lag）。模仿时滞可分为如下三类：（1）需求时滞（demand lag），指新产品出口到其他国家，一时因消费者尚未注意或不了解，而不能取代原有的老产品所需的时间；（2）反应时滞（reaction lag），指一个国家在新产品进口后，需求逐渐增加，使进口国的生产商感到不能再按照旧的方法生产老产品，因此要进行调整来生产新产品所需要的一段时间；（3）掌握时滞（mastery lag），即模仿国从开始生产到达到创新国同一技术水平，国内生产扩大，进口变为零的时间间隔。

需求时滞的长短主要取决于两国的收入水平差距和市场容量差距，差距越小，长度越短，如图 5-3 所示。反应时滞的长短主要取决于企业家的决策意识和规模效益、关税、运输成本、国外市场容量及居民收入水平等因素。如果技术创新国家在扩大新产品的生产中能够获得较多的规模效益，运输成本较低，进口国关税税率较低，进出口国家的市场容量差距及居民收入水平差距较小，创新国就有利于保持出口优势，延长反应时滞；否则，创新国就容易失去这种优势，反应时滞将缩短。掌握时滞的长短主要取决于技术模仿国吸收新技术的能力，吸收新技术能力强则时滞较短。

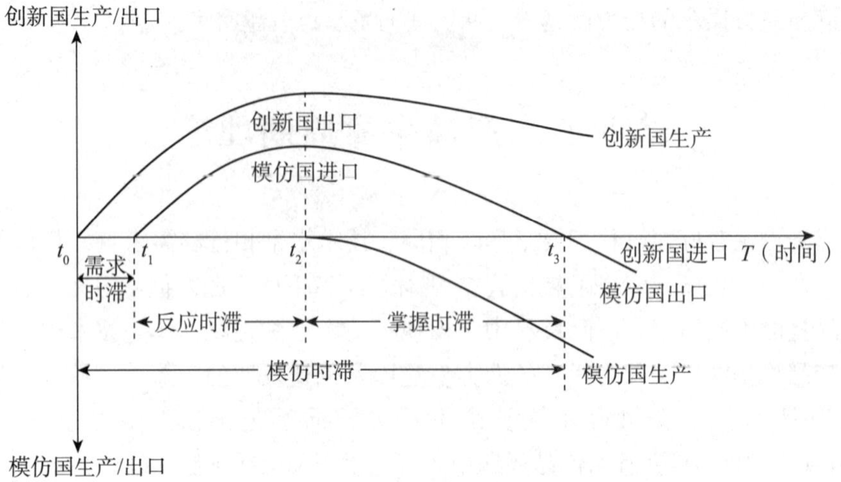

图 5-3　技术差距与模仿时滞

关于技术差距与国际贸易的关系，波斯纳认为，新产品总是在工业发达国家最先问世，新产品在国内销售之后进入国际市场，创新国便获得了初期的比较优势。这时，其他国家虽然想模仿生产新产品，但由于与先进工业国家之间存在技术差距，需要经过一段时间的努力才可能做到。在这段时间内，创新国仍保有在该产品上的技术领先地位，其他国家对该产品的消费仍需通过进口得到满足，所以技术差距所引起的国际贸易必然继续进行。

技术差距论的核心在于，持续的创造发明过程会导致贸易的产生。即使是那些要素禀赋和需求偏好相似、在一个静态的赫克歇尔-俄林世界里不会展开贸易的国家之间，技术进步也会导致贸易。但是技术差距论对某些国家为何处于技术领先地位，而其他国家却处于落后地位则缺乏说服力，而产品生命周期理论则能对这些现象做出分析和阐述。

二、产品生命周期理论的主要内容

一种新的产品从其诞生、发展到衰退乃至被替代的过程被称为该产品的生命周期。弗农将市场学的产品生命周期与技术进步结合起来阐述国际贸易的形成与发展，这一分析使比较优势理论从静态发展到动态。弗农将产品生命周期分为产品创新阶段、产品成熟阶段和产品标准化阶段。这些阶段构成产品的生命周期，并对国际贸易产生重要影响。

（一）产品创新阶段

产品创新阶段是新产品的研究与开发阶段。这时由于产品的设计和生产都需改进和完善，需要科学家、工程师和高技术熟练工人的大量劳动，所以，那些技术力量雄厚、国内市场广阔的发达国家占据优势地位。此时的产品属于技术密集型产品。在产品创新阶段，生产者数目很少，产品缺乏相应的替代品，又主要满足高消费群体的需要，所以产品的价格较昂贵。创新国企业垄断着世界市场，国外的富有者和处于创新国的外国人开始购买这种产品，产品开始出口。

（二）产品成熟阶段

在产品成熟阶段生产技术已经扩散且日趋成熟，研究与开发要素已不那么重要，经营管理水平和销售技术成为产生比较优势的重要条件。因此，那些同样拥有丰富的人力资本和科技力量的发达工业国开始享有比较优势。此时的产品也由技术密集型产品变成了资本密集型产品。参与竞争的生产者大量增加，生产成本也趋于下降，消费需求的弹性加大，厂商只有降低价格才能扩大自己的销路。各工业国的进口量逐渐减少，并开始与创新国一起竞争发展中国家的市场。

（三）产品标准化阶段

在这一阶段，由于该种产品的生产技术已完全成熟，技术本身的重要性已经完全消失，非价格竞争已由价格竞争替代，低工资的劳动要素开始成为产生比较优势的重要条件。因此，那些拥有丰富的非熟练劳动力资源的发展中国家享有生产和出口的比较优势。此时产品的资本密集程度较产品成熟阶段更高。各厂商产量不断增加，加之工资水平也低，所以生产成本开始下降，各国生产者之间展开激烈的价格竞争。发展中国家的出口量不断增加，并最终占领创新国市场，甚至占领各工业国市场。

产品生命周期的长短，与产品标准化、新技术扩散的速度密切相关。近年来，一些产品的生命周期，即新产品从发明国投入生产开始，到模仿国在第三国市场上完全替代发明国为止的时间越来越短。这使得一些依靠新技术与新产品来维持国际竞争力的国家要想保持优势，必须越跑越快。而在这一过程中，发明国从推出新技术和新产品中获得的好处也很快被模仿国获得。这一过程往往又伴随着发达国家向劳动力便宜的发展中国家的直接投资。

产品生命周期理论说明，当一种新的产品在创新国的生命周期结束时，这种产品的生命周期在其他发达国家仍继续着。当其他发达国家大量出口该种产品时，有一些发展中国家也会开始仿制发达国家的产品，进而同发达国家展开各种市场竞争，即按照产品生命周期不断地演进，直到发达国家的市场也被发展中国家的同类产品占据为止。总之，新技术与新产品的转移和扩散，一浪又一浪地向前传递和推进。目前美国正在生产和出口计算机、宇航、生物与新材料等新兴产品，其他发达国家生产和出口汽车与彩电等产品，纺织品与半导体则通过前两类国家产品生命周期的更迭而在发展中国家落户。

第五节　国家竞争优势理论

一个国家的竞争优势是由什么决定的？为什么特定的国家会成为特定产业中具有较强国际竞争力的企业的母国基地？传统国际贸易理论一直未能给出很好的答案。1990

年，美国哈佛大学商学院教授迈克尔·波特（Michael E. Porter）出版了《国家竞争优势》一书，提出了国家竞争优势理论（theory of competitive advantage of nations），较好地回答了这一问题。

波特从微观、中观和宏观三个层次分析了一国的竞争机制。微观与中观层次分别从企业与行业的角度做出分析，而宏观竞争机制分析又可分为六个因素，即生产要素、需求因素、相关与支持性产业、企业的战略结构与竞争、机遇以及政府。前四项是一国宏观竞争机制的基本构成因素，是构成“钻石模型”（又称“菱形理论”）的四个部分。波特还从动态的角度分析了一国经济发展的四个阶段，即生产要素导向阶段、投资导向阶段、创新导向阶段和财富导向阶段。自 20 世纪 90 年代以来，波特又对他的国家竞争优势理论做了进一步的发展，将菱形理论与区位理论（经济地理）结合起来，提出了“产业集聚理论”，又称“新竞争经济学”。下面我们对波特的主要理论进行说明。

一、钻石模型

波特认为，一个国家的竞争优势主要体现在该国的企业、行业的竞争优势上。而一国企业、行业竞争优势的获得有赖于生产率的提高，生产率又根植于一国和地区的竞争环境。因此，要找寻一个国家在某种产业上的国际竞争优势就必须从国家的四个环境因素入手，它们是生产要素、需求因素、相关与支持性产业，以及企业的战略结构与竞争。由上述四个关键因素形成的钻石体系关系到一个国家的产业或产业环节能否成功。同时，该体系也是一个双向强化的系统，其中任何一个因素的效果都必然影响到另一个因素的状态。当企业获得钻石体系中任何一个因素的优势时，该优势因素也会帮助企业创造或者提升在其他因素上的优势。这四个基本因素相互影响，彼此互动，构成了如图 5-4 所示的钻石模型。

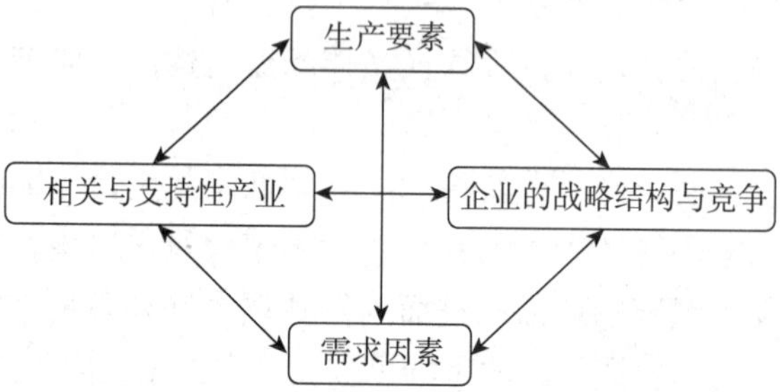

图 5-4 国家竞争优势的决定因素

（一）生产要素

生产要素即一个国家的基本条件，包括自然资源、人力资源、基础设施、资本资源和知识资源。这些要素可以被进一步划分为基本要素（basic factors）和高级要素（advanced factors）。基本要素是指不需要花费多少代价就能得到的要素，如非熟练劳动力、自然资源等。高级要素是指需花费很大代价才能得到的要素，如高科技、熟练劳动力等。对国家竞争优势的形成而言高级要素更为重要。在特定条件下，一国在基本要素上的劣势往往成为该国企业开发高级要素的动力，这个国家仍然有可能成为具有竞争优势的国家，从而创造出动态竞争优势。日本便是这种现象最明显的例子。作为一个严重缺乏可耕地和自然矿产资源的国家，日本通过国民教育投资创造了丰富的高级要素。事实上，日本拥有庞大的工程师队伍，这就是日本在许多制造行业取得成功的关键所在。但这种转化需要满足如下条件：(1) 要素劣势刺激创新要有一定的限度，不可各方面都处于劣势，否则会被淘汰；(2) 企业必须从环境中接收到正确的信息；(3) 企业要面对相对有利的市场需求、国家政策及相关产业。

（二）需求因素

需求因素是指对某个行业产品或服务的国内需求性质。它是特定产业是否具有国际竞争力的另一个重要影响因素。内需市场的大小可以影响企业是否能够从规模经济中获益，同时，它也会影响企业改进、创新和发展的动力。从竞争优势的角度来看，国内市场的需求质量比需求数量更重要。本国市场要产生国家竞争优势还必须具备以下三个特色：

(1) 分割的市场需求。在大多数产业，需求是分隔的。一部分市场比其他市场更具全球性。如果本国需求相对于别国需求来说更具全球性，且该国内需市场的主要部分与国际市场的主要需求相同，而其他国家却没有这样的条件，该国的此种产业就很容易在国际市场上获得竞争优势。这是因为一国国民的普遍特殊偏好容易激发企业的创新动力。

(2) 内行而挑剔的消费者。波特认为，如果一国国内的消费者是内行而挑剔的，就会有助于该国企业赢得国际竞争优势，因为内行而挑剔的消费者会对本国企业产生改进产品质量、性能和服务等方面的压力。

(3) 国内市场的超前需求。如果本地消费者的需求具有超前性，代表了国际需求的发展趋势，那么为他们服务的本国企业也就相应地走在了世界同行业的前面，从而形成了本国企业开拓国际市场的一大优势。例如，荷兰人对鲜花特别喜爱并要求很高，因而在荷兰形成了庞大的花卉产业，使荷兰成为最大的鲜花出口国。

（三）相关与支持性产业

相关产业是指因共用某些技术、共享同样的营销渠道或服务而联系在一起的产业或具有互补性的产业。一个国家的产业要想获得持久的竞争优势，就必须在国内拥有具有国际竞争力的相关与支持性产业。如果一个国家有许多相互联系的有竞争力的产业，该国就很容易产生新的有竞争力的产业。相关与支持性产业之所以会对某一行业的竞争优势产生影响，其原因有：(1) 有助于发挥群体优势；(2) 有助于对互补产品需求的拉动；(3) 有助于促进信息在产业内的传递，节约信息成本；(4) 有助于密切上下游企业之间的合作，加快整个产业的创新速度。显然，是否具有发达、完善的相关与支持性产业，关系着主导产业能否降低生产成本，提高产品质量，交流产品信息，以促进产业创新和技术升级，最终建立起自己的产业优势。例如，日本的传真机产业的相关产业如复印机业、照相器材业、通信业都十分先进，当这些相关产业的企业进入传真机产业时，各自带来的新技术、新方法又使传真机产业迅速发展并在很短的时间里便成为世界领先的产业。

（四）企业的战略结构与竞争

企业的战略结构与竞争包括企业建立、组织和管理的环境及国内竞争的环境。各个企业由于环境不同，需要采用的管理体系也就不同。适合企业环境的管理方式能够提高该企业的国家竞争优势。例如一些消费资料部门，为了满足客户多样化的需求，赢得竞争优势，必须拥有精干灵活的组织结构；而制造大型机械或精密仪器的生产资料部门要赢得竞争优势，必须保持组织管理上的严格有序，形成规范的组织结构。波特同时强调，一个国家内部市场的竞争结构也会对该国企业的国际竞争力产生重大影响，激烈的国内竞争是创造和保持竞争优势的最有力的刺激因素，因为国内竞争会迫使企业不断更新产品、提高生产效率，以取得持久、独特的优势地位。此外，激烈的国内竞争还会迫使企业走出国门在国际市场上参与竞争。

除了上述四个基本因素外，波特认为，机遇和政府的作用也不可忽视，它们对国家整体竞争优势的形成具有辅助作用。机遇包括重要发明、技术突破、生产要素供求状况的重大变动（如石油危机）以及其他突发事件。机遇的重要性在于它可能打断事物的发展进程，使原来的竞争优势无效，但机遇对竞争优势的影响不是决定性的。同样的机遇可能给不同的企业带来不同的结果。政府因素是指政府通过政策调节来创造竞争优势。政府对国家竞争优势的作用主要在于其对四个基本因素的影响。政府可以通过补贴对资本市场加以干预，也可以通过制定教育政策等影响要素条件。政府应当在经济发展中起到催化和激发企业创造欲的作用。政府政策成功的要旨，在于为企业创造一个有利于公平竞争的外部环境。

二、国家经济发展阶段理论

波特从国际竞争的角度出发，根据每个国家的产业表现以及竞争优势的来源，提出国家经济发展的四个阶段，即生产要素导向阶段、投资导向阶段、创新导向阶段和财富导向阶段。其中前三个阶段是国家竞争优势发展的主要力量，通常会带来经济上的繁荣，第四个阶段则是经济上的转折点，有可能因此而走下坡路。

（一）生产要素导向阶段

生产要素导向（production-factor-driven）阶段的国家竞争优势主要取决于一国在生产要素上的优势，即是否拥有廉价的劳动力和丰富的自然资源。在这种条件下，只有具备相关资源的企业才有资格进军国际市场。在此阶段的本地企业，完全是以价格条件进行竞争，能够提供的产品不多，应用的流程技术层次也不高。所以，参与国际竞争的产业对世界经济周期和汇率十分敏感，因为这会直接影响产品的需求和相对价格。目前，多数发展中国家都处于这一阶段，某些自然资源丰富的发达国家，如加拿大、澳大利亚在其经济起步时期也处于这一阶段。

（二）投资导向阶段

投资导向（investment-driven）阶段的国家竞争优势主要取决于资本要素，大量投资可更新设备、扩大规模、增强产品的竞争力。在这一阶段，国家竞争优势的确立以国家和企业的投资意愿与投资能力为基础，并且越来越多的产业开始拥有不同程度的国际竞争力。企业有能力对引进的技术进行消化、吸收和升级，是一国达到投资导向阶段的关键所在，也是区别生产要素导向阶段与投资导向阶段的标志。波特认为，第二次世界大战后日本和韩国成功地进入了投资导向阶段。21 世纪后，“亚洲四小龙”中的中国台湾、新加坡、中国香港也进入了这一阶段。

（三）创新导向阶段

创新导向（innovation-driven）阶段的国家竞争优势主要来源于产业中整个价值链的创新，注重高新技术产品的研究与开发。在这一阶段，企业在应用并改进技术的基础上，开始具备独立的技术开发能力。技术创新成为提高国家竞争力的主要因素。处于创新导向阶段的产业，在生产技术、营销能力等方面居领先地位。在重要的产业群中开始出现世界水平的辅助行业，相关产业的竞争力也不断提高。英国在 19 世纪上半叶进入创新导向阶段，美国、德国、瑞典在 20 世纪上半叶进入这一阶段，日本、意大利进入这一阶段的时间是 20 世纪 70 年代。

（四）财富导向阶段

在财富导向（wealth-driven）阶段，国家竞争优势的基础是已有的财富。产业的创新、竞争意识和竞争力都会出现明显的下降趋势，经济发展缺乏强有力的推动，企业开始失去国家竞争优势。企业进行实业投资的动机逐渐减弱，金融投资的比重开始上升。部分企业试图通过影响和操纵国家政策来维持原有的地位。大量企业兼并和收购现象是一国进入财富导向阶段的重要迹象，反映了各行业希望减少内部竞争以增强稳定性的愿望。英国已经进入财富导向阶段，美国、德国等国在 20 世纪 80 年代开始接近这一阶段。

三、产业集聚理论

产业集聚是指经营属于同一产业且在业务上有密切关联的一群企业和相关机构在地理上的集中。产业集聚是国家竞争优势产业的一个共同特征。波特通过对 10 个工业化国家的考察发现，产业集聚是工业化过程中的普遍现象，在所有发达经济体中，都可以明显看到各种产业集聚。通常在一个产业集聚区内，既有主导产业企业，又有为主导产业提供配套服务的其他产业企业和机构。从垂直关系来说，产业集聚区包括提供专业化投入如零部件、机器设备、产品服务的上游企业，以及下游的分销渠道与顾客。从横向关系来说，产业集聚区包括提供互补产品的制造商，或有相关技能、技术和共同投入的属于其他产业的企业。此外，产业集聚区还包括政府和其他提供专业化培训、教育、研发与技术支持的机构。

产业集聚这种新的产业空间组织形式获取竞争优势的主要来源包括以下四个方面。

（一）外部经济效应

集聚区内企业数量众多，大多数属于中小企业，但集聚区内的企业彼此实行高度的分工协作，生产率极高，产品不断出口到区域外的国内市场和国际市场，从而使整个产业集聚区获得一种外部规模经济。

（二）空间交易成本的节约

空间交易成本包括运输成本、信息成本、搜寻成本以及合约的谈判成本与执行成本。产业集聚区内的企业地理位置邻近，容易建立信誉机制和相互依赖关系，从而会大大减少机会主义行为。集聚区内的企业之间保持着一种充满活力的、灵活的、正式与非正式的关系，构成了一种柔性生产综合体。

（三）学习与创新效应

产业集聚是培育企业学习能力与创新能力的温床。企业彼此接近，会受到竞争的隐形压力，这会迫使企业不断进行技术创新和组织管理创新。同时，一个企业的知识创新很容易外溢到集聚区内的其他企业。产业集聚也刺激了企业家才能的培育和新企业的不断诞生。

（四）品牌与广告效应

产业集聚的影响力不断扩大以后，会在消费者中形成一个良好的品牌形象，增强消费者的购买欲望。有时这种形象会涉及一些相关互补产品，由此产生一个优势产业群。

相关案例

数字辽宁高歌猛进，以产业集聚催生东北振兴新势力

东北振兴，数字先行。中软国际解放号（东北）数字经济协同创新基地建设加快推进，西门子全球首个数字化赋能中心落户沈抚改革创新示范区，华为（辽宁）人工智能创新中心揭牌运营，全球首个“5G工业专网＋智慧炼钢”在鞍钢实现工业化应用……建设数字辽宁、智造强省的壮美画卷正在辽沈大地上徐徐铺展。

接受《中国经济时报》记者采访的专家认为，数字经济是实现东北振兴的主打方向，辽宁等地在发展数字经济方面具有较大优势和基础条件，并且前景广阔，大有可为。“辽宁要更好地发挥示范引领作用，以‘数字蝶变’推动辽宁振兴更好服务构建新发展格局。”

高歌猛进之势

“随着数字辽宁-西门子赋能中心、华为（辽宁）人工智能创新中心、蓝软智能医疗等一批数字经济项目相继进驻数字经济产业园，沈抚改革创新示范区初步构建起了承接数字经济产业项目的重点平台和创新体系，数字经济发展呈现规模增长强劲、发展质量持续提升、新动能不断发展壮大的良好态势。”沈抚改革创新示范区相关负责人在接受《中国经济时报》记者采访时表示。作为国家级改革创新示范区，沈抚改革创新示范区近年来积极融入“数字辽宁、智造强省”建设，明确重点发展以人工智能为代表的新一代信息技术、以现代生产性服务业为重点的主导产业，聚焦打造数字经济、信息技术应用及装备、智能制造、生命健康、新材料和氢能、现代服务业六大产业集群，制定了《数字沈抚建设规划（2020—2025年）》，全面启动数字经济产业园建设。来自沈抚改革创

新示范区的数据显示，2021年第一季度，沈抚改革创新示范区共签约数字辽宁-西门子赋能中心等24个项目，协议投资总额达256亿元。其中，数字经济产业项目达4个，协议投资额达14.25亿元。预计2021年示范区数字经济企业营业收入增速超过30%，数字经济在六大主导产业占比达到40%。

对于“数字辽宁”建设而言，沈抚改革创新示范区数字经济产业园不仅是一个产业集聚新平台，更是改革创新示范引领路径的新探索。2021年以来，辽宁省围绕数字产业化和产业数字化，推动数字经济和实体经济深度融合，大力发展智慧政务、智慧教育、智慧医疗、智慧物流、智慧交通、智慧金融，制订数字经济发展工作方案，组建辽宁省大数据管理局，建成5G基站3 500个，工业互联网二级节点加快建设，中国移动大数据中心、营口星火链网区块链骨干节点等重点项目建设取得积极进展。

辽宁有多门课要补

虽是一路高歌猛进之势，但是要成为数字经济领跑者，辽宁还有多少课要补？

优化营商环境虽是老生常谈，但这也正是辽宁等东北地区亟待破解的重要难题。国务院发展研究中心信息中心研究员李广乾在接受《中国经济时报》记者采访时建议，东北要完善数字经济行业名称，优化企业登记服务和行业统计等配套措施，探索在部分区域试点在线新经济平台内灵活就业人员登记注册新模式。同时，基于省级层面，加快建设一体化政务服务平台。剥离各部门、各基层政府的政府数据资源，统一汇聚归口到相应的主管机构（大数据管理局），建设统一的政府数据资源，为实现政府数据共享、开放和“互联网+监管”等打下坚实基础。李广乾强调，要加快探索建立数据要素交易流通体系，统筹东北地区各省资源，规划建设具有国际竞争力的东北亚大型绿色数据中心，结合该大型绿色数据中心建设，发展东北亚大数据交易中心，探索数字贸易发展新模式。

“工业互联网平台是东北振兴和高质量发展的关键。”李广乾认为，要制订辽宁省工业互联网平台发展规划，创新发展机制，依托工业互联网平台推进全省中小型企业信息化建设。同时，研究出台辽宁省集成电路和软件产业发展规划和方案，与东北的产业数字化转型统一规划布局并加码支持。如何进一步激发国有企业数字化转型动力？李广乾建议，应学习借鉴上海等地经验，推行国有企业数字化转型“一企一战略”和“一把手”负责制，将数字化转型目标纳入辽宁省国有企业领导人员业绩考核。在部分委办局和国有企事业单位试点“首席数字官”制度，建立数字化转型和公共数据开放的勤勉尽职和容错机制。

助推东北振兴新突破

接受《中国经济时报》记者采访的专家认为，在东北地区生产总值中占比超30%的制造业，是东北产业结构转型升级的重头戏，推进制造业数字化转型升级是新时代东北全面振兴全方位振兴的关键之举。“数字经济已成为区域高质量发展的新锐力量，通过制造业数字化提升基础能力和现代化水平已经成为市场共识，东北制造业也亟待‘数字经济’和‘智能制造’构筑新竞争优势。”黑龙江省中国特色社会主义理论体系研究中心研究员、哈尔滨工业大学经济与管理学院副院长马涛在接受《中国经济时报》记者采访时表示。

当前，东北工业经济中装备制造、先进制造和创新集群的驱动作用开始显现。马涛认为：“数字辽宁”建设的关键目标就是在东北制造业中尽快形成一批植根数字需求的各类产业链、尽快培育一批有数字竞争力的龙头企业。马涛建议：一方面，通过重点领域和龙头企业，全面接入国家数字经济产业需求。推动东北知识、技术、人才、资金等生产要素与粤港澳、京津冀和长三角地区要素市场的交换，植根全国数字经济市场需求重塑优势。另一方面，精细设计东北主导产业数字化转型，形成具备链条协调治理能力的精细产业链，全面接入国家数字经济创新体系。引进创新团队和前沿技术，深化与数字科研龙头对接合作，统筹市场和政府资源，将国家创新资源转化融入东北制造业智能化数字化升级改造，形成数字创新生态。

资料来源：中国经济时报-中国经济新闻网，2021-09-10.

四、对国家竞争优势理论的评价

波特提出的国家竞争优势理论是一种全新的国际贸易理论，波特第一次明确地阐述了竞争优势的内涵。他关于竞争优势来源的论述，关于取得或保持竞争优势途径的探讨，对任何一个国家、行业和企业来说都具有重大的借鉴意义。对一个发展中国家如何将比较优势转化为竞争优势，政府如何制定竞争政策，企业如何确定自己的国际化战略及如何利用信息技术来提升自己的竞争优势等方面都有积极的建设性作用。

当然，该理论也存在一定的缺陷，即过分强调企业、市场的作用，而对政府在当代国际贸易中所扮演的角色的重要性认识不足，仅把政府的作用作为一个辅助因素，这与国际贸易现实不太吻合。从波特所提出的一国竞争优势来源的四个基本因素可以看出，没有政府的干预，获得国际竞争优势是不太可能的。尤其是当发展中国家的某个产业正处于发展阶段时，若政府不对其进行适当的保护，则该产业极易被外国竞争者击垮。

第六节 国际贸易理论的最新发展

20 世纪 80 年代后，随着经济全球化进程的不断加快，国际分工进一步深化发展，国际贸易规模持续扩大，并推动国际贸易理论不断发展。

一、产品内分工理论

当代国际分工展现出的一个引人注目的特征，就是很多产品生产过程包含的不同工序和区段，被拆散分布到不同国家进行，进而形成以工序、区段、环节为对象的分工体系，将国与国之间基于比较优势的分工从产品贯彻到产品内部的工序和流程，极大地改变了全球经济运行方式。这一分工体系的形成使得中间投入品的国际贸易量在世界各国进出口贸易中占据了越来越大的份额。从 1990 年到 2000 年，世界零部件贸易总额由 3 550 亿美元增加到 8 460 亿美元，年均增长率达到 9.1%，比国际货物贸易年均增长率高出 2.6%。由此，产品内分工这一分工形式受到了越来越多的关注。

（一）产品内分工的定义

产品内分工（intra-product specialization）是指特定产品生产过程中不同工序、不同区段、不同零部件在空间上分布到不同国家，每个国家专业化从事产品价值链特定环节的生产的现象。

从某种意义来说，产品内分工是国际分工的进一步深化，是同一产品的不同生产阶段（生产环节）之间的国际分工，其实质是生产布局的区位选择，其既可在跨国公司内部实现，也可以通过市场在不同国家间的非关联企业间完成。产品内分工既可以通过横向扩展方式来实现，表现为发达国家之间的中间产品贸易，又可以通过纵向延伸方式来构建，表现为处于不同发展阶段的国家之间的中间产品贸易。

（二）产品内分工与比较优势

虽然传统的比较优势理论通常被用于解释产业间分工现象，但对于产品内分工该理论依然适用。如果说传统国际分工的边界是产业，产品内分工的边界则在于价值链①。

比较优势理论和要素禀赋理论可以被用于解释产品内部不同工序在国家间的分工。由于不同生产环节的技术含量、要素密集度不同，各国在不同生产环节上具有比较优势，如资本丰裕的国家在资本密集型生产环节上具有比较优势，劳动丰裕的国家在劳动密集型生产环节上具有比较优势。

产品内分工体系极大地拓展了国际贸易的空间，影响了传统意义上的比较优势、贸易条件和贸易方式，提高了全球范围内资源配置的效率，促进了技术进步，推动了经济全球化的进程。

二、新新贸易理论：异质企业理论

（一）新新贸易理论的产生背景

传统贸易理论（包括古典贸易理论和新古典贸易理论）是以一系列严密的理论假设为基础的。正是这些假设使传统贸易理论不符合经济生活的实际，使理论无法解释现实。新贸易理论是指 20 世纪 80 年代初以来，以保罗·克鲁格曼为代表的一批经济学家，在放松传统假设的基础上②，对国际贸易动因和国际贸易基础的新解释。

从其产生的政策背景来看，欧洲国家从战后开始追赶美国，这一进程到 20 世纪 80 年代末逐渐停顿，欧美之间经济水平的差距再次拉开。人们发现其中的主要原因是欧洲主要国家的生产率特别是全要素生产率低于美国。有学者进一步发现各个工业化国家生产率与美国差距缩小的速度也随着行业的不同有着巨大的差异。生产率在经济增长中的作用是巨大的，较小的生产率水平差异在较长时段的经济增长中可能会表现为经济水平的巨大差异。因此，如何提高生产率成为政策研究的一个热点。20 世纪末和 21 世纪初

① 价值链是波特于 1985 年提出的概念。波特认为，企业的价值创造是由一系列活动构成的，这些活动可分为基本活动和辅助活动两类。基本活动包括内部后勤、生产作业、外部后勤、市场和销售、服务等；而辅助活动则包括采购、技术开发、人力资源管理和企业基础设施等。这些互不相同但又相互关联的生产经营活动构成了一个创造价值的动态过程，即价值链。

② 主要指放弃了完全竞争和规模报酬不变的不现实假设，在垄断竞争和规模报酬递增背景下对国际贸易问题进行研究。

从企业层面研究生产率的文献不断涌现，异质企业贸易理论的出现为生产率研究文献注入了新的思想。

从其产生的经验研究背景来看，许多学者通过大量实证分析发现，国际贸易其实是一种相对稀少的企业行为，并非一国所有的企业都选择对外贸易。研究结果表明，即使在同一产业内部，也存在着出口企业和非出口企业在劳动生产率、资本技术密集度和工资水平上的显著差异，并且同一产业内部企业之间的差异可能比不同产业之间的差异更加显著，所以，无论是在规模还是在生产率方面，企业都是异质的。

从其产生的理论背景来看，这涉及传统贸易理论与新贸易理论本身的缺陷。传统贸易理论从亚当·斯密开始就讨论了贸易与竞争产生的优胜劣汰效应。但这种讨论基本局限于行业间的优胜劣汰，对由开放经济引起的行业内企业间优胜劣汰效应没有充分讨论，对由开放竞争压力导致的企业本身生产率提高也没有研究。新贸易理论进一步讨论了规模经济效应，但是以克鲁格曼为代表的新贸易理论家对规模经济的讨论存在较大的局限性。新贸易理论假设所有企业都是完全对称且同质的。然而，如果所有企业的生产率水平一样，那么为什么有的企业会被淘汰有的却能存活并且规模扩大？新贸易理论的这一假设显然在逻辑上有些不能自圆其说。基于此，许多学者对新贸易理论体系及其对现实贸易的解释能力产生了质疑，于是，新贸易理论被称为“旧的新贸易理论”。直至 2003 年梅里兹（Melitz）提出“异质企业贸易模型”，形成了从企业层面研究国际贸易的新新贸易理论，这些问题才得到解答。

（二）新新贸易理论的定义

（1）异质企业的内涵。

无论是传统的贸易理论还是新贸易理论均以“产业”作为研究对象，为了简化起见，选用的是典型企业，也不考虑企业间的差异。但实际情况是，同一产业内部企业之间的差异可能比不同产业部门之间的差异更显著，并非同一产业内部的所有企业都会从事出口，无论是在企业规模还是企业生产率方面，企业都是异质的。

（2）新新贸易理论的定义。

新新贸易理论是相对于传统贸易理论和新贸易理论而言的。新新贸易理论突破了传统贸易理论和新贸易理论以“产业”为对象的研究范畴，将分析变量进一步细化到企业层面，研究异质企业的贸易和投资现象。因此，新新贸易理论又被称为异质企业理论。新新贸易理论的基本逻辑是，市场份额向高生产率企业靠近，而那些低生产率的企业被迫退出市场，从而提高了行业生产率水平。

（三）新新贸易理论的主要内容

新新贸易理论主要包括两个方面的内容：

第一，企业的国际化路径选择。由于企业在生产效率上存在差异，企业在国际化过程中可以选择仅供应国内市场、通过出口拓展国际市场、通过对外直接投资（FDI）供应国际市场以及退出市场四条路径。

梅里兹在克鲁格曼的基础上增加了两个假设：一是企业生产率不同；二是企业从事

出口需要一个开拓市场的固定成本。有了固定成本，生产率较低的企业可能由于利润太薄、无法支付这一固定成本而放弃出口，选择仅供应国内市场；生产率高的企业可以获得国外市场，通过出口就可以开拓国际市场，从而扩大其在行业中的份额；而生产率最低的企业由于受到高生产率企业扩大规模带来的劳动力市场上的竞争压力，只能退出市场，放弃生产。除了梅里兹模型之外，伯纳德（Bernard）模型是新新国际贸易理论的又一开创性模型。该模型以李嘉图模型为基础，加入不完全竞争等元素，也有力地解释了国际贸易微观实证研究领域的重要发现，例如企业效率的差异、出口企业的高效率、出口企业在所有企业中的低比重、获益企业在出口企业中的低比重、出口企业相对较大的规模、贸易自由化对不同效率企业以及整体经济效率的影响等。

赫尔普曼（Helpman）、梅里兹和耶普尔（Yeaple）于2004年拓展了梅里兹模型，考虑了建立海外分公司的决策，即企业以出口还是FDI的形式进行国际化。赫尔普曼、梅里兹和耶普尔的研究表明，企业究竟是选择出口还是FDI是由企业根据其生产率预先决定的。只有生产率最高的企业才会对外投资成为跨国公司，生产率处于中等水平的企业从事出口，而生产率较低的企业只在国内市场销售。

通过对外直接投资供应国际市场的动机有很多，包括获取原材料、寻求知识、降低成本、实现规模经济等战略性动机以及出于发挥其特定优势而进行对外直接投资的经济性动机。比如，对于发展中国家的企业来说，通过在工业发达、技术先进的国家和地区进行对外直接投资，可以吸收其先进的技术、经验和管理方法，有助于提高其企业经营和生产效率。

第二，企业的内部化选择。企业可以选择利用一体化和外包两种形式来安排生产。

在产品生命周期的一定阶段，低技术投入品会被转移到发展中国家以便利用它们拥有的低劳动成本优势。这种转移首先会通过FDI的形式在企业的边界内发生，其后一段时间，会通过外包形式在企业边界外发生。无论企业采用哪种组织形式，如果中间投入品供应企业比最终产品供应企业更能创造剩余，那么外包的激励就会增大。如果对异质企业国际生产组织模型进行普遍化处理，即允许存在不同程度的契约摩擦，并允许摩擦程度因不同投入品和国家而异，那么拥有异质性生产率的企业需要决定是否实行一体化或将中间投入品的生产进行外包，并决定在哪个国家进行。企业的生产率水平不同，选择的所有权结构和供应商地点也不尽相同。

外包和一体化两种企业组织形式都有利于企业生产成本的降低，具体选择主要取决于跨国公司所在的外部环境，外包似乎给企业边界的无限拓展提供了可能。但如果承包商的利益被跨国公司或其他核心企业无限压缩，承包商就会有很强的违约动机。如果承包商的学习能力和适应能力不能得到很好提升，或者如果核心企业不愿尽到辅导、培训的义务，那么监督成本也会居高不下。当然，如果大企业都转而采取垂直一体化的方式来组织生产，其边界又是极其有限的，则会使小企业丧失机会，经济失去活力。

其一，一体化可以分为国内一体化和国际一体化。国内一体化又称国内内包（insource at home），是指企业只在国内生产的情况，企业所需原材料和零配件等均在国内市场采购。国际一体化又称国际内包（offshore insource）或垂直对外直接投资（vertical FDI），是指企业通过在国外设立分公司生产部分中间产品和零部件，再通过公司内部贸易出口到国内总公司的生产形式，其涉及公司内部贸易。

其二，外包可以分为国内外包和国际外包。国内外包（outsource at home）是指企业通过在国内外包的形式组织生产。国际外包（offshore outsource）是指企业将部分中间产品和零部件通过在国外市场外包，交由国外生产商生产，再通过贸易进口到国内的形式组织生产。

与传统国际贸易理论相比，以梅里兹等学者提出的异质企业模型、企业内生边界模型为核心的新新贸易理论的理论创新表现在如下几个方面：

首先，理论基础不同。古典贸易理论分析不同产业间贸易形成的原因、贸易利得及其分配，主要是建立在李嘉图比较优势理论以及赫克歇尔-俄林定理基础上；新贸易理论运用规模经济、产品差异性和不完全竞争理论探讨产业内贸易问题。而新新贸易理论则是在对产业组织理论、交易费用理论、不完全契约理论进行整合的基础上，通过构建异质企业模型和企业内生边界模型，来研究企业是否进入国际市场及国际化路径选择的决策问题。

其次，假设前提不同。不管是古典贸易理论还是新贸易理论都假设企业是同质的，企业的生产经营是一个“暗箱”，其生产技术、经营管理、运营成本等是相同的，企业国际化决策和国际化路径选择主要是由企业外在因素决定的。而新新贸易理论突破了企业同质性的基本假定，认为正是企业内在因素如生产率、技术、工人技能、成本的不同（即异质企业本身的特质）决定了不同企业的经营决策、行为模式和生产组织形式。把国际贸易的实施主体最终落实到具体企业，这使新新贸易理论研究具有了坚实的微观基础。

再次，研究视角不同。古典贸易理论研究不同国家（地区）在劳动生产率、资源禀赋方面的差异，从宏观层面分析不同国家（地区）在不同产业之间的比较优势、国际贸易行为与贸易利益分配；新贸易理论在不完全竞争条件下，在中观层面从规模经济、产品差异性角度分析不同国家（地区）同一产业内发生的贸易。而新新贸易理论则是从异质企业这一微观层面来研究国际贸易产生、贸易利得与分配、资源配置等问题。

最后，研究内容的广泛和深入程度不同。同传统贸易理论、新贸易理论一样，新新贸易理论也是研究国际贸易成因、利得与分配等基本问题。但新新贸易理论重点探讨单个企业的经营决策和行为模式，即企业是仅服务国内市场还是出口抑或国外直接投资；企业是选择一体化还是外包。可见，新新贸易理论的研究内容是对传统贸易理论和新贸易理论的重要补充、完善和发展。

三、国际贸易与环境

从20世纪90年代开始，经济全球化的加速推进使得世界范围内的气候变化、物种灭绝、环境污染问题呈加剧之势，各界对贸易与环境间关系的关注热度进一步上升。贸易的发展是否导致了环境的恶化？环境保护是否将阻碍国际贸易的发展？在日益受关注的环境保护进程中，国际贸易能否发挥积极的作用？如何利用贸易手段促进国际环境合作？诸多学者对于此类问题的关注使得贸易与环境间关系的研究成为重要的前沿热点问题。

（一）经济增长的环境效应：环境库兹涅茨曲线

库兹涅茨曲线（Kuznets curve，KC）源于库兹涅茨于 1955 年对经济发展与收入不平等关系的研究。库兹涅茨指出，随着经济的发展，收入不平等会出现先扩大、然后逐渐缩小的过程，以曲线表现出来，收入不平等与经济增长之间呈现一种倒 U 形曲线关系。随后，格罗斯曼（Grossman）和克鲁格（Krueger）研究了污染物浓度与人均收入之间的关系，发现污染物浓度与人均收入之间也存在类似于库兹涅茨曲线的倒 U 形关系：在经济增长的初期，污染物浓度随人均收入的增长而上升，人均收入达到一定水平后，污染物浓度随人均收入的增长而下降。经济增长（用人均收入水平衡量）与环境污染之间的这一关系被称为环境库兹涅茨曲线。

环境库兹涅茨曲线的贡献体现在两个方面：第一，它提出了一个经济增长与贸易如何影响环境的问题，开启了重要的研究日程；第二，它有力地证明了经济增长对环境改善产生的正向收入效应。

（二）国际贸易的环境效应

与经济增长对环境的影响相似，贸易也可以通过多种机制对环境变化产生影响。格罗斯曼和克鲁格最早将贸易自由化引入环境效应中。他们认为贸易壁垒的减少通过扩大经济活动的规模、改变经济活动的结构、引起生产技术的变化来影响环境。因此，贸易自由化影响环境变化的机制可以分解为规模效应、结构效应和技术效应。

（1）规模效应。

规模效应是指在经济活动性质不变的条件下，贸易自由化引起经济规模的扩大，将使所产生的污染排放总量增加。

（2）结构效应。

结构效应是指贸易自由化将使一国更专业化于其享有比较优势的部门的生产，由此导致的经济结构变化的净环境效应取决于该国污染密集型部门是扩张还是收缩。如果贸易自由化使得一国污染密集型部门扩张，则贸易自由化使得环境恶化。如果贸易自由化使得一国污染密集型部门收缩，则贸易自由化产生正向环境效应。

（3）技术效应。

贸易导致的技术效应可能从两个方面改善一国尤其是不发达国家的环境质量。第一，当投资限制被放松时，国外生产者向本地转移先进技术，以技术的传播抑制污染的排放。第二，如果贸易自由化导致了收入增长，人们对更清洁环境的需求增加，那么一国可能会实施更严格的污染管制标准。

从理论上分析，贸易的环境效应具有一定的不确定性，取决于贸易自由化对环境影响的正反两个方面效应的综合，即净效应。但大量经验研究支持了贸易环境效应为正的结论。

四、国际贸易与内生经济增长

（一）国际贸易、内生技术创新与内生经济增长

内生技术创新，无论是要素生产率的进步，还是新产品种类的增加，抑或是新产品

质量的提高，都得益于研发（R&D）的努力。在开放条件下人们更多地关注知识的国际溢出、产业政策与贸易政策对技术创新的影响。

克鲁格曼于1990年最先开启这一领域的研究工作，他认为技术创新是开发新产品的过程，相对价格与技术创新联系密切，技术创新增加了新产品的种类，对发达国家产品的需求增大，相对价格上升，资本的重新配置使得发达国家以产量表示的实际工资提高。与此同时，技术创新是一个同时涉及个人动态报酬递增和技术的外部效应两方面的过程；全球化的作用体现在在技术创新和新产品的生产中引入了某种比较优势。但克鲁格曼所提出的模型总体上属于外生技术创新模型。开放条件下真正的内生创新模型是由格罗斯曼和赫尔普曼在1991年，以及里维拉-巴第兹（Rivera-Batiz）和罗默（Romer）在1991年完成的。

格罗斯曼-赫尔普曼（Grossman-Helpman，GH）小国模型研究了开放小国下的贸易与内生技术创新及增长的关系，小国的创新活动仅在非贸易品部门发生，最终产品按国际市场上外生给定的价格进行交易。在GH小国模型中，贸易与内生创新之间的关系是不明确的，只有当贸易使资源从制造业部门转移到研发部门时，贸易才会促进创新和增长。GH小国模型还认为，当贸易政策提高了本国劳动密集型产品的相对价格或降低了本国人力资本密集型产品的相对价格时，贸易政策就会促进创新。在GH小国模型中，贸易对福利水平的影响主要取决于中间产品产量的变化，只要贸易政策鼓励了中间产品的生产，就有利于福利水平的提高。

GH大国模型研究了开放大国下的贸易与内生技术创新及增长的关系，考察了贸易影响长期创新率与增长率的渠道，认为贸易促进了知识的国际溢出，激发了创新者之间的竞争，减少了研发活动中的重复劳动，提高了研发部门的总生产率。在技术存在国际溢出时，两个具有相似要素禀赋的国家间的贸易必定会提高每个国家的创新与增长率。GH大国模型还考察了两种特殊情形：（1）非熟练劳动力禀赋丰富的国家可能因为贸易而专业化生产传统产品，从而使总产出增长率下降；（2）贸易有可能使人力资本禀赋丰富的国家从事研发活动的动力减弱，尽管如此，贸易向该国居民提供了消费国外创新产品的机会。

（二）国际贸易、内生专业化与内生经济增长

自杨格（Young）发展了斯密定理——“劳动分工依赖于市场容量的大小”，提出了杨格定理——“劳动分工依赖于劳动分工的水平”以来，后续学者就在不断推动着杨格理论的发展。

经济增长的基础是劳动分工的内生演进，技术进步源于内生专业化。经济增长源于劳动分工和规模报酬递增，劳动分工、规模报酬递增与竞争均衡可通过企业家的组织活动而相容，专业化、专业人力资本、规模报酬递增和经济增长是相伴相随的。杨小凯在2000年通过构建新兴古典经济学框架对传统贸易理论和增长理论进行了反思。杨小凯的新兴古典贸易理论通过个人选择他们的专业化水平的决策来解释贸易模式，通过分工的演进和事前相同个人之间的内生比较优势的演进来解释国际贸易的形成，将交易效率的提高视为折中专业化经济与交易费用之间的两难冲突的范围扩大的原因，从而带来分工

水平的提高；同时也正是分工水平的提高扩大了折中消费多样化经济与不经济之间的两难冲突的范围，从而使个人专业化水平与消费品种类数同时增加。

与此同时，杨小凯内生化了消费品种类数和分工水平，强调内生技术进步并非投资与研发的结果，分工网络规模和市场容量充分地大是新技术创新和新产品出现的必要条件。杨小凯将超边际分析法运用于李嘉图模型，解释了同时决定贸易政策和贸易模式的一般均衡机制，证明了不仅贸易模式和分工水平依赖于贸易政策，而且贸易政策也内生于分工水平；同时还将交易成本纳入了 H-O 模型，指出斯托尔珀-萨缪尔森（SS）定理忽视了交易成本而可能使贸易结构发生非连续变化的超边际效果。此外，杨小凯采用一分法（消费者-生产者）建立了内生专业化模型，解释了分工的网络大小、市场联合度和个人专业化水平的同时内生演进，克服了传统的内生经济增长模型不能解释不同商品的相对价格与自利决策间的相互关系的缺陷。

（三）国际贸易、内生技术结构与内生经济增长

林毅夫等在 1999 年提出的发展战略理论认为，技术结构内生于要素投入结构，而要素投入结构又内生于一国的禀赋结构。技术结构内生于禀赋结构意味着一国的技术结构应遵循比较优势法则。偏离比较优势程度越大的技术结构就会使经济的扭曲程度越大。技术结构变化是要素禀赋结构和比较优势动态变化的结果，也就是说，模仿本身是需要成本和资源的，隐含在国际贸易中的技术进步并非任意的，其高低取决于所选择的技术结构与禀赋结构的吻合程度；如果违背比较优势法则，仅凭研发投资提升技术结构可能会使全要素生产率的提高与收入增长之间形成错位，这种情况尤其会在发展中国家出现。

在林毅夫等的发展战略理论中，发展中国家持续地实行赶超战略要依赖于政府对各种资源的动员能力。这就衍生出一个问题，即技术结构、禀赋结构与制度结构的关系问题。对于制度结构与技术结构两者何为经济增长的原动力问题一直存在着争议。马修斯（Matthews）在 1986 年对这一问题做了较为中肯的评价，即制度结构与技术结构是相互交织和互为促进的，人们根本无法将两者机械地割裂开来。部分学者认为，内生增长模型和新制度经济学分别在解释技术进步和制度结构对长期经济增长的作用时，都存在着一定的片面性，而在内生增长模型中内生制度的理论与经验研究值得尝试。林毅夫等的发展战略理论在此方面已做出了贡献。他们深入阐述了禀赋结构、技术结构与制度结构的关系，认为技术结构与禀赋结构的演进是内生的，这种内生关系一旦被破坏就意味着制度结构的扭曲；要改变这种扭曲现象，就必须使制度结构服从于技术结构与禀赋结构的内生演进。而贸易政策结构是一国制度结构的重要方面，贸易政策结构的形成与变迁对经济增长有着重要影响。

五、全球价值链理论

（一）全球价值链的形成背景

第一，现代交通通信技术的进步从时空上大大缩短了世界各国间的经济距离，降低了人们彼此交往的交通、信息费用，使得跨区域的联系更加紧密。各国区际交易成本的

降低，对国际贸易的快速增长，分工的进一步深化，乃至经济全球化的推进提供了物质保证，从根本上决定了全球价值链的形成。

第二，二战后随着以美国为首的西方发达国家的经济持续增长和收入的不断提高，发达国家企业逐渐丧失了在劳动密集型产品生产方面的比较优势。后起的新兴工业化国家在劳动密集型产品制造上惊人的竞争力对其构成了严峻挑战，迫使其不得不重新调整发展战略予以应对。在此情况下，西方发达国家为保持和提升本国企业的竞争力，放弃了对自身工业化体系完整性与独立性的追求，开始调整其产业结构。产业结构调整存在两种可能选择：一是把特定产业的生产过程一体化地转移到发展中国家，从而把经济资源配置到符合发达国家比较优势结构的产业当中去；二是将该产业价值链中自己失去比较优势的某些劳动密集型价值环节转移到发展中国家去，依旧保持和维护自身在资本、技术密集型战略环节的比较优势。显然，与产品生产过程的一体化式转移相比，只将失去比较优势的某些价值环节迁移出去更具有经济合理性，并能降低产业结构调整对国内经济特别是就业市场带来的冲击。通过对外投资和外包等途径把本国失去比较优势的产品生产转移到发展中国家，进一步深化了国际分工，促进了价值创造体系在全球范围内的重构。由此全球价值链开始逐步形成。

第三，实行进口替代战略的众多发展中国家，为扶持少数产业发展，不得不扭曲资源配置，采取了不符合其比较优势的赶超战略，导致了企业低效率及寻租行为等一系列相关问题的出现。采取出口导向战略取得经济发展成功国家的示范作用再加上赶超的沉重代价迫使众多发展中国家开始反思和调整自己的发展战略，开始了通过扩大和加深与国际市场联系来谋求发展的新尝试。再加上因发达国家产业转移而导致的全球化影响，发展中国家也逐渐放弃了建立独立完整的工业化体系的目标。

第四，发达国家和发展中国家的相互需要和彼此迎合，促进了关税和非关税等贸易壁垒的逐步降低及消除，各种国际经济组织（比如国际货币基金组织、世界贸易组织等）的相继建立促进了国际贸易的持续快速增加和国际分工合作的深化，为全球价值链的形成提供了制度保障。

（二）全球价值链概念界定

杰里菲（G. Gereffi）在 21 世纪初提出了全球价值链的概念并逐步建立了相应的理论框架。全球价值链是指在参与国际分工和贸易的全世界范围内，为创造并实现某种商品或服务的价值而连接生产、销售直至回收处理等全过程的跨企业网络组织，它包括所有参与生产销售活动的组织及其价值、利润的分配。显然，全球价值链包括产品的设计、开发、生产制造、营销、销售、消费、售后服务等一系列价值环节。

随着生产技术、交通运输和信息通信技术的快速发展，产品生产过程的碎片化程度日益深化，生产过程的片断化和空间转移使得同一价值链条的各个价值环节通过跨界生产网络联系到一起。整个产品的价值创造过程可以由跨国界形成的生产网络整合在一个跨国公司内部，既可以由跨国公司在全球范围内以垂直一体化的形式进行控制，也可以由许多产权彼此独立的企业分工合作来完成生产，通过国际贸易的形式把某些价值环节分离出去。贸易一体化和生产的垂直分离在全球范围内有机地联系起来。全球市场一体化进程的不断加深，使得对于发达国家企业而言将非核心的生产、服务等业务剥离出去和转而采取全球采购变得更加有利可图，发展中国家企业和企业网络也借此获得了嵌入全球价值链的良好机遇。当然，嵌入全球价值链的发展中国家企业通常从低附加值的中低端价值环节开始。“亚洲四小龙”的经济腾飞都是在遵循比较优势的前提下，从嵌入全球价值链中劳动密集型的价值环节起步的，它们走过了相似的经济发展历程。

（三）全球价值链理论的主要内容

1. 全球价值链的驱动机制

杰里菲等人依驱动机制的不同把全球价值链分为生产者驱动型全球价值链和购买者驱动型全球价值链两种类型。

生产者驱动型全球价值链指的是以发达国家跨国公司为主导的生产者通过投资来推动市场需求，形成全球生产网络的垂直分工体系。在该驱动机制下，全球价值链的战略价值环节在于研发、关键零部件制造等环节。汽车、飞机制造等技术、资本密集型产业往往形成生产者驱动型全球价值链。在该类型价值链中，大部分附加值都流向研发、关键零部件制造等战略价值环节，大型制造企业如通用汽车、波音等占据着驱动整个价值链的战略价值环节，并获得大部分附加值。生产者驱动型全球价值链主要是由发达国家的跨国公司通过对外投资形成的，在我国企业嵌入该型全球价值链的早期，价值环节主要以“绿地投资”的方式重组到我国东部沿海地区。但是，随着我国经济的持续发展，本土企业整体技术实力的增强，价值环节重组到我国的方式逐渐由“绿地投资”转向并购。

购买者驱动型全球价值链是指拥有强大品牌经营优势和掌握国际营销渠道的跨国公司通过全球采购组织起来的跨国商品流通网络，从而使得产品的价值创造体系在世界范围内重组和布局。其战略环节是研发、品牌经营和营销渠道建设等价值环节，相应地，在该驱动模式下，大部分附加值都流向资本、技术密集且具有垄断势力的上述环节。发展中国家企业通常从全球价值链中低端的劳动密集型价值环节以外包等方式嵌入购买者驱动型全球价值链。在购买者驱动型全球价值链中发达国家的跨国公司和发展中国家的企业大多彼此产权独立。处于战略环节的跨国公司对各价值环节的整合是通过贸易一体化的形式进行的。

2. 全球价值链的治理

治理是全球价值链研究的主要内容之一。全球价值链的治理结构之所以重要，是由于其对全球价值链的形成具有重要影响。一是影响到发展中国家企业能否嵌入价值链。发展中国家企业要想嵌入全球价值链，参与国际分工合作，就必须与居于战略价值环节的发达国家企业建立联系，因为后者在价值环节的片断化和空间重组过程中具有决定性作用。二是影响到发展中国家企业的产业升级问题。发展中国家企业无论进行何种层次的产业升级，都是和发达国家企业互动博弈的结果。三是影响到利润分配。研究全球价值链的治理结构有助于理解利润在不同市场结构的价值环节间的分配。

所谓的全球价值链治理是指，通过价值链中不同价值环节行为主体间的关系安排和制度机制实现价值链内不同价值环节经济主体间经济活动的非市场化协调。在价值环节片断化和空间重组的过程中，占据战略价值环节的发达国家企业凭借技术和资本优势，决定着价值环节片断化和空间重组的进程和幅度，从而主导着全球价值链的治理。在既定的全球价值链中，采取何种治理模式来协调不同价值环节间的价值创造取决于该治理模式的相对效率。通过对全球价值链的不同治理模式进行比较分析可以深入研究全球价值链的各价值环节间的相互协调机制，从空间和时间上把握嵌入全球价值链不同环节的企业间的彼此竞争以及利益分配的动态格局，使我们获取更多关于不同增值活动在不同价值环节分配和转移的信息，从而为研究全球价值链不同环节间的利益分配和产业升级奠定基础。

依据全球价值链中不同价值环节的企业彼此间协调能力的高低，我们可以把全球价值链分为三种治理模式：

其一是网络型治理模式。在网络型治理模式的全球价值链中，位于各主要价值环节的企业彼此都具有较强的创新能力，彼此具有互补性，不存在单向的制约关系，是一种相对平等的关系。不同价值环节的企业彼此分工合作，共同完成产品价值的创造。当然，附加值在不同价值环节间的分配也相对平等。

其二是准层级治理模式。一个企业因掌握核心零部件的制造技术，从而实际上对处于其他价值环节的企业享有很高的控制权。即使不同价值环节的企业彼此产权独立，处于战略价值环节的企业能够设计、规定产品的各种特征以及要遵循的流程，甚至可以制定相关行业标准。

其三是层级治理模式。市场交易的复杂性使得价值链中的信息和知识难以有效传播，并导致交易费用过高。为降低交易费用，提高交易效率，居于战略价值环节的主导企业对价值链中某些价值环节采取直接的股权控制，处于其他价值环节的企业则是处于战略价值环节的主导企业的子公司。跨国公司和其遍布全球各地的分支机构之间的关系就属于层级治理模式。通过这一方式进行片断化和重组的价值环节大体上就属于层级治理模式的全球价值链。但是，在与产品相关的信息可以实施标准化编码的情况下，当信息和知识传播比较通畅、交易费用低并且交易效率较高时，全球价值链中不同价值环节彼此相互控制的能力就会大大降低，很难发展为控制与被控制的关系。

3. 全球价值链测度理论与应用研究现状与进展

胡梅尔斯（Hummels）等人在2001年提出了垂直专业化定义后，首次成功地对一国或地区所承担的某些特定的生产阶段进行定量化研究。但正如库普曼（Koopman）等人在2010年所指出的那样，上述方法所提出的两大假设会相对限制定量化测度的准确性。库普曼等人在2009年发展了一种方法，放松了第一大假设：不存在将来自一个国家的进口品再次加工并出口的情况。库普曼等人在2010年进一步放松了第二大假设：中间投入品的相同程度应用，即在最终被本国消化吸收的最终产品以及用于出口的最终产品中所含有的中间投入品，从量上来说是相同的。王直等人在2013年提出了一种对总贸易流进行分解的方法，基于后向参与联系得到了16个分解，从双边国家产业层面对现有分解模型进行了拓展。王直等人在2017年进一步从生产阶段、中间产品供给与使用等视角综合考察了国家产业层面参与全球价值链活动的基本特征，提出的相关方法被认为是从全球价值链的生产长度和位置视角进行研究的最新成果。

本章练习题

一、不定项选择题

1. 以下关于产业内贸易理论主要内容的选项中，正确的是（　　）。

A. 产品的异质性是产业内贸易的基础

B. 需求偏好的相似性和多样性是产业内贸易的动因

C. 规模经济是产业内贸易的主要利益来源

D. 产业内贸易是一种单向贸易

2. 以下描述克鲁格曼模型的选项中，正确的是（　　）。

A. 克鲁格曼模型是新张伯伦模型的延伸

B. 在开放条件下，消费者福利会随着人均产品消费量的减少而减少

C. 在开放条件下，消费者福利会随着产品种类的增加而增加

D. 克鲁格曼模型证实了即便两国生产要素禀赋极其相似，也仍可能发生贸易

3. 以下关于产品生命周期理论的描述中，正确的是（　　）。

A. 需求时滞和反应时滞组成了模仿时滞

B. 产品创新阶段的产品属于技术密集型产品

C. 技术差距论可以对某些国家处于技术领先地位、其他国家处于落后地位进行合理解释

D. 新技术与新产品在不同国家的转移与扩散是产品生命周期理论的主要特征

4. 以下关于新新贸易理论的描述中，正确的是（　　）。

A. 新新贸易理论的核心在于微观企业是否具有能够进入出口市场的生产率

B. 新新贸易理论又被称为“异质企业理论”

C. 新新贸易理论的理论基础在于产业组织理论、交易费用理论以及不完全契约理论的整合

D. 异质企业的核心在于生产率的不同

5. 以下关于国际贸易、内生技术创新与经济增长的描述中，正确的是（　　）。

A. GH 小国模型认为，贸易对福利水平的影响取决于中间产品产量的变化

B. GH 大国模型认为，相似要素禀赋的国家间贸易必定会提高每个国家的创新与增长率

C. 杨小凯的新兴古典贸易理论认为，内生技术进步是投资与研发的结果

D. 林毅夫的发展战略理论认为，技术结构内生于要素投入结构

二、判断题

1. 全球价值链包括产品的设计、开发、生产制造、营销、销售、消费、售后服务等一系列价值环节。（　　）

2. 全球价值链驱动机制可以分为生产者驱动和购买者驱动两种类型。（　　）

3. 网络型治理模式是全球价值链治理模式之一。（　　）

4. 产品生命周期理论主要分为产品创新阶段、产品成熟阶段以及产品标准化阶段。（　　）

5. 克鲁格曼的新贸易理论认为：除了资源差异外，规模经济是国际贸易的起因于贸易利益来源的又一独立决定要素。（　　）

三、简答题

1. 简要描述克鲁格曼模型的假设条件。

2. 简要描述产品内分工与比较优势的关系。

3. 简要描述新新贸易理论与传统国际贸易理论的异同。

4. 简要评述国际贸易的环境效应。

5. 简要评述全球价值链的驱动机制。

第六章
保护贸易理论

学习目标

1. 了解保护贸易理论的意义，掌握各种保护贸易政策的理论基础。

2. 了解不同时期保护贸易理论诞生的背景，掌握不同时期保护贸易理论的局限性以及保护贸易政策对社会福利的影响。

3. 了解保护贸易理论的政策含义，理解和分析现实经济中的相关案例。

本章教学重点和难点为主要保护贸易理论的局限性以及保护贸易理论的政策含义。

中国视角

以引导案例为切入点，洞彻贸易保护主义背后的理论根源，加深对中国应对贸易摩擦的“谈，大门敞开；打，奉陪到底”的基本立场的清晰认识。具体目标包括：

1. 政治认同：通过对中美贸易摩擦进程的了解，透过保护贸易现象，理解保护贸易背后的成因和背后的经济学逻辑，了解中国应对贸易摩擦的主要策略，认同中国对外贸易政策的基本立场和理念，明确经贸摩擦阻挡不了中国的发展步伐。

2. 社会主义核心价值观：通过对本章的学习，认识到在深处复杂多变的社会环境中，每个人都应做好自己的事情，具有独立思考能力，牢记中华民族伟大复兴的使命，做一个有担当的人。

3. 法治观念：通过学习经济全球化背景下不断出现的保护贸易案例，牢固树立法治观念，学会冷静观察、科学分析和沉着应对，善于运用法治思维和法治方式维护自身权利。

引导案例

美国政府对中国的贸易保护主义措施

中国经济的高速发展和在科技领域的快速崛起让美国备感威胁。美国似乎被这样一种判断驱动，即过去中美关系的轨道意味着在长期竞争世界领导权方面有利于中国，不利于美国。为了努力改变这一轨道，美国政府在过去两年中针对中美关系，逐步采取一种零和博弈、单边主义、保护主义和本土主义的手法。为维护美国的高科技竞争优势，美国政府对中国发起有关知识产权和强制技术转移的“301条款”调查。2018年3月，美国贸易代表公布报告声称，中国存在强制技术转移行为，且对知识产权保护不力。基于此，美国政府对中国对美出口商品加征关税。而且，美国政府还针对中国高科技企业进行打压。2018年4月，美国商务部宣布禁止美国企业向中国中兴公司销售元器件、软件以及技术，期限为7年。此后，美国商务部与中兴公司经磋商达成协议。2018年7月，美国商务部“暂时、部分地”解除了对中兴公司的禁令，条件是中兴公司缴纳10亿美元罚金，改组董事会，并缴纳4亿美元的保证金。2019年5月，美国商务部把华为公司及其68个关联企业列入出口管制“实体清单”，旨在禁止华为在获得美国政府批准之前向美国企业采购零部件和技术。为避免对美国企业的冲击，美国政府同时公布了90天的暂缓令，华为事件一时成为中美经贸关系的焦点。2019年6月G20大阪峰会期间，习近平主席和特朗普总统举行会晤。大阪峰会闭幕后，美国表示将在不影响“国家安全”的情况下允许美国公司继续向华为出口部分零件和技术。

美国通过主导区域贸易协定划分“势力范围”，限制中国与其他国家的经济合作。2018年11月，美国、墨西哥和加拿大三国签订《美国-墨西哥-加拿大协定》（简称《美墨加协定》，USMCA）以替代《北美自由贸易协定》。USMCA规定：当事国与非市场经济国家进行自由贸易协定（FTA）谈判时需要履行告知其他成员的义务。不仅如此，如果当事国与非市场经济国家签订FTA，其他成员有权在6个月后退出USMCA并建立其自己的双边贸易协定。这一“毒丸条款”的引入，被舆论普遍解读为“团结美墨加、孤立中国”。

资料来源：潘晓明．美国贸易保护主义政策下的东亚经济融合．国际问题研究，2019（4）：123-136.

自亚当·斯密以来的各种自由贸易理论所揭示出的理论和政策含义基本相同：自由贸易可以促进经济发展、增加各国福利。世界贸易总的走向是自由贸易方向。各国对外贸易政策演变的事实表明：贸易自由化是一种趋势，是一种历史进程。但是，由于各种因素的作用，真正意义上的自由贸易从来就没有实施过，所以出现了一种既承认自由贸易的利益又纷纷推行保护贸易的奇怪现象。保护贸易在一定程度上反映了国际贸易发展的现实。保护贸易政策往往成为各国政府用以维护本国利益、保护本国产业和市场免受外部冲击的重要手段。对此，经济学家们提出了各种理论来试图解释这一矛盾，诠释实行保护贸易的原因和必要性，为保护贸易提供理论依据。另外，保护贸易理论的不断发展使得以自由贸易理论为主线的国际贸易理论更加丰富，更贴近现实。本章将对保护贸易理论进行系统概述，为研究保护贸易提供一个系统的理论分析框架。

第一节 重商主义理论

从历史渊源来看，重商主义是人类较早出现的保护贸易理论。本书在第三章中对此有过简短的介绍。本节将对重商主义理论的内容和观点进行详细阐述。

一、重商主义理论的产生背景

重商主义是15—18世纪西欧资本主义生产方式准备时期，代表商品资本制造的经济思想和政策体系。随着新大陆和新航线的发现，商品交易的费用空前扩大，西欧对美洲、非洲、亚洲的殖民掠夺使大量金银流入西欧各国并使这些国家积累了巨额的货币财富，导致了商品货币经济的蓬勃发展和封建自然经济迅速瓦解。社会财富的中心由土地转向金银货币，社会各阶层的经济生活对商品资本都有很大的依赖性。货币财富成为各阶层共同追逐的对象，成为社会经济生活的支配力量，赤裸裸的拜金主义成为社会风尚。社会经济的这种剧烈变化反映到上层建筑中，在经济思想和政策方面，就表现为重商主义的兴起，它是保护贸易的起点。

英国是当时经济最发达的国家，重商主义发展得最为成熟。当时实行重商主义的国家采取了两种措施：（1）禁止货币出口，由国家垄断全部货币交易；（2）外国人来本国进行贸易，必须将其销售所得款项全部用于购买本国货物。

二、重商主义理论的主要内容

重商主义的主要观点和内容为：金银货币是财富的唯一代表。货币多寡是衡量一个国家财富的唯一标准。国民财富增长的唯一途径是通过对外贸易实现贸易顺差。对外贸易可以改变一国的货币总量。

重商主义可以分为早期重商主义和晚期重商主义。早期重商主义者主张一国贸易政策的指导原则应是增加国内货币的积累，在对外贸易中少买多卖或不买，用以积累货币，而且积极鼓吹国家采取强制手段控制商品进口，禁止货币输出。因此，早期的重商主义又被称为“货币差额论”，流行于15世纪到16世纪中叶的西欧各国。当时的英国、西班牙、葡萄牙等国的政府在这一思想的指导下均实行保护贸易政策，采取保护关税、发展本国工业及奖励出口、限制进口等行政措施；通过法令规定外国商人必须将出售货物所得的全部货币用于购买本国商品。早期重商主义者将货币与商品绝对对立起来，严格限制货币运动，实际上阻碍了对外贸易规模的扩大和货币财富的增加。

晚期重商主义盛行于16世纪下半叶到18世纪，这时西欧各国工场手工业有了较大的发展，对推动国际贸易的发展发挥了巨大的作用。晚期重商主义者批判了早期重商主义者守财奴式的货币差额论，认为货币只有投入流转才能增多，而对内贸易不能使国家致富，只有对外贸易才是国家致富的唯一手段。该理论主张国家应允许货币输出国外，用于购买本国生产所需的原材料或进行转口贸易，发展生产，但仍然坚持买少卖多的原则，以保持贸易顺差，并强调国家干预对外贸易。晚期重商主义者明确地提出，国家必须实行保护政策以保护本国工业、商业和航运业的顺利发展，抵制国外竞争对手。因此，晚期重商主义是以“贸易差额论”为中心。晚期重商主义者开始认识到货币运动与商品运动的内在联系，他们虽然也主张少进多出，但反对国家禁止货币输出，认为这样做会影响贸易规模的扩大和贸易顺差的增加。

三、重商主义的贸易政策

重商主义者主张从国际贸易中获得利益，而且强调要多出口少进口，因此其政策主张是鼓励出口，限制进口。在政策措施方面，重商主义者要求政府积极干预对外贸易。这种干预体现在两个领域：一是在出口方面，采取鼓励出口的政策。这种政策措施是政府资助本国商人进入别国市场，甚至鼓励本国商人以比较低的价格向国外销售商品。二是在进口方面，重商主义者主张设置高额的进口关税以阻止商品的进口，保护本国工商业，抵制外国竞争对手。

四、重商主义理论的局限性

重商主义的理论和政策在当时曾促进了资本主义的原始积累，推动了资本主义生产方式的发展。但随着资本主义生产方式的进一步发展，重商主义的理论缺陷日益凸显出来：

（1）重商主义理论的内生缺陷就是将国际贸易看作零和博弈，一国的获利表现为另一国的损失。这种思想的根源是他们只把货币当作财富而没有把交换所得产品也包括在财富之内，从而把双方的等价交换看作一得一失。而古典国际贸易理论、新古典国际贸易理论以及国际贸易新理论都表明国际贸易是正和博弈，参与国际贸易的国家均可从商品交换中获取收益。

（2）重商主义对国际经济与贸易的研究只局限于流通领域，把货币和财富混为一谈，认为财富和利润都是在流通过程中产生的，对外贸易是财富和价值增值的源泉。这反映了商业资产阶级的历史局限性。财富是在生产过程中产生的，财富产生的源泉是社会生产力。

（3）货币差额论将货币与商品绝对地对立起来，而且孤立地对待货币运动，设法把侥幸得到的货币保存在国内并把它贮藏起来。直到贸易差额论才开始认识到货币运动与商品运动的内在联系。

（4）重商主义是早期资本主义发展阶段的产物，是资本原始积累时期商业资产阶级的意识形态，没有形成完整的理论体系，明显带有西欧国家早期经济发展不成熟的特点。

第二节　保护幼稚产业理论

保护幼稚产业的理论基础最早由亚历山大·汉密尔顿（Alexander Hamilton）提出，后经德国经济学家弗里德里希·李斯特（Friedrich List）系统阐述而发展为保护贸易理论和政策。经常被提及的传统保护贸易理论和政策主要指保护幼稚产业理论。

一、汉密尔顿的保护贸易理论——保护关税理论

（一）保护关税理论的产生背景

18 世纪中叶至 19 世纪末是资本主义自由竞争时期。英国自 18 世纪中叶开始进行产业革命：一方面，工业得到迅速发展，世界工厂的地位已经确立并得到巩固，产品的国际竞争力大大增强；另一方面，工业发展需要大量的原料和廉价的粮食。因此，英国急需通过出口工业制成品换取原料和粮食的进口。英国资产阶级迫切要求实行自由贸易和自由竞争的政策，与当时支持保护贸易政策的地主阶级进行了长期斗争。在 19 世纪前期，英国资产阶级逐步取得了自由贸易政策的胜利。但由于各国工业发展水平不同，同一时期后起的德国和美国在 19 世纪初才开始产业革命，生产力的发展落后于英国。所以，美国和德国的民族工业的发展受到来自英国的廉价产品的严重威胁和冲击，这在客观上要求美国和德国实行保护贸易政策。为适应保护贸易的要求，美国第一任财政部部长汉密尔顿提出了保护关税的政策主张。

（二）保护关税理论的基本内容

汉密尔顿站在新兴资产阶级的立场上，认为制造业对国民经济的发展发挥了特别重要的作用。美国的民族工业刚刚起步，难以与英国、法国等国的廉价工业品竞争，如果按照比较优势进行分工并进行自由贸易，将使美国继续充当欧洲各工业强国的原料产地和工业品的销售市场，从而会严重阻碍美国制造业的发展。所以，自由贸易不适合美国的现实，美国应该对尚处在成长过程中的产业（幼稚产业）给予贸易保护。他认为美国应该采取关税政策来对国内产业进行保护。征收关税不是为了获得财政收入，而是为了保护本国产业，因为处在成长过程中的产业难以与其他国家已经成熟的产业相竞争。具体措施如下：（1）向私营工业发放贷款，扶植其发展；（2）实行关税保护制度，保护国内新兴产业免受外国企业冲击；（3）限制重要原料的出口，免税进口本国急需的原料；（4）给各类工业发放奖励金，并为必需品工业发放津贴；（5）限制先进生产设备的输出；（6）吸收国外资金，以满足国内工业发展的需要；（7）鼓励移民迁入，以增加国内劳动力供给。

汉密尔顿认为，保护制造业虽然会影响美国对外国廉价产品的消费，造成短期利益的损失，但可以促进人们使用机械进行生产，促进社会分工，提高制造业的生产力水平；可以增加社会就业，鼓励进取，人尽其才，从而使美国通过保护制造业获得长远利益。

汉密尔顿强调保护贸易的选择性，认为只有本国处在成长过程中的产业才应该得到保护。尽管这些产业在成长初期技术落后，生产效率低，产品缺乏竞争力，但是通过对这些产业的保护，一国能够使这些产业在保护期间得到发展，接近或达到国外同类产业的水平。同时，汉密尔顿还认为保护应有时间限制，即在某一特定产业成长起来以后，就要取消对该产业的保护措施。

（三）对保护关税理论的评价

汉密尔顿的保护关税理论是从美国经济发展的实际情况出发得出的结论，反映了美国建国初期急需发展本国工业、走工业道路的强烈要求。汉密尔顿的保护关税理论在很长时间内对美国制造业的建立和经济的发展起着重要作用。到19世纪80年代，美国工业产值跃居世界首位。1900年，美国在世界对外贸易总额中的份额仅次于英国，位居第二。可以说美国工业化的过程与汉密尔顿的保护关税理论是密不可分的，美国工业化的过程验证了汉密尔顿的保护关税政策的成功。

汉密尔顿的保护关税理论在保护贸易理论真正形成过程中起着重要作用。德国经济学家李斯特正是受汉密尔顿的保护关税理论的启发，系统、全面地阐述了保护幼稚产业理论。保护幼稚产业理论的提出标志着与自由贸易理论相对立的保护贸易理论的产生。汉密尔顿的保护关税理论及其实践，为经济落后国家与先进国家抗衡以及走工业化道路提供了理论依据和实践案例。

二、李斯特的保护贸易理论——保护幼稚产业理论

（一）保护幼稚产业理论的产生背景

在19世纪，资本主义工业还处于萌芽状态或正在成长时期，这些国家的资产阶级要求保护幼稚产业，特别是当时的德国。于是形成了与自由贸易理论相对立的保护贸易理论，其代表人物是德国的弗里德里希·李斯特。李斯特在1841年出版的《政治经济学的国民体系》中提出了完整的保护贸易理论。李斯特从当时德国相对落后的状况出发，提出要以征收高关税的办法对其新兴工业进行暂时的保护，以免被当时先进的英国工业挤垮。李斯特的保护幼稚产业理论对德国的影响很大。德国在19世纪70年代以后不断实施保护贸易措施，成为欧洲高度保护贸易的国家之一。另外，保护贸易措施加快了德国的工业化进程。

（二）保护幼稚产业理论的主要内容

李斯特保护贸易理论的核心是生产力理论。李斯特承认国际分工和自由贸易的利益，赞成国际贸易对一国经济发展的重要作用，并把对外贸易政策看作一种经济发展战略。但是他认为保护贸易和自由贸易究竟哪一种政策有利于国民经济的发展，要视该国所具备的各种条件和所达到的经济发展水平而定，应该根据生产力水平的发展阶段来决定采取何种对外贸易政策。李斯特认为生产力问题是一个国家兴衰存亡的关键问题，为了使生产力得到较快发展，国家必须实行保护贸易政策，通过提高关税等手段，限制国外产品的进口，促进国内同类产品的消费，以支持本国产业的发展。他指出，采取保护贸易政策，可能会失去某些比较利益，特别是在开始阶段，国内产品的价格可能会高一些。但是经过一段时间的保护之后，本国产业生产力水平会提高，国内产品的生产成本会大幅下跌，其价格也会随之跌落到国外进口商品的价格以下，收益远大于之前的损失。“因此，保护关税如果使价值有所牺牲的话，它却使生产力有了增长，足以抵偿损失而有余，

由此使国家不但在物质财富的量上获得无限增进，而且一旦发生战争，可以保有工业的独立地位。”①

李斯特主张经济落后国家实行保护贸易政策，以抵御外国竞争，促进国内生产力的成长。根据德国的生产力状况以及国民经济各部门应平衡或协调发展的原则，李斯特认为实行关税制度是保护国内市场的主要手段。为了进一步论证保护贸易的必要性，他把一国的经济发展划分为五个时期：原始未开化时期、畜牧时期、农业时期、农工业时期、农工商业时期。处于不同时期的国家应实行不同的对外贸易政策。当一国处于原始未开化时期、畜牧时期或农业时期时，使自己获得发展的最迅速有利的方法是同先进的工业国实行自由贸易，输入国外工业品，输出本国产品，以此为手段，使自己脱离未开化或落后阶段，实现向更高阶段的演进。在农工业时期要实行保护贸易政策，对本国有发展潜力的工业采取保护贸易措施，防止外国的竞争，以实现本国工业的建立与发展。到了农工商业时期，本国工业已有了相当稳固的基础，已没有理由害怕外国的竞争，这时应该恢复自由贸易政策，使国内外市场进行无所限制的竞争，使处于农工商业时期的人们在精神上不至于放松，并且可以鼓励他们不断努力保持既得的优势地位。李斯特从德国当时所处的现状出发，认为德国正处于农工业时期，要想发展生产力，要过渡到农工商业时期，必须依靠国家实行高关税等保护贸易政策，保护的目的是促进生产力的发展，建立强大的工商业基础。

李斯特的保护贸易理论具体表现在以下几个方面：

1. 保护对象

李斯特认为，农业不需要保护，一国工业虽然幼稚，但在没有强有力的竞争者时，也不需要保护。只有刚刚开始发展且有强有力的国外竞争者的幼稚工业才需要保护。同时，经过比较，他认为应用动力和大规模机器的制造工业的生产力远远大于农业，所以特别重视保护和发展工业生产力。但是，李斯特并不主张对所有的工业部门都采取高度保护措施，而是应该区别对待，对不同的工业部门采取不同程度的保护措施。所选择的保护对象应该是目前处于起步阶段、受到外部强大竞争压力且具有发展前途的工业，即受保护对象是经过一个时期的保护和发展之后能够成长起来的工业。同时，他认为：关系国计民生的重要工业，即建立与经营时需要大量资本、大规模机器设备、高度技术知识，生产最主要的生活必需品的工业部门，应该受到高度保护；那些次要的部门，受保护程度可相对低一些。

2. 保护手段

李斯特认为保护的主要手段是关税措施，这是抵御外国竞争、促进生产力发展的必要手段。即使在实行保护关税制度初期，由于没有廉价原料和机器设备，企业生产成本可能增加，不利于增加利润，也不利于消费者，却可以保护国内市场，有利于国内民族资本的成长，有利于生产力的发展，而且在生产力发展之后，反过来又会促进生产成本的降低，服务于消费者利益，有利于国民经济发展和财富增长。

对保护关税的实施，李斯特提出了具体的设想，认为关税税率应随着国内工业的发展、引进技术水平的提高而提高。在本国工业具有竞争力后应逐步降低保护程度，以竞

---

① 弗里德里希·李斯特．政治经济学的国民体系．北京：商务印书馆，1961：128-129.

争来刺激本国工业的进一步发展。同时要区别从量税和从价税、保护关税和收入关税，运用从量税达到有效保护，对收入关税应予以节制。保护程度一般应为20%～60%，在建立一个技术工业部门时，可实行40%～60%的保护税率，待其建成并进入正常生产活动后，持久的保护税率则不应超过20%～30%。任何技术工业如果不能在40%～60%的保护税率下建立起来，不能在20%～30%的保护税率下长期存在下去，这种产业就缺乏保护的基本条件，也就不应该受到进一步保护。

3. 保护期限

李斯特认为对幼稚产业的保护不能永无止境，应该有一个期限。当被保护的产业部门生产的产品价格低于进口商品时便不应受到保护了，或者若经过一段时间被保护产业仍然不能自立，不具备与外国产品竞争的能力，也应放弃保护，时间应以30年为限。

李斯特保护贸易的根本目标就是通过国家干预，促进国家综合生产力的发展，而在生产力的发展中，工业的作用比农业的作用要大得多。在一个工业生产力发达的国家，各种生产资源都会得到积极有效的利用，使社会财富以更快的速度增长，从而增强国家的总体实力。因此，发展和完善国内的工业体系是提高一国生产力的最有效途径，国家必须采取有效的保护措施，扶植本国的工业生产力迅速崛起。

相关案例

美国的摩托车行业——一个取得成功的幼稚产业

20世纪80年代初，由于进口的冲击，美国摩托车行业仅剩下一家名为哈里-戴维森(Harley-Davidson)的生产厂商，主要生产活塞排气量超过1 000立方厘米的中型摩托车，进口的是排气量较小的摩托车，且进口厂商的市场份额急剧上升。1982年，哈里-戴维森向美国国际贸易委员会（USITC）请求进口保护。USITC的调查小组证实进口确实严重损害了哈里-戴维森的利益。因此，从1983年起，在原有的配额之外，开始以较高的税率对进口商品征收为期5年的关税。USITC允许提高保护水平的原因之一是：哈里-戴维森计划提高生产效率，并打算引进一条新的小型摩托车生产线，USITC想给该厂商一个机会，让其实施自己的生产计划。从其引进的小型摩托车新生产线来看，哈里-戴维森确实具备了幼稚产业的特征。

征收新的关税以后，进口商品在美国摩托车市场上所占的份额从20世纪80年代的60%～70%跌到了1984年的31%。哈里-戴维森自身开始转换管理战略，致力于削减成本和提高产品质量。尽管国内生产有了增长，但美国消费者却为每辆摩托车多支付了400～600美元的费用。尽管如此，20世纪80年代中期摩托车行业的就业和产出还是得到了很大的增长。1987—1993年由于摩托车安全性有了明显的提高，美国厂商生产的摩托车的实际价值估计上升了75%。此外，美国摩托车行业的出口在1987—1991年以每年37%的速度高速增长。当然，出口的增长也要部分归结于美元的贬值。直到1997年，哈里-戴维森依然获利颇丰。

资料来源：Dennis R. Appleyard，Alfred J. Field Jr. *International Economics*. 3rd Edition. McGraw-Hill，1998.

三、对幼稚产业的判定标准

一般认为，幼稚产业（infant industry）是指处于成长阶段的尚未成熟但具有潜在优势的产业。对幼稚产业的判定，很多学者提出了各种各样的具体标准。归纳起来，主要的判定标准有以下三种：

（一）穆勒标准

根据穆勒标准（Mill's test），当某一产业规模较小、其生产成本高于国际市场价格时，如果政府给予一段时间的保护，使该产业能够发展壮大，以充分实现规模经济，降低成本，那么该产业就可以作为幼稚产业加以扶植。穆勒标准的实质是：第一，幼稚产业保护是唯一的保护贸易理由，只限于从外国学习技术的过程。第二，保护应该适合本国的国情。第三，受保护的产业应为成本较高的产业。因此，穆勒标准强调的是将来成本上的优势地位。

（二）巴斯塔布尔标准

根据巴斯塔布尔标准（Bastable's test），判断一种产业是否属于幼稚产业，不仅要看该产业将来是否具有竞争优势，而且要将保护成本与该产业未来所获得的预期利润的贴现值加以比较。如果未来预期利润的贴现值小于当前的保护成本，那么对该产业进行保护是得不偿失的。巴斯塔布尔标准的实质是：巴斯塔布尔标准比穆勒标准要求更高，即它要求被保护的幼稚产业在经过一个时期的保护之后，不仅能够自立，而且必须能够补偿保护期间的损失。

（三）肯普标准

根据肯普标准（Kemp's test），幼稚产业保护应以实现受保护产业的外部规模经济为前提，即如果某一产业将来在经过保护之后能带来外部经济效应，则暂时性的保护是可以考虑的。肯普标准的实质是：第一，在内部规模经济的情形下，即使某一产业符合穆勒标准和巴斯塔布尔标准，政府的保护也不见得是必要的，因为企业自身的营利性决定了该产业会自动地发展下去。第二，若在实施保护之后，产业能够产生显著的外部经济效应，则有保护的必要。第三，与强调内部规模经济的前两个标准不同的是，肯普标准更加强调外部规模经济与幼稚产业保护之间的关系。

四、对保护幼稚产业理论的评价

保护幼稚产业理论的提出，是保护贸易理论体系形成的标志。它确立了保护贸易理论在国际贸易理论体系中的牢固地位，对当前国际贸易决策和理论研究仍具有重要的指导和借鉴意义。保护幼稚产业理论在德国工业资本主义的发展进程中起过积极的作用，保护关税政策对于当时的德国资产阶级是必要的，它使德国的工业获得了巨大的发展，从而加强了资产阶级的力量，提高了资产阶级在反对封建专制制度中的地位与作用；同时，李斯特的保护贸易理论对经济不发达国家有重大参考价值，该理论的保护对象以将来有前途的幼稚产业为限，对国际分工和自由贸易的利益也予以承认，保护贸易为过渡时期所采取的权宜之策，而以自由贸易为最后的目的。

然而，李斯特的保护贸易理论在具有合理性和进步性的同时，仍然存在不足之处。首先，李斯特的整个理论体系是错误的、不科学的，他把他的生产力理论同古典学派的价值论对立起来，片面强调国家对经济发展的决定作用；其次，其保护幼稚产业理论是以资本市场发育不完全为前提假设的；最后，他的经济发展阶段论是按一定部门在经济发展中的地位和作用来划分的，把社会历史的发展归结为国民经济部门的变迁，撇开了生产关系这个根本因素，因此不能反映社会经济形态变化的真实情况。

第三节　超保护贸易理论

一、超保护贸易理论的产生背景

随着资本主义生产方式的发展，垄断资本已经不能满足国内市场的发展，迫切需要进行经济扩张。20 世纪 30 年代是资本主义经济陷入危机和萧条的时代，自由放任经济的信条受到批判，国家干预经济的思潮盛行起来。凯恩斯从新古典经济学的阵营中分离出来，转而对重商主义给予肯定、合理的评价，他认为重商主义保护贸易政策确实能够保护经济的繁荣，扩大就业，从而系统地提出了他的超保护贸易政策（super-protective trade policy）思想，因此，他的理论也被称为“新重商主义”。围绕整个国家宏观经济稳定、国内各种生产资料实现合理配置和充分利用、国家总体实力增强这些话题，凯恩斯认为维持宏观经济稳定和保持经济发展主要依靠政府的政策干预，因此主张政府干预对外贸易，奖出限入，扶植垄断组织夺取国外市场，实行超保护贸易。

二、超保护贸易理论的内容

超保护贸易理论主要包括三个方面的基本内容：一是对古典自由贸易理论的批判，二是对保护关税制度的支持，三是对外贸易乘数理论。

（一）对古典自由贸易理论的批判

凯恩斯认为古典自由贸易理论是建立在充分就业的前提下，不适用于现代社会。他还认为古典自由贸易理论只用国际收支自动调节机制来证明贸易顺差、逆差的最终均衡过程，忽视了国际收支在调节过程中对一国国民收入和就业的影响。他认为贸易顺差能够增加国民收入，扩大有效需求，增加就业；而贸易逆差则会减少国民收入，加重失业。为此，他赞成贸易顺差，反对贸易逆差，提倡运用各种措施扩大出口，减少进口，以获得贸易顺差。

（二）对保护关税制度的支持

凯恩斯认为，保护关税制度有三个好处：一是可以促使人们增加国内产品的消费，进而增加就业；二是可以减轻本国国际收支逆差的压力，以便腾出一定的资金，偿付在扩张政策下的必要进口量，并对贫困的债务国进行贷款；三是能得到社会舆论的支持。因此，他曾督促英国政府放弃自由贸易政策，恢复保护关税制度，采取直接措施来限制输入、奖励输出。

（三）对外贸易乘数理论

对外贸易乘数理论由凯恩斯主义者在投资乘数理论的基础上提出。为进一步说明投资对就业和国民收入的影响，强调政府干预的必要性，凯恩斯提出了乘数理论，即投资量的增加会引起国民收入的成倍增加。对外贸易乘数理论的基本内涵为：在投资乘数 K 及边际消费倾向一定时，国民收入的增加量将是外贸顺差量的若干倍，就业人数也会成倍增加。

对外贸易乘数的计算公式为：

$$\Delta Y=K[\Delta I+(\Delta X-\Delta M)]$$

其中，ΔY 为国民收入增量，ΔI 为投资增量，ΔX 为出口增量，ΔM 为进口增量，K 为投资乘数。K 取决于边际进口倾向和边际储蓄倾向，边际进口倾向与边际储蓄倾向越小，乘数越大。

由此可见，在 K 不变时，只有对外贸易出现顺差才能提高一国的收入量，并增加一国的就业。一国的贸易顺差越大，对本国经济发展的作用就越大。由此可见，凯恩斯及其追随者的对外贸易乘数理论为超保护贸易政策提供了理论根据。

三、对超保护贸易理论的评价

（一）凯恩斯超保护贸易理论是传统保护贸易理论的发展

该理论不同于传统的保护贸易理论，是以保护国内先进成熟的工业、增强其在国际市场上的垄断地位为目标，而不是以保护国内幼稚产业为宗旨；是积极地倡导、大规模地扩张本国商品的出口以最大限度地占领国际市场，而不是只通过抵制外国商品的进口保护本国市场；是通过对外贸易促进国内经济发展的良性循环，而不是为了简单维持国际收支的平衡。超保护贸易理论代表了垄断资本主义的利益，是发达国家推行超保护贸易政策的理论依据。

（二）凯恩斯超保护贸易理论的一些论点具有研究价值和借鉴意义

该理论把国际贸易作为整个经济运行的一个重要因素，主张通过对外贸易促进国内经济发展的良性循环，扩大就业。对外贸易乘数理论揭示了贸易量与一国宏观经济主要变量之间的相互关系，在一定程度上指出了对外贸易与国民经济发展之间的某些内在规律性。

（三）凯恩斯超保护贸易理论存在一些不足

一是该理论是在资本主义大危机的特定环境下产生的，强调刺激需求问题，忽略了供给问题的重要性。二是一味追求贸易顺差会引起别国的报复，不利于本国经济长远发展。

第四节　战略性贸易政策理论

第二次世界大战后国际贸易中出现的一系列新情况引起了人们对传统贸易理论的反思，在此过程中，逐步形成了国际贸易新理论。国际贸易新理论摒弃了传统贸易理论中完全竞争和规模报酬不变的假设，以不完全竞争和规模经济为前提。正是由于不完全竞争和规模经济的引入，才从根本上动摇了完全市场作用和自由贸易的最优性，而战略性贸易政策理论的出现为政府干预提供了理论依据。

一、战略性贸易政策理论的产生背景

第二次世界大战后美国长期雄踞世界经济的霸主地位，尤其是战后初期。然而 20 世纪 70 年代以后，随着欧洲、日本经济力量的恢复及新兴工业化国家的崛起，美国的经济实力开始相对下降，在国内外市场上均面临着很大的竞争，如在半导体、计算机、航空航天等高科技领域，美、日、欧围绕关键技术、关键产业的市场竞争越来越激烈。在这些方面的竞争中，美国过去一直独领风骚，而 20 世纪 80 年代后，其竞争力却相对下降，市场份额相对缩小。以半导体工业为例，1977 年美国半导体工业占据了美国市场的 95%和整个世界市场的 57%，但是到了 1987 年，美国成为半导体净进口国，占世界生产的份额由 57%下降到 40%，而日本的份额则从 28%上升到 50%。因此，为了应付日本和欧盟的强有力竞争，美国国内要求实行保护贸易政策，对高科技产业加以保护以提高其出口竞争力。

另外，日本和西欧在第二次世界大战后一直对经济实行政府干预，特别是在高科技产业的发展中，一方面对高科技产品的出口实行补贴，另一方面对其进口设置关税和非关税壁垒。这在某种程度上使美国企业在高科技应用领域的竞争中处于相对劣势地位。由此，美国国内的一些特殊利益集团纷纷游说国会，主张保护贸易，以增强本国企业的国际竞争力，并对那些实施保护贸易政策的国家进行报复。这些都使得一贯标榜贸易政策公平的美国政府也不得不做出抉择。

1983 年，布兰德（J. A. Brander）和斯潘塞（B. J. Spencer）最先提出以补贴促进出口的观点。1984 年克鲁格曼又提出不完全竞争模型，后来由格罗斯曼、赫尔普曼和迪克西特（A. Dixit）等人加以完善，从而形成了完整的战略性贸易政策理论。

二、战略性贸易政策理论的基本内容

所谓战略性贸易政策理论，是指一国政府在不完全竞争和规模经济的条件下，利用生产补贴、出口补贴以及保护国内市场的各种措施来扶持本国战略性产业的成长，增强其在国际市场上的竞争力，占领他国市场，获取规模报酬和垄断利润的贸易政策理论。

战略性贸易政策理论是建立在不完全竞争、规模经济基础上的，主要是针对寡头垄断①的市场结构。战略性贸易政策理论由两部分内容构成：一是以内部规模经济为基础的利润转移论；二是以外部规模经济为基础的外部经济论。

（一）利润转移论

利润转移论认为一国政府可以通过制定经济政策来剥夺外国厂商的出口利润并转移到本国厂商身上，以促进国内产业迅速发展并提高国际竞争力，打开国际市场。利润转移的主要措施有以下三种。

1. 通过出口补贴促进出口

通过出口补贴促进出口的措施是指在不完全竞争的市场结构下，政府通过给予研发补贴或出口补贴来进行干预，提高本国企业在国际市场上的竞争力，在国际上获得垄断利润。

一般来说，在寡头垄断市场结构下，产品研发阶段的成本较高，而另一国外竞争者也面临同样的情况。因此，如果本国政府能在产品研发阶段率先给予补贴或在产品出口时进行补贴，则国内厂商相对于国外厂商来说具有成本优势，可以采取进攻性战略行为，迫使对方在竞争中做出让步。

2. 利用关税抽取外国厂商的垄断利润

这一措施是指在不完全竞争市场条件下，一国政府利用关税从国外垄断企业那里抽取租金或向本国企业转移利润，也可以被称为“战略性进口政策”。面对进口国的关税政策，若国外垄断厂商选择降低价格，则其垄断利润减少，这相当于垄断利润的部分转移，从而增加本国的净福利。若国外垄断厂商选择减少出口量，则相当于让出了部分市场，国内厂商就会进入该产业，达到扶植该产业的目的。因此，如果说出口补贴为本国企业赢得了在国外市场上的战略优势，那么关税能够为它们培育在本国市场上的战略优势。

3. 以进口保护促进出口

这一政策措施是在寡头垄断市场和存在规模经济的条件下，对国内市场进行保护以促进本国的出口。进口保护措施可以为本国企业提供超过其国外竞争对手的规模经济优势。在不完全竞争和规模经济存在的条件下，一个受到保护的企业可以充分利用国内封闭起来的市场扩大生产，获取规模经济效益。这种规模经济优势可以转化为更低的边际成本，其结果是增强了本国厂商在国内外市场上的竞争力，最终达到促进出口的目的。

（二）外部经济论

外部经济即外部规模经济，是指单个厂商从同一行业其他厂商的扩大中获得的生产效率的提高和成本的节约。也就是说，某一产业的经济活动能对其他产业产生有利影响。一般来说，新兴的高技术产业往往具有积极的外部经济效应，其创造的知识、技术和新

---

① 寡头垄断是指只有少数几个厂商供给该行业全部或大部分产品，每个厂商的产量占市场总量的份额相当，对市场价格和产量均有举足轻重的影响。寡头垄断行业往往是生产高度集中的行业，如钢铁、汽车、石油等行业。

产品对社会的科技进步与经济增长有着积极的推动作用。

但这些产业在创建的过程中通常要花费巨额的研发支出，并承担投资失败的巨大风险，而它们的一部分知识贡献及其产生的利润却无偿地外溢到别的企业，别的企业却不用承担任何成本。如果创新企业得不到政府某种形式的补贴或扶持，它们就会丧失投资于高技术产业的原动力和积极性，从而对整个国家的未来发展造成不利局面。在这种条件下，只要外部经济效应比较重要和明显，政府的相应补贴与财政扶持从逻辑上来说就变得有必要了。通过政府的财政支持，这些产业能借助国内国际市场来获得更大的外部经济，进而在外部经济的自我强化作用下获得更强的国际竞争优势。

三、对战略性贸易政策理论的评价

战略性贸易政策理论自问世以来就受到高度关注，作为一套完整的理论体系正在逐步形成。作为与正统的自由贸易理论“离经叛道”的学说，战略性贸易政策理论之所以能够不断成长起来，根本原因在于其理论基础是以与国际贸易现实更为贴近的市场的不完全性为出发点，从而在理论上为政府干预贸易活动提供了依据。

战略性贸易政策理论在实践中确实可以起到扶持相应产业发展的作用，但战略性贸易政策理论以牺牲他国利益为代价，因而势必会导致其他国家的报复，从而引发贸易保护主义的抬头，抵消扶持战略性产业发展的效果。

相关案例

从数字贸易政策解读数字贸易保护

数字技术的迭代升级改变了传统贸易的形式，促使以数据为生产要素、以数字技术为驱动力、以数字产品为交易内容、以数字平台为交易媒介的数字贸易逐渐成为全球贸易发展的新趋势。数字经济作为稳定经济发展的新动力，在跨境交易中必然受到世界各国的政策监管和保护。世界主要经济体基于自身数字贸易发展水平，制定相应数字贸易政策，阻碍着数字贸易全球多边规则的形成及数字贸易自由化的发展。以下我们分别从美国、日本、欧盟、俄罗斯及印度尼西亚等国数字贸易政策来看各经济体对数字贸易的保护程度差异。

美国是全球数字贸易最为活跃的国家之一，其数字贸易政策的典型特征可以概括为“监管松、准入严”。首先来看数据监管。美国政策相对宽松。例如，美国没有数据隐私管理的全国性法律，只有一些州立法规定“未经授权的人在披露加密个人信息前应当通知州检察长”。近年来，美国才开始加强消费者隐私保护。2018 年加利福尼亚州颁布《消费者隐私法》，对企业收集、处理、删除、披露、售卖消费者个人信息的行为做出了规定，对企业提出了更多通知、披露义务，并针对数据泄露规定了法定损害赔偿金，是美国州层面最严格的隐私立法。其次来看网络平台管理。美国对数字服务中间商的责任要求较为宽松，存在“ISP 安全港条款”，授予 ISP 中介平台免责条件和反通知权利。美国国内对于互联网服务提供商责任的界定相对完善，要求“第三方利用平台服务在合法平台上创建和分享非法信息的，平台方不对非知识产权的侵权损害承担责任”。网络中介机构如发生侵权行为，只要实施侵权通知和撤除制度，就不承担侵权责任。再次来看数字产品和服务贸易政策。美国对信息通信技术产品贸易设置了较多的贸易管制。例如，美国对使用加密方式的商业通信卫星和技术存在着管制，禁止美国企业向一些国家的通信企业销售零部件或提供服务。尽管美国基本没有设立数字产品进口的歧视性技术标准，但是数字产品的政府采购壁垒较高，并对某些国家存在明显的歧视性。最后来看数字企业的本地进入政策。美国实行了比较严格的限制政策。例如，美国设立外国投资委员会来对 FDI 进行经济安全审查，审查要点包括：对国内生产的影响；对国内工业的国防能力的影响；对美国关键技术、基础设施的国际领先地位的影响。

日本也是全球数字经济和数字贸易发展水平最高的经济体之一，其数字贸易政策与美国较为类似，但是在产品和服务贸易政策方面跟美国略有差异。首先，在数据监管方面，日本的管制水平普遍较低，没有烦琐的跨境数据传输限制，其政策重点主要在于对数据安全的管理。例如，日本对金融行业的数据安全管理较为严格，要求公司必须设立专门的数据保护部门。日本允许合法合理的数据跨境传输，但是要求数据传输的第三方提供数据主体的许可签名。其次，在网络平台管理方面，日本没有在网络中介责任和网络内容审查上设置特殊的政策要求，而是重点强调了知识产权保护。自 2013 年以来，日本建立了“日本知识产权桥”的主权专利基金，这一基金由日本的几个网络公司出资创建，旨在防止海外实体对日本企业知识产权的侵犯。再次，在数字产品和服务贸易政策方面，日本实施了自由化程度较高的政策。例如，日本对线上销售的最低免征关税额为 90 美元，允许电子签名；日本的数字产品零关税覆盖率为 99.38%。最后，关于数字企业的本地进入政策，日本没有明确限制电信或信息通信技术的投资，仅设定了直接投资的提前通知要求。但是日本对媒体领域的外商投资要求比较严格，将外国对广播公司的投资份额限制在 20%～33%。

尽管欧盟的数字贸易发展水平与美日接近，但是其数字贸易政策却表现出较大的独特性，在数据监管和网络平台管理方面较美日有较大区别。首先，从数据监管来看，欧盟一直以来相当重视数据隐私保护，旨在在确保数据安全的情况下推进跨境数据流动，为欧洲数字企业提供更广阔的数据市场。其中，法国和德国的数据监管政策最为严格。目前，欧盟出台了许多关于数据管理和隐私保护的法律，包括《电子隐私指令》（2002/58/EC）、《611/2013 监管条例》《通用数据保护条例》等。其次，从网络平台管理来看，欧盟的知识产权保护较为严格，有关法律法规包括 2001 年《版权指令》《欧盟专利制度》。目前关于欧盟使用专利制度的竞争政策和其他补救措施有很多案例。再次，在数字产品和服务贸易政策等方面，欧盟总体上自由化程度较高。例如，欧盟仅对双重用途的产品出口实行限制政策，包括计算机、电信和信息安全等，对进口商品没有特殊限制。最后，在数字企业的本地进入政策方面，法国和德国的投资壁垒较高。例如，法国存在歧视性反收购规定，允许法国公司对不适用互惠条例的外国公司采取反收购措施，包括授予现有股东通过购买认股权证和购买贴现股份来增加杠杆的权利。此外，法国和德国的几个电信运营商为终止来自欧盟以外的国际业务而对外国公司收取高于其他贸易企业的费用。

相对于美、日、欧等经济体，俄罗斯的数字经济和数字贸易发展水平不高，但是其数字贸易政策有一定的代表性。首先来看数据监管。俄罗斯是数据监管程度最高的国家之一。俄罗斯设立了严格的数据管理要求，要求电信和互联网供应商至少保留数据12个小时，以便为俄罗斯联邦安全局提供数据资料。此外，俄罗斯存在数据本地化规定，要求俄罗斯公民对数据的记录、系统化、积累、储存、修改和检索均要使用位于境内的数据库。俄罗斯数据隐私管理较为严格，将“被遗忘权”写入《公民隐私权保护条例》，拓宽了隐私权的覆盖范围，相对于欧洲其他国家更为严格。其次来看网络平台管理。俄罗斯设立了严格的网络内容准入要求。俄罗斯实施包括深度检查和监视系统等在内的在线过滤系统。此外，俄罗斯还设立了严格的ISP中介责任制，规定了中介责任不到位的惩罚措施，明确了对侵权行为处理时间的要求。再次来看数字产品和服务贸易政策。俄罗斯的管制水平也比较高。例如，俄罗斯数字产品的零关税覆盖率为62.25%，对销售数字产品的外国企业征收18%的增值税。此外，俄罗斯限制加密技术的电信设备进口，其没有遵循国际公认的技术认定标准，而是单独制定了俄罗斯适用的通信标准。最后来看数字企业的本地进入政策。俄罗斯的限制壁垒较高。例如，俄罗斯对电信、媒体企业的外商投资设限较高。电信服务只能通过许可证制度提供；对于用户超过50%的视听服务企业，只允许非俄罗斯公民最多持有20%股权；媒体企业的外国所有权不得超过20%。此外，俄罗斯重点关注战略性产业的外商投资，涉及国家战略性产业的企业的外国控股者不能获得超过50%的投票权，外国投资者必须向联邦反垄断局通报任何获得俄罗斯战略性产业企业5%或以上股份的交易。

作为发展中国家，印度尼西亚的数字经济和数字贸易发展水平较低，其数字贸易政策却具有发展中经济体的一般特性。首先来看数据监管。印度尼西亚有着严格的数据本地化措施。印度尼西亚要求公共服务电子系统经营者必须在境内设立数据中心，互联网提供商必须使用本地IP号码并在境内存储数据。印度尼西亚没有禁止数据跨境流动，但个人数据的跨境传输必须征得数据主体的书面同意。其次来看网络平台管理。印度尼西亚存在网络内容许可和准入限制。印度尼西亚要求必须采用DNS、Nawala和信任定位的系统进行网络内容过滤，但没有明确ISP在版权侵犯行为方面的作用和责任。再次来看数字产品和服务贸易政策。印度尼西亚对数字产品的进口审查较为严格。印度尼西亚禁止酒精产品、加密货币的在线销售，存在域名注册要求。并且线上销售的最低关税免征额为100美元，数字产品零关税覆盖率为33.7%。此外，印度尼西亚存在本地化内容限制，交互式网络电视（IPTV）提供商的网络机顶盒应包含至少20%的本地内容，IPTV运营商应在其广播服务中提供至少10%的国内内容，4G智能手机应至少拥有30%的本地部件，用于无线宽带的设备应包括至少40%的本地内容。最后来看数字企业的本地进入政策。印度尼西亚的监管壁垒较高。印度尼西亚不允许外国投资者拥有基站或蜂窝塔，外国投资者必须向印度尼西亚投资协调委员会登记并取得许可证。此外，印度尼西亚对政府控股公司的外国投资份额设定49%的上限，有限责任公司的首席执行官只能为印度尼西亚公民，提供IPTV的任何财团均必须由至少两个印度尼西亚实体企业组成。

资料来源：余振．全球数字贸易政策：国别特征、立场分野与发展趋势．国外社会科学，2020（4）：33-44.

第五节　保护贸易理论新发展

一、管理贸易理论

（一）管理贸易理论的产生背景

20 世纪的两次世界大战，尤其是第二次世界大战的发生，使得世界政治经济格局经历了一次大洗牌。英国很不情愿地将世界领头羊的接力棒交给了美国。美国凭借第二次世界大战带来的机遇，一跃成为头号经济大国。在这种情况下，美国为了扩张和稳固世界领袖地位，积极倡导和推动贸易自由化。与此同时，美国为了防止自身利益和地位的丧失，对本国进行了一定程度的保护。此时，在世界经济体系中又发生了几件大事：布雷顿森林体系的建立；国际货币基金组织和世界银行的成立与运转；关贸总协定的达成和实施。这些情况的发生促成了管理贸易政策首先在美国出现并发展起来。

1. 世界各国经济相互依赖性逐渐加强

自 20 世纪 60 年代以来，世界各国相互依赖的趋势更加明显。这是与世界生产力和科技的迅速发展紧密相连的。这种相互依赖，一方面体现为美国、欧洲国家等发达国家间的相互依存，另一方面体现为发展中国家间的相互合作，同时也体现为发达国家与发展中国家间的优势互补。尤其是自 20 世纪 80 年代以来，经济全球化、一体化的发展，使世界上的每个国家都紧密地联系在了一起。一个国家的行动必然会影响到其他国家的利益，这又迫使各国在选择自己的贸易制度时必须考虑他国的反应及其实施的贸易体制。因此，国家间的贸易协调和管理就显得更有必要。

2. 世界各国经济相互协调性逐渐加强

在国际经济相互依赖的背景下，国际经济协调尤为重要，各国作为整个国际经济大系统的要素各自产生的利益之和，必然小于作为一个整体依赖并协调的系统所产生的收益。第二次世界大战后蓬勃发展的区域经济一体化组织就是典型的反映。另外，20 世纪 80 年代后，国际金融、货币与贸易体制的高度交织以及相互间的联系日益紧密。但是，各国所采取的政策措施不充分，政策目标不一致，以及各国政策的决策者在信息不完全的情况下调整具有强烈国际溢出效应的政策措施，这些都使得整个国际经济运转效率低下，又反过来制约了各国政策的自主性和有效性。因此，这就必然需要政策协调来避免各国间经济、贸易及其他领域的不良竞争。毫无疑问，要实现这种协调，理论与政策上的制度变迁与创新势在必行。

3. 可持续发展观要求对国际贸易进行协调和管理

可持续发展观的提出与世界环保意识的加强有关。其核心问题是保护生态环境。然而，各国间贸易的急剧膨胀，使一些国家产生了通过贸易相互转嫁环保危机的想法。而各国自 20 世纪 80 年代以来经济保护主义的加强，使得各国又将这种可能性竭力推向现实。这突出表现为发达国家毫无人类环保责任感地将核废料及其他有害垃圾“出口”到一些发展中国家或随意地倾倒在公海里。世界各国可持续发展观的强化，尤其是发展中国家环保意识的觉醒，要求有一个能有效地实施管理、协调的贸易制度来规范各国的贸易行为。

（二）管理贸易理论的内涵

管理贸易理论产生于20世纪70年代末80年代初。所谓管理贸易理论，是指世界上各贸易主体在追求比较利益最大化的过程中，为有效解决合作中的冲突以及实现相互合作的潜在利益，所提出的国际贸易理论以及将该理论运用到贸易实践中的政策。该理论强调在不违背主张降低关税壁垒的自由贸易原则的条件下，利用一个国家的国内贸易法规、法令，或两国政府之间、两国贸易集团之间达成的协议，来约束贸易伙伴的行为，以达到限制和减少某些产品的进口、改进国内某些产品和产业的竞争优势的目的。

管理贸易理论最大的创新之处在于，该理论既不是自由贸易理论，也不是保护贸易理论，但兼具自由贸易理论和保护贸易理论的特点。这一理论不违背主张降低关税壁垒的自由贸易原则，同时采用非关税壁垒的手段来加大外国商品进入本国市场的难度，保证本国产业的发展空间，它使贸易保护走向法制化、合法化。管理贸易介于自由贸易与保护贸易之间，政府进行干预的主要目的在于使自身所设置的目标得以成功实现，同时还不会招致无谓的报复行为，保障目标朝着自身合理的方向发展。管理贸易理论不是自由贸易理论，也不是保护贸易理论，而是一种次优的贸易理论选择。

（三）对管理贸易理论的评价

一方面，管理贸易理论产生于国际经济联系日益增强和新贸易保护主义重新抬头的双重背景下，适应了发达国家既要推广自由贸易、争夺市场资源，又要进行适度的保护贸易、保护国内产业的需要，因而减缓了各国的贸易摩擦。但另一方面，管理贸易理论强化了保护贸易理论的合法地位，而国家经济实力则成为参与国际竞争、参与国际贸易利益分配的主要筹码。鉴于国家间经济贸易发展的不平衡，该理论也成为引发新一轮贸易争端的重要制度因素。

二、公平贸易论

公平贸易论认为，当贸易中来自其他国家的厂商或政府采取了有悖公平竞争原则的措施时，本国应该有针对性地采取某种限制贸易的措施，以求消除因不公平贸易所造成的影响，进而推动贸易秩序回归到符合公平竞争原则的轨道上。与其他保护贸易理论不同的是，公平贸易论宣称支持国际贸易在符合公平原则的前提下自由地进行，其保护性措施只是因自身受到不公平贸易的损害不得已而为之的补偿性或报复性手段，只要国际贸易是公平的，保护性措施就不应该出现。

随着国际经济一体化程度的加深，贸易摩擦和国际市场竞争更加激烈，发达国家强调对等开放市场、平等竞争、双边互惠的公平贸易立场。许多西方发达国家指责发展中国家的市场开放度不够，指责中央计划经济没有按市场经济的原则实行自由竞争。美国还用这一论点来针对欧洲国家、日本等发达国家，指责它们对美国产品的进入设置了重重障碍。一些国家甚至把自己的贸易逆差归罪于对方市场开放上的不平等。因此，发达国家要求政府加强干预和对本国企业进行支持与保护，借用各种维护贸易公平的合理和合法的手段达到保护本国就业、维持其在国际分工与国际交换中的支配地位的目的。美国是以公平竞争为由实施保护贸易政策的最主要国家之一，采取的主要手段包括反补贴税、反倾销税、其他惩罚性关税、进口配额、贸易制裁等。

从理论上看，公平贸易论的正确性显而易见，但是实际上，对经济发展水平落后的国家来说，在国际经济交往中无所谓真正的公平可言，发达国家以公平或者互惠为由对发展中国家提出的要求本身就是不公平的。

保护贸易的理论依据除了上述主流理论观点外，还有其他许多经济和非经济的分析依据。这些理论一般是从某个方面或层面去论证进行贸易保护的原因和必要性，能够为现实中某一贸易国的某一项保护贸易措施的实施提供理论依据或者做出一定的解释。

三、保护和增加就业论

该理论是西方发达国家为采取保护贸易政策而寻求的依据，提出的观点是保护贸易可以从宏观和微观两个方面影响就业。一方面，在保护贸易理论的基础上，实行奖出限入的保护贸易措施可以增加对本国国内产品的有效需求，有利于增加本国的就业机会。另一方面，对发达国家而言，其进口的产品主要是劳动密集型产品，对该类产品的进口限制会保护该行业免受国外产品的冲击，保证该行业的生存，从而使得生产增加，就业增加。

然而，这种以减少进口需求来促进国内产业发展的政策具有片面性，并可能引起其他国家的贸易报复。此外，可能会出现由于保护一个行业而使另一个行业受到打击的情况。从长远来看，失去的就业机会反而会超过受保护行业暂时获得的就业机会。

四、增加政府收入论

对一些私有化较彻底的发展中国家来说，由于政府没有自己的企业，同时本国工业生产能力有限，国内人民生活水平低而没有多少所得税可征，关税就成为政府收入的重要来源。不管消费者和整个社会所付出的代价如何，对于政府来说，征收的关税则是实实在在的收入。因此，通过设置较高的关税而获得关税收入是政府实行保护贸易政策的动力之一。

征收关税比增加国内的各种税收要容易得多。国内的各种税收，无论所得税、消费税还是增值税，国内的消费者或生产者都可直接看到，征税的阻力自然就大，而关税则在外国产品进入本国市场前就征收了，由此产生的商品价格上涨似乎并不是由于政府的原因。另外，从理论上说，征收关税的另一个好处是可以将一部分税负转嫁到外国生产者或出口商身上。

五、保护贸易的非经济依据

从非经济目标论的观点来看，作为独立利益体的国家以保护贸易政策来促进国内生产的发展，缩减对国外产品的需求，可以达到调整社会收入的再分配以减少社会矛盾和冲突、维护国家安全、提升民族自豪感等目的。

（一）社会公平论

这里的社会公平主要指社会各阶层或各种生产要素在收入上的相对平衡。不少国家利用保护贸易来调节国内各阶层的收入水平，以减少社会矛盾和冲突，其中最典型的例子是发达国家对农产品的保护。在发达国家工业化的进程中，资本的加速积累和土地的相对稀缺，使工业产品的生产成本下降，农产品的生产成本相对上升。发达国家逐渐失去了用相对成本来衡量的农产品的比较优势。如果仍然坚持自由贸易，本国农民势必竞争不过生产成本较低的其他国家的农民，这样，本国农民的收入即使不下降，也跟不上其他行业收入的增加。为了保证农民和地主的收入能跟上社会发展的平均水平，或者为了缩小农民与社会其他阶层的收入差距，不少国家（主要是发达国家和新兴工业化国家）通过限制进口、价格支持、出口补贴等各种保护手段将社会其他行业的一部分收入转移到农民和地主手中，以实现一定的社会公平。

（二）国家安全论

国家安全论认为，自由贸易会增强本国对外国的经济依赖性。这种情况可能会危害到国家安全。一旦战争爆发或国家之间关系紧张，就会导致贸易停止，供应中断。因此，过于依赖对外贸易的经济可能会使国家在战争中不战自败。

（三）民族自尊论

进口商品并不仅仅是一种与国内产品无差别的消费品，进口商品的品种、质量常常反映了别国的文化和经济发展水平，而且进口商品上都带有“某国制造”的标签，以示与进口国产品的区别。在消费者“崇洋赞洋”的时候，政府往往会觉得使用进口商品有损民族自尊心和自信心。为了增加民族自豪感，政府一方面会从政治上把使用国货作为爱国主义来宣传，另一方面会企图通过保护贸易政策来减少外来冲击，发展本国工业。

本章练习题

一、不定项选择题

1. 保护幼稚产业理论提出的保护幼稚产业的措施是（　　）。

A. 关税　　B. 配额　　C. 进口许可　　D. 产品技术标准

2. 强调贸易保护对促进就业的积极作用的理论是（　　）。

A. 重商主义　　B. 保护幼稚产业理论

C. 贸易乘数理论　　D. 战略性贸易政策理论

3. 强调贸易保护有助于缓解货币供给不足的理论是（　　）。

A. 重商主义　　B. 保护幼稚产业理论

C. 对外贸易乘数理论　　D. 战略性贸易政策理论

4. 强调贸易保护有助于创造“财富生产力”的理论是（　　）。

A. 重商主义　　B. 保护幼稚产业理论

C. 贸易乘数理论　　D. 战略性贸易政策理论

5. 强调贸易保护有助于增强高新技术产业国际竞争力的理论是（　　）。

A. 重商主义　　B. 保护幼稚产业理论

C. 对外贸易乘数理论　　D. 战略性贸易政策理论

6. 战略性贸易政策理论的基础包括（　　）。

A. 不完全竞争的市场结构　　B. 外部经济

C. 内部规模经济　　D. 自由竞争的市场结构

7. 保护贸易理论的非经济依据包含（　　）。

A. 社会公平论　　B. 民族自尊论

C. 国家安全论　　D. 国家利益论

二、判断题

1. 李斯特认为，应采用关税制度和非关税手段来实现贸易保护主义。（　　）

2. 对幼稚产业的保护不是无休止的，而是有限期的，超过了规定的限期，该产业即使没有成长起来，也要解除对它的保护。（　　）

3. 凯恩斯并非认为贸易顺差越大越好，他只是将贸易顺差作为克服经济萧条的手段。（　　）

4. 保护关税论的提出，标志着从重商主义分离出来的自由贸易学派和保护贸易学派已完全形成。（　　）

5. 对外贸易乘数理论认为：一国的出口和国内储蓄一样，属于“漏出”，对就业和国民收入有倍减作用。（　　）

6. 对外贸易乘数理论的基础是凯恩斯的乘数理论。（　　）

7. 李斯特的保护幼稚产业理论主张用关税作为保护手段，而战略性贸易政策理论主张的保护手段还包括补贴、配额等非关税手段。（　　）

三、简答题

1. 简述凯恩斯主义保护贸易理论与重商主义的异同。

2. 试述李斯特保护贸易理论的内容并进行评价。

3. 简述对外贸易乘数理论。

4. 试述战略性贸易政策理论的基本内容。

第七章 进口贸易政策——关税措施

学习目标

1. 理解国际贸易政策的含义、分类、发展与变化。
2. 理解关税概念、种类、特点与作用。
3. 掌握关税的经济效应。

本章教学重点和难点为关税经济效应理论与分析。

中国视角

结合本章案例，课程学习重点体现在作者对中国推进贸易自由化的努力的分析之中，具体目标包括：

1. 政治认同：通过对本章的学习，了解我国在关税措施方面推进贸易自由化的切实努力以及取得的显著成效，并且认识到，与西方发达国家关税保护的做法相对比，中国的对外贸易政策的正确性。

2. 社会主义核心价值观：基于实际数据，了解我国对国际上个别国家对我国在关税水平履约承诺、WTO 贸易争端涉案情况方面的不公正质疑的有力回应，形成关于该问题的正确判断。

3. 法治观念：通过对 RCEP 签署后的运行规则等实务型知识点的学习，形成从国际视野出发的对国际经贸规则的深入、具体、客观认知。

引导案例

关税调整为外贸高质量发展“加油”

自2022年1月1日起，中国实施《2022年关税调整方案》，对954项商品实施低于最惠国税率的进口暂定税率。记者日前从青岛海关获悉，按照该关2021年进口数据静态测算，仅青岛关辖区预计全年将较最惠国税率减征税款32.79亿元。进口关税下降不仅降低了进出口公司的生产成本，而且有助于进一步扩大进口。

在医疗方面，2022年，中国对新型抗癌药氯化镭注射液实施零关税，降低颅内取栓支架、人造关节等部分医疗产品的进口关税，可以减轻部分患者的经济负担，有利于提高人民的健康水平。据了解，人造关节进口关税税率由最惠国税率4%降至暂定税率2%。根据静态测算，仅此项预计2022年青岛海关辖区将减税170万元。

此外，中国还降低了部分消费品的进口关税，包括鲑鱼、鳕鱼等优质水产品、洗碗机以及婴儿服装等，有利于丰富百姓生活，促进消费结构优化，更好地满足人民对美好生活的向往。

资料来源：刘昕．关税调整为外贸高质量发展“加油”．中国商务新闻网，2022-01-13.

我们从这一章开始学习国际贸易政策，包括它的内涵、工具（即关税）以及对福利的影响。

各国在一定的贸易理论指导下，力求通过贸易政策的制定与实施，在现有的资源条件和经济发展水平下，通过参与国际分工最大限度地促进本国经济发展，并最大限度地获取贸易利益。关税措施是进口贸易政策的一种，是一个国家通过对进口商品征税而使其在国内的价格产生不同程度的上升，削弱外国产品在国内市场的竞争力，同时对本国相关产品及产业实施保护的一种贸易政策。当然，各个国家都是从各自的实际情况出发来制定各自的关税政策。即使是同一个国家，在不同的形势下，关税政策也会有很大的差别。随着贸易自由化程度的不断加深，各国纷纷降低关税，共同推进贸易的快速发展。

第一节　国际贸易政策概述

一、国际贸易政策的含义与分类

国际贸易是一项涉及各国物质利益的重新分割和分配的经济活动，因此每个国家或地区政府都会采取一系列有关政策及措施来推进本国或本地区的外贸发展，以期从中获得更大的经济利益。

（一）国际贸易政策的含义

国际贸易政策是指根据一国政治经济利益和发展目标而制定的对进出口贸易活动进行管理的有关方针与法规，是政府基于本国国情所持的国际贸易理论在现实中的体现。

在国际经济活动中，国际贸易政策是一个宏观的概念，只能反映在特定时期内大多数国家政府对国际贸易活动的态度和干预程度。因此，在涉及具体国家或地区对进出口贸易活动的管理原则和方针时，国际贸易政策应被称为对外贸易政策。各国制定对外贸易政策的主要目的在于：第一，保护本国市场，发展民族工业；第二，扩大本国产品和劳务的出口市场；第三，促进本国产业结构的改善和升级；第四，积累资本或资金；第五，维护本国对外的经济、政治关系；第六，促进经济发展与稳定。

一项完整的贸易政策的要素应该包括政策主体、政策客体、政策目标、政策内容和政策手段五个方面。其中，政策主体是政策的制定者和实施者，一般来说就是各国或地区的政府；政策客体是贸易政策所规划、指导和调整的贸易活动以及从事贸易活动的企业、机构或个人；政策目标是贸易政策所要达到的目的，是制定和调整政策内容的依据；政策内容是贸易政策的具体指向，反映了贸易政策的倾向、性质、种类和结构；政策手段则是为了实现政策目标而采取的具体管理措施，如关税措施、非关税措施、汇率措施、税收措施等，也包括某种贸易制度。

从内部构成来看，一国的对外贸易政策一般应包括以下三个层次的内容。

1. 对外贸易总政策

这是根据本国国民经济的总体情况、本国在世界舞台上所处的经济和政治地位、本国的经济发展战略、本国产品在世界市场上的竞争力以及本国的资源及产业结构等情况制定的在一个较长时期内实行的对外贸易基本政策。

2. 对外贸易国别（或地区）政策

这是根据对外贸易总政策、世界经济政治形势、本国与不同国别（或地区）的经济政治关系等分别制定的针对特定国家（或地区）的对外贸易政策。

3. 进出口商品政策

进出口商品政策，又称对外贸易具体政策，是在对外贸易总政策的指导下，根据不同产业的发展需要、不同商品在国内外的需求和供应情况以及在世界市场上的竞争力分别制定的适用于不同产业或不同类别商品的对外贸易政策。

在现实经济生活中，这三个层次的内容并不是截然分开和完全独立的，而是相互交融、相辅相成的。对外贸易政策的制定，一般反映本国统治阶级的利益和意志，并由该国的立法机构制定，在资本主义国家是由其议会直接通过贸易法案，或由议会授权总统或政府制定、颁布有关的法令或规章。在对外贸易政策的执行和贯彻方面，国家一般设立一系列专门机构，按照对外贸易政策的规定对进出口商品进行管理，如在政府中设立外贸部或商务部作为对外贸易的行政管理机构。

（二）国际贸易政策的分类

自国际贸易产生和发展以来，国际贸易政策基本上可以分成三大类，即自由贸易政策、保护贸易政策以及管理贸易政策。一个国家内不同利益集团之间和不同国家利益集团之间，常常围绕前两种贸易政策展开激烈的斗争。代表不同利益集团或不同国家利益集团的经济学家也往往就自由贸易与保护贸易进行激烈的争论。

自由贸易政策是指国家对进出口贸易不加干预和限制，即取消对进出口商品的限制、障碍以及各种特权和优待，使商品自由输出和输入，在国内外市场上自由竞争。

保护贸易政策则是指国家采取各种措施干预外贸活动，广泛利用各种限制进口的措施保护本国市场和本国生产，使之免受外国商品的竞争，并对本国的出口商品给予优待和补贴以鼓励商品出口，即奖出限入的政策。

国际贸易发展的历史就是自由贸易政策和保护贸易政策交替发展与变化的历史，这两种政策既相互对立，又相互依存和相互转化。而管理贸易政策是自 20 世纪 80 年代以来，在国际经济联系日益加强，而新贸易保护主义重新抬头的双重背景下逐步形成的，是介于自由贸易政策和保护贸易政策之间的一种对外贸易政策。管理贸易政策又称协调贸易政策，是指国家对内制定一系列贸易政策、法规，加强对外贸易的管理，实现一国对外贸易的有秩序、健康的发展；对外通过谈判签订双边、区域及多边贸易条约或协定，协调与其他贸易伙伴在经济贸易方面的权利与义务。不同时期的不同国家，其自由贸易程度与保护贸易程度也有所不同。纯粹的自由贸易政策和纯粹的保护贸易政策在任何时期、任何国家都是不存在的。自由贸易政策和保护贸易政策的区别表现在贸易政策中是自由的成分更多还是保护的成分更多。自由贸易政策和保护贸易政策是国际贸易政策的基础，其他类型的国际贸易政策都是在这两种形式的基础上演化而来的，是这两种政策的变形。

二、国际贸易政策的发展与变化

15—18 世纪，是资本主义生产方式的形成时期。在这个时期，在重商主义贸易思想的影响下，西方各国普遍实行保护贸易政策，追求金银财富在国内的集中，实现资本的大量积累。保护贸易政策推动了资本的原始积累，加速了资本主义生产方式的最终形成。

19 世纪 20 年代，在工业迅猛发展、商品贸易增多的情况下，原来实行的保护贸易政策越来越难以适应经济和贸易发展的需要。最先完成产业革命的英国开始转向自由贸易政策，英国新兴的资产阶级强烈要求废除重商主义的一系列保护贸易措施。

在英国的推动下，各国纷纷降低关税，荷兰、比利时开始执行自由贸易政策，美国、德国等国家虽然没有推行自由贸易政策，但也不同程度地降低了保护关税，从而使自由贸易政策成为 19 世纪中后期占主导地位的政策。

19 世纪末至第二次世界大战，是资本主义由自由竞争向垄断过渡的时期。各资本主义国家包括那些起步较晚的后进国家都先后完成了产业革命，科学技术的发展普遍提高了各国的工业生产能力和经济发展水平，国际市场竞争也随之更加激烈。随着西方国家由自由竞争向垄断阶段的转变以及经济危机和战争的频繁爆发，各国的政策又转向了贸易保护主义，就连英国也未能例外。英国于 1932 年宣布彻底放弃自由贸易政策，转而全面实行保护贸易政策。

第二次世界大战结束以后，自由贸易政策再度被提倡，其主要表现为：（1）建立了以自由贸易为目标的国际贸易机构——关贸总协定，目的是大幅度削减关税和其他贸易壁垒，取消国际贸易中的歧视待遇，以实现世界资源的充分利用以及发展商品的生产和交换。（2）关税水平大幅下降。（3）非关税壁垒有所减少。

第二次世界大战结束至20世纪70年代初，在第三次科技革命及国家垄断资本主义等多种因素的推动下，西方国家的经济很快得到了恢复，并进入了高速发展时期。与此相应，贸易自由化思潮复兴，贸易保护主义则得到一定程度的抑制。但自20世纪70年代以来，西方国家普遍出现了较为严重的经济滞胀①局面。在此情形下，为了增加国内需求，刺激经济增长，西方各国又普遍推行了新型保护贸易政策。

整体而言，贸易自由化是贸易政策的主流；在经济发展不平衡和产业竞争力变化的情况下，不时出现干扰贸易自由化的新贸易保护主义。

三、对外贸易政策制定的主要依据

一个国家在一定时期内是采取自由贸易政策还是推行保护贸易政策，一般取决于下列因素的综合作用。

（一）经济发展水平与产品竞争力

一般来说，如果一个国家的经济发展水平较高，技术较为先进，资金较为充裕，产品竞争力较强，就会倾向于推行自由贸易政策，以期在国际市场的自由贸易中获得更大的经济利益。反之，如果一个国家的经济发展水平较低，资金和技术等生产要素处于劣势，其产品在国际市场上缺乏竞争力，就会倾向于实行保护贸易政策，以避免在国际市场上遭受更大的损失。一般来说，处于工业经济发展初期阶段的国家，倾向于采取保护贸易政策，而处于工业经济发达阶段的国家，则倾向于采取自由贸易政策。

（二）经济结构与产业结构

传统产业占主导地位、现代产业尚未成长壮大的国家，为保护传统产业免遭国外同类行业先进力量的冲击、促进幼稚产业的发展，往往会推行保护贸易政策。相反，经济结构和产业结构已高度现代化的国家，则一般主张通过推行自由贸易政策来获得更多的外部市场，从而获得更多的经济利益。

（三）经济发展战略

一般来说，采取外向型经济发展战略的国家，就会制定较开放和自由的外贸政策，因为对外贸易对一个国家的经济发展越是重要，这个国家就越会主张在世界范围内实行竞争和合作。相反，采取内向型经济发展战略的国家，则对世界范围内的贸易竞争和合作缺乏紧迫感。不仅如此，为了保护本国产业的成长，这些国家往往还会采取较为强硬的保护贸易政策。

（四）国内经济状况

当一国国内经济发展滞缓，尤其是出现经济萧条，进而失业增加、国际收支失衡、外贸逆差扩大、产品国际竞争力下降时，该国会倾向于阻碍和排挤外来商品的输入，实

---

① 滞胀是指经济增长缓慢、通货膨胀率和失业率居高不下的经济状态。

行保护贸易政策。反之，当一国国内经济发展势头良好、兴旺繁荣、产品国际竞争力上升时，其对外贸易政策中的自由贸易成分就会增加。

（五）各种利益集团力量的对比

不同的贸易政策对本国不同的利益集团会产生不同的利益影响，如自由贸易政策有利于出口集团、进出口贸易商和消费者，但不利于进口竞争集团。因为在实行自由贸易政策的条件下，进口竞争集团生产的商品面临着进口商品的有效竞争，所以，一般来说，那些同进口商品发生竞争关系的行业及其外围组织，是推行贸易保护主义的中坚力量，而以出口商品生产部门为中心的参与许多国际经济活动的各种经济力量，则是自由贸易的推崇者。这两股势力的力量对比，有时也会影响到政府的政策取向。

（六）政府领导人的经济理论与贸易思想

虽然各国对外贸易政策的制定与修改是由国家立法机构进行的，但是政府机构尤其是政府领导人往往拥有某些特殊的合法权力，如美国国会通常授予美国总统在一定范围内制定某些对外贸易法令、进行对外贸易谈判、签订贸易协定、增减关税和确定进口商品数量限额等权力。因此，政府领导人的经济理论与贸易思想也是影响一国贸易政策取向的重要因素之一。

（七）本国与他国的政治经济关系

一般情况下，一国往往向那些政治外交关系友好、经济上不对自身构成威胁的国家开放国内市场，扩大商品和技术的出口，而对那些在政治上或经济上敌对的国家，则倾向于采取保护贸易政策。

总之，一国倾向于选择哪种类型的外贸政策，将主要取决于本国的具体情况和当时所处的国际环境。既要积极参与国际贸易分工，又要使在这个过程中获取的贸易分工利益最大化，或者说要把获取贸易分工利益的代价降到最低限度，是各国制定对外贸易政策的基本出发点。

相关案例

印度退出《区域全面经济伙伴关系协定》

2020 年 7 月 5 日，印度新闻网站“The Print”援引政府高级别消息人士的话称，印度已决定不考虑加入任何由中国主导的贸易协定，其中包括《区域全面经济伙伴关系协定》（RCEP）。

迫使印度政府选择退出谈判的原因是，在谈判中印度一直奉行贸易保护主义政策，坚持关税保护的强硬立场，拒绝在原产地规则、市场开放等方面做出妥协，并在“自动触发保护机制”谈判中不断提高要价，最终导致各方逐渐失去等待印度回心转意的耐心，先行达成协议，待印度条件成熟后再吸纳进来。可见，印度游离于 RCEP 进程之外并非因遭受到其他各方的孤立与排斥，而是其贸易保护主义政策、强硬不妥协立场导致的结果。

通过对印度谈判立场进行追根溯源式考察，我们可以发现印度的对外贸易政策深受其国内行业利益和民众诉求的影响：农副业、乳业、制造业以及新兴产业等担心遭受其他成员同类产品竞争和冲击，质疑甚至抵制印度政府参与 RCEP 谈判，并强烈要求印度政府保护市场，或将本行业产品排除在免税清单之外；相关行业工会、产业团体、农民、工人、零售商人等为表达自身的利益诉求纷纷走上街头游行抗争，施压印度政府退出谈判、保护民众利益。

谈判中，印度总是试图照顾国内各方的利益和诉求，在融入 RCEP 分享经济红利、保护国内产业、平息民众不满三大目标之间左右摇摆，最终被迫做出退出 RCEP 的次优选择和短视决策。

资料来源：曹广伟，张振．印度退出 RCEP 的行业性根源及其回归的可能性分析．商业经济，2022（1）：104－108，112.

第二节　关税措施概述

一、关税的基本概念

关税是进出口商品经过一国关境时，由一国海关根据本国制定的关税法、关税税则和有关规章，对进出口商品所征收的一种税。在这里有必要对关境和国境的概念进行区分。关境是征收关税的领域。一般来讲，在一个封闭的与外界未签订任何区域经济一体化[①]协议的国家，关境和国境是一致的。但在一些国家的国境内设有不属于征收关税范围的自由港、自由贸易区、出口加工区及保税仓库的情况下，其关境就小于国境。对参加关税同盟等区域性一体化经济集团的国家来说，由于对内取消关税、对外实行统一的关税税率，所以关境大于国境。

海关是设在关境上的国家行政管理机构，它是贯彻执行本国有关进出口政策、法令和规章的重要工具。其主要任务是实行货物监管、征收关税、查禁走私、保管通关货物和统计进出口商品等。海关依据海关税则征收关税。而海关税则又称关税税则，是由国家通过法律程序制定的对一切应税、免税和禁止进出口的商品加以系统分类的一览表，内容包括税目号、商品名称、征税标准、计税单位、税率等。

二、关税的种类

关税的种类繁多，可以按照不同的标准加以分类。例如，按征税的目的可分为财政关税、保护关税和收入再分配关税；按征税商品的流向可分为出口税、进口税和过境税；按征税的计算方法可分为从量税、从价税、混合税和选择税；按差别待遇和特定的实施情况可分为进口附加税、差价税、特惠税和普惠税等。上述划分都是从某一个侧面和以特定的标准

① 区域经济一体化是指地理区域上邻近的两个或两个以上经济体之间通过双边或多边合作协议，彼此减少乃至消除限制货物与要素流动的各种（关税和非关税）贸易壁垒，达到地区内部经济整合的过程。本书第十二章将对区域经济一体化进行详细的介绍和阐述。

进行分类的，较完整的分类方法是把关税分为三大类，即基本关税、附加关税和优惠关税。

（一）基本关税

基本关税通常称为正常关税或一般关税，是关税的主要构成部分。按照征收对象或商品流向，基本关税又可以分为三种，即进口税（import duties）、出口税（export duties）和过境税（transit duties）。

1. 进口税

进口税又称进口关税，是指进口国家的海关根据海关税则，在外国商品进入关境或国境或从自由港、自由贸易区和海关保税仓库等提出运往进口国国内市场销售时，对本国进口商征收的关税。进口税可分为最惠国税和普通税两种。

最惠国税适用于从与该国签订有包括最惠国待遇条款①的贸易协定的国家或地区所进口的商品。普通税则适用于从与该国没有签订贸易协定的国家或地区所进口的商品。二者的税率差别往往很大，最惠国税税率要比普通税税率低很多。由于第二次世界大战后大多数国家都已加入关贸总协定或签订了双边贸易条约与协定，相互提供优惠的最惠国税成为经常使用的正常关税，而普通税则成为只对极少数国家使用的关税。征收进口税将会增加进口货物成本，使进口商品的价格上升，从而削弱进口商品的竞争力，起到限制进口、保护本国商品的作用。

目前，各国对进口税一般实行梯形结构的差别税率制。例如，对工业制成品的进口征收较高的关税，对半制成品的进口税税率次之，对本国所需原料的进口税税率最低，甚至免税。由于关税的基本职能是保护本国市场，所以，以限制进口为目的的进口税是关税的主要部分。当然，发展中国家为了保护本国民族经济和国内市场，对进口商品征收关税，也体现了保护关税的重要作用。在通常情况下，发展中国家对国内已经能够生产并能够满足市场需求的商品或者对奢侈品等征收较高的关税；而对目前国内暂时不能生产或者供不应求以及本国能够生产但成本较高的商品和机器设备等生产资料征收较低的进口税或者免税。

2. 出口税

出口税又称出口关税，是出口国家的海关在本国商品输往国外时对出口商征收的关税。征收出口税会引起出口商品价格上升，不利于扩大出口。目前发达国家一般已不再征收出口税，仍在征收的主要是一些发展中国家。一般来讲，一国政府征收出口税的原因如下：

（1）取得财政收入。其实，只要征收关税，不管是出于什么目的，都会增加一国的财政收入。对于相对贫穷落后的某些发展中国家来说，在通过其他方法或者征收其他税种来获得财政收入十分困难的情况下，对本国出口商品征收关税无疑是一种最佳的方式。只要出口税还没有高到禁止出口的地步，国家通过这种税收来增加财政收入的目的就会实现。

（2）防止出现“贫困化增长”。所谓“贫困化增长”，是指出口量的增加不但没有带来一国整体福利的增加，反而会导致收益下降的现象。这种增长不但会恶化贸易条件，

---

① 最惠国待遇条款是贸易条约中的一项重要条款，其含义是，缔约一方现在和将来给予任何第三方的一切特权、优惠和豁免，也同样给予缔约对方。其基本要求是使缔约一方在缔约对方享有不低于任何第三方享有或可能享有的待遇。

而且会使一国的经济状况恶化。在这种情况下，如何限制出口就成为抑制贫困化增长的一条有效途径，而征收出口税恰恰满足了这种要求。

（3）满足国内购买者的需求。为了保证国内市场有足够的本国特定商品的供给，对此类商品的出口征收出口税，或者同时规定其他限制，如出口许可证等来提高国外购买者购买此类商品的成本，达到减少出口的目的。

（4）限制重要原材料的大量输出，保证国内供应。

对于稀缺原材料以及制造业等核心商品的重要原料征收出口税，将提高原材料的成本，可以起到限制原材料出口的目的，保证国内供应。

3. 过境税

过境税又称通过税，是一国对于途经本国关境输往他国的外国商品征收的关税。这种税制产生和流行于资本主义初期的欧洲。后来由于过境货物对本国市场和本国生产没有什么影响，所征税率很低，财政意义不大，再加上各国运输业的迅速发展和竞争的加剧，各国都相继停征过境税。

（二）附加关税

附加关税又称特别关税，是指除征收正常关税外，根据某种特定目的而另外加征的关税。附加关税主要用于进口商品，通常被称为进口附加税。其征收目的主要是限制商品进口、保护国内相关产业、抵制外国不公平竞争以及实行歧视性报复等。附加关税最常见的有反补贴税和反倾销税。差价税原则上也属于进口附加税。附加关税通常是临时性的，在实施目的达到以后就被撤销。

1. 反补贴税

反补贴税（countervailing duty）又称抵消税或补偿税，是对在生产、加工及运输过程中直接或间接地接受任何奖金或者补贴的外国进口商品所征收的一种进口附加税。其税额相当于奖金或补贴的金额。征收反补贴税的目的是提高进口商品的价格，抵消其所享受的补贴金额，以削弱其竞争力，使之不能在进口国的国内市场上进行低价竞争或倾销，以保护进口国同类商品的生产。

2. 反倾销税

反倾销税（anti-dumping duty）是对实行倾销的进口商品征收的一种进口附加税。其目的在于抵制外国商品以低于其国内市场的价格在进口国市场上大量销售的行为，以保护本国商品和市场。征收反倾销税的条件是，进口商品以低价大量倾销（即倾销存在）；这种倾销对进口国国内已建立的某项工业造成重大损害或构成威胁（即损害存在）；倾销与损害之间存在因果关系，即进口国竞争产业所受的损害是由倾销造成的。

3. 差价税

差价税（variable levy）又称差额税，是在进口商品的价格低于本国同类商品的国内价格时按国内价格与进口价格之间的差额征收的关税。其目的是削弱进口商品的竞争力，保护国内生产和市场。差价税随着国内外价格差额的变动而变动，属于滑动关税。

（三）优惠关税

优惠关税是指一些国家或地区对从特定的国家和地区进口的某些商品给予的关税优待。优惠关税主要有特惠税和普惠税两大类。

1. 特惠税

特惠税（preferential duty）是指某一国家对另一国家或某些国家对另外一些国家的进口商品给予特定优惠关税待遇，而其他国家不得享受的一种特别优惠的关税。特惠税的优惠对象不受最惠国待遇原则制约，其他国家不得根据最惠国待遇原则要求享受这种优惠待遇。目前，国际上最著名的特惠税是《洛美协定》国家间的关税，它是欧盟向参加《洛美协定》的 90 多个发展中国家单方面提供的特惠税。这也是南北合作的范例。

2. 普惠税

按照普惠制（generalized system of preferences，GSP）征收的优惠关税被称为普惠税，是发达国家承诺对从发展中国家或地区输入的某些商品，特别是工业制成品和半制成品，给予普遍的、非歧视的和非互惠的优惠关税待遇。所谓普遍的，是指所有发达国家应对所有发展中国家或地区出口的制成品和半制成品给予普遍的优惠待遇；所谓非歧视的，是指应使所有发展中国家或地区都不受歧视、无例外地享受普惠制待遇；所谓非互惠的，是指发达国家单方面地给予发展中国家或地区的出口商品在关税方面的优惠，而不要求发展中国家或地区向发达国家提供相同的优惠。

三、关税的征收方法

关税的征收方法又称征税标准，主要有从量税和从价税。在这两种主要征收方法的基础上，又有混合税和选择税。

（一）从量税

从量税是对进口货物的每个单位量征收一定量的税费。它以进出口商品的重量、数量、容量、体积、长度、面积等计量单位为标准计征，因而比较适合于标准化的原材料商品。从量税与货物数量的多少成正比关系。

从量税的计算公式为：

$$从量税税额=商品重(数)量\times单位从量税 \tag{7-1}$$

按从量税方式征收关税，在某商品价格下跌和商业衰退时期，会加重商品的关税税负，对廉价物品征收从量税，税负也较重。因此，这种关税征收方式实际上是鼓励同类商品中质量高、价格高的商品进口。例如，对每件上衣征收 1 美元的从量税，实际上鼓励进口每件价格为 20 美元的上衣，而非进口每件价格为 10 美元的上衣。

从量税的另一个特点是在进口货物时，海关当局无须确定其价值而只需知道其数量便可征收关税。从量税对货物价值不敏感，从而其保护作用会被通货膨胀抵消。近年来，从量税正逐步被从价税代替。

（二）从价税

从价税是指以贸易商品的价值额为标准，按其价值的百分比来征收的关税。从价税一般适用于工业制成品，它与商品价格的涨落成正比。若商品价格上涨，如发生通货膨胀，则从价税的保护程度和关税水平同步变动。特别是对高价格的制成品，从价税的保护作用比从量税更有效。从价税的税率明确，便于比较不同国家的税率；从价税税收负担较为公平，征收比较简单，对于同种商品可不必因其品质的不同再详细加以分类。

从价税的计算公式为：

从价税税额＝商品总价值×从价税税率 （7-2）

（三）混合税

混合税又称复合税。它是对同一进出口商品同时征收从价税和从量税，并以其中一种税为主的征税方法。例如，对皮鞋征收5%的从价税，另外每双鞋加征2美元的从量税。混合税的计算公式为：

混合税税额＝从量税税额＋从价税税额 （7-3）

混合税可分为两种：一种是以从量税为主，加征从价税；另一种是以从价税为主，加征从量税。征收混合税的好处在于：当物价上涨时，所征收的税额比单一的从量税多，当物价下跌时，所征收的税额比单一的从价税多，增强了关税的保护程度。但它的缺点也是显而易见的，例如，手续繁杂，征收成本高，确定从价税和从量税的比例难度大等。

（四）选择税

选择税对同一种进口商品同时订有从价、从量或混合税率，在征税时，由海关选择其中一种。海关需要限制进口而征收关税时，可选择其中税率较高的一种征税形式；如果需要鼓励进口，可选择其中税率较低的一种征税形式。

相关案例

《区域全面经济伙伴关系协定》签署

中国、日本、韩国、澳大利亚、新西兰与东盟十国于2020年11月25日签署了《区域全面经济伙伴关系协定》(RCEP)，协定的签署意义重大。该协定是世界人口最多、经贸规模最大、最具有发展潜力、全球最大的自由贸易协定。签署后的原产地规则和关税减让优惠政策已引起各方空前的关注和期待。协定就成员间相互开放市场、实施区域经济一体化的组织形式做出了规定，这无论是对东盟十国，还是对中日等成员都具有重大意义。协定将对我国经贸发展带来极大影响，给企业对外贸易发展带来新机遇。利用自贸区优惠原产地证书可以减免进出口商品的关税是RCEP中重要的优惠措施之一。据长春海关统计，2021年上半年长春海关签发各类自贸协定优惠原产地证书3 955份，占原产地证书签证总量的 61.10%，金额达 2.76 亿美元，企业凭此可享受进口国关税减免约 1 380 万美元。自贸协定优惠原产地证书为企业带来的效益进一步凸显。因此，要积极引导企业更好地运用 RCEP 中的优惠关税减免政策。

降税模式主要包括 4 种：(1) 协定生效立即降为零，指在协定对一缔约方生效的第一年，原产货物立即执行零关税。(2) 过渡期降为零，指原产货物的关税税率自协定对一缔约方生效之日起，经过一个过渡期的线性或者非线性削减，从基准税率最终降至零。过渡期的时间主要为 10 年、15 年和 20 年等。(3) 部分降税，指原产货物的关税税率实行一定程度的削减，但最终并不降至零。(4) 例外产品，指协定生效后，免除任何削减或取消关税承诺的产品。在公布的 RCEP 关税承诺表中，这类商品的协定税率都以字母 U 表示。

四、关税的特点与作用

（一）关税的特点

关税作为国家财政收入的一个重要组成部分，与其他税收一样，具有强制性、无偿性、预定性的特点。强制性是指国家凭借权力和法律强制执行，纳税人必须依法纳税，否则会受到法律制裁。无偿性是指征收的关税除特殊例外之外都是国家向纳税人无偿取得的国库收入。预定性是指关税是按国家规定的税法税则计征的，税率在一定时期内是相对固定的。

关税作为一国调节对外贸易的重要经济杠杆和工具，具有与其他国内税收不同的特点和作用。关税属于间接税，征收的对象是进出口商品，纳税人是本国进出口商，其税款先由进出口商垫付，然后把它作为成本的一部分计入商品的价格并转嫁给最终消费者，因而关税属于间接税。

（二）关税的作用

1. 积极作用

(1) 关税可以调节一国进出口贸易。

许多国家通过制定和调整关税税率来调节进出口贸易。在出口方面，通过低税、免税和退税来鼓励商品出口；在进口方面，通过税率的高低、减免来调节商品进口。对于国内不能生产或生产不足的商品，制定较低税率或免税以鼓励进口；对于国内能大量生产或非必需商品的进口，则制定和适用较高税率，以限制进口或达到禁止进口的目的。

此外，关税还可以调整贸易差额。当一国贸易逆差过大时，可以通过提高关税税率或征收附加税限制进口，缩小贸易逆差。但这一做法只具有短期效应，从长期来看无法从根本上改变贸易收支状况。

(2) 关税是一国实施对外贸易政策的重要手段。

一国是执行自由贸易政策还是保护贸易政策，贸易保护的程度有多高，实施保护是否存在歧视性等都在该国的关税政策上有所体现。例如，在自由贸易政策下，多数商品进口免征关税或适用较低的关税税率；在保护贸易政策下，一国往往对进口商品予以限制，限制的主要手段之一就是关税，限制的程度则取决于关税税率的高低。在一国对外贸易关系发展过程中，实施歧视性待遇通常采用的重要做法之一，就是针对来自不同国家或地区的商品适用不同的关税税率。

（3）关税可以促进一国产业结构的调整。

一国对于进口竞争性产业所持的态度，是鼓励发展，抑制发展，还是任其自由发展，关税政策则是完全不同的。如果属于鼓励发展的产业，该国往往对该产业商品的进口通过高关税实施限制，但对该产业发展所需要的设备、原料等则鼓励进口，适用低关税，或者给予免征关税待遇。如果属于不鼓励发展或者计划淘汰的产业，则对相关商品的进口不予限制，或较少限制，自然淘汰国内那些衰退（夕阳）产业，或者从资源条件、环境等因素考虑不适合发展的产业。

（4）关税是国家财政收入的重要组成部分。

在发达国家的财政收入中，关税所占比例不大，并呈现出逐步下降的趋势。但在发展中国家，特别是在经济不发达、税源有限的发展中国家，关税成为重要的甚至主要的收入来源。随着其他税源重要性的提高，发展中国家的关税收入在财政收入中的比重呈现出不断下降的趋势。

2. 消极作用

（1）进口关税若设置过高，会刺激走私活动，造成关税流失。

（2）进口关税若设置过高从而提供过度保护，会使被保护的产业和企业产生依赖性，影响竞争力的培育和提高。

（3）关税结果若不合理，对企业的保护作用会下降，甚至会出现负保护。

第三节　关税的经济效应

征收进口关税会使国际贸易及贸易双方国家的经济产生一系列直接或间接的变化，这种变化所产生的经济影响被称为关税的经济效应。从世界范围的角度看，在其他条件不变的情况下，世界市场上主要国家关税税率的增减幅度与国际贸易发展的速度成反比关系。当世界主要市场的主要国家普遍调高关税、加强关税壁垒时，国际贸易的发展速度将趋向放慢；反之，当这些国家普遍大幅度降低关税时，国际贸易的发展速度将趋向加快。

关税对进出口国家的经济效应，主要表现在价格效应、贸易条件效应、消费效应、生产效应、再分配效应、国际收支效应等方面。

一、价格效应

关税的价格效应是指征收进口税对征税国国内和国际市场价格的影响。一般来说，该影响表现为价格的上涨。因为在通常的贸易方式下，进口税由进口商缴纳。在进口商支付这笔费用后，进口税会被部分或全部转嫁给消费者。但由于被保护商品的国内市场以及国外的供给和需求状况不同，征收关税会产生三种价格效应。

（一）价格上升幅度低于关税水平

如果进口国是一个贸易大国，即该国某种商品的进口量占世界进口量的较大份额，那么该国进口量的变化就会引起世界价格的变动。当该贸易大国征收进口税使进口需求减少时，该商品的国际价格将有所下降，从而使该进口商品征税后国内价格的上涨幅度低于所征关税额。

（二）征税后国内价格不变

如果进口国是贸易大国，且该国是进口商品的唯一垄断买主，那么征税将迫使外国出口商降低价格，使价格的降低幅度等于进口关税。结果是进口国的国内消费者所支付的含税价格与征税前没有变化。

（三）价格上升幅度等于关税水平

如果征税国为贸易小国，那么征收关税后进口量的变化不足以影响国际市场需求和进口价格。即便征税后进口国进口量减少，但若国际市场价格保持不变，则进口商品价格的上涨幅度将等于关税额。

在关税价格效应的背后隐含着一个深层次的问题，即关税是由谁负担的。如果进口国是一个小国，其进口量只占世界进口量的很小一部分，那么由于征收关税、价格上涨而引起的进口需求和实际进口量的下降，不足以影响国际市场的需求和国际市场的价格，征收关税后的全部关税将通过在原进口价上的加价转嫁给购买者。在这种情况下，关税是由进口国（消费者）负担的。如果征收关税的国家是大国，其进口商品需求量占世界需求总量的较大比重，处于买方垄断地位，那么征收进口税后进口商品价格的上涨和进口需求的相应减少，就会使进口商品的国际市场价格下降。此时，进口国的部分关税收入实际上来自出口国因出口价格下跌而减少的收入。可见，当进口国为大国时，所征收关税是由进口国国内消费者与出口国共同承担的。

相关案例

贸易小国征收关税对产品价格的影响

对于一个贸易小国（A 国）来说，在自由贸易的情况下，A 国 X 产品价格等于国际市场价格，为每单位 1 000 元。在此价格下，国内生产量为 S_1（假定为 60 单位），国内 X 产品的消费量为 C_1（假定为 120 单位），进口量为 M_1（60 单位）。如图 7－1 所示。

如果政府决定征收关税，并假设为每单位 500 元，或税率为 50%，第一个受影响的是进口商品的成本。由于要缴税，每单位进口 X 产品的成本上升了 500 元。为了不亏损，进口商必须将价格提升。

由于进口 X 产品价格上升，对进口 X 产品的需求量就自然减少，在图 7－1（b）中，表现为 A 国的进口需求曲线向下平移 500 元（在预算不变的情况下，消费者愿意支付的进口 X 产品价格会下降 500 元），或向左平移 20 单位（如果价格不变的话，就少购买 20

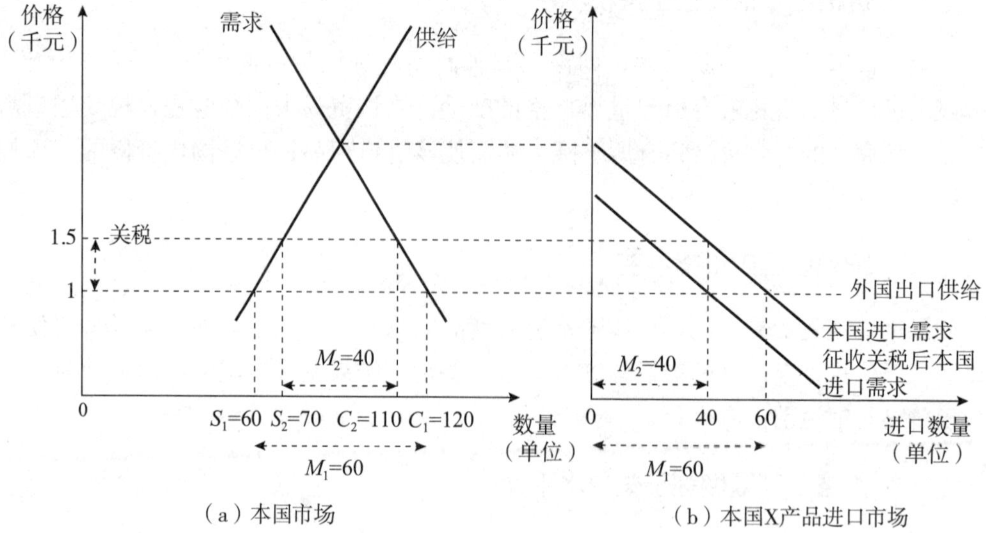

图 7-1 关税对进口"小国"的影响

单位）。但由于A国是X产品的进口小国，国际市场价格没有受到影响，仍是每单位1 000元。进口X产品价格的提升使一部分消费者转向购买国内X产品，从而刺激了国内X产品的生产。一些原来由于生产成本较高而无法与国际市场价格竞争的厂商也可能投入了生产。本国X产品产量的增加会引起边际成本的提高，而边际生产成本的提高自然也提高了国内X产品的价格，但只要这一价格仍然低于增加关税后的进口X产品的价格，国内X产品就有市场，生产就会扩大。

当国内X产品的生产成本和市场价格都等于进口X产品的税后价格时，国内生产的扩张就会停止（新的国内X产品产量S_2假设为70单位）。在新的市场均衡下，国内X产品与进口X产品的价格一样，都是每单位1 500元，等于国际市场价格（每单位1 000元）加上关税（每单位500元）。

关税对国内生产的影响过程还可以从另一个角度来看。假定政府突然宣布对每单位进口X产品征收500元的关税，进口X产品价格骤然上升至每单位1 500元。而国内X产品价格仍是每单位1 000元，这时，X产品的消费者自然而然就会涌向国内X产品，从而使国内X产品出现短缺。短缺的结果会造成国内X产品价格上涨，直至与进口X产品价格（包括关税）相同，此时供给又变得无限，短缺消失。国内X产品价格就不会再上涨。在这一价格下，国内X产品产量增加到S_2。

同时，由于价格的上涨，一部分消费者不得不减少对X产品的消费，从而使总消费量从C_1（120单位）下降到C_2（110单位），消费量与国内生产量的差额等于进口。在实行关税后，进口量减少到M_2（40单位）。

二、贸易条件效应

贸易条件是指一国对外贸易中出口商品与进口商品的相对世界价格。对于这个定义需要注意两点：第一，贸易条件反映的是出口商品和进口商品的相对价格。如果出口商品的相对价格上升，即为贸易条件改善；反之，则为贸易条件恶化。第二，贸易条件反映的是世界价格，而不是国内价格。在讨论贸易政策时，由于实施了关税和其他关税壁垒，一国的国内价格与世界价格是不相等的。

贸易条件反映了比较成本状态和贸易利益的分配状况。例如，假设本国是一个贸易大国，生产两种产品：小麦和汽车。本国进口汽车，出口小麦。如果对进口汽车征税，则国内汽车价格提高，本国生产商看到价格上升，就会增加同类汽车的生产。由于本国是一个大国，汽车生产的增加会显著增加世界汽车的生产。同时，一国资源是有限的，由于更多的要素禀赋流向了本国汽车部门，用来生产小麦的要素禀赋就会下降，所以本国小麦的生产会下降。同样，由于本国是一个大国，小麦生产的减少会显著减少世界小麦的生产。小麦的相对世界供给就会减少，国际小麦的相对均衡价格就会上升。小麦是本国的出口商品，意味着本国的贸易条件改善。

而对于贸易小国来说，对进口汽车征收关税会增加国内厂商对汽车的生产，但不会对世界汽车供给造成显著影响。同理，小国对汽车消费的减少对世界汽车总消费量的影响也无足轻重。因此，小麦的国际价格也不会发生显著的变化，贸易条件没有改变。

三、消费效应

征收关税对征税国消费者不利。由征收关税引起进口商品价格上涨而对消费者造成的损害可能有两种情况：一方面，如果该进口商品对消费者来说是生活必需品，价格的上涨不能通过减少需求量来调整，那么，消费者就要支付较高的价格；另一方面，如果进口商品对消费者来说是奢侈品，那么国内消费者将减少需求量，从而降低了物质福利水平。

在图 7-2 中，假设是贸易小国征收关税，D 和 S 分别代表贸易小国某种商品的国内需求和供给曲线。在没有对外贸易即封闭经济条件下，国内均衡价格为 P_e，均衡产量为 Q_0。开展国际贸易后，在这种产品的贸易中，该国处于进口国的地位，国内开始进口这种外国产品。在自由贸易（即不征收关税）的情况下，该国产品的价格由于进口国的小国效应，使国内价格等于世界市场价格，即 P_w 价格水平。此时国内由于生产成本限制，生产和供应就由原来的 Q_0 减少到 Q_1。而由于价格降低，进口国消费者对该商品的需求量则由 Q_0 上升到 Q_4。进口国本国的需求量和供给量的差 Q_4-Q_1 由进口来满足。

进口国为保护国内生产，征收进口关税，从而引起了该进口国此商品价格上升到 P_t，由于价格上升，国内总需求减少到了 Q_3。价格上升，消费减少，给消费者造成福利损失。

消费者由于本国征收关税而付出了代价，所付出的代价可用消费者剩余这个概念来衡量。所谓消费者剩余是指消费者愿意支付的价格和实际支付的价格之间的差额。在图 7-2 中，消费者剩余就是价格线、需求曲线和纵轴围成的面积。由于该国征收关税导致该国国内价格线上移，因此，消费者剩余发生变化，即消费者剩余减少面积 $a+b+c+d$，该面积就是征收关税造成的净损失。

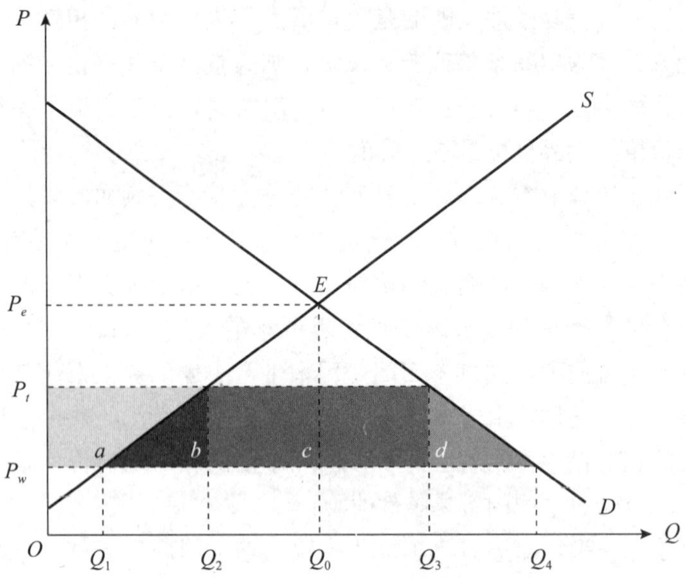

图 7-2　关税的消费效应

四、生产效应

关税的生产效应包括对国内产业的保护效应、扩大生产效应、增加国内供给效应以及资源配置效应。关税会对本国工业起到保护和促进的作用。对外国商品征税，会使进口商品的价格提高，使国内市场与国际市场相对隔离，国内消费者转向购买本国同类商品，使国内商品价格上升，结果使国内生产者从扩大生产和增加销售量中获益。由此可见，关税的生产效应来自保护效应，此为征收关税的保护效应和扩大生产效应。生产扩大了，国内该商品的供应量也大大增加了，此为征收关税的增加国内供给效应。

但关税保护对国内产业也有负面影响。关税保护使国内生产者得以扩大生产，但其获得的更多收益要小于消费者付出的代价，因为生产者从价格上升中得到的收益只限于国内商品，而消费者由于价格上涨多付的货币不仅包括进口商品，也包括国内商品。另外，由于征收关税，缩减进口，增加国内生产，一些国内资源从生产更有效率的可出口商品转移到生产较缺乏效率的可进口商品中来，由此造成国内资源配置效率的下降，此为征收关税的资源配置效应。

在图 7-2 中，未征收关税时，国内生产量为 Q_1。征收关税后，国内市场价格由 P_w 上升到 P_t，国内企业就会将产量由 Q_1 扩大到 Q_2。生产者获得的利润是其总收入和总成本之间的差额。总收入等于价格乘以销售量，也即未征收关税时是 P_wQ_1，征收关税后则为 P_tQ_2。由此可见，该国征收关税使得国内生产量和总销售收入增加。

五、再分配效应

关税具有调节利益分配的作用，它会使国内利益集团的收入发生转移，即政府收入与生产者利益增加，而消费者剩余减少。因此，在征收关税后，通常会发生消费者的收入被转移给国内生产者和政府的再分配现象。总体来说，关税将导致社会福利的净损失，因为征税造成的消费者利益损失显然大于政府与生产者获得的收益。

在图 7-2 中，征收关税后，消费者剩余损失 $a+b+c+d$ 中，a 部分面积的福利由消费者通过关税转移给生产者，c 部分面积的福利作为关税收入由消费者转移至政府。

六、国际收支效应

关税会使进口量减少，从而减少一国的外汇支出，改善本国的国际收支状况。如果一国出现严重的贸易入超和国际收支逆差，那么广泛采取提高进口关税等限制进口措施会起到抑制进口、缩小贸易逆差和改善国际收支的作用。

但从长期看，征收高进口税、限制国际商品进口会引起国内价格上涨，导致某些商品的生产成本提高，削弱出口商品的竞争力，因此将导致相反的后果。此外，一国提高关税将可能引起有关国家的连锁反应，竞相提高关税，限制对方商品进口，结果会相互抵消关税对缩小贸易入超和改善国际收支的作用。

本章练习题

一、不定项选择题

1. 关税的设置（　　）。

A. 会带来完全由外国人支付的收入

B. 总会提高出口国的国内价格水平

C. 与自由贸易相比，会减少“小型”进口国家的福利

D. 总会增加福利

2. 大国设置的进口关税（　　）。

A. 会增加国家的福利

B. 会减少国家的福利

C. 会使国家福利保持不变

D. 上述三者都是可能的

3. 面对进口竞争的国内垄断者（　　）。

A. 倾向于采用关税而不是对等的配额

B. 倾向于采用配额而不是对等的关税

C. 不在乎关税与对等配额的区别

D. 喜爱自由贸易

4. 征收旨在抵消国内扭曲不良影响的关税（　　）。

A. 总是会减少净国民福利

B. 是一种最优的政策反应

C. 对于实现上述目标是无效的

D. 比无所作为要好

5. 与关税相比，对进口替代品的生产者的补贴（　　）。

A. 与外国出口者无关

B. 可避免消费者剩余损失

C. 会导致更大的净福利损失，因为消费者必须为其进行支付，而且补贴不能像关税那样带来收益

D. 当实施补贴国拥有一些垄断力量时，这种补贴要优于关税

二、判断题

1. 如果瑞士旅行鞋的进口增加，英国皮鞋制造商就会受到损失。（　　）

2. 自由贸易总是一种比征收关税更好的政策。（　　）

3. 从量税的优越性之一是其保护价值量与进口商品的价格上涨保持同步。（　　）

4. 关税对一个国家来说可能是最优的，但对全球来说不会是最优的。（　　）

5. 关税给消费者带来的损失要大于它给生产者带来的收益。（　　）

6. 与关税相比，配额给政府官员以更大的管理灵活性。（　　）

7. 如果一国政府的税收收入很少，它就会倾向于采用关税而不是配额。（　　）

三、简答题

1. 论述国际贸易政策的目的及其种类。

2. 简述关税的种类及其含义。

3. 论述关税征收的方法，并做相应的比较。

4. 简述征收关税的作用。

5. 简述征收关税引起的效应。

四、计算题

1. 假设A国是汽车进口的小国，对汽车的需求和供给分别为：

$D_{\mathrm{A}}=2\,000-0.02P$

$S_{\mathrm{A}}=1\,200+0.03P$

并设国际市场上汽车的价格为每辆10 000美元。请用数字和图形说明或求解下列问题：

(1) 贸易前A国汽车的产量与价格。

(2) 在自由贸易条件下，中国汽车的产量及进出口量，自由贸易对国内消费及厂商的福利影响。

(3) A国对汽车征收每辆3 000美元的进口税，国内汽车的产量及贸易量；与自由贸易相比，消费者和厂商的福利变化。

(4) A国为汽车进口设定150单位的配额限制，国内汽车的价格、产量及贸易量；与自由贸易相比，消费者、政府、厂商的福利变动。

(5) A国给国内汽车制造商每辆3 000美元的生产补贴，这时国内汽车的产量、贸易量；与自由贸易相比，消费者、政府、厂商的福利变动。

(6) 如果政府的政策目标是保护国内汽车制造业，你认为应该实行哪一种政策？在实践中会有什么问题？

2. 两国贸易模型：中国和美国

设A国对汽车的需求和供给分别为：

$D_A=2\ 000-0.02P$

$S_A=1\ 200+0.03P$

B 国对汽车的需求和供给分别为：

$D_B=1\ 800-0.02P$

$S_B=1\ 400+0.02P$

请计算：

(1) 在贸易前，两国汽车的均衡价格和产量。

(2) a. 在自由贸易条件下，国际市场汽车的均衡价格、各国的产量及贸易量（不考虑运输成本）。

b. 自由贸易给两国的福利带来的影响。

(3) a. 设 A 国对汽车进口征收 3 000 美元的单位税，这时各国汽车市场的价格、产量及贸易量。

b. 关税对 A 国汽车制造商、国内消费者和 A 国政府的福利带来的影响如何？

c. 与自由贸易相比，关税的福利净损失。

(4) a. B 国为每辆出口的汽车提供 3 000 美元的补贴，这时各国汽车的价格、产量和贸易量。

b. 对每个国家的消费者、政府及厂商的福利影响。

(5) a. A 国为 B 国的汽车进口设定的配额为 100，这时各国汽车市场的价格、产量。

b. 与自由贸易相比，各国消费者、厂商的福利变动情况。

c. 如果 A 国为 B 国的汽车进口设定的配额为 150，各国汽车市场的价格、产量。

(6) a. A 国政府向国内汽车制造商提供 3 000 美元的单位补贴，两国汽车的价格、产量及贸易量。

b. 与自由贸易相比，各国消费者、厂商的福利变动情况。

c. 比较补贴、关税、进口配额情形下的福利影响。

第八章
进口贸易政策——非关税措施

学习目标

1. 了解非关税壁垒的含义和类型。

2. 了解新型非关税壁垒。

3. 了解非关税壁垒的经济效应分析，尤其是进口配额、自愿出口限制的经济效应分析。

本章教学重点和难点为进口配额以及“自愿”出口限制的经济效应分析。

中国视角

本章具体阐释非关税措施的主要内容、适用条件及运用方法，以及中国对外贸易发展过程中遭遇的各种非关税壁垒，具体分析非关税壁垒对中国对外贸易发展的影响。具体目标包括：

1. 政治认同：通过对本章的学习，了解中国的外贸形势，充分理解中国在融入并推动经济一体化进程中所做出的努力，充分认识改革开放进程中党的正确领导的现实意义。

2. 社会主义核心价值观：通过了解中国当下面临的复杂严峻的国际环境，认识到非关税壁垒的复杂性、隐秘性、技术性特征以及经济影响，从而形成经世济民的理念及社会责任感。

引导案例

碳标签制度对我国贸易的影响

全球低碳经济是一种趋势，而作为标识产品生命周期中温室气体排放量的方法，以低碳环保为核心的碳标签，已经越来越被发达国家所接受。碳标签制度是目前减少二氧化碳排放的有效手段，不但能有效促进产品在全生命周期内减少碳排放，而且能促进消费者更青睐绿色低碳产品。

（一）国外碳标签的发展现状

碳标签是一种环境标识，是为了缓解气候变化、减少温室气体排放、推广低碳排放技术，把商品在生命周期（一般包括从原料、制造、储存、运输、废弃到回收全链条）中所排放的温室气体排放量（产品碳足迹），在产品标签上用量化的指数标示出来，以标签的形式告知消费者产品的碳信息。这一方法可引导消费者购买低碳环保产品，并且可以促进企业转型升级，采用低碳生产工艺，从而有效减少碳排放量并缓解全球气温不断升高。

从 2007 年开始，国外关于碳标签的讨论不断涌现，相关标准开始制定。目前世界已有 12 个国家或地区立法，要求其企业实行碳标签制度，全球有 1 000 多家知名企业将“低碳”作为其供应链的必要要求，如沃尔玛、IBM、宜家等均已要求其供应商提供碳标签。英国 2007 年 3 月推出全球第一批加贴碳标签的产品；2011 年 4 月，日本开始实施农产品碳标签制度，要求摆放在商店的农产品通过碳标签，向消费者显示其生产过程中排放的二氧化碳量；美国、瑞典、加拿大和韩国等国也相继推出碳标签计划；2021 年 4 月，法国国民议会通过了要求“在产品上添加‘碳排放分数’标签”的修正法案。

（二）碳标签制度对我国外贸的影响

从长期来看，全球低碳经济是一种经济可持续发展的必然趋势。当前发达国家正在设立各种碳壁垒，即碳标签制度，试图利用本国或本区域的市场力量向他国分摊碳减排代价，并通过新门槛阻碍发展中国家的外贸和经济发展。我国正处于工业化加速发展、工业化与城镇化同时并举的阶段，也是能源资源消耗快速增长的阶段。一旦碳标签像其他标签一样被普遍应用于国际贸易商品中，就很有可能会被用来设置技术贸易壁垒，形成新的绿色贸易壁垒。我国主要贸易对象中的英国、法国、美国和日本等国家，都纷纷制定和实施了相应的碳标签制度，其涉及的商品种类也在不断增加。其中涉及我国出口商品比重较大的有纺织服装、农产品和日用品等产品。因此，在我国，日常进出口贸易特别是出口贸易受碳标签的影响较为明显。同时，碳标签制度会增强国际贸易的不平衡。例如，如果发达国家开始征收碳关税，这对发展中国家的大量工业品将造成巨大冲击，绝大部分商品将成为征收对象。联合国相关部门预估，中国在国际市场上有三成以上的商品将被征收碳关税，中国出口商品的竞争力可能会因此而下降，进而导致中国出口商品的市场份额降低。

据统计，中国已连续多年成为世界上遭遇贸易摩擦最多的国家。若发达国家在世贸组织对碳标签制度的实施缺乏完善的环境与协调机制时，就强制要求商品加注碳标签，则容易使其成为一种新的贸易保护措施，从而引发更多的贸易摩擦。如果碳足迹国际标准成为一种新的技术壁垒，国内落后的技术不得不被淘汰，多数企业必须向发达国家购买先进技术，并且要增加认证、贴签等成本。比如，若企业获得ISO14001认证或者欧盟生态管理及审计体系认证（EMAS认证），则该企业更方便和容易申请到碳标签，同时还可以减免25%的碳标签使用费。

资料来源：兰丽丽，柳映青，陈琼，等．关注碳中和：浅析进出口商品碳标签制度及核查监管．中国海关，2021(7)：46-47．有删改。

关税不是实施保护以避免外国竞争的唯一手段。随着国际贸易的不断发展，以及经济全球化进程的加快，全球关税税率呈普遍下降趋势，关税的保护作用也越来越小。因此，各国实行贸易保护的手段逐步由关税转向了形式多样、层出不穷的非关税壁垒。特别是近几年，新型的非关税壁垒更是对国际贸易自由化产生了不小的冲击。

第一节 非关税壁垒概述

一、非关税壁垒的含义及发展趋势

非关税壁垒（non-tariff barriers，NTB）泛指一国政府为了调节、管理和控制本国的对外贸易活动，从而影响贸易格局和利益分配而采取的除关税外的各种行政性、法规性措施和手段的总和。

从历史上看，早在重商主义时期，旨在限制和禁止进口的非关税措施就开始盛行，但直到20世纪30年代资本主义世界性经济危机爆发后，非关税措施才作为贸易壁垒的重要组成部分被广泛实施。20世纪60年代到70年代初期，由于发达资本主义国家掀起了“贸易自由化”热潮，许多国家在大幅度降低关税的同时，还放宽和取消了非关税措施。但从20世纪70年代中期以来，在70年代中期和80年代初两次世界性经济危机的冲击下，发达国家竞相采取非关税措施，以抵消由于关税大幅度下降所造成的不利影响。一些发展中国家也基于保护本国工业的目的，运用各种非关税措施限制进口，从而出现了以非关税壁垒为主、以关税壁垒为辅的新贸易保护倾向。非关税壁垒普遍加强的原因有以下几个。

（一）关税壁垒普遍遭到反对而国际市场竞争却日益激烈

第二次世界大战以后，关贸总协定成立。经过关贸总协定的8轮关税减让谈判，各国的关税率已普遍下降，至1979年4月“东京回合”结束时，发达国家工业制成品的关税几乎均降至5%的水平。关税水平的大幅度降低，基本上消除了国际贸易壁垒，各国之间可以进行比较自由的贸易。

但是，由于各国的生产力水平不同，国际贸易地位更不一样，自由贸易不可能对每个国家都有同样的利益。所以，比较落后的国家不得不寻找其他办法来限制外国商品对本国市场的冲击，进而采用非关税壁垒。当代主要资本主义国家之间的经济水平虽然也存在差距，但是与18世纪时英国的独尊地位和20世纪中期美国的霸主地位显然不同，没有哪个国家在任何方面都遥遥领先于其他国家，而是表现为各国互有短长，各国之间为了生存和发展进行着激烈的角逐，谁能更多地占领国际市场份额，谁就能在激烈的竞争中立于不败之地。只有更多地占领国际市场，才能扩大总需求，刺激社会生产，推动经济的发展。

因此，关税减让谈判只解决了高关税的问题，而没有解决国际市场的竞争问题，最后必然会出现其他方式，取代关税壁垒的地位，发挥同样的抵制进口的作用。这样，非关税壁垒就出现了。

（二）世界经贸日益一体化而世界仍由不同的利益集团组成

随着生产力水平的提高，特别是 20 世纪 60 年代第三次科技革命的爆发，国际分工日益向纵深发展，世界经济日益走向一体化，尤其是发达国家之间已进入不同生产阶段的分工，发达国家彼此间相互贸易，互为市场。事实上，每个国家都是世界市场不可分割的组成部分，每个国家都在积极参加国际贸易，这对促进世界贸易自由化发展无疑是巨大的推动力。

但是，世界并未大同，仍然是由不同的利益集团组成，即使在一个国家内部也是如此，不同的行业，不同的财团，要求奉行不同的贸易政策。当一国的某种商品进口冲击了国内该行业的时候，势必遭到该行业的群起反对，进而迫使政府采取措施抵制进口，形成非关税壁垒。一国奉行保护政策，通过非关税壁垒限制外国产品，势必引起他国的不满，那就难免出现以牙还牙的报复行为，形成新的非关税壁垒。近年来，区域经济贸易集团的快速发展更是对非关税壁垒的发展起到了推波助澜的作用。因为这种区域经济贸易集团本身就是一个大的排他性组织，其特点是在内部消除关税以及非关税壁垒，而在外部则高筑各种非关税壁垒以保护区域内市场。

因此，只要世界上存在着利益集团，非关税壁垒就无法消除。非关税壁垒以不同的形式表现出来，而且越来越具有隐蔽性。

（三）关贸总协定保障措施的出台

依据关贸总协定第 19 条的规定，在特殊情况下，进口国在某种进口商品数量剧增、严重损害或构成严重威胁国内工业的时候，有权采取临时措施，对这种产品实行进口限制，或者部分地或全部地暂停实施所承担的关税减让义务。这种措施必须在非歧视性原则的基础上实施，否则出口国有权报复。这在客观上限制了关贸总协定缔约方滥用这个措施。但是，一些国家放弃关贸总协定第 19 条规定的采取合法限制的权利，而采取避开关贸总协定规则约束的“灰色区域措施”（grey area measures），如“自愿出口限制”“有秩序销售协定”。这些措施成为非关税壁垒的一个重要内容。

（四）非关税壁垒具有优于关税壁垒的特点

非关税壁垒具有较大的灵活性，其措施可以由任何行政部门随时采用，经常变动，无须经过立法程序批准。而关税法属于国家法律的一部分，是由立法机关制定和颁布的，其税率具有稳定性，并受到双边和多边贸易条约的约束和国际机构的监督，其税率的调整和更改必须通过法律程序。

二、非关税壁垒的特点

与关税相比，非关税壁垒具有以下特点：

首先，从制定程序来看，非关税壁垒比关税有更大的灵活性和针对性。关税的制定往往要通过一定的立法程序，如征收关税、反倾销税和反补贴税等都必须依据国家法律规定，具有法律约束力。关税一旦确定，一般在较长时间内保持稳定，如需调整和更改税率，要履行一定的法律程序和手续，在由于某种原因紧急限制进口时往往难以适用。采用进口附加税来对付国外的倾销和补贴又要提出相应的证据和经过烦琐的调查、诉讼程序。此外，关税税率还要受到最惠国待遇条款的约束，以及世界性、区域性贸易组织和集团内部同种商品关税税率的统一限制。非关税壁垒与关税不同，其确立通常采用行政程序，迅速而简便，并能随机针对某国某种商品采取相应的限制进口措施，以及灵活调整实施程序，以应对复杂多变的国际市场形势。

其次，从保护作用来看，非关税壁垒比关税对进口限制的作用更强。关税对进口量的限制是间接的，即通过征收关税来提高进口商品的成本和价格，削弱其竞争力而达到目的。在征收关税时，国内价格与国际价格的差距是既定的（相对于税率），而且国内价格是固定的。当需求发生变化时，进口量仍然相对不变。如果消费者愿意支付较高的价格，进口仍然可以继续增加。由于关税的作用取决于本国进口需求弹性和外国出口供给弹性，所以，关税限制进口的作用是难以测定的。与关税相比，非关税壁垒在限制进口方面方式更加直接。特别是在进口配额制下，进口量是被限定的，进口需求的增加只会导致价格的变化，不会改变进口量。

最后，从政策的透明度来看，非关税壁垒比关税更具有隐蔽性。关税是透明度最高的贸易调节工具。关税结构与税率一经确定，往往以法律形式公布于众，并依法执行。出口国根据他国的关税水平和结构来安排贸易结构。出口商也比较容易获得有关资料和信息，以安排自己的国际营销活动。例如，通过降低出口商品的成本来抵消关税对价格提高的影响，或者通过对进口国升级式梯形关税结构的研究来调整产品结构，使产品能够适用较为有利的税种或税级。而非关税壁垒并非都是公开的，有些甚至无法判定其是否属于非关税壁垒。一些国家对某些商品的质量、规格、性能和安全性等规定了极为严格的、烦琐的特殊标准，并且经常变化，使出口商难以应对。更有一些国家利用非关税壁垒的隐蔽性，对来自特定地区和国家的进口商品设置了重重障碍，使非关税壁垒又带有歧视性的特点。

第二节 非关税壁垒的主要种类

非关税壁垒的种类繁多，数以千计。世界各国为了在激烈的国际市场竞争中削弱对手的竞争力，防止对方报复，使非关税壁垒的花样不断翻新，层出不穷。这些非关税壁垒可分为直接非关税壁垒和间接非关税壁垒两大类。

一、直接非关税壁垒

直接非关税壁垒是指进口国直接对进口数量或金额进行限制，是最有效的非关税壁垒。主要有以下几种具体措施：

（一）进口配额

进口配额（import quota）又称进口限额，是一国政府在一定时期（半年或一年）内，对某些商品的进口数量或金额加以直接的限制。在规定的期限内，配额以内的货物可以进口，超过配额不准进口，或征收较高的关税后才能进口。因此，实施进口配额容易产生垄断，即国内厂商可以垄断除进口配额以外的国内市场。

1. 绝对配额

绝对配额（absolute quota）是指在一定时期内对某些商品的进口数量或金额规定一个最高数额，达到这个最高数额后便不准进口。绝对配额按对象又可分为全球配额和国别配额。

全球配额（global quota）是适用于世界范围的绝对配额，对来自任何国家或地区的商品一律适用。配额分配原则是按进口商的申请先后或按过去某一时期的实际进口额分配，直至总配额发放完毕为止。这种方式在配额的分配和利用上难以贯彻国别政策。

国别配额（country quota）是将总配额按国别和地区分配。分配的额度主要取决于进口国与这些国家或地区的政治经济关系，可见，这种方式可以更好地贯彻国别政策。为了区别来自不同国家和地区的商品，一般规定在商品进口时必须提交原产地证明书，超过规定配额便不准进口。国别配额的数量有的是由进口国单方面规定的，称为自主配额（autonomous quota）或单边配额，有的是由进口国与出口国经过谈判达成双边协议共同规定的，称为协议配额（agreement quota）或双边配额（bilateral quota）。目前，大多数配额制都是双边配额制，因为这种形式有助于贸易双方的谅解与配合，比较容易执行。

2. 关税配额

关税配额（tariff quota）是指某些商品进口数量或金额达到规定的额度后，如继续进口则要对超过配额部分征收较高的关税。

按进口商品的来源，关税配额可分为全球关税配额和国别关税配额。按征收关税的程度，关税配额可分为优惠性关税配额和非优惠性关税配额。优惠性关税配额是指在进口配额内的商品享受优惠关税，超过进口配额的商品享受原来的最惠国待遇税；非优惠性关税配额是指在进口配额内的商品缴纳原来的进口税，超过进口配额的商品则缴纳惩罚性关税。

相关案例

美国宣布将对从欧盟进口钢铝产品实施关税配额制

美国商务部 2021 年 10 月 31 日宣布，从 2022 年 1 月 1 日起，美国将以关税配额制取代在“232条款”下对欧盟输美钢铝产品征收的现有关税，以缓和美欧已持续三年的钢铝关税争端。

美国商务部当天发表声明说，根据关税配额制，美国将允许基于以往进口数据的欧盟钢铝产品豁免“232条款”关税进入美国市场，以满足美国钢铝下游行业用户需求。

具体来讲，美国为欧盟钢铝产品设定的年度进口配额分别是54种钢铁产品总计330万吨和16种铝产品总计38.4万吨，超过进口配额限制的欧盟钢铁产品和铝产品仍需分别缴纳25%和10%的“232条款”关税。

作为交换，欧盟方面宣布，将暂停实施2018年6月因美加征收钢铝关税而出台的反制措施，同时暂停实施原定于今年12月1日生效的进一步反制措施。此外，美欧双方同意在世界贸易组织暂停与“232条款”关税相关的贸易诉讼。

欧盟委员会执行副主席东布罗夫斯基斯表示，美方有关钢铝关税的决定缓和了阻碍欧美贸易关系的一项棘手问题。

美国商界和制造商欢迎美欧暂缓钢铝关税争端，但对于关税配额制表达担忧。美国全国对外贸易理事会会长杰克·科尔文说，关税配额制会削弱竞争和增加供应链成本，对中小企业的不利影响更大，将继续给大西洋两岸的工人和企业带来不确定性。

美国金属制造商与用户联盟担心用关税配额取代“232条款”关税会损害美国制造商的利益。该联盟表示，美国政府对原材料进口的限制和干预会造成“市场操纵”，小型制造商将更有可能处于竞争劣势。

2018年3月，时任美国总统特朗普根据美国1962年《贸易扩展法》第232条，以维护国家安全为由对进口钢铁和铝产品分别加征25%和10%的关税，遭到美国业界及国际社会的广泛反对，并引发美欧钢铝关税持久争端。

资料来源：高攀，许缘．美国宣布将对从欧盟进口钢铝产品实施关税配额制．新华网，2021-11-01. 有删改。

（二）“自愿”出口限制

“自愿”出口限制最早出现在20世纪80年代的日美汽车贸易大战中。美国政府在美国汽车制造企业和汽车工人联合会的压力下，提出议案对来自日本的汽车实施进口数量限制。日本政府在得知这一消息后，主动宣布自行对输出到美国的汽车数量进行限制。

“自愿”出口限制（voluntary export restraint）是指出口国家或地区在进口国的要求或压力下，单方面或双方协商规定某一时期某些商品对该国出口的最高数量限额，在此限额内出口国自行安排出口，达到限额立即自行停止出口。因此，“自愿”更多的是迫于无奈。“自愿”出口限制与进口配额相比，两者同样具有强制性质，只不过在形式上有所不同。“自愿”出口限制是由出口国家直接控制这些商品对指定进口国家的出口；而进口配额是由进口国家直接控制进口配额来限制商品的进口。因此，对出口国家来说，两者都是扩大出口的障碍；对进口国家来说，两者都是限制进口的手段。“自愿”出口限制有两种形式，即单边“自愿”出口限制和双边“自愿”出口限制。

单边“自愿”出口限制就是出口国不受国际协定的约束，而是迫于进口国方面的压力，自行单方面规定出口限额予以限制。这种限额有的是由政府有关机构规定数额并予以公布，出口商向有关机构申请，领取出口授权书或出口许可证后才能输出。

双边“自愿”出口限制是进出口双方通过谈判签订“自限协定”或“有秩序销售协定”，规定在协定有效期内某些商品的出口限额。在此限额内，出口国自行安排出口，达到限额时立即自行停止出口。进口国通过海关统计对此进行核查。目前，“自愿”出口限制大多属于这一类。“自限协定”或“有秩序销售协定”是贸易参与国之间暂时缓和竞争的紧张局面，相互妥协分享市场的一种契约。其主要内容包括：配额水平，即规定在协定有效期内第一年度的出口额和其他各年度的增长率；自限商品的分类和组目及各类商品的限额；限额的融通，即对各类商品留用额与预用额的确定和融通方法进行规定；保护条款，即规定进口方有权通过一定程序限制或停止某种造成“市场混乱”的商品的进口；出口管理，即规定出口商必须凭出口许可证输出，以保证出口不超过限额水平和各季均衡出口。

相关案例

美国的“自愿”出口限制

美国是“自愿”出口限制的始作俑者，于1935年第一次提出用“自愿”出口限制这种方式来限制日本对美国的纺织品出口。在20世纪七八十年代，美国针对日本、欧盟针对东欧国家的多项产品采取了“自愿”出口限制。其中最为典型的就是美日之间的汽车“自愿”出口限制。20世纪80年代，日本对美汽车出口份额持续扩大，美国国内强大政治力量要求保护汽车工业。为了避免单方限制措施和引发贸易战，美国政府要求日本限制出口。1981年双方达成了第一份协议，日本每年向美国出口汽车数量限制在168万辆。执行3年后，限制标准被调整到185万辆。自1985年起，美国允许日本不再执行这一协议。通过这一“自愿”出口限制协议，美国汽车制造商保住了市场份额，还鼓励日本企业将部分汽车制造转移到美国。实际上，美国实现了“一箭双雕”的目的。

美国的国际贸易法中一直保有“自愿”出口限制的规定。2005年11月，中美达成《关于纺织品和服装贸易的谅解备忘录》，中美双方同意在协议期内对中国向美国出口的棉制裤子等21个类别产品实施数量管理。这实际上就是“自愿”出口限制。而“自愿”出口限制中的出口国，没有一个是真正自愿的。在GATT完成向WTO过渡之后，美国已经没有使用“自愿”出口限制方式来针对进口商品的实际案例。

资料来源：荣民．自愿限制出口的死灰岂能复燃．中国贸易新闻网，2017-10-12. 有删改。

（三）进口许可制度

进口许可制度（import license system）是指一国规定进口商进口某种商品必须事先申领许可证，并凭许可证进口商品的制度。国家通过是否发放进口许可证和发放数量来限制进口。进口许可证的内容包括进口国别、商品名称、数量、金额和有效期限等。

从进口许可证与进口配额的关系来看，进口许可证可分为两种。一种为有定额的进口许可证，即国家有关机构预先规定有关商品的进口配额，然后在配额的限度内根据进口商的申请对每一笔进口货物发给进口商一定数量或金额的进口许可证。例如，德国对纺织品进口实行进口配额制，每年分三期公布配额数量，配额公布后进口商可提出申请，获得进口许可证后即可进口。进口配额一旦用完，德国政府有关当局不再发放进口许可证。另一种为无定额的进口许可证，即进口许可证不与进口配额相结合。一些国家有关机构不预先公布进口配额，颁发有关商品的进口许可证只是在个别考虑的基础上进行。这种许可证颁发由于没有固定数量和公开标准，灵活性大，限制进口的作用更强。

从进口商品的许可程度来看，进口许可证可分为两种。一种是公开一般许可证，又称公开进口许可证、一般许可证或自动进口许可证。它对进口国别或地区没有限制，凡列明属于公开一般许可证的商品，进口商只要填写公开一般许可证后，即可获准进口。因此，需要领取这类许可证的商品实际上是可自由进口的商品。另一种为特种进口许可证，又称非自动进口许可证，进口商必须向政府有关当局提出申请，经政府有关当局逐笔审查批准后才能进口。这种进口许可证多数都指定进口国别或地区。为了区分这两种许可证所进口的商品，有关当局通常定期分别公布有关的商品项目并根据需要随时进行调整。

二、间接非关税壁垒

间接非关税壁垒是指进口国不直接限制进口数量，但规定严格的进口条件，间接地起到限制进口数量作用的壁垒。间接非关税壁垒主要包括以下十种。

（一）进口最低限价

进口最低限价（minimum import price）是进口国政府规定某种商品进口时的最低价格，凡进口价格低于最低限价的则征收进口附加税，直至禁止其进口。规定进口最低限价是为了抵消进口商品与本国商品竞争的价格优势。进口最低限价与差价税类似，都是为了使进口商品的价格达到某一水平，因而最低限价有些像门槛价格。但最低限价在限制进口方面要比差价税作用更强。对低于最低限价的商品，或被征收进口附加税使之无利可图而放弃经营，或干脆不准进口。美国曾实行过一种叫作启动价格制的最低限价措施。这种措施主要是为了抑制西欧和日本的低价钢材和钢材制品的进口。这种价格的限制标准，是以当时世界上效率最高的钢材生产者的生产成本为基点计算出的最低价格为最低限价的。如果进口的该类商品价格低于这个价格（启动价格），则要求出口商必须调高价格，否则将征收反倾销税。例如，2019 年 12 月，墨西哥经济部发布对原产于某国的铝箔纸卷反倾销调查的终裁，决定采取最终反倾销措施，其征税方式使用的正是进口最低限价。具体征税方式为：设定进口最低限价为 CIF 3.481 7 美元/千克，进口清关价格高于上述限价的不征收反倾销税；进口清关价格低于上述限价的，征收进口价和上述限价之间的差额，但不超过企业各自倾销幅度。

（二）外汇管制

外汇管制（foreign exchange control）是一国政府通过法令对国际结算和外汇买卖实

行限制，以平衡国际收支和维护本国货币稳定的一种制度。外汇管制主要是在经济实力较弱、外汇资金短缺的国家中实行。在这些国家中对贸易收支、非贸易收支和资本流动都实行严格的限制，并且采用复汇率制。出口商必须将所得外汇收入按官定汇率全部或部分结售给指定银行；进口商所需外汇均需向外汇管制机关申请批准，并按官定汇率到指定银行购买。携带本国货币出入国境也受到严格限制。这样，国家就可以通过确定官定汇率、集中外汇收入和控制外汇供应数量的方法来达到限制进口商品种类、数量和进口国别的目的。外汇管制的方式较为复杂，而且随着经济发展不断调整。一般可分为数量性外汇管制、成本性外汇管制和混合性外汇管制。

1. 数量性外汇管制

数量性外汇管制是指国家外汇管理机构对外汇买卖的数量直接进行限制和分配。进口商如欲进口商品，必须向国家外汇管理部门申请外汇额度，经外汇管理部门批准后方可获得外汇，支付进口货款。其目的在于国家集中外汇收入，控制外汇支出，实行外汇分配，以限制进口商品品种、数量和国别。

2. 成本性外汇管制

成本性外汇管制是指国家外汇管理机构对外汇买卖实行复汇率制度，利用外汇买卖成本的差异，间接影响不同商品的进出口。所谓复汇率制度，是指一国货币对外有两个或两个以上的汇率。其目的是利用汇率的差别限制和鼓励某些商品进口或出口。一般来说，对于允许进出口的商品使用普通汇率；对于鼓励进出口的商品使用优惠汇率；对于严格限制进口的商品则使用惩罚性汇率，即高价购买外汇，使进口商品成本增加，竞争力下降，从而达到限制其进口的目的。

3. 混合性外汇管制

混合性外汇管制即同时运用数量性和成本性外汇管制方式，使国家能更有效地控制外汇和商品进出口。

我国自 1994 年以来，由于对外经济贸易的发展，外汇日益充足，长期实行的外汇管制转变为按法律和经济手段以及国际管理规定对外汇进行管理，不仅取消了复汇率制度，实行了有管理的市场汇率制，而且在外汇买卖等方面也进行了重大改革。这些改革对于消除国际贸易壁垒、促进我国经济和贸易的发展具有重要意义。

（三）歧视性政府采购政策

歧视性政府采购政策（discriminatory government procurement policy）是指国家通过法令，规定政府机构在采购时要优先购买本国商品，进而限制进口商品的销售的一种歧视性政策。有的国家虽无明文规定，但优先采购本国商品已成为惯例。这种政策起到了限制外国商品进口的作用，实际上是一种歧视性政策。

关贸总协定“东京回合”谈判达成了政府采购自由化的协议。协议规定除国防开支、通信设备和部分能源设备外，各国政府采购应实行公开竞争的国际投标，但各国对政府采购仍然限制很大。美国从 1933 年开始实行并于 1954 年和 1962 年两次修改的《购买美国货法案》是最为典型的政府采购政策。该法案规定，凡是美国联邦政府采购的货物，都应该是美国制造的，或是用美国原料制造的。凡商品的成分有50%以上是国外生产的，就称外国货物。修改后的《购买美国货法案》规定只有在美国自己生产数量不够或国内价格过高，或不购买外国货物有损美国利益的情况下，才可以购买外国货物。该法案直到关贸总协定的“东京回合”，美国签订了政府采购协议后才被废除。英国、日本等国家也有类似的制度。

（四）进口押金制

进口押金制（import advanced deposit system）又称进口存款制。该制度规定进口商在进口商品时，必须预先按进口金额的一定比例和规定时间，在指定的银行无息存放一笔现金。这不仅影响进口商的资金周转，而且使进口商损失了资金存放的利息收入，从而增加了进口成本，起到了限制进口的作用。这实际上是进口国政府施加给进口商的资金负担，其作用是限制某些商品的进口或减少某些商品的进口数量。但出口国可以通过为进口商提供商业和银行低息贷款来削弱进口押金制的作用。目前，进口押金制常见于外汇短缺的一些发展中国家。

（五）各种国内税

国内税（internal tax）是指一些国家在进口商品进入关境后的运输、销售、购买和使用等环节，通过对其征收高于国内同类商品的各种税收来限制进口。通过征收国内税来限制进口的做法具有一些独特的特点。第一，国内税具有更大的灵活性。与关税相比，国内税灵活得多。国内税可以巧立名目，在商品进入关境后的任一环节征收。第二，国内税具有一定的伪装性。因国内税的制定和执行权力属于本国政府机构，有时甚至由地方政府制定和执行，不受贸易条约或多边协定的限制和约束，其他国家很难通过贸易协定对其进行谈判。第三，国内税的征收可以体现差别性。对同一种商品，因其由不同国家生产，所征国内税可以差别很大，因此，国内税是一种不平等的非国民待遇。关贸总协定对国内税与国内监管的国民待遇做了明确规定，要求一缔约方的商品输入到另一缔约方领土时，不应对它直接或间接征收高于对相同的本国商品所直接或间接征收的国内税或其他国内费用。这一规定对利用国内税进行进口歧视起到了一定的限制作用。我国目前正遵循国际惯例，在国内税的征收上给予外商和外国进口商品以国民待遇。

（六）海关壁垒

海关壁垒（customs barriers）是指海关利用征收关税之外的其他监管手段，对外国产品的进口设置障碍。海关壁垒的主要手段有：

（1）海关估价，即专断地高估进口商品的价格，增加进口商品的关税负担。不过，在关贸总协定“东京回合”制定了《海关估价准则》后，各国的海关估价方法虽趋于规范和统一，但仍可变通。例如，海关在进口商品的分类上做文章，把出口商品尽可能归入税率较高的一栏，也可提高商品的实际关税。

（2）海关程序，即通过烦琐的清关手续，增加进口阻力和难度。例如，要求填报内容烦琐的报关文件和单据，或故意制造麻烦和降低清关工作效率来拖延进口等。不过，随着各国或地区之间区域、双边贸易协定的签署，将烦琐的海关程序作为贸易保护措施的行为已经被有效限制。以《区域全面经济伙伴关系协定》（RCEP）的规定为例，其要求域内货物贸易必须在48小时内通关，生鲜、易腐商品必须在6小时内通关。

（七）进口贸易制裁

进口贸易制裁（import trade sanction）亦称进口抵制，是指制裁国政府削减或者禁止本国从被制裁国进口商品，其目的是打击对方经济，迫使对方政府按制裁国的意图做出某种让步。近年来，贸易制裁越来越多地被作为达到某种经济目的的手段。例如，美国要求某国在知识产权保护方面做出重大改进，否则就要抵制某些该国商品的进口，并列出将被抵制进口的商品清单。

（八）进出口国家垄断

进出口国家垄断（state monopoly of import and export）也称国营贸易（state trade），是指在对外贸易中，对某些或全部商品的进出口，规定由国家机关直接经营，或是把商品的进口或出口的垄断权给予某些组织。经营这些国家专控类垄断商品的企业，被称为国营贸易企业（state trading enterprises）。

世界各国对进出口商品垄断的情况不尽相同，但归纳起来，主要集中在以下三类商品上：第一类是烟和酒。烟和酒是非生活必需品，却是消费者众多、消费量很大的商品，国家对其实行垄断，既可以取得巨大的财政收入，又可以将其进口控制在一定的数量之内。第二类是农产品。农产品是敏感性商品，关系国计民生，因此，许多国家对其进出口实行垄断。第三类是武器。武器直接关系整个国防和社会的安定，几乎世界上所有国家都由国家直接垄断武器的进出口，或委托一些大型跨国公司、国有公司来负责，以有效控制武器的进出口。

（九）本地成分要求

本地成分要求（local content requirement）是指为使一国中间产业得以在国际竞争下生存和发展，各国政府要求最终厂商在生产过程中必须投入至少一定比例的本地生产的原材料或零配件。对发展中国家而言，本地成分要求使得跨国公司在生产时必须投入一定比例的本地产品，因而可使发展中国家提高相关产品的生产、销售和管理能力。另外，本地成分要求能够使得发展中国家相关产品的生产扩大，因而有利于增加发展中国家的就业。

（十）原产地规则

原产地规则（rules of origin）也称“货物原产国规则”，是指一国根据国家法令或国际协定确定的原则制定并实施的，以确定生产或制造货物的国家或地区的具体规定。为了实施关税的优惠或差别待遇、数量限制或与贸易有关的其他措施，海关必须根据原产地规则的标准来确定进口货物的原产地，给予相应的海关待遇。货物的原产地被形象地称为商品的“经济国籍”，原产地规则在国际贸易中具有重要作用。

原产地规则的产生起源于国际贸易领域对国别贸易统计的需要，其核心内容是确定货物原产地的判断标准，实施正常的贸易管理。然而，伴随着国际贸易中关税壁垒与非关税壁垒的产生与发展，原产地规则的应用范围也随之扩展，涉及关税计征、最惠国待遇、贸易统计、国别配额、反倾销、手工制品、纺织品、政府采购甚至濒危动植物的保护等诸多范畴，成为西方各国实施其贸易政策的有力工具。原产地规则在国际贸易中通常用于以下几个方面：(1) 作为原产地标志告诉消费者商品的产地，满足消费者选择的需要。(2) 作为确定出口国享受不同关税待遇的重要依据。(3) 作为海关统计人员确定贸易伙伴产品归属的主要标准之一。按照原产地口径统计，已成为进口国统计进口来源的惯常做法。(4) 作为进口国分析进口商品结构、调整产业政策的依据。(5) 作为实施国别配额管理的依据。(6) 作为一国征收反倾销税和反补贴税时判定产品“国籍”的依据。(7) 作为实施特定卫生检疫的依据。

随着关税壁垒作用的下降，新贸易保护主义盛行，原产地规则作为一种“灰色”的政策工具备受发达国家青睐，原产地规则被用作非关税壁垒的趋势日益加强。原产地判定标准往往带有浓厚的保护主义色彩。一些国家往往从本国利益出发利用该规则对贸易伙伴实施贸易限制、报复和制裁，使本意为增强国际贸易的可预见性和确定性的规则变成“灰色”措施和潜在壁垒。

相关案例

《美国-墨西哥-加拿大协定》原产地规则以及对中国的影响

2018 年 11 月，美国、墨西哥和加拿大三国达成了《美国-墨西哥-加拿大协定》(USMCA)，正式取代了 1994 年达成的《北美自由贸易协定》(NAFTA)。USMCA 基本上保留了 NAFTA 的基本框架，但内容更为广泛，包括市场准入、关税减让、数字贸易、劳工政策、原产地规则、金融服务、竞争政策、政府采购等诸多领域。在这些领域当中，调整幅度最大的是原产地规则、市场准入及劳工政策。USMCA 作为区域贸易协定，是在美国推行贸易保护主义背景下缔结的。而原产地规则作为一种隐性的贸易保护措施，其内容的修订引起了广泛的关注，对中国外贸出口及全球经济走势必然会产生深远的影响。

（一）USMCA 和 NAFTA 在汽车领域原产地规则的比较

1. 原产地价值含量标准的变化

在原产地价值含量方面，NAFTA 规定的汽车原产地价值含量标准为 62.5%，USMCA 提高了原产地价值含量标准，成品整车的价值含量标准提升到 75%，即不低于 75%的汽车零部件且在北美地区生产的汽车才能够享受零关税待遇。同时，USMCA 还对汽车零部件的原产地价值含量标准进行了细化，针对不同类型的零部件规定了不同的标准，如核心零部件的原产地价值含量标准为 75%，主要零部件的原产地价值含量标准是 70%，附加零部件的原产地价值含量标准是 65%。此外，在汽车原材料原产地价值含量标准方面也有变化。NAFTA 对汽车原材料的价值含量并无明确规定，但 USMCA 规定乘用车、卡车所用的钢材、铝材必须 70%来自区域内。这种严格的原材料原产地价值含量标准，目的就是要将北美地区打造成一个内生性的独立汽车产销区，由此来配置汽车生产的成本、能力以及相应的劳工政策和贸易政策。

2. 汽车进口配额的规定

USMCA 规定，美国每年从加、墨两国进口的乘用车数量均不能超过 260 万辆，如果超出该配额，美国将加征 25%的关税。近年来，美国乘用车的进口主要来自加拿大、墨西哥和日本三国，美国进口配额的限制，对加、墨两国汽车出口可能会造成一定影响。2018 年，美国从加拿大进口的汽车约为 190 万辆，只占 260 万辆配额的 73%，而 2017 年的进口量为 204 万辆，2016 年为 201 万辆。从这三年数据看，美国从加拿大进口的汽车数量比较稳定，基本上保持在 260 万辆配额上线的 73%和 75%之间。2018 年，美国从墨西哥进口汽车 167 万辆，只占 260 万辆配额上限的 64%；2017 年为 148 万辆，2016 年为 147 万辆，这两年还不到配额上限的 60%。可以看到，汽车配额虽然是原产地规则的一部分，但 260 万辆的上限实际上并不会对加、墨两国汽车出口造成太大影响。

(二) USMCA 原产地规则影响中国汽车零部件对北美的出口及从北美的整车进口

区域贸易协定的原产地规则对贸易模式转变及投资流动有重要的引导作用，本质上是防止非成员方从中受益。原产地规则确定哪些商品能够享受进出口优惠，对区域内的生产者有额外的保护作用。对区域外的国家而言，原产地规则使得这些国家的商品出口受制于区域内各国的进口配额。当前，中间产品贸易在全球货物贸易中占主导地位，原产地规则对中间产品贸易影响较大。通常来看，通过了原产地认证的商品才能享受关税优惠，对于区域内的供应商而言，从区域内采购中间产品更符合原产地规则的要求。尽管在某些情况下，从区域内采购中间产品可能会加大生产成本，但增加的生产成本与关税优惠相比，如果关税优惠幅度大于增加的生产成本，对生产商而言也能够降低其整体生产成本。显然，USMCA 原产地规则限制了北美三国与区域外国家和地区的贸易，具有明显的贸易保护性质。加上 USMCA 中确立的“毒丸条款”，原产地规则对如中国这样不被北美三国承认市场经济地位的国家的中间产品贸易影响较大。

北美地区是全球最重要的汽车生产和消费市场之一，长期以来，在跨国公司的推动下，亚太地区利用自身廉价的劳动力优势奠定了汽车零部件生产基地的地位。美国的汽车制造商在过去的 20 多年时间内，基本上将零部件生产制造线转移到亚太地区，以降低汽车生产成本，进而也导致美国从北美地区以外的国家或地区大量进口汽车零部件。纵观过去 5 年来中美两国汽车贸易情况，中国对美出口的产品主要是汽车零部件，从美国进口整车。在汽车零部件贸易方面，中国处于顺差状态，2018 年中国的贸易顺差为 124 亿美元；在整车贸易方面，中国长期处于逆差状态，2015 年逆差达最高点，为 142 亿美元，2018 年为 116 亿美元。USMCA 中确立的原产地规则，细化了不同类型汽车零部件的区域价值含量标准。如果汽车贸易要享受零关税，必须使得关键零部件价值含量 75%以上在北美三国内生产。由此表明，剩下 25%价值含量的零部件才能够来自北美三国之外的生产商，这一规定对于中国汽车贸易主要以零部件出口为主的贸易模式必然会造成较大冲击。

据中国汽车工业协会（CAAM）的统计数据，2018 年中国汽车零部件出口额为 688 亿美元，其中对美出口额为 175 亿美元，占到了出口额的 25.4%，美国是仅次于韩国的中国汽车零部件出口第二大市场。USMCA 中确立了比 NAFTA 更为严格的原产地规则，这就会推动汽车生产商将生产链转移到区域内三国，从而会减少来自亚太地区、欧盟地区的汽车零部件进口，会冲击到全球汽车生产格局以及影响中国汽车零部件对美出口。从整车进口看，原产地规则提升了劳动价值含量标准和原产地价值含量标准。因中国是 USMCA 非成员方，关税优惠对中国并不适用。从这个角度看，北美三国的汽车生产成本会提升，从而必然会抬高北美汽车对中国的出口价格。最近 5 年内，中国从北美进口的整车数量在下降，从印度、泰国进口的汽车数量日渐提高，特别是欧洲厂商设置在亚洲地区的生产线对设在美国的生产线具有一定的替代性，如中国市场上的宝马汽车，绝大部分是从泰国进口的。

资料来源：林黎．USMCA 原产地规则变化对中国的影响及其启示．对外经贸实务，2020（7）：41－44．有删改。

第三节　新型非关税壁垒

新型非关税壁垒是相对于传统贸易壁垒而言的，主要是指以技术壁垒为核心的包括绿色壁垒和社会壁垒在内的所有阻碍国际商品自由流动的新型非关税壁垒。而传统贸易壁垒指的是关税壁垒和传统的非关税壁垒，如关税、配额、许可证、反倾销税和反补贴税等。

区别传统贸易壁垒与新型贸易壁垒的根本特征有：前者主要是从商品数量和价格上实行限制，更多地体现在商品和商业利益上，所采取的措施也大多是边境措施[①]；后者则往往着眼于商品数量和价格等商业利益以外的东西，更多地考虑商品对于人类健康、安全以及环境的影响，体现的是社会利益和环境利益，采取的措施不仅包括边境措施，而且涉及国内政策和法规。新型非关税壁垒的主要内容有技术性贸易壁垒、社会壁垒、动物福利壁垒和服务贸易壁垒。

一、技术性贸易壁垒

随着经济全球化浪潮的兴起和贸易自由化的发展，加上世界贸易组织规则的限制，国际贸易壁垒的种类和形式在不断变化：关税税率越来越低，传统的非关税壁垒也在逐步减少，新型的更灵活、更隐蔽的贸易壁垒——技术性贸易壁垒却在不断发展，种类也在不断增多。

（一）技术性贸易壁垒的概念

技术性贸易壁垒（technical barrier to trade，TBT）简称“技术壁垒”，又称“技术性贸易措施”，是指一国或一个区域组织以维护国家或区域基本安全、保障人类健康和安

① 边境措施是指在国外商品正式进入本国领土前，由专门负责出入境管理的行政机构所采取的某些措施。通常来说，边境措施都是由海关负责的。

全、保护动植物健康和安全、保护生态环境、防止欺诈行为、保证产品质量等为由而采取的一些强制性或自愿性的技术性措施，这些措施对其他国家或区域组织的商品、服务和投资进入该国或该区域市场产生影响。技术性贸易壁垒是非关税壁垒的重要组成部分。

（二）技术性贸易壁垒盛行的原因

20 世纪 70 年代，在国际贸易的非关税壁垒中，技术性贸易壁垒占 10%～30%。到 20 世纪 90 年代末，这一比例已经上升到 45%。目前，技术性贸易壁垒已成为非关税壁垒中最隐蔽、最难对付的一种。究其深层原因主要有以下四种。

1. 科技水平差异导致的技术性贸易壁垒的强化

随着技术密集型产品占世界贸易的比例进一步加大，国际贸易中所涉及的各种技术问题变得更加复杂。毋庸置疑，科学技术的发展导致工业发达国家在技术法规、标准、认证制度及检验制度等的制定水平和内容方面居于领先地位。高灵敏度检测技术的发展为发达国家限制商品进口提供了快速、准确的数据，它们在激烈的国际市场竞争中，凭借其先进的技术法规、产品标准等，不断地生产和出口具备先进性、科学性、经济性、适用性、可靠性、竞争性的商品，因而在国际贸易中始终占据主导地位。由于发展中国家科技发展水平远远落后于发达国家，技术法规、标准等的制定水平和内容与发达国家相比存在很大的差距，出口商品往往达不到发达国家的规定，从而易受技术壁垒的影响。

2. 关税的大幅削减及传统数量限制措施受到的抑制

乌拉圭回合谈判成功地签署了一揽子协议，进一步强化和完善了非关税壁垒的约束机制，尤其是在传统的限制类措施中规定了削减或取消时间表，在这种情况下，进口国如果再通过设置高关税、数量限制等障碍来达到保护本国市场、限制商品进口的目的，必将招致有关国家的谴责和反对，甚至贸易报复。所以，世界各国特别是发达国家纷纷高筑技术性贸易壁垒这种无形的非关税壁垒。

3. 消费观念和保护意识的增强

产品的品质直接影响消费者的利益，随着消费者自我保护意识的增强，要求制定相应技术标准的呼声越来越强烈。消费者对商品的选择性强，对质量要求高，对款式变化敏感，对卫生、安全指标的要求严格，相应地，促使贸易中的技术壁垒成为合理和合法的存在。目前世界上许多国家对外国商品进入本国市场都有严格的质量把关。

4. 世界贸易组织某些协议中存在的例外规定

《技术性贸易壁垒协议》中虽然规定要保证技术法规及标准（包括包装、标志和标签要求，以及按技术法规、标准评定的程序）不会给国际贸易造成不必要的障碍，但也允许各参加方为提高产品质量、保护人类健康和安全、保护动植物生命和安全、保护生态环境或防止欺诈行为等，提出一些例外规定。在《服务贸易总协定》《农产品协定》《与贸易有关的知识产权协定》中都有类似的例外规定。这些弹性规定实际上给技术壁垒的设置提供了法律借口，也使得发达国家往往打着保护人类健康和安全、保护动植物生命和安全以及保护生态环境等旗号，制定出严格、繁多、苛刻的技术法规和标准等，名正言顺地达到既有利于扩大本国商品出口、又有利于限制别国商品进口的双重目的。

（三）技术性贸易壁垒的表现形式

技术性贸易壁垒的表现形式包括如下方面：

1. 技术法规与技术标准

技术法规就是由进口国政府制定和颁布的有关技术方面的法律、法令、条例、规则和章程，它具有法律上的约束力。技术法规所涉及的范围包括环境保护、卫生与健康、劳动安全、能源节约、交通规则、计量、知识产权等方面，对商品的生产、质量、技术、检验、包装、标志以及工艺流程进行严格的规定和控制，使本国商品具有与外国同类商品不同的特性和适用性。对于出口国厂商来说，向国外出口商品时就必须考虑并严格遵守进口国制定的技术法规，否则，进口国就有权限制违反技术法规的商品的进口，甚至有权扣留、销毁，直至提起申诉。

技术标准是指由公认的、规定商品或有关生产工艺和方法的规则指南或机构所核准，供共同和反复使用的、不强制要求与其一致的一种文件。传统的标准和标准化活动被认为是企业组织生产的技术依据，是企业生产技术诀窍的载体。而如今，标准化作为加速复杂产品贸易的一种不可或缺的语言和工具，已被公众广泛认可。发达国家由于经济、技术水平高，对于许多制成品规定了极为严格、烦琐的技术标准。进口商品必须符合这些标准才能进口，其中有些规定往往是针对具体国家的。

技术法规和技术标准作为限制进口的手段主要体现在四个方面：一是多样化；二是标准严格；三是经过精心设计和研究，针对性强；四是不仅在条文本身上限制了外国商品的销售，而且在实施过程中也为外国商品的销售设置了重重障碍。

2. 合格评定程序

合格评定程序是指按照国际标准化组织（International Organization for Standardization，ISO）的规定，依据技术规则和标准，对生产、产品、质量、安全、环境等环节以及对整个保障体系进行全面监督、审查和检验，合格后由国家或国外权威机构授予合格证书或合格标志，以证明某项产品或服务符合规定的标准和技术规范的过程。合格评定程序包括产品认证和体系认证两个方面：产品认证是指确认产品是否符合技术规定或标准的过程；体系认证是指确认生产或管理体系是否符合相应规定的过程。当代最流行的国际体系认证有 ISO9000 质量管理体系认证和 ISO14000 环境管理体系认证。

3. 商品包装和标签要求

为防止包装及其废弃物可能对生态环境、人类及动植物的安全构成威胁，许多国家对在国内市场上销售的商品颁布了一系列包装和标签方面的法律和法规，以保护消费者权益及生态环境。进口商品必须符合这些规定，否则不准进口或禁止在其市场上销售。从保护环境和节约能源的角度来看，包装制度确有积极作用，但它增加了出口商品的成本，且各国的技术要求不一、变化无常，往往迫使外国出口商不断变换包装，从而失去不少贸易机会。各国颁布的有关商品包装的法律、法令的主要内容包括：

（1）除海关依法禁止进口商品采用可能对本国生态环境造成破坏的包装材料外，许多国家还采取立法形式，在本国范围内禁止使用某些包装材料。

（2）建立存储返还制度。

（3）强制执行再循环或再利用法律。根据包装政策与法规，很多国家规定生产者、进口商、批发商和零售商有责任收集、处理包装废弃物。

（4）向生产包装材料的企业征收原材料税。

（5）向商品生产企业征收商品包装税（费）。若在商品包装中全部使用可循环利用的包装材料，则可以免税；若部分使用可循环利用的材料，则征收较低的税；若全部使用不可循环利用的材料，则征收较高的税。

（6）采取征收废物处理税费的方法来鼓励企业对可循环利用包装的使用。

（7）建立绿色标志制度。

许多外国商品为了符合有关国家的这些规定，不得不重新包装和改换商品标签，耗时费工，增加了商品的出口成本，削弱了商品的价格竞争力。

4. 卫生检疫规定

卫生检疫规定是指以人类健康为由对进口动植物及相关产品实施苛刻的卫生检验检疫标准，以限制或禁止他国商品进口的贸易措施。例如，美国利用其卫生检疫规定对进口商品进行严格检查。对进口食品的管理，除市场抽样外，主要在口岸检疫，不合要求的将被扣留，然后以改进、退回或销毁等方式处理。欧盟进口肉类食品，不但要求检验农药的残留量，还要求检验出口国生产厂家的卫生条件。日本对海外进入其境内的农产品、畜产品及食品实行严格的检疫、防疫制度。从发展趋势来看，发达国家对食品的安全、卫生指标将持续提高，尤其是对农药残留、放射性物质残留及重金属含量的要求日趋严格，从而使很多出口商品达不到其卫生标准而被迫退出市场。

5. 信息技术壁垒

由于近几年电子商务的迅速发展，有关电子商务的标准也正日益成为技术性贸易壁垒。随着电子商务的技术支持——电子数据交换（EDI）技术在发达国家的应用日趋广泛和成熟，一些国家开始强行要求以 EDI 方式进行贸易。电子商务为国际贸易实务带来了极大的便利，同时也对微观经济主体内部进行网络化管理起到了促进作用，如通过互联网或专门的网络建立起更多的伙伴关系，电子商务缩短了国际贸易过程，从而节省了人力、物力和财力。

但从世界范围来看，发达国家在电子商务技术水平和应用程度上明显超过发展中国家，并获得了战略性竞争优势。发展中国家尤其是不发达国家在出口时因信息基础设施落后、信息技术水平低、企业信息化程度低、市场不完善和相关的政策法规不健全等而受到影响，在电子商务时代处于明显劣势。

6. 绿色贸易壁垒

随着技术性贸易壁垒的不断发展，绿色贸易壁垒已经成为技术性贸易壁垒的重要组成部分。绿色贸易壁垒是指进口国或地区以保护生态环境、有限资源以及人类和动植物的健康为由，以保护本国市场和贸易为根本目的，通过制定、颁布、实施严格的环境保护法规与苛刻的环境保护技术标准，来限制国外产品或服务进口的贸易保护措施。绿色贸易壁垒有多种表现形式，主要的措施包括以下几个方面：

（1）绿色关税制度。

这种形式是绿色贸易壁垒的初期表现形式，即进口国以保护环境为由，对一些污染环境、影响生态环境的进口商品除征收一般正常关税外，再加征额外的关税。这其实是一种进口附加税，又被称为环境进口附加税。

（2）环保技术标准。

发达国家的科技水平较高，处于技术垄断地位。它们在保护环境的名义下通过立法手段制定严格的强制性环保技术标准，限制国外商品的进口。这些标准都是根据发达国家的生产和技术水平制定的，对于发达国家来说，是可以达到的，但对于发展中国家来说，则是很难达到的，因而势必导致发展中国家的商品被排斥在发达国家市场之外。

目前，环保技术标准所涉及的产品越来越多，并且标准越来越高，标准的分类也越来越细。主要有：①食品中的农药残留量及其化学物质含量指标；②陶瓷产品的含铅量指标；③皮革中的五氯苯酚（PCP）残留量指标；④烟草中的有机氯含量指标；⑤机电产品、玩具的安全性指标；⑥汽油的含铅量指标；⑦汽车尾气的排放标准；⑧包装材料的可回收性指标；⑨纺织品污染指标；⑩关于保护臭氧层的受控物质的规定。

（3）绿色环境标志。

绿色环境标志也称绿色标志或生态标志，由政府管理部门或民间团体按照严格的程序和环境标准颁发给厂商，附印于产品及包装上，以向消费者表明：该产品从研制、开发到生产、使用直至回收利用的整个过程均符合生态和环境保护要求。绿色环境标志产生的时间不长，但发展十分迅速，发展中国家的产品只有得到绿色环境标志才能进入发达国家市场，因而绿色环境标志又被称为"绿色通行证"。绿色环境标志制度对环境保护的独特作用是毋庸置疑的，但其也为构成贸易壁垒提供了可能。

（4）绿色包装制度。

一些国家往往从包装材料对环境造成的负面影响方面考虑，对商品包装做出严格的规定。这是一种常见的绿色技术壁垒，设置国家利用这种壁垒能够有效地防止出口国的病虫传入，保证货物与使用者的安全和便利。但过分苛刻的要求会大大增加出口国出口商品的成本，成为一种贸易壁垒。

所谓绿色包装是节约资源、减少废弃物、用后易于回收利用或再生、易于自然分解又不污染环境的包装。它在发达国家广泛流行。目前，世界各国在绿色包装方面采取的措施主要有：以立法形式规定，啤酒、软性饮料和矿泉水一律使用可循环利用的容器；制定强制包装再循环或利用的法律，如日本的《再利用法》《废弃物处理法》等；税收优惠或处罚，即对使用可循环利用包装材料的厂商征收较低的税，以鼓励其使用可回收再生的材料。

（5）绿色卫生检疫制度。

为了保护环境和生态资源，确保人类和动植物免受污染物、毒素、微生物、添加剂等的影响，许多国家特别是发达国家制定了严格的环境与技术标准。随着环境污染物的变化，各国制定的相关检疫标准以及检疫对象也在发生变化。由于各国环境与技术标准的指标水平和检测方法不同，以及对检验指标设计的任意性，环境和技术标准可能成为绿色贸易壁垒。

（6）绿色补贴制度。

为了保护环境和资源，有必要将环境和资源费用计算在成本之内，使环境和资源成本内部化。随着发达国家逐步将严重污染环境的产业转移到发展中国家以降低环境成本，发展中国家的环境成本不断提高。由于污染治理费用通常十分高昂，发展中国家的绝大部分企业本身无力承担治理环境污染的费用，所以，政府有时只能为此给予一定的环境补贴。但发达国家以这种“补贴”违反关贸总协定和世界贸易组织的规定为由，限制发展中国家向发达国家的出口。

（7）环境配额制度。

环境配额制度的概念主要源于一部分国际环保主义者的主张，他们主张在一定时期内（如年、季度、月），根据进口商品的环保实绩对相应的进口商品来源国分配相应的进口配额。由于发展中国家受限于自身经济发展与技术水平，难以在短期内提高产品环境标准与质量，因此环境配额制度对发展中国家和各国小企业具有很大的歧视性。另外，这种做法亦违背了 WTO 关于废除数量限制的原则。

（8）环境成本内在化制度。

由于经济、社会发展的需要，人们的生产经营活动对自然资源过度开采造成资源日益枯竭、环境污染日渐严重，由此形成的成本即为环境成本。通常来说，环境成本在产品生产和贸易过程中虽然可忽略不计，但随着生产与贸易日益发展必然导致全球性的环境问题。为此，各国应将环境成本纳入产品成本之中，消除其外部性，即将环境成本内在化。具体而言，环境成本内在化可为解决环境污染和生态破坏提供资金来源，从而促进资源合理利用以及环境的有效保护。

环境成本内在化后对部分贸易产品（例如资源密集型产品）的比较优势会产生较大影响，在其失去成本优势后可能退出国际市场。另外，为了减少环境成本内在化的影响，部分企业的生产与营销环节可能会向环境成本较低甚至无环境成本的行业、国家或地区转移。在此背景下，西方发达国家的一些企业认为，基于环境成本的差异使外来产品获得了不公正的成本优势与市场竞争优势，这些来自环保制度较宽松的国家（特别是发展中国家）的产品被冠以“生态倾销”之名，遭受到发达国家各类名目的贸易阻碍，例如被征收“生态倾销税”。

（四）技术性贸易壁垒的特点

由技术性贸易壁垒的主要表现形式可以看出，与传统非关税壁垒相比，技术性贸易壁垒具有如下特性：

1. 隐蔽性

发达国家设置的准入标准高于世界平均水平，并以高科技手段进行检验，使科技发展水平相对落后的发展中国家难以适应。这种方式表面上是对所有国家一视同仁，不直接体现歧视性，但发展中国家厂商为了获得市场准入资格，不得不改进生产技术、调整原材料，进而增加了产品的生产成本，降低了产品的竞争力。

2. 复杂性

技术性贸易壁垒因其涉及的技术和适用范围的广泛性，使其比配额、许可证等其他非关税壁垒更为复杂，而世界贸易组织允许各国根据自身特点，如地理及消费习惯等制定与别国不同的技术标准。因此，要证明技术标准是否妨碍正常的国际贸易并不容易。

3. 灵活性

不断发展的技术以及技术性贸易壁垒形式的多样化为各国灵活运用技术性贸易壁垒提供了条件，技术性贸易壁垒也较关税壁垒更容易实施。由于技术性贸易壁垒措施具有不确定性和可塑性，所以在具体实施和操作时很容易被发达国家用来对外国产品制定有针对性的技术标准，对进口商品随心所欲地刁难和抵制。另外，技术性贸易壁垒措施是以建立在高科技水平上的技术标准为基础的，科技水平不高的发展中国家对此难以做出判断。一些技术标准还具有不确定性而且涉及面广，令人无法把握，很难全面顾及，从而具备了实施方面的灵活性。

4. 合法性

世界贸易组织设立技术法规、标准及检验程序，主要是为了保护国家安全及消费者的利益，因而有其合法的一面。世界贸易组织有关技术性贸易壁垒的协议并不否认各国技术性贸易壁垒存在的合法性和必要性，只是要求技术性贸易壁垒不应妨碍正常的国际贸易，不得具有歧视性。因此，技术性贸易壁垒的存在具有合法性。

二、社会壁垒

（一）社会壁垒的概念

社会壁垒是指以劳动者的劳动环境和生存权利为借口采取的贸易保护措施。社会壁垒由各种国际公约的社会条款形成，社会条款并不是一个单独的法律文件，而是对国际公约中有关社会保障、劳动者福利待遇、劳动者权利、劳工标准等方面规定的总称，它与公民权利和政治权利相辅相成。社会壁垒名义上是打着保护劳动者的幌子，实际上已经成为发达国家削弱发展中国家企业因低廉的劳动报酬、简陋的工作条件所带来的产品低成本竞争优势的一种手段。

（二）社会壁垒产生的原因

1. 发展中国家对劳动力成本优势的过度利用

发展中国家由于技术比较落后，而且生产条件差，在国际市场竞争中整体处于劣势。为了降低产品的成本，提高产品在国际市场上的竞争力，发展中国家必须在劳动力成本上创造一些优势。由于各国劳工工资水平、工作时间、劳动环境和安全卫生状况等条件存在差异，因此，劳工标准低的国家生产成本较低，在国际贸易中有比较优势。发达国家认为，发展中国家劳工标准低的成本优势必定造成向劳工标准高国家的社会倾销。所以，发达国家提出在国际贸易自由化的同时，应在贸易协议中制定统一的国际劳工标准，并对达不到国际标准的国家的产品进行限制。

2. 发达国家跨国公司对高额利润的追求

一些发达国家的公司看中发展中国家劳动力成本低和对生产条件要求不高的状况，到发展中国家开办企业，让当地劳工在低工资水平和恶劣的生产环境下长时间工作。当这些情况被曝光并遭到劳工组织的抗议后，跨国公司不得不制定各自的社会责任守则。由于跨国公司间的社会责任守则存在差异，为了平衡和统一这些差异，由社会责任国际（SAI）制定了社会责任标准 SA8000。目前全球大型采购集团非常看重通过了 SA8000 认证的企业的产品，这迫使很多企业投入巨大的人力、物力、财力去申请与维护认证体系。

3. 各种国际公约和国际法律文件

国际上对劳工权益问题的关注由来已久，相关的国际公约有 100 多个，国际劳工组织也详尽地规定了劳动者权利和劳工标准。

4. 新贸易保护主义的抬头

发达国家为限制发展中国家的产品，降低发展中国家的产品在国际市场上的竞争力，经常采用非关税壁垒这一手段。随着传统贸易壁垒作用的减弱，新贸易保护主义者急于寻求新的手段来保护其国内产业。发达国家为掩饰其贸易保护主义的行为，使其保护贸易措施更名正言顺，硬是将劳工权益与经济问题挂钩并作为社会条款，从而逐渐成为社会壁垒。

（三）SA8000 的主要内容

在社会壁垒方面颇为引人注目的标准是 SA8000。该标准是从 ISO9000 系列演绎而来的，被用于规范对企业员工的职业健康管理。SA8000（Social Accountability 8000）即“社会责任标准”，是根据《国际劳工组织公约》《世界人权宣言》和联合国《儿童权利公约》制定的全球首个关于道德规范的国际标准，于 1997 年 10 月公布。SA8000 与 ISO9000 质量管理体系及 ISO14000 环境管理体系一样，皆为一套可由第三方认证机构审核的国际标准。通过标准认证的公司会获得证书，这说明企业在劳工标准方面符合要求。欧洲国家在推行 SA8000 上走在前列，美国紧随其后。欧美地区的采购商对该标准已相当熟悉。目前全球大型采购集团非常青睐获得 SA8000 认证的企业的产品。SA8000 主要关注的是人，而不是产品和环境，其主要内容有：

（1）童工。不得使用或者支持使用童工。

（2）强迫性劳动。不得使用或支持使用强迫性劳动，也不得要求员工在受雇起始时交纳押金或寄存身份证件。

（3）自由权。应尊重所有员工的结社自由和集体谈判权。

（4）歧视。不得因种族、社会阶层、国籍、宗教、残疾、性别、性取向、工会会员或政治归属等而对员工在聘用、报酬、培训、升职、退休等方面有歧视行为；公司不能允许强迫性、虐待性或剥削性的性侵犯行为，包括姿势、语言和身体的接触。

（5）惩戒性措施。不得从事或支持体罚、精神或肉体胁迫以及言语侮辱。

（6）工作时间。在任何情况下都不能经常要求员工一周工作超过 48 小时，并且每 7 天至少应有 1 天休假；每周加班时间不得超过 12 小时，除非在特殊情况下及短期业务需要时；应保证加班能获得额外津贴。

（7）工资。企业支付给员工的工资不应低于法律或行业的最低标准，并且必须足以满足员工的基本需求，并以员工方便的形式如现金或支票支付；对工资的扣除不能是惩罚性的；应保证不采取纯劳务性质的合约安排或虚假的学徒工制度以规避有关法律所规定的对员工应尽的义务。

（8）健康与安全。应具备避免各种工业与特定危害的知识，为员工提供安全、健康的工作环境；应采取足够的措施来减少工作中的危险因素，尽量防止意外或健康伤害的发生；为所有员工提供安全、卫生的生活环境，包括干净的浴室、洁净安全的宿舍、卫生的食品存储设备；等等。

（9）管理系统。公司高级管理层应根据 SA8000 制定符合社会责任与劳工条件的公司政策，并对此定期审核；应委派专职的资深管理代表具体负责，同时让非管理阶层自选一名代表与其沟通；应建立适当的程序，证明所选择的供应商与分包商符合 SA8000 的规定。

（四）社会壁垒的特点

1. 隐蔽性

正如以前的技术壁垒一样，发达国家通过制定标准来限制发展中国家的产品出口，从而实现贸易保护的目的。社会壁垒也具有隐蔽性：跨国公司表面上提倡的是改善工人的工作环境等，实质上掩盖了发达国家的利益取向。

2. 复杂性

复杂性主要体现在认证的程序及费用上。例如，SA8000 是第三方认证，不仅要求企业系统地管理与 SA8000 相关的事宜，而且对于不同的企业规模，认证费用也不相同。此外，认证有效期为 3 年，6 个月复审一次。因此，相比较而言，社会壁垒具有复杂性。

3. 强制性

发达国家以利润最大化为目标，要求企业承担社会责任的同时，将劳工标准作为前提条件提出来，对发展中国家的产品出口数量尤其是订单形成无形的制约。企业如果不符合劳工标准，将会失去订单，这促使企业被动地接受劳工标准。

4. 双重性

社会壁垒有其合理的一面，可以说社会壁垒是从改善工人工作环境出发的。但是社会壁垒也有其不合理的一面，发达国家在倡导自由贸易的同时，却将劳工标准与订单挂钩，以实现保护贸易的目的。因此，双重性是社会壁垒的一个基本特点。

5. 广泛性

社会壁垒涉及的行业广泛，产品范围不仅包括与劳工标准和人类健康相关的初级产品，而且包括中间产品和工业制成品。

6. 相对性

因为发达国家和发展中国家之间存在劳动力成本差异，发展中国家依靠其劳动力成本优势来发展劳动密集型产品并向发达国家出口，这就决定了社会壁垒是发达国家针对发展中国家提出的，所以具有相对性。

相关案例

USMCA 劳工标准对未来自由贸易协定的潜在影响

（一）USMCA 将加强 1998 年《宣言》核心标准的实施

USMCA 劳工标准要求纳入《国际劳工组织关于工作中基本原则和权利宣言及其后续措施》（以下简称“1998 年《宣言》”）的核心标准，使其具有可执行力，体现出对国际劳工组织（ILO）核心劳工标准价值的尊重，符合 ILO 后冷战时期优先促进核心劳工标准的目标，从客观上加强了 1998 年《宣言》核心标准的实施。截至目前，在自由贸易协定中纳入 1998 年《宣言》核心标准已为美国和欧盟等主要经济体所接受和采纳，USMCA 则进一步加强了这种趋势。

（二）对多边贸易体系劳工标准规则确立的撬动效应

USMCA 劳工标准与 CPTPP 劳工标准在纳入模式及强制执行方面保持了一致。可以想见，USMCA 生效后，可执行的核心标准将适用于更大范围的自由贸易区，不仅包括 USMCA 的三个签字国（2016 年，北美自由贸易区 GDP 占全球的 28%），而且包括 CPTPP（2018 年，该协定自由贸易区 GDP 占全球的 13.5%）的 11 个缔约方，如果再加上美国与韩国等签订的纳入可执行劳工标准的自由贸易协定，那么全球范围内适用可强制执行的劳工标准的国家将扩展至 15 个。

进一步而言，USMCA 劳工标准的纳入模式还有可能演变成未来其他区域自由贸易协定劳工标准的蓝本。CPTPP 生效后，其缔约方于 2019 年 1 月 19 日举行了首次部长级会议，讨论哥伦比亚、印度尼西亚、韩国、泰国和英国等加入该协定的相关议题。还有报道称，美国贸易代表办公室向美国国会提出，在 USMCA 达成后，将以该协定为范本，开始与欧盟、英国和日本等贸易伙伴进行自由贸易协定谈判。依此推断，在这样大的贸易区范围内，无论以 USMCA 还是 CPTPP 为范本，这些商签的自贸协定劳工标准在很大程度上将不得不遵循上述发展特征，即劳工标准采用纳入模式、与 1998 年《宣言》的核心标准建立起联系、劳动争议受制于主协定争端解决机制的约束、可使用贸易制裁方法。这种发展趋势将会极大地扩展可执行的劳工标准的适用范围。将可执行的劳工标准纳入贸易协定和国际贸易体系的实质是将劳工保护置于国际监督之下，相关缔约方和公司如果违反相关义务，将面临来自国际层面的对侵权行为的审查。同时，这种可执行的劳工标准也为缔约方诉诸争端解决程序奠定了法律依据，使其掌控了解决国际贸易劳动纠纷的主动权。

（三）对国际贸易的多重影响

毫无疑问，USMCA 劳工标准代表着一类自由贸易协定劳工标准，其对国际贸易的潜在影响可能是多方面的。

其一，最直接的影响就是一国如果无法按纳入模式建立可执行的劳工标准，那么就无法加入相关自由贸易协定，如 CPTPP，故而也就无法享有相关协定下的贸易利益，如零关税、贸易优惠或市场准入。

其二，这类自由贸易协定劳工标准允许采取贸易制裁措施，如缴纳补偿金或中止贸易利益，来影响协定项下的产业关系和劳资关系，最终对国际贸易产生影响。

其三，这类自由贸易协定劳工标准的设定蕴含着相关参与方的利益选择，通过为进出口行业就业者提供所设定的劳动保护来影响产业关系，进而影响国际贸易的发展走向。一个典型的例子就是 USMCA 对汽车产业工人最低工资的规定。USMCA 在第 4 章（原产地规则）附件中关于“劳动价值含量”的规定，要求 40%（载客车辆）和 45%（轻型货车）的汽车零部件必须由工资不低于 16 美元/小时的工人生产，这远高于墨西哥工人的工资水平，客观上迫使墨西哥提高其工人工资，以解决墨西哥与美国、加拿大这两个发达国家之间的巨大工资差异以及由此引发的劳动力成本问题。这一关于时薪的规定还可能会影响某些产品的生产地点的转移，凸显了美国政府利用 USMCA 鼓励美国汽车产业海外生产线迁回美国本土的意图，同时有利于保持美国目前的汽车零部件生产规模（这实质上缩小了原产地规则的适用范围）。尽管 USMCA 尚在批准中，但这项规定已经产生了一定影响，美国领头汽车公司已经开始扩大在本国的投资，引发了投资和贸易转移。

其四，USMCA 第 23.6 条要求签字国采取合适措施，禁止从其他来源进口全部或部分通过强迫劳动（包括强迫或强制童工）生产的产品进入其领土，并对其识别和转移。“其他来源”意味着所有国家，而非仅指缔约方，这实质上扩大了 USMCA 的适用范围，很可能成为三个缔约方任性拒绝从非缔约方进口货物的法定理由，或演变为它们谋求不当贸易利益的借口。

资料来源：李西霞.《美墨加协定》劳工标准的发展动向及潜在影响.法学，2020（1）：183-192.有删改。

三、动物福利壁垒

（一）动物福利的概念与主要内容

动物福利（animal welfare）是 1976 年由美国人休斯（Hughes）提出的，是指农场饲养中的动物与其环境协调一致的精神和生理完全健康的状态。动物福利所强调的不是人类不能利用动物，而是应该怎样合理、人道地利用动物，要尽量保证那些为人类做出贡献和牺牲的动物享有最基本的权利。

动物福利主要包括五个方面的内容：一是动物享有不受饥渴的自由。要保证向动物提供充足的清洁水和保持动物健康、精力所需的食物，满足动物的生命需要。二是动物享有生活舒适的自由。要为其提供适当的栖息场所，保障动物舒适的休息和睡眠。三是动物享有不受痛苦、伤害和疾病的自由。要保证动物不受额外的疼痛，要对动物采取疾病预防措施并对患病动物及时治疗。四是动物享有生活无恐惧和悲伤感的自由。要保证动物免遭各种精神痛苦。五是动物享有表达天性的自由。要为其提供足够的空间、适当的设施以及与同类伙伴在一起的环境和条件。通俗地讲，就是在动物的饲养、运输和屠宰过程中，要尽可能减少其痛苦，不得虐待动物。

目前，世界上已有 100 多个国家和地区制定了比较完善的动物福利法规，如美国、澳大利亚、新加坡、马来西亚、泰国、日本等国家和欧盟等地区就制定了比较完善的这类法规。

（二）动物福利壁垒产生的原因

1. 发达国家保护国内市场的需要

在当前关税大幅降低和传统非关税壁垒不断被消除和得到规范的情况下，西方一些发达国家利用文化教育、传统习俗等方面的优势或影响力，以自己国家的动物法案为屏障，阻止一些来自发展中国家的动物源性商品的进口，将动物福利与国际贸易紧密挂钩，从而形成了一种特殊的、新的贸易壁垒——动物福利壁垒。动物福利壁垒可以说是绿色壁垒的扩展和深化。

2. 动物福利的国家间差距是设置动物福利壁垒的客观原因

动物福利的国家间差距是指不同国家在实施动物福利方面存在的客观差距，这种差距主要表现在西方发达国家与发展中国家之间，如在公众理念和认识方面的差距，在动物福利立法方面的差距，在动物饲养、运输及屠宰方面的差距，等等。这些差距的存在，使得发展中国家很难在短时间内达到发达国家的动物福利标准，发达国家可以利用这些差距来设置动物福利壁垒，从而保护本国农民的利益。

3. 世界贸易组织协议中的有关规则使动物福利壁垒有据可依

一些西方国家要求重视动物福利的呼声日益强烈。就国际范围而言，有关动物福利的内容已被列入世界贸易组织新一轮农业谈判方案草案。这就为发达国家进一步提出某些农产品国际贸易的动物福利规则创造了条件。这表明，在未来的农产品国际贸易中，不同国家之间因动物福利引发的矛盾将呈现上升趋势。

（三）动物福利壁垒的特点

1. 合理性和合法性

随着经济的发展和社会的进步，人们对待动物的态度也发生了一系列变化。从把动物仅仅当作人类生存的资源发展到保护动物，最后提升到了福利保护的地位，不能不说是社会的进步、观念的进步。于是一些国家特别是西方发达国家纷纷制定动物福利法规。另外，随着生活水平的提高，发达国家对食品的安全与卫生有着越来越严格的要求，而世界贸易组织又允许成员采用旨在保障人民、动物、植物的生命或健康的措施。因此，利用动物福利名义设置贸易壁垒，不仅让贸易壁垒穿上了符合进口国法律的外衣，而且能获取社会公众的同情和支持。

2. 歧视性和隐蔽性

由于各国的国情不同，经济发展水平差异较大，如果用对发达国家的动物福利标准来要求发展中国家，发展中国家在短时期内很难达到这种标准。所以，这对发展中国家来说是不公平的，是一种变相的歧视；以动物福利的名义设置的贸易壁垒又涉及社会道德问题，从而就更加具有合理性和隐蔽性。

3. 复杂性和争议性

动物福利是一个复杂的问题，它既涉及动物保护，又涉及国际贸易，还与社会自身的发展、道德、伦理有关。动物福利问题有它合理的一面，但如果以动物福利的名义来设置贸易壁垒并用在对发展中国家的贸易上，那么将有可能使出口国人民本来就很低下的生活条件日益恶化，这种在人类的基本需求没有得到满足之前，优先考虑满足动物的基本需求乃至“精神需求”的做法，对发展中国家而言不仅不公正，而且对它们的国民似乎是一种嘲弄。这种变相的贸易保护，可能会造成人道主义的灾难。因此，动物福利问题是一个复杂的、具有很大争议性的问题。如果仅仅从其中一个方面孤立地看待这个问题，则不仅不能解决问题，反而会引发诸多负面影响。

4. 低成本和易操作性

动物福利壁垒不同于一般的技术贸易壁垒，具有明显的道德壁垒性质。有关动物福利法及其细则的规定，界定比较清楚，实际操作比较方便、简单，不需要大量的技术检测设备，也不需要许多专门的技术人员，执行成本低，涉及范围广，实用价值大。

总体来看，动物福利壁垒既有合理、合法的一面，又有被贸易保护主义者利用的一面。滥用动物福利壁垒会严重扭曲国际贸易的正常发展。一方面，动物福利壁垒增加了企业的出口成本，削弱了企业产品的国际竞争力。一些发达国家对动物从出生、养殖、运输到屠宰加工过程制定了一系列具体、严格的标准，发展中国家要想向其出口动物源性产品就必须符合这些动物福利标准，这样无形之中会增加养殖成本、人力成本、运输成本和加工成本，使企业产品因成本的增加而失去价格优势，从而影响企业产品的国际竞争力。另一方面，动物福利壁垒极易引发贸易摩擦。由于发展中国家经济水平、生产方式、消费结构和传统习俗等与西方发达国家存在很大的差异，所以以动物福利的名义来设置贸易壁垒，必然会导致贸易摩擦的产生。

四、服务贸易壁垒

近年来，国际服务贸易的增长速度远远超过商品贸易的增长速度，服务贸易对各国经济的重要性更加突出，因此服务贸易壁垒的采用也越来越多。

（一）服务贸易壁垒的概念

服务贸易壁垒一般是指一国政府对外国服务生产者或提供者的服务提供或销售所设置的起阻碍作用的政策措施，即凡直接或间接地使外国服务生产者或提供者增加生产或销售成本的政策措施均属于服务贸易壁垒。服务贸易壁垒的目的如下：一方面旨在保护本国服务市场、扶植本国服务部门，增强其竞争力；另一方面旨在抵御外国服务的进入，削弱外国服务的竞争力。

（二）服务贸易壁垒产生的原因

一国对服务贸易进行干预主要出于两方面的考虑。一是出于本国经济独立性的考虑。在一国之中，许多服务业部门，如交通运输、通信、电力、金融等属于一国经济的关键部门。一旦这些部门为外国所控制，一国经济的独立性就会受到极大威胁，甚至会导致所谓“依附经济”的产生。一旦形成这种局面，一国的经济及对外贸易的发展对其本国人民来说就是十分有限的，甚至是有害的，从而出现所谓“贫困化的经济增长”或“没有经济发展的经济增长”。二是出于政治、文化上的考虑。这是服务贸易保护主义不同于商品贸易保护主义的一个十分重要的方面。教育、新闻、娱乐、影视、音像制品等服务部门虽非一国国民经济命脉，却属于意识形态领域。任何国家的政府都希望保持本国在政治、文化上的独立性，反对外国文化的大量入侵，因此会对这些部门进行保护。另外，服务贸易壁垒也有利于维持国内就业、保护本国幼稚服务业的成长与发展、保持国际收支平衡等。

（三）服务贸易壁垒的内容

1. 限制贸易的壁垒

服务贸易的过程是由一方提供一定的服务而另一方支付一定的报酬。限制贸易的壁垒就是阻碍这一过程实现的政策措施。其主要手段有：

（1）税收歧视。

税收歧视是指一国对外来的经济组织或个人所提供的服务或者所购买的服务征收过高或额外的税。其实质与货物的进出口税相同，只是国内税费比关税远远缺乏透明度和统一性，并多由不同的服务行业行政主管部门制定，税率不稳定，地区差别大，可预见度低。因此，税收歧视对服务贸易的预期利益能否实现影响较大，成为一种较有力的服务贸易壁垒而被广泛运用。

（2）补贴。

补贴是国家通过直接拨款或税收优惠等手段，对本国的某些服务行业进行补贴，扶植其发展，增强其国际竞争力。补贴在客观上可以形成对外国服务业的歧视，阻碍其进入本国。

（3）国家垄断与政府购买。

一方面，许多服务业，包括民航、邮政、电信、铁路、广播等，在大多数国家都存在不同程度的国家垄断，使得这些行业的进入壁垒特别高，甚至根本不可能进入。另一方面，政府作为社会政治、经济、文化等各项事业的组织者与管理者，是服务产品的一个很大的购买者，而其在购买时，常常会偏向于优先购买本国的服务产品，从而形成对外国服务产品的歧视。

（4）外汇管制。

外汇管制主要指一些发展中国家采取的控制外汇在本国境内的持有、流通与兑换，以及对外汇的出入境实行管制的政策，它限制了本国居民及各类组织团体对外国服务产品的消费与支付能力，同时也限制了外国服务业在本国的业务量与获利能力。

2. 限制主体的壁垒

与货物贸易相比服务贸易所具有的特殊性，使得在这个领域产生了独特的贸易壁垒。服务贸易壁垒多针对人员的过境移动以及一国人员到另一国境内从事服务经营的资格与具体活动能力条件等。其主要有以下几种形式：

（1）资格限制。

资格限制一般指对外国个人与组织在本国经营某种服务业的权利进行限制。例如，许多国家禁止外国银行及其他金融机构在本国设立分支机构，有的国家虽允许其建立分支机构，但要求其必须与母行中断业务上的直接联系。

（2）股权限制。

股权限制是指虽然允许外国服务经营者在本国开业，但东道国要求必须参股，并通常要求占有多数控股权，以此维持本国对该行业的控制。例如，有的国家要求在外来保险公司中占多数控股权。

（3）经营限制。

经营限制是通过对外国服务实体在本国的活动权限进行规定，以限制其经营范围、经营方式等，甚至干预其具体的经营决策。例如，对外资保险机构，禁止其经营某些业务；对外国银行，规定其只能在低储蓄率的地区开业；对外国咨询公司，要求其必须与本国相应的机构合作经营业务；等等。服务贸易的经营限制是一种可调性较强的壁垒，各种经营限制的内容及限制的程度、方式等均可依本国社会经济及产业发展的要求和国际服务贸易自由化推进的要求而不断做出相应的变化及调整。另外，随着服务贸易自由化的逐步推进，对具体经营权限的限制则既体现了适度的对外开放，又往往能有的放矢地削弱外国服务经营者在本国的竞争力和获利能力。因此，这将成为国际服务贸易的一种十分重要的壁垒形式。

（4）信息限制。

信息是许多服务产业的战略资源。如果不能及时、准确地获取所需的信息资料，往往意味着一个服务经营实体将陷入瘫痪。现代电信技术的发展已经极大地改变了金融、保险、商贸等国际服务领域的发展面貌。一国公共电信传输网及其服务（如数据交换、视频通信等）在何种程度上对外开放，即允许外国服务者进入使用，甚至再售或分享，在很大程度上决定了外国的金融、保险、商贸等基于电信传递技术的、进行国际信息交流的服务业进入该国的可能性。

（四）服务贸易壁垒的特点

有别于有形的货物贸易，服务贸易标的的无形性、不可储存性、生产与消费的同步性等特点，决定了服务贸易壁垒主要有以下几个方面特点：

1. 服务贸易壁垒主要通过以国内立法或政策为主的非关税形式施行

服务贸易在跨国界移动时通常以人员、资本、信息等形式的流动表现出来，服务过境的过程很难看到，因为无法进行海关登记，所以各国政府对本国服务业的保护无法采取关税壁垒的方式，而只能采取上述的非关税壁垒方式。这种保护通常通过国内立法或政策加以施行。同时，这种以国内立法形式实施的非关税壁垒与货物贸易壁垒相比往往更具刚性和隐蔽性。这是服务贸易壁垒不同于货物贸易壁垒的主要特点。

2. 服务贸易壁垒缺乏统一性

服务贸易壁垒主要以国内立法或政策为主，往往由国内各个不同部门掌握制定，庞杂繁复，缺乏统一协调。

3. 服务贸易壁垒通常对“人”（自然人、法人及其他经济组织）的资格与活动进行限制

货物贸易的标的是有形的货物，因此其壁垒是对贸易中的货物进行管制。而服务贸易是由活劳动提供的特殊使用价值，其普遍体现的不是有形货物与货币的交换，而是活劳动或作为这种活劳动的物化产品与货币的交换。因此，服务贸易壁垒主要是对提供这种活劳动的自然人、法人及其他经济组织进行限制。

4. 服务贸易壁垒维护的政策目标更为广泛

服务贸易壁垒除了维护商业贸易的利益外，还强调国家的安全与主权利益，例如，一国经济中的关键部门或虽非一国国民经济命脉但属于意识形态领域的部门的利益。

第四节　非关税壁垒的经济效应

本节将对进口配额、“自愿”出口限制的经济效应做详细分析。另外，非关税壁垒名目繁多，涉及面广，所以非关税壁垒对国际贸易和相关的进出口国家的影响较难估计，为此将在本节最后提供较具普适性的非关税壁垒经济效应分析思路。

一、竞争条件下进口配额的经济效应

假定A国（小国）进口产品B，并且产品B所处行业为完全竞争行业，因此在自由贸易条件下A国国内价格等于世界价格P_w。S_d、D分别表示A国国内总供给曲线与总需求曲线。在P_w价格下A国的总供给和总需求分别为S_1、D_1，此时进口量为（D_1-S_1）。为了限制进口，A国设定数量为（D_2-S_2）的进口配额，由此产生的经济效应如图8-1所示。

在A国设定数量为（D_2-S_2）的进口配额后，国内市场对产品B的需求等于总需求减去配额，即此时国内市场上B产品面对的需求曲线为D_d，D曲线与D_d曲线之间的距离为配额数量（D_2-S_2）。

（1）价格效应。在实施配额后国内市场面对的需求为D_d，在国际价格P_w的水平上，需求大于供给（$D_2>S_1$），产品B在国内市场上的价格开始上升。随着价格的上升，厂商开始增加产量，消费减少，最终国内市场在价格为P_s的水平上达到均衡。价格效应即表现为P_w上升至P_s。

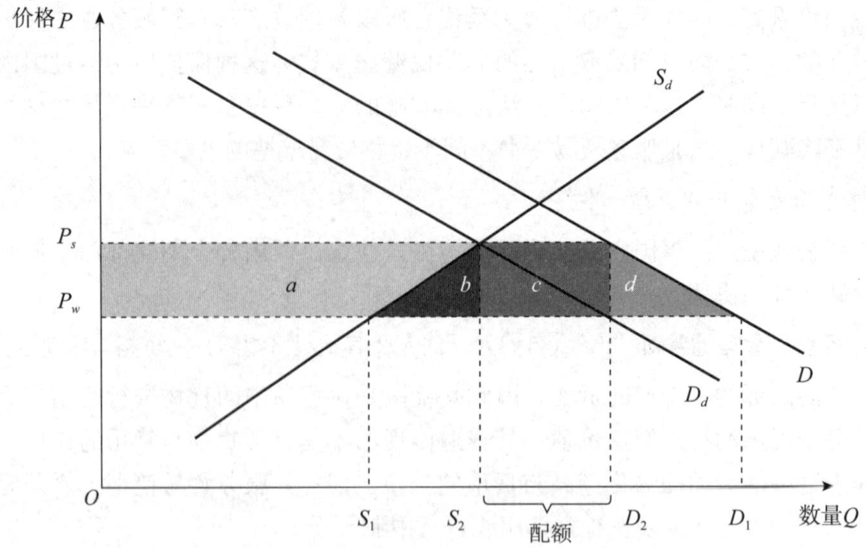

图 8-1　竞争条件下进口配额的经济效应

（2）生产效应。由于国内价格上涨，国内生产由最初的 S_1 上升至 S_2，生产者剩余变化为 a。

（3）消费效应。由于价格上涨，消费量由最初的 D_1 减少至 D_2，消费者剩余变化等于 $-(a+b+c+d)$。

（4）配额收益效应。获得配额的进口商可以以 P_w 的价格进口后在国内以 P_s 的价格卖出，从而获得配额收益（quota revenue），配额收益也被称为配额租金（quota rent）。由于此时进口量为 (D_2-S_2)，因此，配额收益 $=c=(P_s-P_w)\times(D_2-S_2)$。

综上，进口配额的净福利变化 $=-(b+d)<0$。其中，b 为生产扭曲，即以高于世界价格 P_w 的成本提供产品；d 为消费扭曲，即价格提高导致的福利损失。

需要注意，配额收益 c 能否由进口国获得取决于进口国政府如何分配进口配额。通常进口配额与进口许可证结合。方法主要有三种：一是竞争性或公开性拍卖；二是固定的受惠；三是资源使用申请程序。首先，政府公开拍卖进口许可证毫无疑问会使政府获得配额收益；其次，对于固定的受惠，即政府直接将固定的配额分发给某些企业，此种做法不仅会使进口国失去配额收益，而且会因为新增企业无法获得产品进口权导致国内进口商品市场出现垄断；最后，对于资源使用申请程序，则是政府根据进口商递交进口配额管制商品申请书的先后顺序分配进口配额，此做法容易出现企业的“寻租”行为，不利于构建公平竞争的市场环境。因此，公开拍卖可能是分配进口配额的最好方法。

二、垄断条件下进口配额的经济效应

由于进口配额制对进口的约束力极强，国内厂商能够垄断除进口配额以外的国内市场，因此有必要分析垄断条件下进口配额的经济效应。依旧假设 A 国（小国）进口产品

B。由于垄断条件下的供给较为复杂①，为了简化分析，进一步假设 A 国进口产品 B 的行业中仅有一个厂商，其边际成本为 MC。由于该行业只有一个厂商，则行业的供给 $S=P(Q)=MC(Q)$。在图 8-2 中，S、D 分别表示国内总供给曲线和总需求曲线。

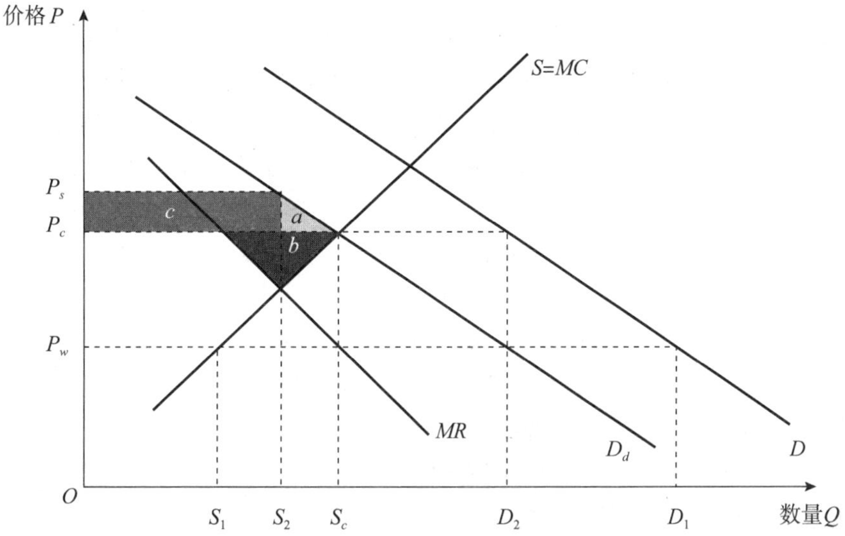

图 8-2　垄断条件下进口配额的经济效应

在自由贸易条件下，产品国内价格等于国际价格 P_w，此时国内总供给与总需求分别为 S_1、D_1，进口总量为（D_1-S_1）。现在假设 A 国实施进口配额以限制产品 B 的进口，规定进口数量为（D_2-S_c）。此时 A 国对产品 B 的总需求等于国内需求加上进口配额，在图中表现为国内需求曲线 D_d 与总需求曲线的距离等于（D_2-S_c）。

在竞争条件下实施数量为（D_2-S_c）的进口配额，则如上述所言，价格将会上升至 P_c 处，国内供给与国内需求分别为 D_2、S_c。

在垄断条件下厂商行为将会发生改变。在垄断条件下，厂商对市场价格具有一定控制力，即厂商可以通过调整产量控制国内市场上产品 B 的价格。根据厂商利润最大化原则 $MC=MR$，此时厂商生产产品 B 的产量为 S_2，在 S_2 产量下的国内市场价格为 P_s。在垄断价格 P_s 水平上，厂商生产更低的产量 S_2（$<S_c$），但由于制定了更高的价格进而获得垄断利润 $c=(P_s-P_c)\times S_2$。另外，垄断条件下消费与竞争情形时一致，均为 D_2。

综上，相较于竞争条件下进口配额的国民经济福利变化，垄断条件下使用进口配额会损失更多，即源于垄断产生的无谓损失（$a+b$）。具体来看，相较于竞争时的价格 P_c，当价格处于 P_s 时，消费者剩余减少（$a+c$），a 是由于消费者无法购买产品 B 带来的消费者效用损失，c 则是由于消费者虽能买到产品，但是需要支付更高的价格带来的效用损失。而生产者剩余的变动为（$c-b$），c 是由于生产者能够以垄断价格出售产品获得的垄断利润，b 则是由于厂商能够生产却选择不生产导致的损失。为此，垄断情形下的进

① 凡是带有垄断因素的不完全竞争市场，或者说，凡是在单个厂商对市场价格具有一定控制力量，相应地，单个厂商的需求曲线向右下方倾斜的市场中，均不存在具有规律的厂商和行业的短期和长期供给曲线。详见高鸿业．西方经济学（微观部分）．8 版．北京：中国人民大学出版社，2021。

口配额要比竞争条件下的进口配额导致更多的国民福利损失。

三、“自愿”出口限制的经济效应

假设世界上有三个国家 A、B、C，C 国为进口国，A、B 两国为 C 国的进口来源国并且所提供的产品为同质产品，但是 A 国生产该产品的成本高于 B 国的生产成本，在图中表现为 $P_A>P_B$。另外，假设 C 国面对的国内总供给曲线与总需求曲线分别为 S、D。

在自由贸易情形下，考虑到成本因素，C 国只会从 B 国进口，其国内市场面对的价格水平为 P_B。在 P_B 价格下，C 国总需求 D_1 等于国内生产 S_1 加上从 B 国的进口 (D_1-S_1)。假设 B 国为了规避 C 国采取强制措施限制其出口，主动向 C 国限制出口数量 (D_2-S_2)。

在不考虑 A 国的情形下，B 国“自愿”出口限制产生的作用类似于 C 国采取进口配额，因此，如图 8－3 所示，C 国国内需求变为 D_d，国内市场价格上升至 P_s，国内总供给与总需求分别为 S_2、D_2。生产者剩余变化＝$(a+f)$，消费者剩余变化＝$-(a+b+c+d+e+f+g+h+i+j+k+l)$，配额收益＝$(c+d+i+j)$，但需要注意，由于配额是由 B 国进行分配，因此配额收益应当由 B 国获得。经计算，世界福利损失＝$-(b+e+g+h+k+l)$。

现在考虑 A 国参与贸易的情形。由于 B 国实施“自愿”出口限制，此时 A 国可以填补 B 国减让的市场。随着 A 国生产的产品进入 C 国，C 国国内市场价格下降至 P_A，这使得 C 国在 P_A 价格下面对的总需求 D_3 由 C 国生产的 S_3、从 B 国进口的 (D_2-S_2) 以及从 A 国进口的$[(S_2-S_3)+(D_3-D_2)]$三个部分组成。在 P_A 价格下，消费者剩余变化＝$-(f+g+h+i+j+k+l)$，生产者剩余变化＝f，B 国获得配额收益＝$(j+k)$，A 国获得来自 B 国的贸易转移收益＝$(h+i)$。综上，世界净福利损失＝$(g+l)$。

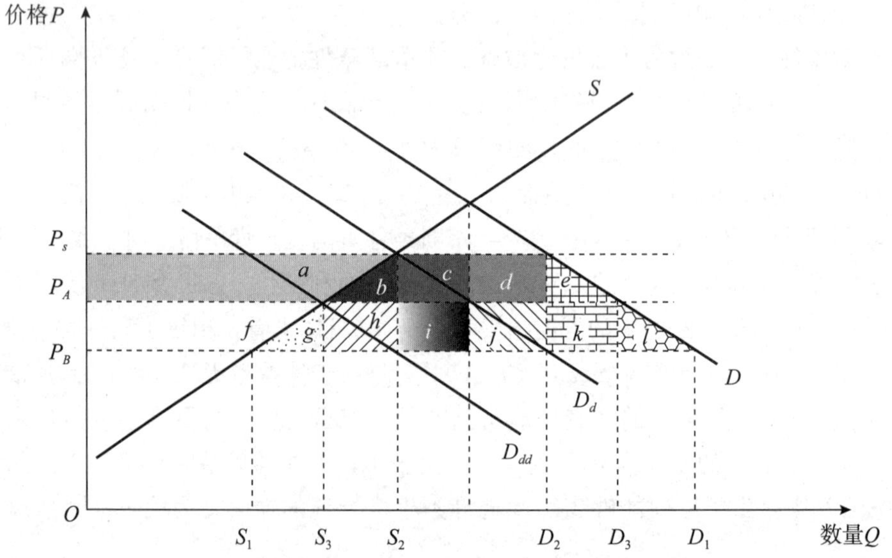

图 8－3 “自愿”出口限制的经济效应

四、非关税壁垒对国际贸易发展的影响

非关税壁垒对国际贸易的发展起着很大的阻碍作用。非关税壁垒对国际贸易的影响与各国普遍提高关税、加强关税壁垒的影响相似，但由于非关税壁垒具有限制进口的作用大、针对性强、隐蔽性大等特点，其对国际贸易的危害更大。

一般来说，在其他条件不变的情况下，世界性的非关税壁垒加强的程度与国际贸易增长的速度成反比关系。例如，在第二次世界大战后的20世纪50年代到70年代初，为了促进战后经济增长，各国在大幅减少关税壁垒的同时还大幅放宽和取消进口数量限制等非关税措施，因而在一定程度上促进了国际贸易的发展。1950—1973年，世界贸易量年均增长率达到7.2%。而20世纪70年代中期后，随着贸易保护主义的加强，许多国家采取了形形色色的非关税壁垒措施，世界贸易量年均增长率也随之下降。

（一）非关税壁垒对进口国的影响

非关税壁垒对进口国来说，可以限制进口，保护进口国的市场和生产，但也会引起进口国国内市场价格上涨。以进口国采取直接的进口数量限制措施为例，不论国外的价格上升还是下降，也不论国内的需求有多大，都不增加进口，这就会引起国内外之间的价格差距拉大，使进口国国内价格上涨，从而保护了进口国同类产品的生产，这在一定条件下可以起到保护和促进进口国有关产品的生产和发展的作用。

但非关税壁垒的加强会使进口国消费者付出巨大的代价，因为消费者需要对进口商品支付更高的价格。与此同时，以进口商品为原材料或投入品的出口商品也会由于成本的增加而使出口价格上涨。为了增加出口，政府只有采取出口补贴等措施，从而增加了国家预算支出并加重了人民的税收负担。

（二）非关税壁垒对出口国的影响

进口国加强非关税壁垒措施，特别是实行直接的进口数量限制，固定了进口数量，使出口国的商品出口数量和价格受到了严重影响，造成出口商品增长率的下降、出口数量的减少和出口价格的下跌。

一般来说，如果出口国的出口商品的供给弹性较大（即价格受供给量变化的影响不大），则出口商品的价格受进口国非关税壁垒的影响而引起的价格下跌也不大；反之，如果出口国的出口商品的供给弹性较小（即价格受供给量变化的影响较大），则这些商品的价格受进口国非关税壁垒的影响而引起的价格下跌将较大。由于大部分发展中国家的出口商品供给弹性较小，所以世界性非关税壁垒的加强使发展中国家受到严重的损害。

本章练习题

一、不定项选择题

1. 以下属于竞争情形下采取进口配额的经济效应的是（　　）。

A. 国内价格下降　　　　B. 国内产量增加

C. 消费需求增加　　　　D. 贸易条件恶化

2. 以下属于垄断情形下采取进口配额的经济效应的是（　　）。

A. 国内价格高于竞争时的价格　　　　B. 国内产量低于竞争时的产量

C. 消费需求增加　　　　D. 垄断导致无谓损失

3. 两国情形下“自愿”出口限制的经济效应是（　　）。

A. 国内产量提高　　　　B. 进口国获得配额收益

C. 国内价格提高　　　　D. 消费者剩余出现损失

4. 以下属于技术贸易壁垒特点的是（　　）。

A. 隐蔽性　　B. 复杂性　　C. 灵活性　　D. 合法性

5. 以下关于非关税壁垒与关税对比的叙述中正确的是（　　）。

A. 从制定程序来看，非关税壁垒比关税有更大的灵活性和针对性

B. 从保护作用来看，非关税壁垒比关税对进口限制的作用更强

C. 从政策的透明度来看，非关税壁垒比关税更具有隐蔽性

D. 非关税壁垒比关税更具歧视性

二、判断题

1. 相较于全球配额，国别配额在配额分配和利用上更易于贯彻国别政策。（　　）

2. 原产地规则是指一国根据国家法令或国际协定确定的原则制定并实施的，以确定生产或制造货物的国家或地区的具体规定。（　　）

3. 相较于关税，国内税不仅具有更大的灵活性，而且拥有一定程度的伪装性。（　　）

4. 对于采取关税配额的国家，在进口量超过配额后将不再允许进口。（　　）

5. 对于采取绝对配额的国家，当进口量超过配额时，只要交付高额关税就依旧允许进口。（　　）

三、简答题

1. 简述非关税壁垒的特点以及非关税壁垒加强的原因。

2. 简述传统贸易壁垒与新型贸易壁垒的区别。

3. 简述技术性贸易壁垒盛行的原因。

4. 简述非关税壁垒的经济效应。

5. 阐述服务性贸易壁垒的内容及其特点。

6. 分析竞争条件下进口配额的经济效应。

7. 分析垄断情形下进口配额的经济效应。

8. 分析“自愿”出口限制的经济效应。

第九章 出口贸易政策

学习目标

1. 了解鼓励出口的政策与措施。

2. 了解限制出口的政策与措施。

3. 了解出口贸易政策的经济效应分析，尤其是出口补贴、出口税以及出口配额的经济效应分析。

本章教学重点和难点为鼓励出口措施的经济效应和限制出口措施的经济效应。

中国视角

本章以服务贸易的定义和特征为核心，结合中国服务贸易发展的实践，对中国服务贸易发展取得的成就进行探讨，并分析中国服务贸易对全球经济增长的重要性。具体目标包括：

1. 政治认同：通过对本章的学习，充分了解中国在准确分析和正确认识国际和国内形势基础上提出的自由贸易试验区战略的重要性；通过自贸区的战略实践，充分认识党的正确领导的意义。

2. 社会主义核心价值观：通过对本章的学习，学会正确运用所学知识，科学分析各类出口限制或出口促进政策背后的经济学原理和效应，以所学推进社会的发展，增强社会责任感。

引导案例

谈谈美国农业补贴政策

2020年，在新冠肺炎疫情的冲击下，美国出口大幅下降了13%，但农产品出口逆势上升了约7%。作为美国出口的重要产品，农产品的国际竞争力毋庸置疑。联合国粮食及农业组织（FAO）、联合国开发计划署（UNDP）和联合国环境规划署（UNEP）日前发布题为《价值数十亿美元的机会：重新调整农业支持来改造粮食系统》的报告，呼吁对全球每年超过4 700亿美元的农业扶持政策进行调整。美国的农业政策对农产品出口的影响不容忽视，也是长期以来广大发展中国家在世界贸易组织（WTO）中一直希望通过谈判争取公平国际贸易的关注焦点之一。

美国是市场经济国家。一般来讲，市场经济的拥趸者认为，价格应该由市场供需决定。但是，与对待工业品的态度不同，美国政府将支持农产品的价格作为重要的政策目标，监测农产品每日市场价格，并利用强大的金融力量对农民和牧场主提供金融支持。作为全球最重要的农产品出口国之一，美国农业政策的外溢效应不容忽视，美国的农产品在满足进口国消费和生产需求的同时，也在很大程度上影响甚至决定了国际市场的农产品价格。美国农业对国内生产总值的贡献率不足1%，但最不发达国家的农业对国内生产总值的平均贡献水平超过20%。国际农产品市场价格变化对各国经济的影响差异巨大，美国农业的获益将通过杠杆放大对其他农产品出口国的影响。

目前，美国农业部的价格支持计划主要包括商品贷款计划、贷款不足支付、市场损失补助计划和农场仓储设施贷款计划等4种，并对花生和蜂蜜专门提供金融支持。

商品贷款计划主要指的是营销援助贷款（MAL），包括无追索权贷款和有追索权贷款两种。营销援助贷款是在农作物的收获期为其生产者提供的临时融资，使其可以不必在收获期市场价格低点时出售商品，主要支持农产品生产者在与采购者谈判时的话语权。农产品生产者在获得此类贷款时需要根据商品的不同提供或不提供贷款抵押品。在无追索权情况下，生产者可以选择将抵押品提供给美国的国有企业——商品信贷公司（CCC），用以偿还到期贷款中未偿还的部分。

贷款不足支付（LDP）是支付给农产品生产者的预付款，属于流动性资金支持，与MAL只能二者选其一。对于农业这种需要前期较长时间垫付投入的产业而言，此类金融支持可以降低农产品生产者的资金周转压力，也有利于避免信用违约。上述两种金融支持的对象广泛，既有主粮，也有杂粮，既有食品，也有工业原料，涵盖了包括大麦、大米、高粱、棉花、大豆、油菜籽、玉米、羊毛等23种商品。

市场损失补助计划主要包括乳制品利润保护计划和报销运输费用计划（RTCP）两种。其中，乳制品利润保护计划由美国2014年农业法案提供授权，为乳制品生产商提供支持，用以弥补奶制品价格与饲料成本间的缺口。RTCP用于对阿拉斯加、夏威夷、波多黎各、美属萨摩亚、北马里亚纳、美属维尔京等的农民和牧场主提供运输农产品的费用支持。

农场仓储设施贷款计划（FSFL）提供低息贷款，支持农产品生产者建造或升级存储商品的设施。贷款期限为3～12年，2021年9月实行的贷款年利率按照贷款期不同在0.375%

(3年) 和1.625% (15年) 之间，存储设施的最高单笔贷款为50万美元，货车最高贷款为10万美元。自2000年以来，此类贷款已发放3.3万笔，增加了9亿蒲式耳的存储能力，约合3 171.5万立方米。符合支持条件的商品除了谷物等初级农产品外，还包括奶酪、酸奶、黄油等加工农产品，涉及水产养殖等，支持的设施包括粮仓、冷藏设施、干燥设施、搬运设施等。

事实上，上述的价格支持措施仅是美国农业补贴的冰山一角，农产品的价格支持还包括边境措施和市场干预措施，包括但不限于关税、配额、限定市场价格等方式，农产品生产产业链上下游也在研发、政府采购等方面获得了不少来自联邦政府的支持。在特朗普政府时期，为应对因中美贸易冲突带来的农产品出口减少等影响，美国农业部就多次向农产品生产者提供直接的补贴。FAO发布的报告显示，与价格支持措施相比，美国对农业投入品的补贴和与产量有关因素的补贴的规模要大得多。除了对农产品生产的投入品提供补贴外，美国政府还将提供农业补贴与农民或牧场主保持特定农作物种植或特定家畜养殖的特定规模联系在一起。这些措施的主要获益者是美国的农产品生产者和消费者，但其影响和冲击则要广泛得多。

新冠肺炎疫情暴发后，美国政府进一步加大了对农业的支持力度。《美国救助法案》(ARP) 提供5亿美元，使得美国农业部为实现拜登政府的“重建得更好”(3B) 目标的资金总量达到10亿美元。其中，5亿美元用于紧急食品支持项目；4亿美元用于支持不具备优势的农民；1亿美元用于各州、食品银行和各地组织中扩展食品网络，满足社区的食品需求。

与联邦政府的补贴政策相伴的还有各州的不同措施，一些农业大州为了保持竞争优势，千方百计帮助农民和牧场主实现以下目标：稳定生产，寻找买家，降低生产种植、仓储运输的成本。

这些农业补贴虽然会受到财政收入的影响，但作为被美国社会认为处于弱势的群体，无论谁主政白宫，都没有改变原有做法的动力。在原有的补贴措施难以减少的情况下，应对各类突发事件（如飓风、暴雨等自然灾害）的应急措施或以增强竞争力为名的新措施还可能不断出现。

资料来源：周密．谈谈美国农业补贴政策．中国商务新闻网，2021-10-11.

出口贸易政策可以分为两类：一类是鼓励出口的贸易政策；另一类是限制出口的贸易政策，也称出口管制政策。无论是鼓励还是限制，政策的使用都要根据不同的政策方针和不同的商品而具体情况具体分析。无论其中的哪一种政策被采用，都会在不同程度和不同层面对经济产生影响。

第一节 鼓励出口的政策与措施

目前，世界各国除了利用关税和非关税措施限制外国商品进口外，还采取各种促进出口的措施，扩大本国商品的出口。鼓励出口的措施是指出口国家的政府通过经济、行政和组织等方面的措施，促进本国商品的出口，开拓和扩大国外市场。各国鼓励出口的措施种类很多，其中主要有出口信贷、出口信贷国家担保制、出口补贴、出口价格支持、商品倾销、外汇倾销、促进出口的组织措施和经济特区措施等。

一、出口信贷

出口信贷（export credit）是一个国家为了增强本国商品的竞争力，扩大商品出口，通过基于利息补贴并提供信贷担保的方法，鼓励本国银行对本国出口商或国外进口商（或进口方银行）提供低利率贷款。出口信贷是一国的出口厂商利用本国银行的贷款扩大商品出口的一种重要手段，特别是金额较大、期限较长的商品，如成套设备、船舶等。在我国主要由中国进出口银行提供出口信贷。

出口信贷的形式主要有卖方信贷、买方信贷、福费廷、混合信贷和信用安排限额。

（一）卖方信贷

卖方信贷（supplier's credit）是出口国银行向本国出口商提供的、用于支持出口的低利率贷款。这种贷款协议由出口商与出口方银行签订，出口商向本国银行申请中长期贷款作为生产垫付资金，待国外进口商归还贷款后，出口商再向本国银行归还贷款并支付利息。

卖方信贷通常用于大型机器设备、船舶等资本品的出口。由于这些商品出口涉及的资金量较大、时间较长，进口厂商一般都要求采用延期付款的办法。出口国银行为了便于出口商以赊销或延期付款的方式出口设备，向出口商提供中长期贷款。这有利于卖方扩大或加速商品销售。因此，卖方信贷是银行直接资助本国出口厂商向外国进口厂商提供延期付款，以促进商品出口的一种方式。

（二）买方信贷

买方信贷（buyer's credit）是出口国银行向国外进口商或进口方银行提供的、用于支持本国商品出口的优惠利率贷款。贷款协议以商品交易合同为前提，限定此项贷款必须用来购买出口国商品，因此买方信贷也被称为约束性贷款。为了减少可能出现的风险，一般最高贷款额不超过贸易合同金额的85%，并由本国出口信贷担保机构担保。在采用买方信贷的条件下，当出口方供款银行直接贷款给外国进口商时，进口厂商先用本身的资金，以即期付款方式向出口厂商交纳相当于买卖合同金额15%～20%的定金，其余货款以即期付款的方式将银行提供的贷款支付给出口厂商，然后按贷款协议所规定的条件，向供款银行还本付息。目前，我国国内银行提供的买方信贷分为两种：一种是为支持本国企业从国外引进技术设备而提供的贷款，被称为进口买方信贷；一种是为支持本国船舶和机电设备等产品的出口而提供的贷款，被称为出口买方信贷。

买方信贷能够提供更多的融通资金，有利于进出口双方洽谈贸易、组织业务，可使出口商避免货款被拖欠的风险，也可使进口商避免难以比较真实货价的问题，还有利于出口国银行减轻贷款风险，起到促进交易和扩大出口的作用。

（三）福费廷

福费廷（forfeiting）是指出口商开立的以进口商为付款人的中长期汇票，经一流的银行担保和进口商承兑后出售给出口国银行，取得扣除贴息和其他费用后的金额，以提前取得现款的一种融资方式。如果进口商到期不履行付款义务，贴现银行不得向汇票的出票人行使追索权。由此可见，福费廷业务是一种类似贴现但又比贴现复杂得多的中长期融资业务。

近年来，福费廷在国际大型贸易中被广泛应用，其主要原因是出口商把票据拿到出口方银行进行无追索权贴现后，即使日后进口商无力付款，银行也无权向出口商追索。显然，福费廷对出口商有利，但是出口商在贴现票据时要被扣去较高的费用。福费廷对进口商也有好处，只要进口商找到一个信誉好的银行做担保就无须支付货款便可取得货物，手续简便。当然，银行在提供担保时也会对进口商的资信及还款能力进行严格的审查。

（四）混合信贷

混合信贷（mixed credit）是指出口国为了扩大本国设备的出口，加强本国设备的出口竞争力，在出口国银行发放卖方信贷或买方信贷的同时，出口国政府还从政府预算中提出一笔资金作为政府贷款或给予部分赠款，连同卖方信贷或买方信贷一并发放，以满足出口商（卖方信贷）或进口商（买方信贷）支付当地费用与设备价款的需要。

（五）信用安排限额

信用安排限额（credit line agreement）是指出口商所在地银行为了扩大本国一般消费品或基础工程的出口，向进口商所在地银行提供一定的贷款限额，以满足对方一些进口商购买该出口国消费品或工程设备的资金需要。

二、出口信贷国家担保制

出口信贷国家担保制（export credit guarantee system）是国家为了扩大出口，对本国出口厂商或商业银行向外国进口厂商或商业银行提供的信贷，由国家设立的专门机构出面担保的一种制度。当外国债务人拒绝付款时，国家担保机构按照承保的金额，支付给出口厂商或银行。这个国家专门机构承担的政策性保险不以营利为目的，而且担保的项目，通常都是一般担保机构不承保的、风险较大的项目。出口信贷国家担保制的目的是减少出口信贷的风险，刺激出口信贷业务的开展，从而扩大本国的出口。

出口信贷国家担保制承担的风险主要有两类。一类是政治性风险，如进口国发生政变、革命、暴乱、战争以及政府实行禁运、冻结资金或限制对外支付等，使外国债务人不能清偿债务，导致供款方的损失。这类风险的承保金额一般为合同金额的85%～95%。另一类是经济性风险，如进口厂商或借款银行因破产倒闭、无力偿付、货币贬值或通货膨胀等经济原因所造成的损失。此类风险的承保金额一般为合同金额的70%～85%。有的国家为了扩大出口，有时对于某些出口项目的承保金额可以达到100%。

出口信贷的担保对象也有两种。一种是对出口商进行担保。出口商输出商品时所需的短期或中长期信贷均可向国家担保机构申请担保。即使有些国家的担保机构本身并不向出口商提供出口信贷，也可以为出口商取得商业银行的出口信贷提供便利条件。另一种是对银行进行担保，即国家担保机构直接对供款银行承担责任。银行所提供的出口信贷通常均可向国家担保机构申请担保。

根据出口信贷期限的不同，信贷担保通常可分为短期信贷担保与中长期信贷担保。短期信贷担保的期限一般为6个月，最长不超过一年，承保范围包括出口商所有的短期信贷交易。为了简化手续，有的国家还对短期信贷采用综合担保的方式，即出口商只需一年办理一次投保，就可以承保在这期间的一切海外短期信贷交易。至于中长期信贷担保，由于具有时间长、金额大的特点，所以采取逐笔审批的特殊担保方式。中长期信贷担保的期限通常为2～15年，最长的可达20年。承保的开始时间既可以是出口合同签订的时间，也可以是货物正式装运出口的时间。

相关案例

新冠肺炎疫情下我国出口信贷措施的相关案例

案例1——伊犁川宁生物技术股份有限公司成套和高技术含量产品出口项目

2020年，中国进出口银行为伊犁川宁生物技术股份有限公司提供资金支持，从而有效缓解了该企业因新冠肺炎疫情所受的经营周转压力。同时，为川宁生物抓订单、拓市场和发展外向型经济提供了及时有效的金融服务，有效保障了其特殊氨基酸、新型抗生素等微生物次生代谢产物产品的出口资金需求，不断提升了该公司及其产品的国际竞争力。

案例2——巴西国家石油公司第二期浮式生产储油装卸装置（FPSO）海工模块项目

自2015年以来，国内外海工市场陷入深度低迷，海工平台类订单较为稀少。巴西国家石油公司的生产类平台是中国船厂近年来承接的为数不多的大额海工订单，对目前处于低迷期的中国海工装备制造商提供了及时的订单支持。2020年，中国进出口银行为巴西国家石油公司第二期7.5亿美元FPSO海工模块项目进行首次放款，为我国船厂抗击新冠肺炎疫情和支持企业复工复产提供了有力支持。该项目是落实2015年5月高访见证下签署的30亿美元框架协议的又一具体举措，对于支持中国高端装备“走出去”、强化中巴海洋工程装备领域产能合作具有重大意义。

资料来源：中国进出口银行.2020年进出口银行年报，http://eximbank.gov.cn/aboutExim/annals/2020/，2021-06-08.

三、出口补贴

出口补贴（export subsidies）又叫作出口津贴，是一国政府为了降低出口商品的价格、增强其在国际市场上的竞争力，在出口某种商品时给予出口厂商的现金补贴或财政上的优惠待遇。补贴的额度一般是该商品国内市场价格与其出口价格的差额。出口补贴有以下两种方式。

一种是直接补贴（direct subsidies），即在出口某种商品时，政府直接付给出口商现金补贴。直接补贴是对出口商在政府政策支持下低价出口的补偿，或者是为了扩大生产成本较高的农产品出口而给予的亏损补贴。这样做的目的在于弥补出口商品国内价格高于国际市场价格所带来的亏损，或者补偿出口商所获利润率低于国内利润率所造成的损失。

另一种是间接补贴（indirect subsidies），即政府对某些出口商品不是给予直接的现金补贴，而是在税收税费、物资供应或汇率等财政方面给予优惠待遇，从而间接地提高出口商品的国际竞争力，推动本国商品的出口。政府对出口商品给予的财政上的优惠措施通常有：

（1）退还或减免出口商品的特别消费税和增值税等国内税收，以减轻出口商的纳税负担。按照世界贸易组织的有关规定，免征或退还相同产品供内销时必须缴纳的国内税，不能视为一种补贴，因为这些出口商品未能在生产国国内销售，并且这些商品在进口国可能被征收同种或类似的国内税。

（2）对某些商品，如原材料或半成品，如果确定不是用于国内消费，而是经加工制造后用于出口，则允许其暂时免税进口，以降低制成品的成本，提高其国际竞争力。

（3）对进口的原材料或半成品，如果征收了关税，当其加工制造的成品出口时，政府负责退还其进口时缴纳的关税。

（4）对出口商给予低息或无息贷款形式的补贴，即政府并不直接贷款给出口商，而是让出口商通过商业银行以市场利率取得贷款，到还本付息时，政府给予出口商利息补贴，直接支付给银行，或者保证商业银行为该出口商提供低息或无息贷款，到还本付息时，市场利率与优惠利率之间的差额由政府直接贴补给贷款银行。

（5）低价或免费为出口商提供商品和劳务。这样，国家不仅在出口商品价格上支持出口商品，而且在从新商品研制到售后服务等多个环节，通过各种非价格因素给出口商品以支持。

相关案例

出口产业的生产补贴

根据WTO的规定，生产补贴是指除了出口补贴以外的补贴，它是政府对生产单位的单方面收入转移，可以视为“负的生产税”。生产补贴直接降低了出口企业的生产成本，提高了企业在国际市场上的竞争力，进而起到鼓励出口的作用。这些补贴包括政府对商业企业的资助、税收减免、低利贷款等直接方式，也包括对某些出口工业生产集中的地方给予区域性支持（如以优惠价提供土地或电力支持，加强交通通信等基础设施的建设等）、资助研究与开发项目等间接做法。

出口补贴与出口产业的生产补贴的区别包括：首先，从政策角度看，出口补贴属于贸易政策，而出口产业的生产补贴属于产业政策。其次，从补贴覆盖范围看，出口补贴只对生产企业用于出口部分的产品给予补贴，对于国内销售的部分不给予补贴。而出口产业的生产补贴是给予整个企业生产补贴，无论该产品是用于内销还是外销，均可享受政府所提供的补贴。最后，从价格效应看，出口补贴会使出口商品国内价格提高，这源于出口补贴使产品出口比内销更有利可图，在政府不限制出口数量的情况下，出口商会尽可能出口，但是内销部分无法享受补贴，为了保证产品内销也能获得与出口同样的收益，于是内销产品只能提价。而出口产业的生产补贴则不会提高产品的国内价格，这是因为其补贴是依据产量而非销售产品的市场。换言之，产品在生产阶段就已获得补贴，到了销售阶段，无论出口还是内销都能获得相同的报酬，因此生产商没有必要提高产品的国内价格。

四、出口价格支持

出口价格支持是指一国政府对一些国际价格波动较大、国内生产者收入不稳定、不利于保持和扩大出口的商品，制定一个价格下限，即保证价格。当市场价格低于保证价格时，政府以保证价格向生产者收购该商品，以稳定生产者的收入，保护其生产积极性。如果市场价格高于保证价格，生产者可以根据市场需求以高价卖出，自然也就不用政府操心了。

五、商品倾销

商品倾销（commodities dumping）是指某国制造商或出口厂商将某种产品集中地或持续地以低于正常价格的价格出口到另一国（或者关境）的贸易行为。按照关贸总协定的规定，确定正常价格的方法有三种，即出口国的国内市场价格、出口到第三国的价格和结构价格（即生产成本、销售费用、行政开支及合理的利润之和）。

（一）商品倾销的类型

按照倾销的具体目的和时间的不同，商品倾销可以分为以下三种。

1. 临时性或偶然性倾销

临时性或偶然性倾销是指某种商品的集中销售季节将过或已过，尚有库存积压或商品要进行更新换代，降价向国外抛售。其目的是清理库存，减少费用，实现资金周转。由于这种倾销的时间较短，对进口国的同类生产带来的不利影响有限，进口国通常不采取反倾销措施。

2. 间歇性或掠夺性倾销

间歇性或掠夺性倾销是指以低于国内市场价格的价格，甚至以低于成本的价格在国外某市场上倾销。其目的是挤垮竞争对手，占据该市场的垄断地位，然后再提高价格，以攫取高额垄断利润。这种以短期损失换取长期利润的做法，严重损害了对方国家生产者和消费者的利益，因此，会遭到对方国家的抵制。

3. 持续性或长期性倾销

持续性或长期性倾销是指以低于国际市场和国内市场价格的价格，长期、持久地向国外大量倾销商品。其目的一般是转嫁国内经济危机，保护国内产业和生产者利益，或从经济上控制进口国家。

值得指出的是，无论哪一种倾销形式，其本质都是相同的，即都会对国外生产者造成损害，同时也会给国内消费者带来损失，因为出口商品的生产企业往往通过提高国内商品价格，从而将低价倾销的损失转嫁给国内消费者，使国内消费者利益受损。但是倾销行为受到倾销国消费者的欢迎，因为他们可以以更低的价格购买到质量相同的商品。一般来说，临时性或偶然性倾销不会受到太多的抵制。原因在于，虽然它给外国生产者造成了损失，但外国消费者却获利不少，从整个国家福利的角度来考虑，该国有总福利增加的可能。而间歇性或掠夺性倾销却是应该受到谴责或者抵制的，即使外国政府采取征收反倾销税等措施对其加以限制，也是正当和合理的。至于持续性或长期性倾销，其发生的原因多半是垄断企业能够获得规模经济、范围经济等利益。这种倾销方式对外国生产者来说仍然是不公平竞争，但它在某种程度上有其经济学上的合理性。

（二）持续性倾销的条件

持续性倾销应当具备以下条件：

1. 厂商处于非完全竞争市场

由于垄断企业获得规模经济、范围经济等利益而得以实施持续性倾销，因此厂商面临的应该是向右下方倾斜的需求曲线。而处于完全竞争市场的厂商是市场价格的接受者，其面临的需求曲线是处于既定市场价格的水平线，换言之，完全竞争厂商无法通过改变商品产量影响市场价格。

2. 国内外两个市场对倾销商品具有不同的需求弹性

为了实现商品的国外价格低于国内价格，即为了实行差别定价，倾销商品在两个市场上必须面临不同的需求价格弹性。具体而言，倾销商品在国外市场上的需求价格弹性大于在国内市场上的需求价格弹性。

3. 国内外市场相互隔离

若两个市场未能实行有效隔离，那么消费者将会流向市场定价更低的国外市场，即国外销售的商品将回流至国内市场，从而导致持续性倾销失败。在现实生活中，关税、非关税壁垒以及运输成本等因素对两个市场形成有效隔离。

下面我们利用图 9-1 来阐述以上三个条件以及定价规则：

首先，给出假设条件：（1）假设厂商在国外市场和国内市场销售商品，D_F、MR_F 分别表示厂商面临的国外需求与边际收益，D_H、MR_H 分别表示厂商的国内需求与边际收益；（2）为了分析简便，假设厂商在两个市场上的边际成本为常数 MC；（3）厂商的目标是利润最大化；（4）厂商能够通过改变产量影响市场价格，即厂商面对向右下方倾斜的需求曲线。

其次，确定厂商在两个市场上的产量与定价原则。对于产量而言，由利润最大化条件 $MR=MC$ 可知，当且仅当边际成本等于边际收益时，厂商生产达到利润最大化。另外，若 $MR_F \neq MR_H$，在此处假设 $MR_F > MR_H$，即厂商在国外多生产一单位商品所得到

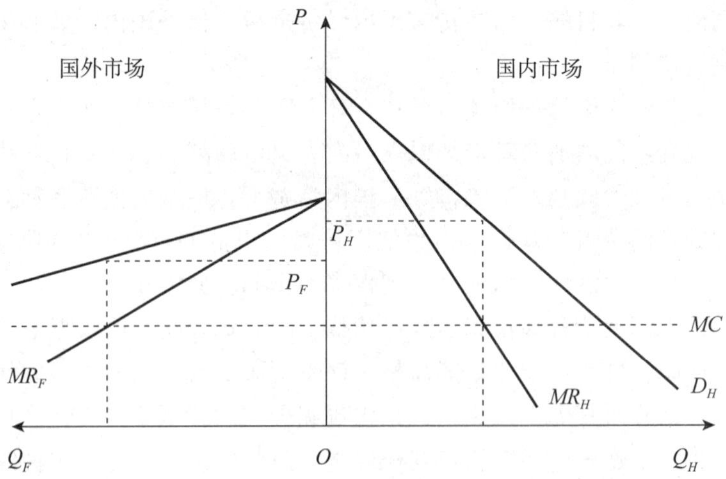

图 9-1　持续性倾销的条件

的收入在弥补在国内少生产一单位产品所造成的收入损失后还有剩余，在利益的驱使下，厂商会增加在国外的产量并减少国内产量，由于面临向右下方倾斜的边际收益曲线，MR_F 不断下降，MR_H 不断提高，最终达到均衡 $MR_F=MR_H=MC$。为此，厂商产量确定原则为 $MR_F=MR_H=MC$。再结合图 9-1，国内、国外市场定价分别为 P_H、P_F。考虑到厂商要进行持续性倾销，应当满足 $P_F<P_H$，因此国外市场的需求价格弹性应该大于国内市场的需求价格弹性。

最后，考虑市场分割的情况。若市场未能进行有效分割，消费者将会在价格更低的国外市场购买商品，从而导致销售至国外的商品流回国内。不过在现实生活中，由于跨国消费通常存在关税、非关税壁垒以及运输成本等因素，增加了消费者跨国购买商品的成本，因此，国内外市场之间存在一定程度的隔离。

六、外汇倾销

外汇倾销（exchange dumping）是出口商利用本国货币对外贬值的机会来扩大出口，争夺国外市场的一种手段。当一国货币对外贬值时，会产生两种结果：一方面，用外币表示的本国出口商品的价格会降低，本国出口商品的竞争力提高，有利于扩大出口；另一方面，进口商品进入本国市场后，用本币表示的进口商品的价格会提高，进口商品的竞争力下降，有利于限制进口。但是，要使外汇倾销达到增加出口和减少进口的目的，必须具备一定的条件：

1. 货币贬值的程度应大于国内物价上涨的程度

如果一个国家货币贬值的程度小于或等于物价上涨的程度，在这种情况下，一个出口企业出口商品，它得到了由于本国货币贬值带来的出口量增加的额外利益，出口厂商的总收入按照固定的汇率兑换成一定数额的本国货币。但是，由于国内快速上涨的物价水平导致了出口商所得到的收入的国内购买力下降，甚至不足以弥补出口商品的成本，这就使得出口商出口无利可图，甚至会亏损。所以，一个国家如果想要通过外汇倾销的手段扩大出口，必须保证货币贬值的程度大于国内物价上涨的程度，只有这样，出口商才有积极性去扩大出口，从而实现一个国家扩大出口的目的。

2. 其他国家不同时实行同等程度的货币贬值或采取其他报复性措施

外汇倾销目的的实现取决于他国遭受外汇倾销时所采取的应对措施。当一国货币对外实行贬值时，如果其他国家也实行同等程度的货币贬值，这就会使两国货币之间的汇率保持不变，从而使出口商品的外销价格也保持不变，以致外汇倾销不能实现。因此，外汇倾销目的的实现取决于他国遭受外汇倾销时的应对措施。

3. 出口商品的需求弹性会对外汇倾销产生影响

需求弹性表示在一定时期内一种商品的需求量变动对于该商品的价格变动的反应程度。当价格的变动会对需求量的变动产生强大的影响时，外汇倾销的扩大出口和减少进口的作用才能够发挥。如果价格变动对需求量的变动影响很小，那么通过外汇倾销，国外消费者不会因为价格的下降而大大地扩大需求量，同时国内的消费者也不会因为价格的上升而减少太多的需求。这样一来，进口的支出依然没有大量减少，同时出口的收入也没有明显增加，那么外汇倾销促进出口、抑制进口的目的就不能达到。一般来说，工业制成品特别是高档消费品的需求弹性较大，初级产品的需求弹性较小。因此，对出口商品结构以工业制成品为主的国家来说，外汇倾销的作用较大；对出口商品结构以初级产品为主的国家来说，外汇倾销的作用则相对较小。

相关案例

中国通过货币贬值鼓励出口

中国在1994年汇率并轨以前对外贸企业实行不同汇率。国家的官方汇率是1美元＝5.7元人民币，而在外汇调剂市场上的汇率则是1美元＝8.7元人民币。从1985年1月起，中国政府为促进出口，允许出口企业保留出口外汇收入的50%以自主使用。企业在按规定上交外汇后可将留成部分通过外汇调剂市场换成人民币。由于外汇调剂市场上的美元汇率高于官方汇率，企业的出口能力和积极性大大增加。一方面，企业可以用留成的外汇在外汇调剂市场上换取更多的人民币（增加收入）；另一方面，企业也可适当降价以增加出口，因为这相当于有50%的汇率实行了贬值。

资料来源：海闻，林德特，王新奎．国际贸易．上海：上海人民出版社，2002：312.

七、促进出口的组织措施

为了扩大出口，各国政府还采取了各种组织措施。这方面的形式有很多，如成立专门的机构或组织、设立贸易中心与组织贸易展览会、组织贸易代表团出访与接待来访、组织出口商的评奖活动、建立商业情报网等。

1. 成立专门的机构或组织

这些专门机构或组织负责研究制定出口商品发展战略和具体的贸易政策，并协调政策的制定与落实情况和有关部门之间的关系。例如，美国在1960年成立了扩大出口全国委员会；1978年成立了出口委员会和跨部门的出口扩张委员会；1979年成立了总统贸易委员会等。日本于1954年设立了海外贸易振兴会①、最高出口会议以及海外商品贸易会议等。欧洲为了扩大出口也成立了类似的组织。

2. 设立贸易中心与组织贸易展览会

政府出资建设贸易中心，设立常年商品展示场所或组织贸易展览会，这些举措都可使外国进口商更好地了解本国商品，从而起到促销的作用。

3. 组织贸易代表团出访与接待来访

许多国家为发展对外贸易，经常组织贸易代表团出访，并由政府支付大部分出访费用。另外，政府还指定部门或机构，或者建立新的机构负责贸易代表团的出访及国外贸易代表团的接待工作事宜，提供贸易商之间的接触机会，帮助疏通信息，最终达成交易。

4. 组织出口商的评奖活动

这种做法属于精神奖励。有些国家十分重视对本国出口商的精神奖励，定期组织出口商的评奖活动，向扩大出口成绩卓著的厂商颁发奖章、奖状，并通过大规模的授奖活动来推广扩大出口的经验。例如，日本政府把每年的6月28日定为贸易纪念日，每年在贸易纪念日这一天，由经济产业大臣（2001年前为通商产业大臣）向出口贸易成绩卓著的厂商和出口商社颁发奖状。

5. 建立商业情报网

许多国家设立了官方的商业情报机构，在海外广泛设立商业情报网，及时收集、分析商情，为本国出口商提供所需的各种商业信息，以达到促进出口的目的。

八、经济特区措施

为了促进经济和对外贸易的发展，许多国家或地区采取建立经济特区的措施。经济特区是一个国家或地区在其关境外划出的一定地域范围内，建筑或扩建码头、仓库、厂房等基础设施，实行免除关税、放松海关与外汇管制等优惠待遇，吸引外国企业从事贸易与出口加工工业等业务活动的区域。经济特区的目的是鼓励和扩大出口，促进地区经济与对外贸易发展。各国或地区设置的经济特区名目繁多，规模不一，主要有以下几种形式。

（一）自由港与自由贸易区

自由港（free port）有时也被称为自由口岸，是外国船舶和货物可以自由进出的港口，但必须遵守所在国有关政策和法令。自由港依贸易管制情况可分为完全自由港和有限自由港，前者对所有商品进出口都实行免税，后者对少数商品征收少量关税并有某些贸易限制。自由港一般具有优越的地理位置和港口条件，可以很好地发挥商品集散中心

① 前身是于1951年设立的海外市场调查会，于1954年改名为“海外贸易振兴会”，于1958年改名为“日本贸易振兴会”。该组织为日本半官方的促进出口的机构。

的作用。自由港最早产生于欧洲，13 世纪法国就开辟了马赛自由港。目前如德国的汉堡、不来梅，意大利的热那亚和的里雅斯特，法国的敦刻尔克，丹麦的哥本哈根，葡萄牙的波尔图等，都是当今世界上著名的自由港。在东亚，中国的香港也是世界最负盛名的自由港。另外，我国中共中央、国务院于 2020 年 6 月 1 日印发的《海南自由贸易港建设总体方案》标志着海南自由贸易试验区正式向海南自由贸易港转变。

自由贸易区（free trade zone）有时又被称为对外贸易区或自由区，是自由港的发展和延伸，即以自由港为依托，并将范围扩大到自由港的邻近地区。自由贸易区侧重于商业贸易活动，以促进转口贸易及为转口贸易服务的商品储存和简单再加工为主要功能。这一点与自由港基本相同。但是除此以外，在自由贸易区内还可设立金融中心、证券市场等，因此，自由贸易区的功能和业务一般要超过自由港。

在我国，自由贸易区的主要发展历程如下：

● 2013 年 9 月 27 日，国务院批复成立上海自由贸易试验区；

● 2015 年 4 月 20 日，国务院批复成立广东、天津、福建 3 个自由贸易试验区；

● 2017 年 3 月 31 日，国务院批复成立辽宁、浙江、河南、湖北、重庆、四川、陕西 7 个自由贸易试验区；

● 2018 年 10 月 16 日，国务院批复成立海南自由贸易试验区；

● 2019 年 8 月 26 日，国务院批复成立山东、江苏、广西、河北、云南、黑龙江 6 个自由贸易试验区；

● 2020 年 9 月 21 日，国务院批复成立北京、湖南、安徽 3 个自由贸易试验区。

至此，中国形成“1+3+7+1+6+1”共计 19 个自由贸易试验区格局。

自由港和自由贸易区一般分为两种。一种是把港口或设区所在的城市都划为自由港或自由贸易区。例如，中国香港就是这种类型，即中国香港的整个城市均为自由港。另一种是把港口或设区的所在城市的一部分划为自由港或自由贸易区。例如，德国汉堡自由贸易区就是汉堡市的一部分，占地约为 5.6 平方英里。无论是自由港还是自由贸易区，都是在关境之外设立的，具有如下共同的特点。

（1）贸易自由。没有贸易管制，不存在关税壁垒和非关税壁垒，没有国籍限制，除了少数国家禁运商品外，大部分商品都可以自由进出自由港或自由贸易区，而不必办理报关手续和缴纳关税。如果港内或区内的境外商品要转运至所在国的境内市场进行销售，则必须办理报关手续和缴纳进口关税。

（2）金融自由。外汇自由兑换，资金出入、转移及经营自由，没有国民待遇与非国民待遇之分。

（3）投资自由。投资不受由国别差异导致的行业限制与经营方式限制。

（4）运输自由。船舶入港免办海关手续，移民、卫生检查手续从简。

（5）业务活动自由。对于被允许进入自由港和自由贸易区的境外商品，可以依据具体需要进行储存、展览、拆散、分类、分级、修理、改装、重新包装、重新贴标签、清洗、整理、加工和制造、销毁、与外国的原材料或所在国的原材料混合、再出口或向所在国境内市场出售。

相关案例

自贸区在双循环新发展格局中的定位

依据马克思主义社会再生产理论，社会再生产过程包括生产、分配、交换、消费四大环节，生产表现为起点，消费表现为终点，分配和交换表现为中间环节。生产对应产品市场（起点），消费对应消费市场（终点），而分配与交换对应要素市场（中间环节）。国际大市场既是产品市场，又是消费市场，开放发展格局还会倒逼国内要素市场改革。在国内经济循环发展过程中，起点、中间环节、终点以及与国际大市场的融合都有可能存在梗阻点甚至断点，而自贸区作为对外改革的试验田、对外开放的桥头堡，在连接经济高质量循环的断点、疏通梗阻点方面发挥着不可替代的作用。

新发展格局不是封闭的国内单循环，而是开放的、相互促进的国内国际双循环。国内循环与国际循环统一于推动中国经济高质量发展进程之中。自贸区是链接国内国际双循环的关键枢纽，是中国企业“引进来”和“走出去”、促进中国市场规则对接国际高标准市场规则的重要载体。开放是国家进步的前提，但开放并不是全部自由化，不符合国家实际发展规律的全盘自由化不仅不会促进国家发展，反而会冲击国内企业发展、降低产业链韧性，最终不利于经济更好发展。因此，国内与国际经济循环的对接应该是由点到面、由区域到整体的渐进过程，需要一个特殊区域进行试点并将成功经验复制推广，自贸区作为境内关外的特殊监管区域恰好满足了这种发展需求。

自贸区实行“一线完全放开、二线高效管住”的特殊制度模式。一线完全放开可以“原汁原味”地对接国际高标准经贸规则，将服务贸易开放、国企竞争中性原则、劳工保护以及环境保护等高标准国际市场规则引入自贸区进行试点，并将适合中国国情的、有利于中国经济高质量发展的制度创新经验复制推广。二线高效管住可以及时阻止制度创新失败带来的负外部性，防范风险传播。这种“一线”“二线”的概念不仅体现在地理区位上，自贸区与内地的账户结算体系也相对隔离。自贸区的自由贸易（FT）账户体系实行分账核算，这就为内地与自贸区之间的资本流动搭建起了“电子围网”，实现了跨境资本流动风险的整体可控。另外，自贸区的诸多政策试点天然对接了自由贸易区（FTA）发展战略以及“一带一路”倡议。一方面，自由贸易区本身就是自贸区发展政策的延伸；另一方面，由于政策的配套性和适用性，自贸区反过来又是自由贸易区战略以及“一带一路”倡议与国内市场互联互通的重要关节点和载体。比如，关于国际贸易中物流成本这一核心问题，自贸区多式联运取得了重要突破，中欧班列成为自贸区布局的重要考虑。中欧班列与自贸区发展相辅相成，逐渐发展成为驱动自贸区与欧洲贸易往来的大动脉，进一步巩固了自贸区在双循环中的枢纽和平台地位。

资料来源：王爱俭，方云龙．双循环新发展格局视域下中国自由贸易试验区发展再定位：兼论中国经济高质量发展的自贸区改革路径．现代经济探讨，2021，479（11）：37－48．有删减。

（二）保税区

保税区（bonded area）又称保税仓库区，是海关所设置的或经海关批准注册并受海关监督的特定地区和仓库。外国商品存入保税区，可以暂时不缴纳进口税，如果再出口，也不缴纳出口税。运入区内的商品可进行储存、改装、分类、混合、展览、加工和制造等。因此，对一些没有专门设立自由港或自由贸易区的国家如日本、荷兰等来说，保税区起到了类似自由港或自由贸易区的作用。

保税仓库、保税工厂和保税仓库区构成了保税业务体系。在保税仓库制度下，境外货物无须办理通关手续就可进仓储存。在储存规定期限内，境外货物不必缴纳关税，出仓转口和再出口也免征关税，但仓内货物进入海关管制区则要照章纳税。保税仓库的特点是不进行加工、组装和生产的业务。

保税工厂则具有出口加工区企业的功能特性，即进口机器设备、原料和中间产品以及经加工或制造后的制成品出口，均可享受关税豁免待遇。但保税工厂的设置不像出口加工区的企业那样集中，而是比较分散。

保税仓库区即保税区，同保税仓库和保税工厂相比，占地面积更大，经营范围更宽，区内既可储存商品，又可加工和生产商品。从其功能作用和经营业务来看，保税区实际上是保税仓库和保税工厂的混合体，可被视作一种小型的出口加工区。目前我国的保税区有：上海浦东新区的外高桥保税区、天津港保税区、深圳沙头保税区、深圳福田保税区、大连保税区、广州保税区、张家港保税区、海口保税区、厦门象屿保税区、福州保税区、宁波保税区、青岛保税区、汕头保税区、深圳盐田港保税区、珠海保税区、合肥保税区 16 个。

在设有保税区的国家，其保税业务体系一般都设有现代而完备的各种设施，能够适应不同种类商品装卸、存储和运输的需要。外国厂商或贸易商在保税业务体系内用当地或他国进口的零部件、中间产品等从事装配和加工活动，由于这些零部件和中间产品等在通关时免缴关税，加工后的制成品在销往其他国家和地区时也免缴关税，因而可以增强产品的竞争力。所以，保税业务体系的建立对推动转口贸易和三角贸易、拓展经贸活动具有十分重要的作用。

（三）出口加工区

出口加工区（export processing zone）是一个国家或地区在其港口或邻近港口、国际机场的地方，划出一定的范围，新建和扩建码头、车站、道路、仓库和厂房等基础设施以及提供免税等优惠待遇，鼓励外国企业在区内投资设厂，生产以出口为主的制成品的加工区域。

出口加工区是在 20 世纪 60 年代后期和 70 年代初，首先在亚洲地区的一些发展中经济体建立和发展起来的。世界上第一个出口加工区是 1956 年建于爱尔兰的香农国际航空港自由贸易区。1966 年，中国台湾建成了亚洲第一个正式以出口加工区命名的加工区“高雄出口加工区”并获得成功。随后不久，韩国、新加坡、马来西亚、印度尼西亚等经济体也建立了自己的出口加工区。

出口加工区源自自由港和自由贸易区，采用了自由港和自由贸易区的一些做法，但它又与自由港和自由贸易区有所区别。自由港和自由贸易区是一种贸易型的经济自由区，其传统功能是通过对进出口商品免税和提供设施及便利条件来发展转口贸易，增加商业性劳务收益。而出口加工区则是一种融贸易和加工为一体的经济自由区，不仅提供一般的优惠关税措施，而且允许生产用机器、设备、原材料及中间产品的自由进出，并积极创造条件吸收外资，促进区内出口加工工业的发展。因此，无论是在经营业务范围方面，还是在产品的深加工方面，出口加工区都要大大超过自由港和自由贸易区。不过在现实中，有些地区的开放组织虽然以从事出口加工生产为主，但仍然袭用自由港或自由贸易区的名称，如马来西亚开辟的一些以出口加工为主的区域仍被称为自由贸易区。

出口加工区的设立和发展，对吸引外国投资、引进先进技术与设备、促进本国或本地区的生产技术和经济发展、扩大出口加工工业、增加国家或地区的外汇收入起到了十分重要的作用。

（四）自由边境区与过境区

自由边境区（free perimeter）曾被称作自由贸易区，一般设立在一国的一个或几个省的边境地区，对区内使用的机器设备、原材料和消费品实行减税或免税进口。外国货物可在区内进行储存、展览、混合、包装、加工和制造等业务活动，其目的在于利用外国投资开发边境区的经济。自由边境区在拉丁美洲的少数国家中实行。与出口加工区不同的是，自由边境区的进口商品加工后大多是在区内使用，只有少数是用于出口。因此，自由边境区享受的优惠待遇是有时间限制的，一旦它们的生产能力得到发展，政府就会逐渐取消对某些商品的优惠待遇，直至废除自由边境区。

过境区（transit zone）是沿海国家为了便利内陆邻国的进出口货运，开辟某些海港、河港或国境城市作为货物的自由中转区。对进入过境区的货物，一般予以简化海关手续、免征关税或只征收小额过境费用的优惠待遇。过境货物在区内可做短期储存和重新包装，但不能加工。当前世界上的主要过境区有巴基斯坦的卡拉奇、印度的加尔各答、伊朗的霍梅尼、法国的马赛、德国的汉堡、意大利的热那亚等。

（五）科学工业园区

科学工业园区（science-based industrial park）有时也称工业科学园、科研工业区、新产业开发区、高技术园区及科学城等，是一种在第二次世界大战后科技革命背景下出现的新兴工业开发基地。它将智力和资金高度集中起来，专门从事新技术研究、试验和生产，以加速新技术研制及成果应用，为本国或本地区工业的现代化服务。它的目的在于扩大科技产品的出口和扶持本国技术产业的发展。

科学工业园区一般设在信息渠道通畅和交通网络发达的大城市附近，有充足的科技资源和教育设施，并以一系列设施先进、资本雄厚、技术密集度高的专业性企业群体为依托。世界上第一个科学工业园区是1951年正式创立于美国加利福尼亚州的斯坦福研究园，后发展成为举世闻名的“硅谷”。

第二节　限制出口的政策与措施

在国际贸易中，各国政府在鼓励出口的同时，往往还会出于一些政治目的、对经济利益的考虑以及为履行贸易协定中应尽的义务，对一些商品实行出口管制。出口限制政策是指政府出于某种目的限制或禁止有关商品的出口，或者限制、禁止某类商品对某些国家的出口的政策。

一、限制出口的原因与对象

（一）限制出口的原因

各国限制出口的原因不尽相同，归结起来主要有以下四个方面。

（1）政治原因。

政治原因往往是实行出口管制的主要原因，也是各国实行国别政策的重要手段之一。一些西方发达国家经常对与自己敌对或不友好的国家实行出口管制，特别是武器、军事设备、高技术和重要战略物资的出口受到了严格的限制。例如，美国对那些被自己视为支持国际恐怖主义的国家或地区实行贸易禁运。此外，冷战结束后，联合国在国际事务中发挥着日益重要的作用，对发动战争侵略的国家实行制裁，其中禁运就是迫使发动战争的国家停止侵略行为的主要措施。例如，在伊拉克发动对科威特的侵略战争后，联合国安全理事会便通过了对伊拉克实行全面禁运的决议。

（2）经济原因。

发达国家为了保持技术上对其他国家的领先地位，对高技术及相关商品的出口加以限制。有些国家为了缓和与进口国在贸易上的摩擦，在进口国的压力下，“自愿”限制出口。有些国家为了保护本国工业，对国内工业生产所需的稀缺原材料、半成品的出口加以限制。有些国家为了保护国内市场，对一些关系国计民生的重要产品也会限制出口。为了稳定出口商品的价格，有些国家对本国出口量占国际市场份额比重较大的商品的生产及出口加以统一计划和安排，以避免因本国出口商恶性竞争而压低商品价格。为了增加财政收入，一些发展中国家也对一些出口商品征收出口税。

（3）军事原因。

为保证国际安全和世界和平，各国都有义务对可能用于核武器制造的技术与装置、原料的出口实行出口管制。同样，国际社会也禁止生化武器的研究和使用，有关化学武器及原材料的出口也应受到限制。此外，一些发达国家为了保持军事上的优势，严格控制本国战略物资、军火及先进的军事技术资料的出口。

（4）其他原因。

当然，各国采用限制出口政策还有其他原因，例如：为了保护人权，禁止劳改产品的出口；为了保护地球生态环境和濒危动植物，对一些物资进行全球性的贸易禁运；为了保护历史文物，对一些特殊商品的出口实行管制。

（二）限制出口的对象

实行出口限制的商品通常主要有以下几类：

（1）战略物资以及与之有关的尖端技术和先进技术资料。这类物资和相关技术资料包括武器、军用飞机、先进的电子计算机及有关技术资料等。多数国家对这类物资与相关技术资料实行严格控制，企业只有领取出口许可证后，才被允许从事这方面的出口。

例如，美国对古巴实行禁运。

（2）国内的紧缺物资。这是指国内生产所迫切需要的原材料和半成品，以及国内供应明显不足的商品。这些物品如果自由输往国外，势必加剧国内的供给不足和市场失衡，影响经济的正常发展，因此其出口常受到限制。例如西方各国对石油、煤炭等能源实行出口管制。

（3）需要“自愿”限制出口的商品。迫于进口国家或某一集团的强大压力，某些国家不得不对某些具有很强国际竞争力的商品实行出口管制。例如，根据纺织品“自限协定”，出口国必须自行管理本国的纺织品出口。又如，日本对出口美国汽车、钢铁等实行限制，以符合自动出口限制协议的规定。

（4）本国在国际市场上占主导地位的重要商品和出口额大的商品。这一点对发展中国家来说尤为重要。因为发展中国家大多出口商品较为单一，出口市场也比较集中，当国际市场价格下跌时，应尽量控制该商品的过多出口，以避免加剧国际市场供大于求的不利形势，给本国带来更大的经济损失。石油输出国组织对成员的石油产量和出口量进行控制，以稳定石油价格，保护国家利益，就是一个明显的例子。

（5）为保持生态平衡而加以保护的某些动植物及其制品等。例如，象牙、犀牛角、虎骨等珍稀动物药材、珍稀动物本身及其制品等，就属于这一类。

（6）历史文物和艺术珍品。对于出土文物、艺术品、黄金、白银等特殊商品，国家一般都予以严格控制和管理，以保护本国艺术遗产，弘扬民族文化及精神。

二、限制出口的具体政策与措施

（一）出口税

出口税是出口国家的海关在本国产品输往国外时对出口商所征收的关税。征收出口税会引起出口价格的上升，不利于扩大出口。目前发达国家一般已不再征收出口税，仍在征收的主要是一些发展中国家。这些国家征收出口税大多出于以下几种考虑：

（1）增加财政收入。主要适用于价格低、需求弹性低和垄断性的产品。这是因为：对价格低的出口商品征收少量出口税不会抑制出口；对需求弹性低的出口商品征税，在出口商品价格上涨的情况下，进口国不能相应地压缩进口；对垄断性的出口商品征税，可以通过提高价格把关税转嫁给进口国，而出口量不会因此下降。

（2）对资源性产品征收出口税，可以限制资源外流，保证国内生产需要。

（3）通过增大出口成本来抑制国际市场价格较高而国内短缺的商品的出口。

（4）生产要求。例如，对原料征收出口税，可以防止外国利用征税国的廉价原料发展加工业，生产竞争性制成品，以维护征税国制成品的国际竞争力。

（二）出口配额

出口配额（export quota）是指出口国政府规定一定时期内某种商品出口的数量或金额，超过额度不准出口。由于对某些出口商品实行配额管理的原因不同，管理的性质也不同。例如，我国对关系国计民生的大宗资源性出口商品以及在出口中占有重要地位的大宗传统出口商品实行计划配额管理。对我国在国际市场或某一市场上占主导地位的重要出口商品、外国要求我国主动限制的出口商品实行主动配额管理。对国外对我国有配额的出口商品则实行被动配额管理，每年出口数量按双边协议执行。

（三）出口许可制度

这是目前世界各国广泛使用的出口限制措施。所谓出口许可证（export license），是指一国规定某些商品必须得到政府有关部门的批准，领取出口许可证方能出口，无许可证则禁止出口。出口许可证一般与出口配额结合使用，有数量限制。还有一些商品被列入许可证的管理范围，但原则上不规定出口数量限制，只着重于管理经营秩序，这些商品属于一般许可证管理商品。一些发达国家，如美国、澳大利亚等，对一些资源性产品的出口都实行出口许可制度。一些发展中国家也把出口许可制度作为限制出口的有力措施。

（四）出口禁运

出口禁运（export embargo）是一种贸易制裁手段，是指出口国为迫使被制裁国做出某种让步而禁止本国出口商向该国出口商品。这些让步可以涉及政治、经济、文化、军事、外交、意识形态等诸多方面的内容，通过经济与贸易手段来达到其他目的。

（五）出口卡特尔

出口卡特尔（export cartel）是指某些商品的主要出口国组成国际垄断组织，联合行动，通过限制出口量、提高价格来获得垄断利润，卡特尔成员通过协定来统一确定各个成员的出口数量，制定统一价格，控制某些出口市场。世界上最著名的出口卡特尔是由以中东地区为主的 13 个国家组成的石油输出国组织（OPEC）。其宗旨是，协调成员的石油政策，采取集体行动同外国石油公司进行谈判，维护本国的石油权益。

相关案例

中美贸易摩擦对我国战略性新兴产业的影响

本次中美贸易摩擦不同于以往，不仅涉及中国传统产业的出口，而且涉及众多中国战略性新兴产业的出口。美国依据所谓 301 调查的结果，拟对大约 500 亿美元的中国商品额外征收高额关税，这些加税的领域大部分集中在中国计划大力发展的高科技产业。与此同时，美国拟进一步限制中国企业对美国高科技产业的收购。因此，本次贸易冲突被认为可能对中国产业升级产生深远的影响。日前，长江产业经济研究院的专家学者们针对“中美贸易摩擦对我国战略性新兴产业的影响”这一专题展开讨论。

长江产业经济研究院相关人士表示：总的来看，对产自我国的某些新兴产业的产品提高关税，直接地提高了该产业产品的销售价格，从而遏制了其需求。这是从市场方面影响我国新兴产业成长速度的最大因素。从供给面看，限制我国企业在美投资尤其是并购高技术企业，也会抑制我国战略性新兴产业的成长速度。但是问题也可反过来看，这类针对中国新兴产业的贸易摩擦，对我国已经具有一定基础的新兴产业来说也不全是坏事，它只对新兴产业发展具有短期的不利影响。从长期来看，我们可以通过开拓其他市场领域，或者通过扩大内需增加国内对新兴产业产品的使用和消费来回避不利影响；这进一步提醒国内生产者增强对别人包括自己的知识产权保护意识，优化知识产权保护环境，从而为建设创新驱动型国家奠定更好的基础；我国应加大对某些新兴产业如芯片等的投资力度，从而加速某些依赖进口的新兴产业的进口替代进程。

中国在制造业尤其是高端服务业方面还具有广阔的开放空间，贸易冲突将会促使这些领域加快开放从而加速发展。如制造业中的汽车、钢铁，高端服务业中的金融、旅游、建筑设计、医疗、电信、互联网、新闻出版、广电等领域，大多处于对内对外的垄断状态，在降低关税、放开股权比例限制及进口配额限制、打破国企垄断、放开行业管制、保护知识产权等方面都具有很大的开放空间。建议这些产业在对外开放之前，首先对民营企业开放，加大对内开放有利于民营企业迅速提高这些产业的竞争力，以防止对外开放促使这些产业丧失竞争力。

南京财经大学学者表示：美国发起贸易战的一个重要动机是限制中国战略性新兴产业的发展。无论贸易战的结果是什么，都将对我们通过兼并收购或直接购买国外先进技术实现赶超产生负面影响。目前，高端芯片等核心技术还没有实现突破，这个时候通过国家战略加快突破很有必要。对于企业来说，这既是挑战，也是机遇，依托强大的内需市场，加大研发投入，完全有可能在一些领域实现重大技术进步。当然，知识产权保护是企业加大研发投入的保障，否则创新驱动无法实现。

广西师范大学学者认为：在价值链分工模式下，战略性新兴产业的战略意义即在于依托新兴技术形成由价值创造活动串联而成的产业体系，进而推动高质量发展导向的经济转型。新兴技术和市场需求是两大战略支撑。美方将制裁目标对准中国的制造业，其负面影响主要在于抑制中方借助全球资源推动技术创新，同时也势必抑制中方在创新过程中构建全球价值链。

资料来源：闫东升（文字整理）. 中美贸易摩擦对我国战略性新兴产业的影响 . 光明网，2018-04-25. 有删减。

第三节　出口贸易政策的经济效应

一、鼓励出口措施的经济效应

鼓励出口措施的整体效应主要体现在以下几个方面：

（1）鼓励出口可以获得更多的外汇收入，用以进口本国短缺的资源或产品，发展本国经济；

（2）鼓励出口可以有效地保证筹措和偿还外债，因为从外资筹措到外债偿还都需要用出口创汇做保证，而利用国外资金，特别是对经济落后、资金短缺的国家来说，可以加速本国经济的发展；

（3）鼓励出口本国劳动成本低的优势产品，换回本国处于劣势、劳动成本高的产品，能得到更多的比较优势，节省劳动消耗，增加国民收入；

(4) 鼓励出口能把更多的本国产品推向世界市场，参与国际竞争，从而提高企业的技术水平、管理水平和经济能力；

(5) 鼓励出口可以促进一国产业结构和经济结构的优化和高级化；

(6) 对于后进国家来说，通过刺激出口和发展对外贸易，可以带动整个国民经济的快速增长。

从具体情况来看，鼓励出口的一些政策和措施对一国经济的效应不一定为正。各种具体的鼓励出口政策措施的效应既有相似之处，又存在明显的差异。

（一）出口补贴的经济效应

如果一国政府对本国出口商每出口一单位商品给予一定数额的补贴，就会导致出口商品的收益增加，从而促进本国出口商品的生产和出口。实行出口补贴对出口国的经济效应随出口国是贸易小国还是贸易大国而有所不同。其中小国与大国最本质的区别是，小国国内供求的变化不会影响世界价格，大国国内供求的变化则会引起世界价格变动，因此二者出口补贴带来的经济效应存在差别。

1. 小国出口补贴的经济效应

如果出口国是小国，结合图 9-2 进行说明。

在图 9-2 中，D、S 分别表示出口国国内市场的总需求曲线、总供给曲线。P_w 表示未进行出口补贴时的出口商品世界价格（也称自由贸易下的价格），该价格也表示未进行补贴时的国内价格。在该价格下国内生产为 S_1，国内需求为 D_1，进而本国出口量为 (S_1-D_1)。现在假设政府给每单位出口商品补贴 s。

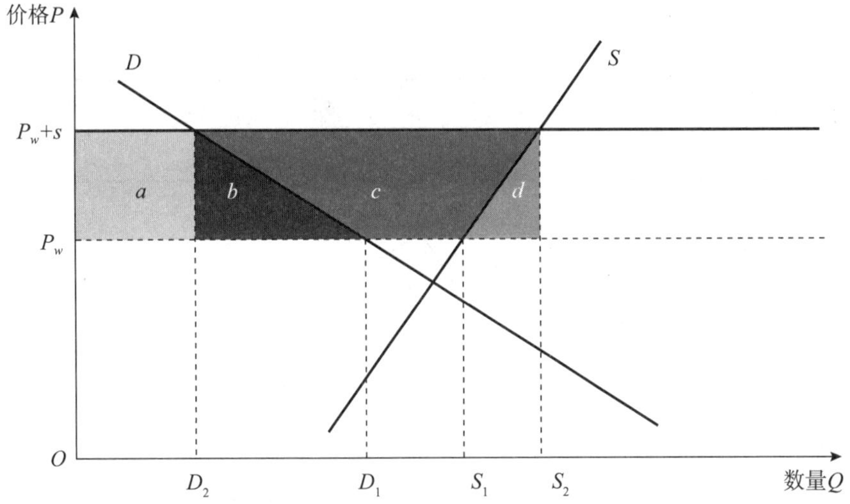

图 9-2　小国情形——出口补贴的经济效应

出口补贴的经济效应为：

(1) 价格效应。由于现在出口比内销更有利可图，即每多出口一单位商品将额外得到金额为 s 的补贴，此时产品的世界价格为 P_w+s，厂商更倾向于出口。因此，只有产品在国内销售也能得到与出口同样的单位收益 (P_w+s) 时，厂商才会选择内销，进而

产品的国内价格由 P_w 上涨为 P_w+s，此即价格效应。

（2）生产效应。出口补贴推动国内产品价格上涨，使出口商品的产量增加，有利于生产者，因为生产者可以从产品价格上涨和政府补贴中受益。在图 9-2 中表现为生产量由 S_1 上升为 S_2，此即生产效应。另外，价格上升增加了生产者剩余，生产者剩余变化$=a+b+c$。

（3）消费效应。在实行出口补贴后，由于产品价格上升，国内消费者对可供出口的产品的消费减少，所以国内消费者因出口补贴而受损。在图 9-2 中表现为消费量由 D_1 减少至 D_2，此即消费效应。价格上升减少消费者剩余，消费者剩余变化$=-(a+b)$。

（4）财政效应。出口补贴与关税不同，关税可以增加政府的财政收入，而出口补贴则可以增加政府的财政支出，在图 9-2 中出口补贴数量$=s\times(S_2-D_2)=(b+c+d)$，因此，财政效应表现为财政支出增加（负的财政收入）$=-(b+c+d)$。

（5）国民福利效应。国民福利效应=消费者剩余变化+生产者剩余变化+财政效应$=-(b+d)<0$，其中 b 表示生产扭曲，d 表示消费扭曲。因此，出口补贴整体上降低了国民福利。

2. 大国出口补贴的经济效应

如果实行出口补贴的是一个对国际市场价格有影响的贸易大国，那么由此而刺激出口量的增加会造成国际市场价格下降，从而造成的净损失比贸易小国更大。我们结合图 9-3 进行分析。在补贴之前各字母含义与图 9-2 中一致并且本国对每单位出口商品的补贴金额为 s。

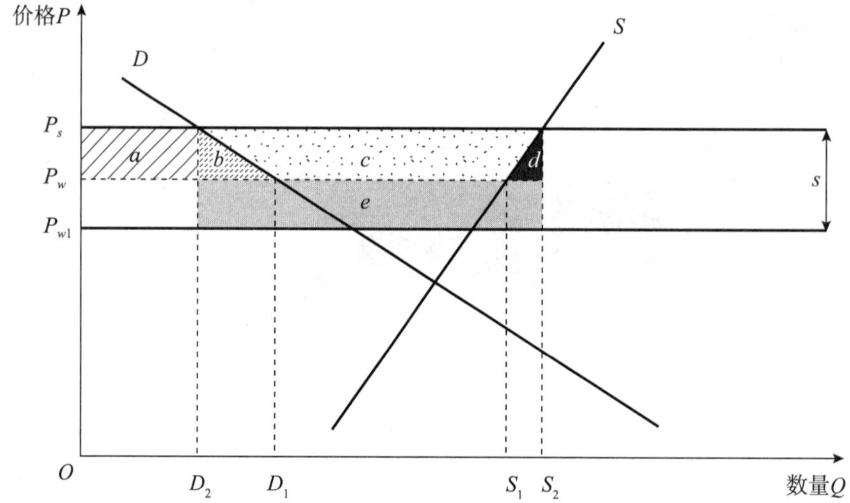

图 9-3　大国情形——出口补贴的经济效应

出口补贴的经济效应为：

（1）价格效应。与小国情形一致，出口补贴使国内价格上升，但需要注意的是，出口补贴鼓励厂商出口，随着出口的增加，该产品在国际市场上的供给增加，从而导致该产品的世界价格下降，最终产品的出口价格由 P_w 下降为 P_{w1}，而产品的国内价格则由 P_w 上升至 P_s，此即价格效应，其中每单位补贴金额 $s=P_s-P_{w1}$。

(2) 生产效应。由于国内价格上升使出口商提高产量，由 S_1 上升至 S_2，生产者剩余变化 $=a+b+c$。

(3) 消费效应。由于价格上升使消费量由 D_1 减少至 D_2，消费者剩余变化 $=-(a+b)$。

(4) 财政效应：在进行补贴后出口量由 (S_1-D_1) 增加至 (S_2-D_2)，财政支出 $=s\times(S_2-D_2)$，财政效应（负的财政收入）$=-(b+c+d+e)<0$。

(5) 国民福利效应。净福利变化 $=-(b+d+e)$，其中 b、d 分别表示生产扭曲和消费扭曲，e 则表示贸易条件效应，它源于出口商品世界价格下降所带来的贸易条件恶化。

综上所述，由于大国采取出口补贴将导致贸易条件恶化，因此大国采取出口补贴未必是明智之举。

（二）出口产业生产补贴的经济效应

尽管出口产业的生产补贴属于产业政策，但是该措施在鼓励出口方面也发挥了巨大作用，进而也有必要对其经济效应进行分析。以下我们将结合图 9－4 对其经济效应做出分析。

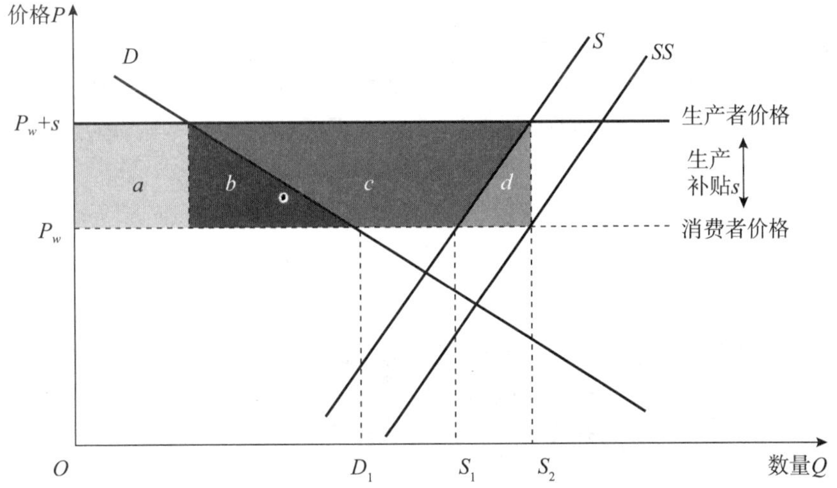

图 9－4　出口产业生产补贴的经济效应

图 9－4 中 D、S 分别表示本国的总需求曲线与总供给曲线，在自由贸易条件下的价格为 P_w（即实施补贴之前的价格），在该价格下的国内需求与供给分别为 D_1、S_1，因此本国出口为 (S_1-D_1)。假设现在对生产商每单位产量提供金额为 s 的生产补贴，其经济效应为：

(1) 价格效应。由于是在生产阶段进行补贴，降低了生产成本，因此对商品销售阶段的价格不会产生影响，即国内外价格依旧处于 P_w 的水平。

(2) 生产效应。对每单位产量补贴金额 s 降低了厂商的生产成本，现在厂商在同一价格下能够比以前生产更多产品，因此供给曲线由 S 右移至 SS。面对新的供给曲线，厂商的产量由 S_1 增加至 S_2。但需要注意，对厂商来说，虽然产品的销售价格未发生变化，但是由于每单位产量得到金额为 s 的补贴，因此在 S_2 的产量下生产者每单位得到的价格为 P_w+s。生产者剩余变化 $=a+b+c$。

（3）消费效应。由于生产补贴未影响产品的国内外销售价格，因此消费需求不发生变化，即需求依旧为 D_1。因此可以得出此时本国的出口量为（S_2-D_1），即出口扩大了（S_2-S_1）。消费者剩余变化$=-(a+b)$。

（4）财政效应。生产补贴的财政支出等于补贴后的产量乘以每单位补贴金额$=s\times S_2$，因此财政效应（负的财政收入）$=-(a+b+c+d)$。

（5）根据以上分析得到生产补贴的总国民福利变化$=-d$。

另外，将出口补贴（小国情形）与出口行业生产补贴的净福利变化进行对比后发现，生产补贴的社会净福利损失（d）小于出口补贴净福利损失（$b+d$），因此从整个社会福利角度来看，生产补贴优于出口补贴。当然，也要注意到，相较于出口补贴，政府进行生产补贴将产生更大的财政支出。

（三）出口价格支持的经济效应

与出口补贴相似，出口价格支持也存在三种经济效应，其经济效应将结合图 9-5 进行阐述。

在图 9-5 中，D、S 分别表示本国的总需求曲线与总供给曲线，P_w 表示自由贸易时的产品价格，在该价格下出口量为（S_1-D_1）。假设产品价格在国际市场上存在巨大波动，即 P_w 变动频繁或者升降幅度较大，这导致出口不确定性风险增加，从而降低了出口商的出口预期收益，进一步地抑制本国出口。为了鼓励出口，本国现在设定 $P_s(>P_w)$ 的支持价格，由此产生的经济效应为：

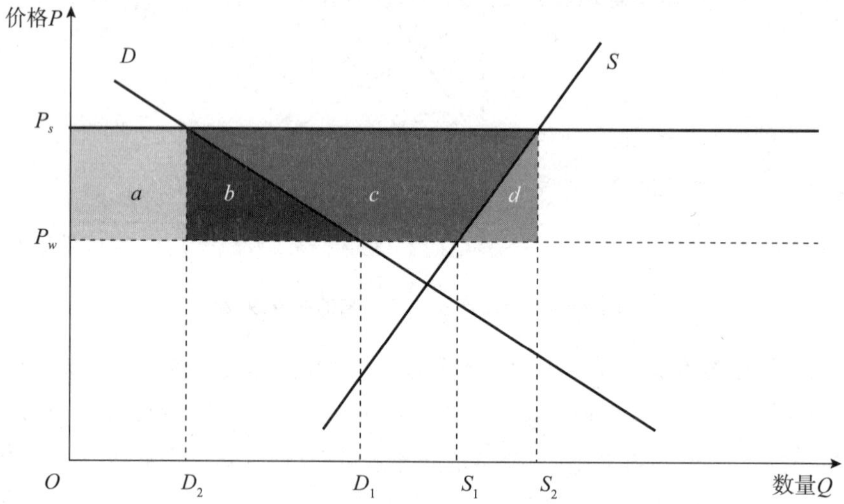

图 9-5　出口价格支持的经济效应

（1）生产效应。在政府的价格支持下，国内生产者将扩大支持产品的产量，并按支持价格出售，政府收购卖不出去的产品，从而使生产者获得较大的收益。图 9-5 中表现为产量由 S_1 扩大至 S_2，生产者剩余变化$=a+b+c$。

（2）消费效应。在出口价格支持下，国内消费者只能按支持价格买到这种商品，并由于商品价格的提高而减少需求。因此，消费者受到经济效应的损失。在图 9-5 中表现

为需求量由 D_1 减少至 D_2，消费者剩余变化＝－$(a+b)$。

（3）财政效应。在出口价格支持下，政府要按支持价格收购产品，在产品出口时按照世界市场价格出售。世界市场价格很可能低于支持价格，因而政府的财政支出增加。由于现在出口由（S_1-D_1）扩大至（S_2-D_2），因此财政支出＝$(P_s-P_w)\times(S_2-D_2)$，即财政支出效应＝－$(b+c+d)$。

综合计算，国民福利变化＝－$(b+d)$，即出口价格支持也会导致国民福利效应出现净损失。

出口价格支持与出口补贴（小国情形）尽管在经济效应方面相似，但二者实际上存在重要的区别。在实行出口补贴时，世界价格随着供求变化上下波动，政府对单位出口商品的补贴是固定的，这就意味着生产者要自己承担价格波动的风险。如果市场价格下降，出口商的收益减少，就会减少产量。与之相反，在实行出口价格支持时，国内价格被固定，政府的支出却是波动的，即随着国际市场价格的涨落而减少或增加，这就意味着市场价格波动的风险完全由政府承担，而不会影响到国内生产者的收益和产量。因此，在采取出口价格支持政策时，政府往往设立缓冲存货，在价格下降时存入，在价格上升时卖出，以减少损失。

二、限制出口措施的经济效应

（一）出口税

1. 小国出口税的经济效应

图 9－6 中 D、S 分别表示本国的总需求曲线与总供给曲线，P_w 表示自由贸易时的价格，在该价格下本国需求与供给分别为 D_1、S_1，此时出口量为（S_1-D_1）。假设现在本国对用于出口的每单位商品征收金额为 s 的出口税，在小国情形下的经济效应为：

（1）价格效应。由于征收出口税之后，在国内销售获得的单位收益大于出口的单位收益，即出口商出口单位商品得到的价格等于 P_w-s，而在国内销售得到的单位价格为 P_w，因此，原本用于出口的商品现在转向内销，这使得该产品国内供给增加。造成该产品在国内市场供大于求，该产品国内价格迅速下降。并且国内价格下降会一直持续到（P_w-s）的水平才会停止，假设该价格水平为 P_s。那么在 P_s 价格水平上，国内销售单位收益（P_s）等于出口单位收益（P_w-s），国内市场达到均衡。若价格下降到了 P_s 以下，这时出口更有利可图，厂商会进行出口，国内供给减少、出口增加，产品的国内价格开始上升，最终在 P_s 处达到均衡。因此，对单位出口商品征税会使国内价格由 P_w 下降至 P_s。

（2）生产效应。征收出口税增加了出口成本，生产者因收益的减少而缩小产量、减少出口，从而受到较大的损失。在图中表现为生产由 S_1 缩减至 S_2，生产者剩余变化＝－$(a+b+c+d)$。

（3）消费效应。由于出口减少，出口商品会进而转向国内销售，导致国内市场供给增加，价格下降，国内消费者因价格下降和消费量增加会获得一部分利益。在图 9－6 中表现为国内消费由 D_1 增加至 D_2，消费者剩余变化＝a。

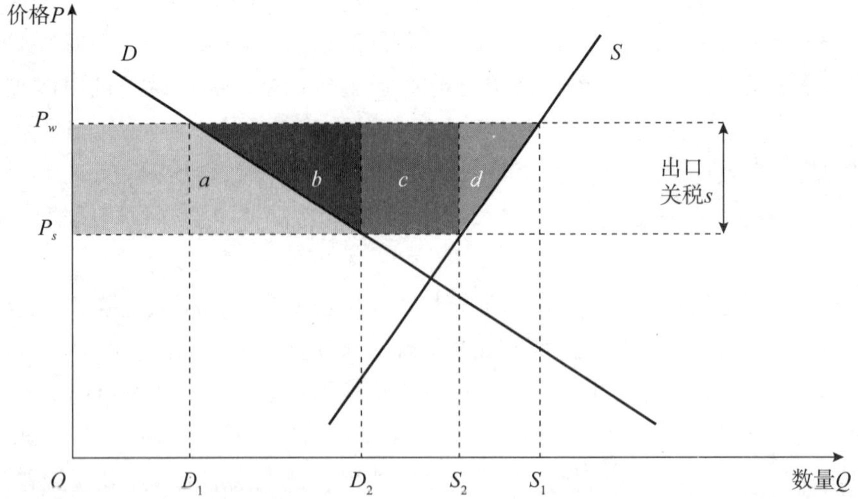

图 9-6　小国情形——出口关税的经济效应

（4）财政效应。政府通过征收出口税获得一定的财政收入。在征收出口税后本国的出口由（S_1-D_1）缩小至（S_2-D_2），因此政府财政收入$=s\times(S_2-D_2)=c$。财政效应$=c$。

总体来看，由于国内生产者的损失较大，征收出口税对整个国民经济的净效应为负，而且出口税对本国出口产业的打击尤其大，所以，采取这种措施时必须非常谨慎。结合以上分析，小国情形下征收出口税的国民净福利变化$=-(b+d)$，即国民福利遭受损失。

2. 大国出口税的经济效应

在图 9-7 中，D、S 分别表示本国的总需求曲线与总供给曲线，P_w 表示自由贸易时的产品价格，在该价格水平下出口量为（S_1-D_1）。现在本国对每单位出口商品征收金额为 s 的出口税，在大国情形下的经济效应为：

（1）价格效应。征收出口税后产品内销更有利可图，出口商减少出口，由于是大国，产品的世界价格上升，而国内供给增加使产品价格下降。当世界价格与国内价格之差等于出口税额时市场达到均衡。此时世界价格由 P_w 上升至 P_s，国内价格由 P_w 下降至（P_s-s）。

（2）生产效应。由于产品国内价格下降导致生产商产量由 S_1 减少至 S_2，生产者剩余变化$=-(a+b+c+d)$。

（3）消费效应。产品国内价格下降带动消费需求由 D_1 增加至 D_2，消费者剩余变化$=a$。

（4）财政效应。征收出口税给政府带来财政收入，并且征税后的出口量为（S_2-D_2），因此财政收入$=s\times(S_2-D_2)$，财政效应$=c+e$。

（5）总体国民福利变化$=-(b+d)+e$，e 属于大国的贸易条件效应，它的产生源于产品国际价格提高带来的贸易条件改善。因此，如果出口国是一个贸易大国，那么限制出口有可能会改善本国的贸易条件，使本国从国外获得一部分收益。

（二）出口配额

对于出口配额，无论是大国情形还是小国情形，其经济效应都与出口税类似，差别

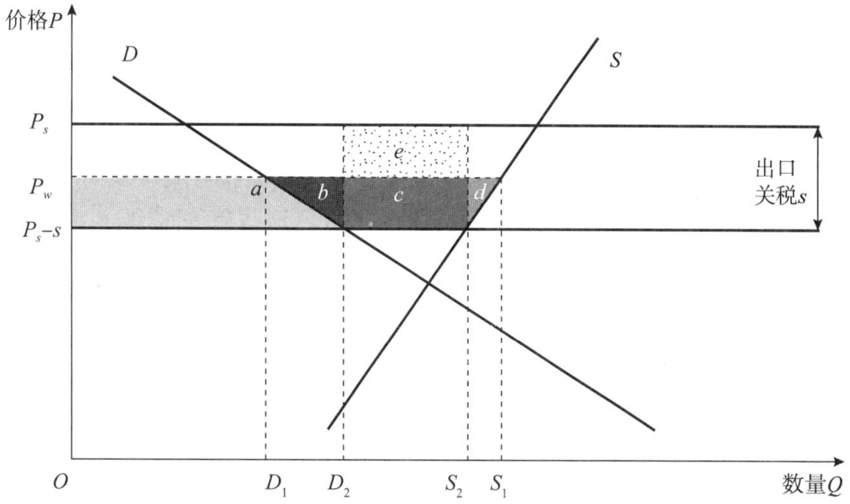

图 9-7 大国情形——出口关税的经济效应

在于在出口配额措施下政府没有税收方面的财政收入增加。当然，政府也可以通过拍卖出口配额的方法获得此类财政收入。由于其产生的经济效应与出口税类似，因此图 9-6 和图 9-7 亦适用于对出口配额的经济效应分析。

由分析我们可知，出口配额对进口国的主要经济效应为：

（1）对进口国的生产效应。如果使用出口配额的国家是一个贸易大国，对进口国而言为垄断供应者，则实行配额管理后，该种商品的世界市场价格和进口价格将上升。进口价格的上升将使进口国国内产量增加，国内生产者从中受益。

（2）对进口国的消费效应。消费者由于商品价格的上涨而减少消费量，所以消费者因出口配额而受损。

另外，在考虑进口国反应的情形下，进口国的进口价格提高，这部分进口国消费者增加的支出将转变为出口国的收入，因此该部分增加的收入也可被视为出口国的财政效应。

（三）出口禁运

（1）对被制裁国来说，其经济效应表现出一定的不确定性。一般来说，被制裁国由于进口的减少，国家将受到损失。但与此同时，非制裁国可能扩大对被制裁国的出口，从而抵消该种损失。所以，除非世界上主要的出口国均对被制裁国实行禁运，否则制裁无法达到预期的效果。

（2）对制裁国来说，其由于失去了被制裁国市场而受到一定的损失。

（3）对非制裁国来说，其由于扩大了对被制裁国的出口并提高了价格而获得一定的收益。

（4）从整个世界的角度看，出口禁运的效应表现为一定程度的净损失，其中既有被制裁国的损失，也有制裁国的损失。

（四）出口卡特尔

出口卡特尔最直接的经济效应便是价格效应和收入再分配效应。出口卡特尔通过减少出口量而提高价格，获得最大的垄断利润。这一垄断利润的一大部分是由进口国的消费者多支付的金额，属于收入再分配。采用出口卡特尔措施的结果是导致世界整体福利水平的下降。

出口卡特尔面临的需求弹性越小，对商品的提价程度便越高，因而可以越多地掠夺进口国的利益。出口卡特尔占世界市场的份额越大，它所能获得的垄断利润就越大。

但是，这些条件都是暂时的。用长远的眼光来看，这些条件都会向不利于出口卡特尔的方向发展。例如，当出口卡特尔成功地提高了商品价格后，价格的提高必然会刺激进口国努力寻求新的供应来源及替代品，使得对出口卡特尔的商品依赖度降低，出口商品的需求弹性不断增大。同时，价格的提高也会刺激非卡特尔国家努力提高出口能力，并会引起一些潜在的出口国加入竞争，增加商品供给。此外，由于出口卡特尔为提价而限制销售量，而非卡特尔国家则受提价的刺激而努力增加出口，出口卡特尔的出口量占世界市场的份额必然会越来越小。此外，某些出口卡特尔成员为追求出口收入，可能会违背协议价格和配额从而增加出口。这些因素都会使出口卡特尔的利润减少。

本章练习题

一、不定项选择题

1. 以下属于小国情形下采取出口税限制出口的经济效应的是（　　）。

A. 国内价格下降　　B. 产量降低

C. 消费需求增加　　D. 贸易条件恶化

2. 以下属于大国情形下采取出口税限制出口的经济效应的是（　　）。

A. 国内价格下降　　B. 产量降低

C. 消费需求增加　　D. 贸易条件恶化

3. 自由港和自由贸易区的共同特点是（　　）。

A. 贸易自由　　B. 金融自由

C. 投资自由　　D. 运输自由

4. 以下属于鼓励出口的贸易政策与措施的是（　　）。

A. 出口补贴　　B. 出口行业生产补贴

C. 出口价格支持　　D. 出口信贷

5. 以下属于限制出口的贸易政策与措施的是（　　）。

A. 出口补贴　　B. 出口行业生产补贴

C. 出口许可证制度　　D. 出口信贷

二、判断题

1. 外汇倾销一定能够达到增加出口并减少进口的效果。（　　）

2. 买方信贷是出口国银行向国外进口商或进口方银行提供的，用于支持本国商品出口的优惠利率贷款。（　　）

3. 卖方信贷是出口国银行向本国出口商提供的用于支持出口的低利率贷款。（　　）

4. 实现商品持续性倾销的条件之一是国外市场的需求价格弹性小于国内市场的需求价格弹性。（　　）

5. 在小国情形下，出口补贴会导致贸易条件恶化。（　　）

三、简答题

1. 鼓励出口的措施和政策有哪些？各有什么特点？
2. 出口补贴有哪些形式？政府在对企业出口补贴方面有哪些措施？
3. 外汇倾销对出口有好处吗？如有好处，必须具备什么样的条件？
4. 我国目前有哪些自由贸易试验区？简述我国自由贸易港的意义。
5. 各国政府有时为什么会限制出口？主要限制对象有哪些？
6. 分析大国情形下出口补贴的经济效应。
7. 分析小国情形下出口税的经济效应。
8. 简述出口补贴与出口价格支持的区别。

第十章
国际服务贸易

学习目标

1. 掌握国际服务贸易的定义、分类与特点。

2. 熟悉当代国际服务贸易的发展原因与发展特点。

3. 了解《服务贸易总协定》的主要内容及其发挥的作用。

本章教学重点和难点为国际服务贸易的定义和特点，以及当代国际服务贸易发展的原因和发展呈现的主要特点。

中国视角

本章以服务贸易的定义和特征为核心，结合中国服务贸易发展的实践，对中国服务贸易发展取得的成就进行了探讨，并分析了中国服务贸易对全球经济增长的重要性。具体目标包括：

1. 政治认同：通过对本章的学习，了解到中国通过一系列高水平的服务贸易改革、开放和创新，推动了服务贸易的快速发展和高质量发展，形成了服务贸易国际竞争新优势。基于本章的案例分析，牢固树立中国特色社会主义道路自信、理论自信、制度自信和文化自信。

2. 社会主义核心价值观：通过对本章的学习，了解到中国服务贸易的发展为世界经济做出了积极贡献，中国坚持开放合作、互利共赢，共享服务贸易发展，为世界经济复苏和增长做出了重要贡献。通过对这一系列内容的学习，建立和强化社会主义核心价值观，形成经世济民的理念和较高的社会责任感：不仅要为中国对外开放事业贡献力量，而且要为世界经济发展体现当代大学生应有的担当。

引导案例

2021 年我国服务贸易持续快速增长

2021 年我国服务贸易持续快速增长，服务进出口总额达 52 982.7 亿元，服务贸易逆差缩窄到 2 112.7 亿元，充分体现了我国在服务贸易领域结构调整、出口竞争力提升等方面取得的积极成效。总的来看，服务贸易逆差大幅缩减的主要原因包括几个方面：

一是我国服务业快速增长为服务贸易协调发展奠定了坚实基础。据国家统计局数据，2021 年我国服务业增加值同比增长 8.2%，占国内生产总值的比重为 53.3%。服务业新动能逐步激发，新业态新模式不断涌现；与此同时，新一代信息技术大大提高了服务的可贸易性，制造业与服务业持续融合，服务供给的质量、效率明显提升，都为服务贸易协调发展奠定了坚实基础。

二是我国知识密集型服务出口竞争力显著提升。视听服务、医疗、教育、网上零售等在线提供与线上消费大幅增长，数字支付手段大量运用，为知识密集型服务贸易快速增长拓展了空间。2021 年，我国知识密集型服务出口增长 18%；其中，个人文化和娱乐服务、知识产权使用费、电信计算机和信息服务出口分别增长 35%、26.9%、22.3%，显示出较强的出口竞争力。

三是运输服务出口快速增长。受货物贸易和价格因素的影响，全年运输服务出口持续快速增长。2021 年，我国运输服务出口额达 8 205.5 亿元，增速达 110.2%，成为服务贸易十二大领域中出口增长最快的领域。运输与知识密集型服务出口一道带动全年服务出口快速增长，增速达 31.4%，高于服务进口增速 26.6 个百分点，推动服务贸易逆差比 2020 年下降 69.5%。

四是旅行服务逆差大幅下降。近年来，旅行服务是我国服务贸易最大逆差领域。自新冠肺炎疫情暴发以来，我国旅行服务贸易逆差大幅下降，从 2019 年的 14 941.6 亿元降至 2021 年的 6 430.4 亿元。这是我国服务贸易逆差大幅下降的重要原因。

商务部发言人表示，2022 年国家将持续推进服务贸易改革、开放、创新，重点做好以下几方面工作：其一是会同有关部门扎实推进实施《“十四五”服务贸易发展规划》，落实好各项任务举措。其二是研究推动出台一批新的政策措施，大力促进数字贸易、技术贸易、对外文化贸易高质量发展。其三是探索服务贸易制度型开放路径，推动出台全国版跨境服务贸易负面清单。其四是持续推进服务贸易创新发展试点各项政策举措落地见效，总结推广更多制度创新成果。其五是遴选试点成效显著的地区，升级建设国家服务贸易创新发展示范区。大力发展数字贸易，打造数字贸易示范区，促进科技、制度双创新。其六是推进特色服务出口基地提质升级扩围，完善基地管理制度和促进体系，落实支持基地发展的各项政策措施。

资料来源：人民日报（海外版），2022-02-12.

自 20 世纪 80 年代以来，在经济全球化空前发展以及全球产业结构调整步伐加快的背景下，全球经济结构呈现出由“工业型经济”向“服务型经济”转型的趋势。当

前，主要发达国家的服务业产值均已占到其国内生产总值的70%以上，并形成了以服务业为主导的产业结构。服务业的蓬勃发展为服务贸易的迅速发展提供了坚实的基础，而科技的进步，尤其是通信技术的发展则大大提高了服务的可贸易性，世界服务贸易也因此取得了长足发展。在开放经济条件下，服务贸易带动了世界经济的迅速发展。但是，直到1994年乌拉圭回合《服务贸易总协定》（GATS）的签订，才形成对国际服务贸易的第一套多边规则，从而使得国际服务贸易活动可以在一个广为认可的法律框架内获得发展。

第一节　国际服务贸易的定义、分类与特点

一、国际服务贸易的定义

服务贸易发展的时间并不长，但其本源非常复杂，人们对服务贸易的认识各有千秋，因此对服务贸易的定义也多种多样。另外，由于服务跨国交易的复杂性，目前对国际服务贸易的内涵有着不同的表述。下面我们将介绍几种有代表性的服务贸易定义。

（一）基于国际收支统计的定义

统计学家将国民收入、国际收支平衡作为出发点，以国境作为划分标准，将服务出口解释为将服务出售给其他国家的居民，将服务进口解释为本国居民从其他国家购买服务。"居民"是指按所在国法律，基于居住期、居所、总机构或管理机构所在地等的负有纳税义务的自然人、法人和其他在税收上视同法人的团体。"贸易"是指向居住在另一国家的人销售具有价值的东西。"服务"是指任何不直接生产制成品的经济活动。

另外，服务可被定义为一系列产业、职业、行政机关的产出：空运业、银行业、保险业、旅馆业、餐饮业、理发业、教育业、建筑业、研发、娱乐业、旅游业、计算机软件业、信息业、通信业、医疗与护理业、印刷业、广告业、租赁业、汽车出租业等。因此，国际服务贸易的内涵可以被界定为这些行业部门的产出品向其他国家居民的销售。

这种以国境为界对国际服务贸易进行划分的方法，为统计专家进行服务出口和进口的计算及分类提供了方便。例如，在美国的某一美国本国的广告公司为法国生产企业提供广告设计服务，就是对法国出口美国的服务。但是，随着经济全球化的发展，跨国界的服务提供也变得越来越复杂。例如，假设在法国的一家美国国际学校为在法国的一名中国学生提供教育服务，从统计角度来看是法国对中国出口服务。但是，如果这家美国国际学校在英国办理发票，那么由美国国际学校在法国销售的服务也就成为英国对法国的服务出口。所以从这个例子可以看出，基于国际收支统计的服务贸易定义难免有一些"灰色区域"难以界定。

（二）联合国贸易和发展会议关于国际服务贸易的定义

联合国贸易和发展会议利用过境现象阐述服务贸易，将国际服务贸易定义为货物的

加工、装配、维修以及货币、人员、信息等生产要素为非本国居民提供服务并取得收入的活动，是一国与他国进行服务交换的行为。

狭义的国际服务贸易，是指发生在不同国家之间的符合严格服务定义的直接服务输出与输入活动，是无形的贸易。广义的国际服务贸易既包括有形的劳动力的输出输入，也包括无形的提供者与使用者在没有实体接触的情况下的交易活动，如专利技术贸易、卫星传送与传播等。通常所说的服务贸易是指广义的国际服务贸易。

（三）《服务贸易总协定》关于服务贸易内涵的界定

现实中，一些服务与跨国界贸易的货物一样，是可以在国家之间进行贸易的，而另一些服务则需要消费者移动到服务提供者所在地，如旅游。世界贸易组织负责实施的《服务贸易总协定》根据国际服务贸易的提供方式将服务贸易定义为四种形式。

（1）跨境交付（cross-border supply）：由一个成员境内向另一个成员境内提供的服务。在这种形式下，服务提供者和被提供者分别在本国境内，并不移动过境。所以，这种服务提供方式往往要借助远程通信手段，或者就是远程通信服务本身。例如，国际电话通信服务就属于这种形式。

（2）境外消费（consumption abroad）：在一个成员境内向任何其他成员的消费者提供的服务。在这种服务提供形式下，服务的被提供者，也就是消费者跨过国境进入提供者所在的国家或地区接受服务。出国旅游、出国留学实际上接受的都是这种服务提供方式。

（3）商业存在（commercial presence）：通过一个成员的商业实体在任何其他成员境内的存在而提供的服务。这种商业实体或商业存在实际上就是外商投资企业。其企业形式可以采取独立的法人形式，也可以仅仅是一个分支机构或代表处。在这里，服务的提供是以直接投资为基础的，其提供涉及资本和专业人士的跨国流动。例如，外资银行提供的服务就属于这种形式。

（4）自然人的流动（movement of personnel）：由一个成员为在任何其他成员境内的个人提供的服务。这种形式涉及提供者作为自然人的跨国流动。与商业存在不同的是，它不涉及投资行为。例如，我们请一个国外著名会计师事务所的注册会计师前来做财务咨询以及进行讲学，那么这可以被看作“自然人的流动”。但如果该事务所来中国开设了一个分支机构，那就是“商业存在”了。

应该指出，上述定义中无论是跨境交付、境外消费，还是商业存在和自然人的流动，其定义都是宽泛的，有些内涵还有交叉。这是因为在乌拉圭回合多边服务贸易谈判中，服务贸易谈判委员会在一些发达国家的要求下，尽可能多地把各种服务贸易纳入谈判内容。实际上，服务的提供往往不是通过一种方式就能完成的，而是通过几种方式的混合才能实现。但不论是通过一种方式还是通过几种方式联合完成的服务贸易，都不与上述作为一个整体的服务贸易定义相冲突。目前，上述定义已成为国际服务贸易的权威性定义，被世界各国普遍接受。

二、国际服务贸易的分类

1991 年，关贸总协定编写出“服务部门分类”目录，这一目录是关贸总协定与各缔约方磋商的结果。该目录分列出缔约方境内服务规章所涉及的部门及分部门，但它只是一个谈判目录，不是一个统计分类。这个目录将服务部门划分为 12 个部门，包括商业服务，通信服务，建筑及相关工程服务，经销服务，教育服务，环保服务，金融服务，保健和社会服务，旅游及与旅游相关的服务，娱乐、文化和体育服务，运输服务，以及别处未包括的其他服务。

在世界贸易组织公布的统计数据中，国际服务贸易被定名为商业性服务贸易，包括运输服务贸易、旅游服务贸易和其他商业性服务贸易三大类，其中的具体部门分类如下所示。

（一）运输服务

（1）海运服务（sea transportation services）。

（2）空运服务（air transportation services）。

（3）其他运输形式服务（other transportation services），包括陆路运输、国内水路运输和管道运输，涉及人员运送、货物移动以及利用相关设施和人员提供的与运输相关的服务。

（二）旅游服务

（1）个人旅行者由于健康、受教育或其他原因获取的货物与服务。

（2）商务旅行者由于健康、受教育或其他原因获取的货物与服务。

与其他形式的服务不同，旅游服务不属于某种特定类型的服务，而是依据旅行者消费的货物与服务进行分类，货物与服务通常包括住宿、食品与饮料、娱乐、交通（运输）、礼品、纪念品等。

（三）其他商业性服务

（1）通信服务（communication services），包括电信、邮政、递送等服务。

（2）建筑服务（construction services）。

（3）保险服务（insurance services）。

（4）金融服务（financial services）。

（5）计算机与信息服务（computer and information services），包括新闻机构提供的服务等。

（6）特许与许可服务（royalties and license services），包括与无形非金融资产和财产权利利用相关的收入与支出，如专利、版权、商标、工业流程的使用、特许权的获得等。

（7）其他商务服务（other business services），包括与货物贸易有关的服务、经营性租赁、杂务、专业技术性服务等，如法律、会计、管理咨询、公共关系、广告、市场调研、公共意见收集、研究与开发、建筑设计、工程设计和其他技术性服务、农业、矿业和其他露天作业设计等。

(8) 个人、文化与娱乐服务（personal，cultural and recreational services），如视听服务等。

三、国际服务贸易的特点

国际服务贸易是各国之间发生的非实物形态的进口和出口，其所提供的服务不是物化为实物成果形式的活劳动。所以，相对于有形商品贸易而言，服务贸易又被称为无形贸易。同时，服务贸易又往往与科学技术及各种生产要素密切结合、相伴而行。这就使服务贸易与商品贸易相比有自己的特点。

（一）国际服务贸易市场与国际商品贸易市场不同

在国际商品贸易市场上，贸易双方的交换与交换后商品的享用是两个过程，在时间和空间上可以分离。国际服务贸易则不同，国际服务贸易市场同时是服务活动得以进行的场所。服务提供者与服务需求者的交换与劳动服务是同一过程。换句话说，服务方进行有报酬的劳动服务活动时便使服务需求得到满足。服务的供给和需求，或者说服务输出与服务输入在同时、同地、同一过程中实现。

（二）国际服务贸易与国际商品贸易相辅相成、相互促进

一方面，国际商品贸易的发展会刺激与国际商品贸易有关的服务贸易的发展，如运输和保险等。许多商品生产行业出现的生产和销售的国际化促进了服务的国际化，各国企业更多地把目光投向国外以寻求规模经济效益和低成本，这些都使得服务无论是在生产的中间投入阶段还是在产品的最终销售阶段都发挥着越来越重要的作用。企业要开辟国际市场，首先要解决下列问题：一是在设计和营销产品时要有国外市场结构的详细信息；二是不同市场要求具有相应的促销手段；三是要满足各国消费者售后服务的要求；四是由于国际贸易要跨越国境，企业不可避免地会遇到各种障碍，如语言、关税、法律和各种管制等。处理这些问题都增加了对服务业的需求。实际上，企业跨国发展的各种成本因素，绝大多数是指提供各种服务的成本。当代世界市场的竞争已从价格竞争转向非价格竞争，一个国家在世界市场的竞争中能否占据优势，在很大程度上取决于该国能否为商品交换提供高水平的国际服务。

另一方面，传统服务贸易的发展以及新型服务贸易的出现也会刺激商品贸易的发展。例如，运输服务的发展增加了对汽车、飞机、卡车等交通工具的贸易需求；数据处理和通信服务需求的增长促进了对微机、大型计算机网络、程控电话设备、通信卫星等商品的需求；文化娱乐服务的消费也大大推动了电子产品的问世，如卡拉 OK 机、大屏幕电视机等。

（三）国际服务贸易与国际生产要素移动密切融合

国际服务贸易与国际商品贸易的一个重要区别在于，国际服务贸易的发展往往伴有

各种生产要素的跨国界移动。以人力资本为例，历史上的劳务输出是一种对劳动力的贩卖和掠夺。劳动力输出国多为殖民地半殖民地等落后国家，因此不可能同时伴有商品输出、技术输出、资金输出。在现代科学技术和经济发展的新形势下，国家与国家之间进行全面的经济合作，以服务贸易方式输出劳动力要素的同时，往往伴随着技术输出、商品输出和资本输出。当前服务业跨国公司的发展已超过了制造业跨国公司的发展，许多著名的国际服务公司，如国际电话电报公司、麦当劳公司、第一花旗银行财团等，不断拓宽其所经营服务贸易的业务范围，特别是不断加强在技术先进、资本密集度高的服务领域的投资，以便进一步垄断和控制国际服务贸易市场。

（四）国际服务贸易壁垒复杂繁多、限制严厉

国际服务贸易壁垒是指进口国采取一系列措施对国外生产的服务在本国的销售和提供制造某种障碍，以拒外国服务于国门之外。国际服务贸易壁垒往往以非关税壁垒的形式出现，且具有很强的隐蔽性。大量服务贸易壁垒植根于一国国内的各种法律、法规之中，有时甚至是无形的，令外国服务提供者难以应付，因而更具保护作用。据不完全统计，目前国际服务贸易壁垒多达 2 000 种，而且，无论是在形式上还是在内容上，服务贸易壁垒均远比商品贸易壁垒复杂严厉，是当前贸易保护主义发展的重点和方向。结果是国际服务贸易领域的摩擦与冲突愈演愈烈，直接影响到国际贸易的发展。正是鉴于以上原因，世界贸易组织的前身关贸总协定在乌拉圭回合谈判中将国际服务贸易列入了多边谈判的内容，并形成了国际服务贸易多边框架协定——《服务贸易总协定》。《服务贸易总协定》在尊重国家政策目标的前提下，通过促进所有缔约方的互惠利益和确保权利与义务总体平衡，为服务贸易逐步达到一个更高水平的自由化奠定了基础。

第二节　当代国际服务贸易发展的原因与特点

一、国际服务贸易发展的原因

国际服务贸易的蓬勃兴起是世界贸易结构的重大变化之一。特别是自 20 世纪 80 年代以来，国际服务贸易发展迅速，规模巨大，形式多样，并在许多方面促进了整个世界贸易的发展。近年来，国际服务贸易迅速发展主要有以下几个方面原因：

（一）科学技术的进步促进了服务贸易的繁荣

科学技术的日新月异为各种服务业的发展注入了活力，使得如时间和距离这样的因素的重要性大大降低。科技的进步不仅使信息能在瞬间传递，而且使某一时间提供服务并在以后消费成为可能，如金融、咨询、医疗、教育等原来是面对面的服务方式越来越多地采用远距离信息传递的方式，服务的可贸易性成分显著增多。科学技术的发展还大大拓展了传统的服务贸易领域，产生了许多新型服务贸易项目。科学技术的发展解放了大批劳动力，而这些劳动力自身素质的提高又为国际服务贸易的进一步发展提供了不可

或缺的人力资源。

技术进步带来的服务贸易的发展不仅便利了商品的国际化生产和消费，而且促进了其本身的生产和消费。例如，通信服务业的发展带动了广播电视业的繁荣；运输服务业的发展推动了国际旅游业的兴旺，旅游业的兴旺又使旅行支票、信用卡等新型金融服务项目应运而生，对这些新型金融服务需求的增长则又成为信息传递、通信业增长的新源泉。

（二）世界产业结构的变化推动了服务贸易的迅速发展

按照发展经济学的经济增长阶段论，随着国家经济能力的增长，该国的产业结构将依次提升，逐步由农业经济过渡到工业经济，再由工业经济发展到服务经济。第二次世界大战后，世界产业结构的变化正表现为这样的趋势：传统制造业的比重相对下降，服务业的地位提升，服务业在各国 GDP 和就业中的比重不断提高。2015 年在世界 GDP 中，服务业的产值占 69.1%，制造业占 27.1%，而农业仅占 3.8%。当前，主要发达国家服务业占 GDP 的比重均已超过 70%。2018 年，美国服务业增加值占 GDP 的比重高达 76.9%。

发展中国家的第三产业虽然起步较晚，但自 20 世纪六七十年代以来也有了长足的发展，占产值和就业的比重都呈上升趋势，发展中国家服务业占 GDP 的比重也从 1980 年的 41%提高到 2012 年的 50%。在国民经济日益向服务化方向发展的趋势下，国家间相互提供的服务贸易量也就大大增加了。

（三）国际货物贸易与国际投资带动服务贸易发展

自第二次世界大战以来，国际货物贸易流量不断扩大。以世界货物贸易出口总值为例，1950 年总计为 618 亿美元，2008 年达到 161 501 亿美元，在近 60 年的时间内增长了 260 倍，远远超过同期世界工业生产总值和国民生产总值的增长速度。金融危机后，世界货物贸易出口规模有所下降，2009 年将为 125 583 亿美元。随后世界货物贸易出口规模整体呈上升趋势，2019 年为 190 191 亿美元。在货物贸易高速增长的带动下，同货物进出口直接关联的传统服务贸易项目，如国际运输服务、国际货物保险服务、国际结算服务等，都相应地在规模上、数量上成倍增长，而国际投资的迅速扩大和向服务业倾斜，不仅带动了国际货物贸易的增长，而且带动了国际服务贸易的迅猛增长，特别是国际投资作为要素服务项目，其迅速扩张本身就构成海外服务贸易流量的扩大。

（四）跨国公司的扩张促进了服务的国际化

跨国公司国际化经营活动的开展，带来了资本、技术、人才的国际流动，促进了与其相关或为其服务的国际服务贸易的发展。具体而言，

（1）跨国公司在世界范围的扩张过程中带进了大量追随性服务。如设立为本公司服务的专业性公司，这些服务子公司除满足本公司的需求外，也向东道国的消费者提供服务，从而促进了东道国服务市场的发展。

（2）跨国公司在国际服务市场上提供的银行、保险、会计、法律、咨询等专业服务，也随着跨国公司的进入在东道国市场上获得渗透和发展。

（3）制造业跨国公司对海外的直接投资，产生了“企业移民”，这种企业移民属于服

务跨国流动的一种形式。随着设备技术的转移，其技术人员和管理人员也产生流动，因而带动了服务的出口。

（五）各国政府的支持推动了服务贸易迅速发展

由于国际服务贸易自20世纪80年代以来的迅速发展，国际服务贸易市场的竞争日趋激烈，各国为了自己的利益都加大了国际服务贸易的发展力度，并加强了对国际服务贸易领域的研究。特别是自1986年国际服务贸易成为乌拉圭回合的新议题以来，国际服务贸易和国内服务业的发展更是成为政府、工商界和学术界关注的热点。许多发达国家政府拨款资助学术界和智囊机构对这一领域进行专项研究，分析国际服务贸易的经济学含义、现实发展状况、争夺世界市场的策略以及各种可能的政策行为等。而发展中国家一方面对开放金融、保险、运输及商业销售等市场仍持谨慎的保护主义态度，另一方面也开始重视这一领域的研究。有些国家甚至开始组建对本国的服务业状况和外国的服务业状况进行专门的研究和评价的机构，力图在这一新的国际经贸领域中真正做到知己知彼，以便在进入和开放国际服务贸易市场的实践中处于主动地位。

各国政府普遍采取了政府干预方式来大力扶植和发展服务业，也采取了诸多措施来保护国内服务市场，主要有：

（1）建立服务自由贸易区，在区域内减免税收和减少其他管制。

（2）政府鼓励投资、加速服务行业的发展，并有意识地利用外资发展本国落后的服务业。

（3）大力发展信息及电信技术设施，鼓励跨越国境的服务。

（4）提供财政支持，建立新的基础设施，改造旧的服务设施。

（5）各国普遍采取措施大力发展教育，努力提高人力资本素质。

（6）支持和鼓励区域间服务部门的合作和一体化。

（六）国际服务合作的扩大促使服务贸易发展壮大

随着世界经济相互依赖程度的加深，国际经济合作方式越来越多样化，从而为国际服务合作的扩大创造了条件。国际服务合作指拥有工程等技术人员与劳动力的国家和地区，通过签订合同，向缺乏工程技术人员与劳动力的国家和地区提供所需服务，并由接受服务一方付给报酬的一种国际经济合作。国际服务合作主要有以下几种方式：

（1）承包外国各类工程，即提供工程设计服务和承包施工服务等。

（2）服务输出，如派出各类技术工人、海员、厨师、医生、工程师、会计等从事体力和脑力劳动的人员，为输入国提供服务。

（3）各种技术性服务出口或生产技术合作，如出口各种技术、专利、科技知识、科研成果和工艺等知识产权形态的产品。

（4）向国外租赁配有操作人员的各种大型机械。

（5）向海外提供咨询服务，如提供计算机软件使用以及经营管理铁路、公路、电力工程等方面的咨询服务。

这种经济交往，既促进了输入国的经济发展，也有利于服务出口国的经济效益和科技水平的提高。国际服务合作已成为世界各国进行国际经济交往的重要方式和内容。

二、当代国际服务贸易发展的特点

随着《服务贸易总协定》的签订及生效，国际服务贸易日益得到各国的重视，并已成为世界经济竞争的又一热点。纵观当代国际服务贸易的发展，主要呈现以下六种趋势：

（一）国际服务贸易总量持续快速增长

随着经济全球化程度的加深和国际产业结构的调整，国际服务贸易经历了长足发展。1980—2014 年间，国际服务贸易的出口额从 3 957 亿美元增加到 52 406 亿美元，增长了 12.24 倍。2015—2019 年，国际服务贸易额呈增长态势，在此期间增长了 12 282 亿美元。

国际服务贸易的规模与国际商品贸易的规模共同增长，近年来国际服务贸易的增速略高于国际商品贸易。20 世纪 70 年代期间，国际服务贸易出口与国际商品贸易出口均保持快速增长且大体持平，年均增长 17.8%。进入 20 世纪 80 年代之后，国际服务贸易出口的平均增速开始高于国际商品贸易，80 年代后期年均增幅更是超过 10%。到了 20 世纪 90 年代，国际服务贸易的平均增速呈波动下降趋势，约为 6%，恢复到与国际商品贸易基本持平的状态。其间乌拉圭回合《服务贸易总协定》于 1994 年最终签署，成为国际服务贸易全球化发展的标志性事件。进入 21 世纪后，国际服务贸易的出口进入稳定增长期，增幅开始逐渐回升。

相关案例

无形资产服务贸易

贸易正在变得越来越无形，无形资产服务贸易在国际贸易中的重要性正在增加，在国际贸易中日益重要。无形资产包括专利、商标、版权、品牌名称、产品设计、软件、数据库和某些类型的商业组织结构。

全球价值链中的国际贸易构成了一种新的国际分工，领头企业专注于高附加值的任务，如研发、产品设计、品牌、营销和零售，而非领头企业负责原材料和制造零部件的转化以及最终产品的组装和测试。以价值链为基础的现代贸易不仅加快了中间贸易的流动，创造了一种新的无形资产出口方式，扩大了国家间传统的最终产品或初级产品的交换范围，而且显著加强了无形资产在国际贸易中的作用。在附加值方面，知识产权和其他无形资产在价值链上制造和交易的产品中平均增加的价值是有形资本的两倍。三分之一的产品价值来自无形资产，如技术和品牌。对于一些高科技产品和知名品牌，知识产权占附加值的比重更高。例如，在 iPhone X 中，苹果嵌入手机的无形资产占 iPhone 1 000 美元零售价的近 59%。同样，耐克公司凭借其强大的品牌、积极的营销活动和创新设计，在全球市场销售的产品中平均获得了 43.8%的附加值。

由此可以看出，无形资产服务贸易在国际贸易中占据着越来越重要的位置，也成为国际竞争能力的重要因素，并获得了高额附加值。

资料来源：根据《2021 年全球价值链发展报告》整理而成。

（二）国际服务贸易结构进一步优化

国际服务贸易的另一发展特点便是国际服务贸易结构从传统的劳动、自然资源密集型服务转向资本、技术、知识密集型服务。自 20 世纪 80 年代以来，以国际通信服务、国际银行与保险服务、国际管理咨询服务等为代表的资本密集型、知识密集型服务贸易发展迅速，而传统的国际运输、旅游以及劳务输出与输入服务贸易的发展则呈现出极不平衡的状况。

由于第三次产业革命，通信、金融以及各种信息产业、高新技术产业得以迅速崛起并快速进入服务贸易领域。在世界服务贸易的构成中，1980 年国际运输服务占 33.85%，国际旅游服务占 26.16%，通信服务、建筑服务、金融服务、保险服务、计算机与信息服务、特许与许可服务等其他服务仅占 39.99%。但到了 2016 年，国际运输服务的比重下降到 16.93%，国际旅游服务的比重下降到 24.25%，而通信、金融等其他服务的比重则上升至 58.82%。2020 年，国际运输服务与国际旅游服务的占比更是进一步下降，分别降至 16.65%与 11.01%，而金融、通信等其他服务的占比相对上升，在世界服务贸易中占据着越来越重要的地位。

（三）国际服务贸易在地区间发展不平衡

由于世界各国经济和服务业发展严重不平衡，各国的对外服务贸易水平及在国际服务贸易市场上的竞争实力差距悬殊。与国际商品贸易领域相比较，全球各地区和各国服务贸易发展的不对称性更加突出。

从服务贸易区域分布来看，2020 年，欧洲出口了世界 50.4%的服务，亚洲和美洲紧随其后，分别是 28.3%和 18.4%，而非洲只占 1.7%。从服务贸易的国别分布来看，发达国家一直是服务贸易的主导者，占据了世界服务贸易总额的大部分比重。1980 年，发达国家服务贸易出口额占世界服务贸易出口总额的 78.9%。1980—2007 年，美国、英国、德国、法国和日本一直居服务贸易出口前 5 位。近年来，随着发展中国家对服务贸易的重视，发展中国家在服务贸易出口方面的地位趋于上升，但发达国家仍然占服务贸易的主导地位。2016 年，发达国家服务贸易出口占世界的比重为 70.5%，2020 年，这一比重上升至 71.8%，而居服务贸易出口前十位的国家中仅有中国和印度两个发展中国家，分别居第四位和第七位。从服务贸易商品结构来看，发达国家普遍在知识、技术密集型服务上具有较强的竞争优势，而发展中国家则以劳动密集型服务的出口为主。

（四）跨国公司成为国际服务贸易的主体

与商品贸易相比，许多服务贸易只有通过跨国公司在国外的附属企业生产才能供应外国市场。跨国公司是对外直接投资的主要载体，因此，跨国公司也就日趋成为世界服务贸易的主体。一方面，跨国公司是推动国际服务贸易迅速发展的直接动因。跨国公司国际化经营活动的开展带来了资本、技术、人才的国际流动；同时，跨国公司日益成为产品开发设计和经营咨询服务中心，有的还分化出越来越多的提供各种服务的专业化公司。另一方面，为了提高国际竞争力，跨国公司需要国际服务这一“黏合剂”。跨国公司利用其雄厚的技术、资金和信息实力占领和垄断国际服务贸易市场。

跨国公司对外直接投资结构的变化特点可以明显地反映上述特征。从 20 世纪 70 年代开始，跨国公司对金融、保险等服务业部门的投资比重趋于上升，从而使金融服务业和制造业并驾齐驱，成为对外投资的重点行业。20 世纪 90 年代初，服务业占对外直接投资总额的 50%，制造业只占 1/3，农业占 1/6。目前，服务业占对外直接投资的比重接近 70%。可见，服务业已成为跨国公司对外投资的重点。

（五）商业存在成为国际服务贸易的主要方式

按照世界贸易组织的定义，国际服务贸易有四种供应模式，包括跨境交付、境外消费、商业存在和自然人的流动。由于服务产品的无形性、不可储存性，在消费国内部通过商业存在提供服务有利于服务提供者的批量生产，取得规模效益，降低成本和价格，所以，服务业跨国直接投资超过制造业，成为吸引外资最多的产业。商业存在需要通过对外直接投资实现。从 20 世纪 70 年代开始，由外国直接投资产生的、通过外国商业存在实现的国际服务贸易规模迅速扩大。目前，通过商业存在实现的服务贸易已经超过全球的一半。

（六）服务贸易自由化与贸易壁垒并存

自 20 世纪 80 年代以来，随着世界经济进入“后工业化”阶段，主要发达国家的服务业迅速发展壮大，国内服务市场日趋饱和。由于服务业的对外贸易对发达国家弥补国际收支、平衡外汇、提供就业等方面起着日益重要的作用，所以以美国为首的发达国家积极倡导在全球范围内实现服务贸易自由化。在这种趋势下，关贸总协定在第八回合的多边贸易谈判中，将服务贸易列入了谈判议题，并达成了《服务贸易总协定》。《服务贸易总协定》的签署与实施，为各国参与国际服务贸易提供了一个多边框架规则，标志着国际服务贸易自由化时代的到来。

但是，服务业中的一些敏感性领域，如金融、保险、通信以及航空运输等，往往关系到服务贸易输入国的主权和安全，因此这些服务贸易的开放对国家经济安全造成了极大威胁。另外，由于各国经济发展水平与阶段不同，在国际分工中处于不同的地位，各国从服务贸易的自由化和全球化中获取的利益是不对等的。为保护国内某些弱势服务产业，国际竞争力较弱的国家往往对本国服务市场的开放施加诸多限制，例如，服务产品移动壁垒、资本移动壁垒、人员移动壁垒和商业存在壁垒。由此，在国际服务贸易中形成了服务贸易自由化趋势与服务贸易壁垒共存的现象。

相关案例

新冠肺炎疫情对国际服务贸易的影响

2020 年，世界范围内爆发的新冠肺炎疫情，严重冲击了国际服务贸易。其中，旅游和运输服务业受到的打击最为严重。2020 年第二季度，国际旅游支出同比下降了

81%，交通费下降了29%。运输服务业的下降与2009年受金融危机影响时的下降相似。然而，与2009年不同的是，运输服务贸易的下降主要是由于客运限制和国际旅行需求的下降，而不是由于货运急剧下降。

其他商业服务受到的新冠肺炎大流行的影响存在差异。建筑，个人、文化和娱乐服务等同比增速急剧下降，计算机、金融和保险服务行业继续增长。由于新冠肺炎疫情导致许多国家推迟或暂停建设项目，2020年全球建筑出口下降了18%。在向远程工作转变和数字化程度提高的推动下，2020年，许多国家或地区的计算机服务出口实现了两位数的增长，这与其他服务部门的下降形成了鲜明对比。2020年，美国计算机软件出口增长了13%，主要面向欧盟（22%）、加拿大（12.6%）、日本（10.9%）、英国（9.1%）和瑞士（6%）。同年，美国云计算和数据存储服务出口增长了25%，占美国计算机服务出口的16.8%，高于2015年的7.8%。在商业服务构成方面，2020年，运输和旅行占服务贸易总额的比重从43%降至31%。金融服务、法律服务、计算机服务和专业服务等其他商业服务所占份额从54%增加到66%。

资料来源：根据《2021年世界贸易统计评论》整理。

第三节 《服务贸易总协定》

国际服务贸易的迅速发展及其在国际经济活动中地位的不断加强和竞争的日趋激烈，使许多国家都认为必须建立一个国际服务贸易的多边协定，以克服不断增长的保护主义，促进国际服务贸易的发展，从而推动整个世界经济的繁荣。在这种趋势的推动下，关贸总协定在第八回合即乌拉圭回合谈判中首次将服务贸易作为谈判的重要议题，经各方长期努力，最终达成了《服务贸易总协定》，并于1994年4月15日在马拉喀什正式签署，于1995年1月1日正式生效。

一、《服务贸易总协定》产生的背景

（一）发达经济体积极倡导服务贸易自由化

在经历1979—1982年经济危机后，美国经济增长缓慢，在国际货物贸易中逆差日增，而在服务贸易中却占据明显优势，连年顺差。以1984年为例，美国的商品贸易有1 140亿美元的逆差，而服务贸易却有140亿美元的顺差。由于美国在许多服务行业如金融、保险、数据处理、专业服务、电信、广告、影视娱乐等部门都具有明显的优势，作为世界最大的服务贸易出口国，美国急切地希望打开其他经济体的服务贸易市场，通过大量的服务贸易出口来弥补贸易逆差，推动经济增长。但世界各经济体对服务贸易有不同程度的限制，这成为美国利益最大化的障碍。为了促使国际社会在服务贸易方面达成有利于美国的国际协定，以帮助其打开海外的服务市场，弥补长期以来在货物贸易方面的巨额逆差，美国在关贸总协定内极力主张建立服务贸易自由化的国际规

则。因此，美国积极倡导实行全球服务贸易自由化。

（二）发展中经济体对服务贸易自由化的态度发生转变

当美国开始提出服务贸易问题时，绝大多数发展中经济体都坚决反对服务贸易自由化，主要原因有：首先，服务业中的许多部门，例如银行、保险、证券、通信、信息、咨询、专业服务（如法律、会计等）都是一些资本-知识密集型行业，在发展中经济体中这些行业是很薄弱的，不具备竞争优势；其次，发展中经济体的服务部门尚未成熟，难以抵挡发达经济体激烈竞争的冲击，过早地实行服务贸易自由化会挤垮这些尚处于幼稚阶段的民族服务业，因此，在这些行业获得竞争力以前，不会实施开放政策；最后，有些服务行业还涉及国家主权、机密和安全。

随着发达经济体在服务贸易谈判问题上的认识逐步统一，发展中经济体坚决抵制的立场有所变化。首先，一些新兴的发展中经济体的某些服务行业已取得相当大的优势，如韩国的建筑工程承包业就具有一定的国际竞争力，新加坡的航空运输业在资本、成本和服务质量上也具有明显的优势，这些经济体希望通过谈判扩大本国优势服务的出口。其次，大部分发展中经济体一方面迫于来自发达经济体的压力，另一方面也认识到如果不积极地参与服务贸易谈判，将会形成由发达经济体制定服务贸易规则，而自己只能成为被动的接受者，利益会受到更大损害的局面。因此，许多发展中经济体也先后表示愿意参加服务贸易谈判。

（三）乌拉圭回合关于服务贸易的谈判

乌拉圭回合服务贸易谈判大体经历了三个阶段。

第一阶段：1986 年 10 月—1988 年 11 月。谈判的主要内容包括：服务贸易定义；适用服务贸易的一般原则、规则；服务贸易协定的范围；现行国际规则、协定的规定；服务贸易的发展及壁垒；等等。这一阶段各国的分歧很大，主要集中在对国际服务贸易如何界定的问题上，发展中经济体要求对国际服务贸易下比较狭窄的定义，将跨国公司内部交易和诸如金融、保险、咨询、法律规范服务等不必跨越国境的交易排除在外，而美国等发达经济体主张较为广泛的定义，将所有涉及不同国民或国土的服务贸易都归为国际服务贸易一类。多边谈判最终基本采取了当时欧共体（现在的欧盟）的折中意见，即不预先确定谈判的范围，根据谈判需要对国际服务贸易采取不同定义。

第二阶段：1988 年 12 月—1990 年 6 月。1988 年 12 月在加拿大的蒙特利尔举行了中期评审会谈，谈判重点集中在透明度、逐步自由化、国民待遇①、最惠国待遇、市场准入、发展中经济体的更多参与、例外和保障条款以及境内规章等原则在服务部门的运用方面。1989 年 4 月，服务贸易工作组举行会议，决定开始对电信和建筑部门进行审查，然后又审查了运输、旅游、金融和专业服务部门，这样就进入了“部门测

---

① 国民待遇原则是世界贸易组织的基本法律原则之一，是指在民事权利方面一个经济体给予在其国境内的外国公民和企业与其国内公民、企业同等待遇，而非政治方面的待遇。国民待遇原则是最惠国待遇原则的重要补充。

试”过程。与此同时，各经济体的代表同意采纳一套服务贸易的准则，以消除服务贸易谈判中的诸多障碍。各经济体分别提出自己的方案，阐述了自己的立场和观点。1990 年 5 月，中国、印度、喀麦隆、埃及、肯尼亚、尼日利亚和坦桑尼亚 7 个亚非经济体向服务贸易谈判组联合提交了“服务贸易多边框架原则与规则提案”，即“亚非提案”，对最惠国待遇、透明度、发展中经济体的更多参与等一般义务与市场准入、国民待遇等特定义务做了区分。后来，《服务贸易总协定》采纳了“亚非提案”的主张，承认成员发展水平存在差异，对发展中经济体做出了很多保留和例外，这在很大程度上反映了发展中经济体的利益与要求。

第三阶段：1990 年 7 月—1993 年 2 月。1990 年 7 月服务贸易谈判组举行高级官员会议，各方代表对于国民待遇、最惠国待遇等原则在服务贸易领域的适用已达成共识，但在各经济体开放和不开放服务部门的列举方式上，出现了“肯定列表”和“否定列表”之争。美国和加拿大等发达经济体提出“否定列表”方式，要求各经济体将目前无法实施自由化原则的部门清单列在框架协议的附录中作为保留，部门清单一经提出，便不能再增加，并承诺在一定期限内逐步减少不予开放的部门。发展中经济体则提出“肯定列表”方式，即各经济体列出能够开放的部门清单，之后可随时增加开放的部门数量。这对于服务业相对落后的经济体来说较为灵活。因为服务贸易范围广泛且不断扩大，发展中经济体难以预先将本国不能开放的部门全部列举出来，如果采用“否定列表”方式将会带来难以预料的后果。后来《服务贸易总协定》采纳了发展中经济体的主张，对市场准入和国民待遇等特定义务按“肯定列表”方式加以确定，从而使发展中经济体的利益有了一定程度的保障。在 1990 年 12 月 3—7 日的布鲁塞尔部长级会议上，服务贸易谈判组修订了“服务贸易总协定多边框架协议草案”文本。经过进一步谈判，在 1991 年底形成了《服务贸易总协定》草案。该草案规定了最惠国待遇、透明度、发展中经济体的更多参与、市场准入、国民待遇、争端解决等重要条款，基本上确定了协定的结构框架。经过各经济体的继续磋商谈判，协议草案根据各经济体的要求进一步修改。1993 年 12 月 5 日，贸易谈判委员会在搁置了数项一时难以解决的具体服务部门谈判后，最终于 1994 年 4 月 15 日通过了《服务贸易总协定》。

《服务贸易总协定》于 1995 年 1 月 1 日和世界贸易组织同时生效。至此，持续了 7 年多的乌拉圭回合谈判终于宣告结束。虽然有几个具体服务部门的协议尚待进一步磋商谈判，但作为多边贸易体制下规范国际服务贸易的框架性法律文件，《服务贸易总协定》的出现是服务贸易自由化进程中的一个里程碑。

二、《服务贸易总协定》的主要内容

《服务贸易总协定》由三大部分组成：一是协定条款；二是部门协议；三是初步承诺减让表。

（一）《服务贸易总协定》条款

《服务贸易总协定》由序言和 6 个部分 29 个条款组成。前 28 条为框架协议，规定了服务贸易自由化的原则和规则；第 29 条为附件，共有 8 个附件。该协定希望建立一个服务贸易准则和规定的多边框架，从而在透明和逐步自由化的条件下扩大服务贸易，并以此促进各方的经济增长和发展中国家的经济与社会发展。该协定的主要内容包括以下几个方面。

1. 范围和定义

《服务贸易总协定》适用于各成员影响服务贸易的各种措施和“服务部门参考清单”所列 12 种服务部门的服务贸易，并确定服务贸易的定义包括跨境交付、境外消费、商业存在和自然人的流动四个方面的含义。

2. 义务和原则

《服务贸易总协定》所规定的义务分为两类：一类是普遍性义务，指适用于各个部门的义务。例如，不论成员是否开放这个或这些部门，都必须相互给予无条件最惠国待遇。另一类是具体承诺义务，是指经过双边或多边谈判达成协议所承担的义务。这些义务（如市场准入和国民待遇）只适用于各成员承诺开放的服务部门，而不适用于未开放的服务部门。

《服务贸易总协定》所规定的一些原则与关贸总协定的基本原则相似，但由于服务贸易与货物贸易有所不同，所以具有了特定的含义。

（1）最惠国待遇原则。这一原则是多边商品贸易的基础，也是多边服务贸易的基础，各成员都应接受。《服务贸易总协定》中的最惠国待遇条款规定，各缔约方应立即无条件地给予他方服务和服务提供者以不低于其给予某一缔约方相似服务和服务提供者的待遇。如果一缔约方无法取消与上述规定不符的措施，则应在协定生效前申请最惠国待遇的例外。

（2）国民待遇原则。《服务贸易总协定》规定，给予外国服务和服务提供者的待遇，不应低于给予本国相同服务和服务提供者的待遇。但这种待遇不是自动给予的，而是经过谈判减让的结果，具体反映在减让承诺清单中。承诺清单可以对国民待遇规定某种条件和限制，这种待遇只适用于承诺开放的部门。

（3）透明度原则。《服务贸易总协定》规定，各成员除非在紧急情况下，都应该立即并最迟在协定生效前，公布其所采取的所有与服务贸易相关或对该协定的执行产生影响的措施，并要求各缔约方建立一个或多个咨询点，以便尽快回答其他成员的询问。

（4）对发展中国家的特殊优惠原则。根据发展中经济体的更多参与条款的规定，发达经济体应采取具体措施来加强发展中经济体国内服务业，为发展中经济体的服务出口提供市场准入的条件；发达经济体应在《服务贸易总协定》生效后 2 年内建立“联系点”，向发展中经济体的服务提供者提供有关服务供给的商业和技术方面的信息。《服务贸易总协定》还允许发展中经济体根据国内政策目标和服务业发展水平逐步实现服务贸易自由化，允许发展中经济体开放较少的市场，逐步扩大市场的开放程度，允许发展中经济体对外国服务或服务提供者进入本国市场设置一些限制条件，给予最不发达经济体特殊优惠，准许这些经济体不必做出具体的开放市场方面的承诺，直到境内服务业具有竞争力为止。

3. 市场准入

根据《服务贸易总协定》的规定，市场准入是一种经过谈判后具体承诺的义务，各成员应为其他成员的服务与服务提供者进入市场提供可行的渠道，而这种渠道必须不低于其在具体承诺细目表上已同意提供的条件和待遇。如果在一成员的细目表中给予不止一种有关服务提供的准入渠道，那么另一成员的服务提供者可以自由选择。该协定具体承诺中的市场准入条款与国民待遇条款都不是作为普遍性义务，而是作为具体承诺与各个部门或分部门的开放联系在一起，这样可以使分歧较小的部门早日达成协议。

该协定就六种禁止使用的限制市场准入措施达成了一致，具体包括：(1) 限制服务提供者的数量；(2) 限制交易金额或资产额；(3) 限制服务网点总数或服务产出总量；(4) 限制特定服务部门或服务提供者可以雇用的自然人数量；(5) 限定境外服务提供者提供服务的法律组织形式，如是分支机构还是子公司；(6) 限制外方在公司中的持股比例或最大资本投入数量。

4. 逐步自由化

这是就各成员逐步扩大服务贸易自由化的谈判时间、适用范围、具体承诺的细目表的修改所做的规定。《服务贸易总协定》规定，为了进一步提高服务贸易自由化的目标，各成员应进行多轮谈判，最晚从《建立世界贸易组织的马拉喀什协定》生效后 5 年开始，并在此后定期举行谈判，谈判的目的是减少和消除对服务贸易产生不良影响的措施，以实现有效的市场准入，谈判应尊重各成员政府目标与各成员的发展水平。对某些发展中经济体应允许有一定的灵活性，允许其有选择地开放部门和交易类型。

（二）《服务贸易总协定》的部门协议

《服务贸易总协定》中的部门协议共有 5 个。

1. 关于提供服务的自然人的移动的协议

这个部门协议适用于各缔约方提供的自然人以及受雇于服务提供者的自然人，但不适用于寻找工作的自然人，也与公民权、居留和受雇等措施无关。换句话说，自然人的移动必须提供服务，有别于移民权。

2. 关于航空运输服务的协议

这个部门协议规定航空运输服务可以不遵守《服务贸易总协定》关于最惠国待遇的条款，而继续根据国际民航协定的对等原则，相互给予着陆权。

3. 关于金融（含保险）服务的协议

这个部门协议中有两个附件：第一个附件允许各缔约方政府根据谨慎的原则采取保护境内金融（含保险）服务的措施，但这些措施在与《服务贸易总协定》的有关条款不相符时，不能用以逃避自己的承诺与义务。谨慎的措施应可以得到他方的承认，这种承认既可以采用协议或安排的方式，也可以采用自动承认的方式。该附件还对金融（含保险）的服务范围做出了规定。第二个附件允许各参加方在《服务贸易总协定》生效 4 个月后的60天内列出其最惠国待遇的例外清单，并可改进、修改或撤销其减让表中有关金融（含保险）服务的承诺。

4. 关于电信服务的协议

这个部门协议承认该部门的双重作用：一方面是一个独特的经济部门，另一方面是一种提供其他经济活动的基本方式。协议要求缔约方政府非歧视地给予外国服务提供者进入公共电信网的机会。

5. 关于海运服务的协议

这个部门协议规定，《服务贸易总协定》生效后各方应就海运部门进行谈判。在此之前，各参加方可以随意撤销其在该部门的承诺减让，无须给予补偿。

（三）初步承诺减让表

初步承诺减让表是各成员在谈判的基础上提交的开放市场的承诺，是《服务贸易总协定》中不可分割的部分，具有法律约束力。初步承诺减让表中的内容是参加方在双边谈判基础上承担的关于国民待遇和市场准入的义务，列明有关服务部门与这些部门中的活动，保证其市场准入，同时还应明确注明对于这些部门实施国民待遇和市场准入的限制。各参加方只有提交初步承诺减让表才能成为《服务贸易总协定》的成员。

在主要的服务部门，减让表中涉及的范围主要包括以下几个方面：国际运输服务、国际旅游服务、国际金融服务、国际电信服务、国际保险服务。

三、《服务贸易总协定》的作用

《服务贸易总协定》的签署和实施对于减少世界服务贸易流通障碍、解决贸易争端与摩擦、促进世界经济及贸易发展起到了巨大的推动作用。具体体现在如下方面：

（一）为各缔约方发展国际服务贸易提供了共同遵守的国际规则

在《服务贸易总协定》正式实施之前，各经济体服务贸易政策和规则的协调主要采用两种形式：一是以双边或区域协调为主。许多经济体之间订立双边贸易协定，在服务贸易上相互给予互惠待遇。二是以行业协调为主。这一形式的服务贸易规则的谈判以往都是在国际电信协会、国际民航组织、国际清算银行、国际海事咨询组织等国际性行业组织的主持下进行的。这些协调方式显然不能适应国际服务贸易发展的现实，妨碍了国际服务贸易的全面自由化并减缓了服务贸易流量的增长。

《服务贸易总协定》为国际服务贸易的发展创立了各缔约方必须共同遵守的国际准则。《服务贸易总协定》的目的在于制定处理服务贸易的多边原则和规则的框架，包括对各个服务部门制定可能需要的守则，以便在透明度和逐步自由化的条件下扩大服务贸易，并以此作为促进所有贸易伙伴经济增长和发展中经济体发展的一种手段。《服务贸易总协定》同时还提出将关贸总协定的程序和惯例适用于国际服务贸易的谈判。这样，关贸总协定把40多年来在有形商品贸易谈判中取得的全部经验都延伸到服务贸易中，从而使服务贸易的规则、内容、条款以及组织机构得以完整地建立，使各缔约方有了一个共同认可和可供遵循的国际规则。

（二）促进国际服务贸易的自由化，并推动国际服务贸易的全面增长

服务本身是一种商品。在这种无形商品的流通过程中，各国劳动力在技术、知识水平方面的差异，使得他们所提供的同样的服务或服务化的商品之间存在着类似有形商品贸易中的比较优势。正是由于这种比较优势导致各经济体的服务在国际服务市场上竞争力不同，所以各经济体在服务贸易中必将会根据自己的情况采取一系列“奖出限入”政策，保护自己的服务市场。由此看来，国际服务贸易虽然不存在关税壁垒，但存在着各种各样、名目繁多的非关税壁垒，并对国际服务贸易的发展形成重大障碍。而《服务贸易总协定》的基本精神是服务贸易自由化，即提请各经济体在遵守一般义务和原则的前提下做出开放境内各个服务部门的具体承诺，然后在框架协议生效后就上述具体承诺举行多边谈判，以逐步实现服务贸易的自由化，使服务在各经济体间无阻碍地自由流动。所以，《服务贸易总协定》一定会像关贸总协定那样，通过最惠国待遇、各经济体服务贸易政策透明度、市场准入和国民待遇、发展中经济体的更多参与、逐步自由化以及各成员所制定的一系列义务及原则等在最大限度上促进各成员的自由化，从而必将使国际服务贸易额实现较大增长。

（三）对不同经济体、不同类型服务贸易产生不同的推动作用

由于各经济体经济发展程度不同，各经济体服务业的发展亦参差不齐，各经济体所拥有的优势也各不相同，所以，《服务贸易总协定》的签署和实施将会使不同经济体、不同类型的服务贸易产生不均衡性增长。首先，由于发达经济体占据国际服务业的主导地位，拥有竞争力强的高新技术服务贸易，所以，《服务贸易总协定》必将对其产生巨大的推动作用，并迅速加快其增长速度。这样就使得发达经济体在服务贸易的利益分配中居于绝对有利的地位，成为《服务贸易总协定》的最大受益者；而发展中经济体则处于相对劣势地位，受益相对较少。其次，对发展中经济体来说有一定优势的服务领域，如海运、劳务输出、工程建筑承包等，《服务贸易总协定》虽然会促使其增长，但就发展速度而言会低于高新技术服务。最后，虽然各经济体的国际旅游业会随各经济体经济增长而较快地发展，并在服务贸易中占据主导地位，但由于各经济体旅游设施及旅游服务项目的不同，《服务贸易总协定》对其的推动亦不同。

（四）加剧发达经济体与发展中经济体服务业、服务贸易发展的不平衡

正如关贸总协定的产生使各经济体的有形商品贸易的发展不平衡一样，《服务贸易总协定》的产生也将使竞争力不同的各经济体的服务业、服务贸易发展速度存在不同。由于发达经济体具有高新技术和全新的服务行业，所以随着《服务贸易总协定》的全面实施，发达经济体势必以其先进的技术、高素质的人力资源和良好的形象占据境外市场，使自己的服务出口大幅增长。而对于发展中经济体来讲，《服务贸易总协定》的实施虽然会促进其传统服务业的发展，但对于其尚未成长起来的高新技术服务部门会带来一定的消极作用，并由此而影响服务贸易的全面发展。

（五）在推动国际服务贸易发展的同时促进有形商品贸易的发展

服务贸易的自由化在促进服务贸易发展的同时会推动与服务贸易相关的有形商品贸易的发展，特别是资本、技术密集型服务的贸易往往伴随着相应的硬件设备的有形商品贸易。例如，数据处理服务、远距离通信服务等的发展将促进各种通信类硬件设备产业的发展；航空运输服务的发展会促进飞机制造业的发展；陆路、水运服务的发展必将促进相关产业的发展；金融服务的发展也必将促进金融系统的传真通信及资金调拨网络的硬件贸易的增长。同时，由于发达经济体具有服务贸易项目的比较优势，所以，在未来的多边谈判中，有可能在发展中经济体服务市场逐步开放的同时，在有形商品贸易方面向发展中经济体做出更多的让步，从而促进有形商品贸易的发展，并会形成国际分工的新格局。

（六）增加各缔约方的外汇收入，平衡国际收支

过去，外汇收入的主要来源是有形商品的出口，而当今世界服务贸易出口为一个经济体赚取的外汇不能不令人格外重视。例如，美国利用其拥有先进技术、较高素质人力资源等有利条件，大力开拓国际服务贸易市场。2012 年，美国服务贸易顺差为 1 953 亿美元。至今，几个主要的发达经济体仍然是服务贸易的主要出口国。随着《服务贸易总协定》的全面实施，发达经济体依靠其在服务贸易上的比较优势，必然会获得更多的外汇收入。同时对广大发展中经济体来说，除可以利用《服务贸易总协定》中的有关条款保护境内相对幼稚的服务业外，还可以利用最惠国待遇等有关条款发展运输业、旅游业和劳务出口，增加外汇收入，平衡国际收支。

（七）可以缓解各经济体境内就业压力

目前，全世界大约有 30%的劳动力处于失业、半失业状态，而这种形势随着科技的进步和先进生产工艺的进一步使用还会恶化，所以各经济体境内就业压力非常大。实践证明，大力发展服务业是缓解国内就业压力的有效途径。发达经济体平均每 10 个就业机会中就有 8 个来自服务业。由于《服务贸易总协定》的实施可以推动服务贸易的自由化进程，并可带动有形商品贸易的发展，可以引进先进的技术和管理经验，为发展自己的经济服务，所以，随着《服务贸易总协定》的实施，无论是发达经济体还是发展中经济体，就业压力均会有所减轻。

（八）对发展中经济体服务贸易的促进及阻碍

第一，由于《服务贸易总协定》对发展中经济体做了许多保留与例外，特别是允许它们在国民待遇、最惠国待遇、透明度、市场准入等方面逐步自由化，并在对发展中经济体经济技术援助方面予以很大的优惠，所以发展中经济体可以充分利用这些机会扩大自己具有优势的服务业的出口。第二，《服务贸易总协定》的实施虽然要求发展中经济体为服务贸易的逐步自由化做出贡献，适度开放本国服务业市场，但也允许发展中经济体在特定条件下采取适当的措施保护其落后的服务业。这样，发展中经济体既可以为保护

境内幼稚服务业或民族服务业的发展而采取很多限制服务进口的措施和规定，也可以在适度的开放过程中学到发达经济体在服务业方面的先进技术及经营管理方式，并可以在开放过程中使本国相应的服务业与发达经济体进行竞争，使其在竞争中得到发展。

然而，《服务贸易总协定》的实施在一定程度上也会给发展中经济体带来消极作用。首先，不可避免地会对发展中经济体尚未成长起来的高新技术服务部门造成阻碍；其次，高新技术服务业的境外扩展在一定程度上会危及发展中经济体的主权和安全；最后，由于经济一体化速度的加快，以及比较优势在服务业中的进一步利用，发展中经济体会形成对发达国家服务业的依赖，进而形成不合理的国内产业结构和国际分工格局。大量的服务进口势必引起相关商品的进口增加，从而引起对国内商品的需求下降，使得发展中经济体并不乐观的国际收支和金融状况进一步恶化。

本章练习题

一、不定项选择题

1.《服务贸易总协定》根据国际服务贸易的提供方式将服务贸易定义为以下几种形式：(　　)。

A. 跨境交付　　B. 境外消费

C. 商业存在　　D. 自然人的流动

2. 根据WTO的统计数据，国际服务贸易包括(　　)。

A. 运输服务　　B. 旅游服务

C. 商业性服务　　D. 其他商业性服务

3. 以下关于当代国际服务贸易发展特点的说法，正确的有(　　)。

A. 自20世纪70年代以来，国际服务贸易增速一直高于国际货物贸易增速

B. 近年来，知识密集型服务在国际服务贸易中占据着越来越重要的位置

C. 国际服务贸易存在区域发展不平衡问题

D. 发达国家是国际服务贸易的主体

E. 商业存在是国际服务贸易的主要方式

4.《服务贸易总协定》产生的原因包括(　　)。

A. 发达国家的倡导与推动

B. 发展中国家对服务贸易自由化的态度发生转变

C. 经济全球化的推动

D. 服务逐渐成为国际竞争能力的重要因素

5.《服务贸易总协定》规定的原则包括(　　)。

A. 最惠国待遇原则　　B. 国民待遇原则

C. 透明度原则　　D. 对发展中国家的特殊优惠原则

E. 逐步自由化原则

二、判断题

1. 当前世界已经形成了一套完善的国际服务贸易统计体系。

2. 近年来，传统服务贸易占国际服务贸易的比重呈下降趋势。

3. 中国服务贸易长期存在逆差。

4. 关税壁垒是各经济体实施服务贸易保护政策的主要保护措施。

5.《服务贸易总协定》为多边贸易体制下的国际服务贸易制定了框架性法律文件，是国际服务贸易自由化进程中的里程碑。

三、简答题

1. 简述国际服务贸易的定义。

2. 试述国际服务贸易的分类方式。

3. 论述当代国际服务贸易的发展特点。

4. 简述《服务贸易总协定》的主要内容及作用。

第十一章 对外直接投资、跨国公司与国际贸易

学习目标

1. 理解并掌握对外直接投资的概念、特点和分类。
2. 理解并掌握对外直接投资的主要理论。
3. 理解跨国公司内部贸易的概念和经济影响。
4. 了解跨国公司对国际贸易的影响。

本章教学重点和难点为对外直接投资的内涵和主要分类、对外直接投资的主要动因、对外直接投资的主要理论、跨国公司内部贸易及内部贸易的主要影响。

中国视角

本章主要介绍了对外直接投资的动因和理论、跨国公司的产生和发展等。通过对本章的学习，充分了解中国对外直接投资的动因、对中国经济的影响等，从而加深对对外直接投资的发展和政策的了解。具体目标包括：

1. 政治认同：通过本章对对外直接投资的理论分析、动因分析以及经济效应分析，明确中国对外直接投资的动因以及对中国经济的影响，强化对中国对外政策的认识，增强政治认同感。

2. 法治观念：通过对跨国并购的学习，树立牢固的法治观念，学会运用法治思维和法治方式分析经济问题。

3. 职业规范与职业道德：通过对跨国并购利弊的了解，提升批判性思维和创新精神。

引导案例

全球对外直接投资强劲复苏

“全球对外直接投资流入量强劲复苏，跨国并购大幅增长，国际投资政策更趋自由化与便利化。”中国与全球化智库（CCG）日前发布的《中国企业全球化报告（2016）》蓝皮书如是指出。CCG 报告显示，2015 年全球对外直接投资呈现如下特点：

全球对外直接投资流入量强劲复苏。2015 年全球对外直接投资流入量达 1.76 万亿美元，同比增长 38%，达到国际金融危机爆发后 2009 年以来的最高水平。其中，跨国并购金额从 2014 年的 4 320 亿美元增至 7 210 亿美元，增长率为 67%，成为复苏反弹的主要牵动力。

发达经济体投资显著回升，亚洲、欧洲和北美洲是最受欢迎的投资目的地。2015 年发达经济体对外投资流入量同比增长 84%，达 9 625 亿美元，占全球对外投资流入量的 55%；发展中经济体对外直接投资流入量亦攀升至 7 647 亿美元，创历史新高；转型经济体外资流入量一直较低，2015 年仅为 350 亿美元。2015 年亚洲地区吸引的全球外国直接投资流入量最大，占总投资额的 32%，多国企业对基础设施的跨境投资成为加强区域连通的主要力量；其次是欧洲（占比 30%）、北美洲（占比 25%）、拉丁美洲和加勒比地区（占比 10%）以及非洲（占比 3%）。

美国仍是全球最大的对外投资来源地。2015 年美国对外直接投资流量虽然同比有所下滑，但仍居全球第一位，达 3 000 亿美元；日本以 1 290 亿美元居第二位；中国居第三位。CCG 报告称，虽然中国 2015 年利用外资额有小幅增长，为 1 360 亿美元，但在全球最受欢迎投资目的地中的排名从第一位降到第三位，而位居第一的美国吸引外资流量达 3 800 亿美元，同比增长 255%。

全球对外直接投资主要集中于服务业，制造业有所上升。蓝皮书提示，2015 年全球对外直接投资流入的行业结构变化显著：64%的全球对外直接投资流入量流向了服务业，带动产业效率大幅提高，有利于深化国际分工、加剧行业竞争从而促进资源的优化配置；27%流向了制造业，这是由于制药等行业出现了一些大规模交易，促使制造业流入量上升；7%流入了第一产业，这是因受到自 2014 年以来初级产品价格大幅下跌影响，原材料、能源行业的跨国企业大幅削减资本开支，境外再投资缩紧，导致全球对第一产业的投资流入量下滑。

全球跨国并购大幅增长，绿地投资小幅上升。2015 年全球对外直接投资中的跨国并购大幅增长，达到 7 210 亿美元，比 2014 年增长了 67%，创国际金融危机爆发以来的新高。CCG 认为，这是在全球流动性较充裕的国际大背景下，跨国公司通过并购重组的方式扩大营收并获取成本规模效益。从行业分布看，跨国并购主要发生在制造业，2015 年制造业并购额达 3 390 亿美元，同比增长 132%，医药、机器设备、非金属产品、电子零配件等行业并购较多。在服务行业中，金融服务并购有所放缓，交通服务与房地产并购增长较快。冶炼行业、天然气与原油行业并购额下降较多，分别下降 51%和 68%。

与并购活动大幅增长的态势不同，2015 年宣布的绿地投资总额为 7 660 亿美元，仅增长 8%。发达经济体和转型经济体的绿地投资额在 2015 年均略有增长，发展中经济体的绿地投资额则出现了下滑。

国际投资政策继续趋向自由化与便利化。2006—2015 年，各国出台的对外投资政策在数量上逐步增加。2015 年共有 46 个国家出台了 96 项涉及外商投资政策的法律法规：71 项政策涉及自由化与便利化，相比 2014 年增长了 51%；13 项政策涉及对外资加强限制或监管，比 2014 年增加了 4 项，但低于 2006—2013 年出台的限制政策数量的总和；12 项为中性政策。CCG 表示，出台的 85%的政策措施旨在扩大开放，促进投资，比例高于过去 10 年的平均水平。其中，亚洲新兴经济体在推动自由化与便利化方面的表现尤为突出。

资料来源：全球对外直接投资强劲复苏．国际商报，2016-12-05.

始于 19 世纪上半叶的对外直接投资活动至今已有近 200 年的历史。经过近两个世纪的发展，对外直接投资以跨国公司为载体，在世界经济的发展进程中发挥了举足轻重的作用，并成为当今各国经济增长的巨大推动力量。另外，跨国公司在推进经济全球化的过程中，作为第二次世界大战后国际贸易最主要的直接经营者，有力地促进了国际贸易的发展。尤其是跨国公司内部贸易规模的迅速扩大使传统的国际贸易格局出现了许多新的特征。这种跨国界且在封闭市场内进行的贸易不仅在一定程度上改变了第二次世界大战后国际贸易的结构、流向和市场构成，而且直接影响到整个世界贸易体系的发展与变化。

第一节　对外直接投资概述

对外投资（foreign investment）又称国际投资（international investment），主要是指投资主体（企业）为了获取经济利益而将货币、实物及其他形式的资产或要素投入国际经营的一种经济活动。对外投资可分为对外直接投资和对外间接投资两种方式。其中，对外间接投资一般是指不以控股为目的的国际证券投资以及中长期的国际信贷，而对外直接投资虽然在形式上也表现为股权投资，但其特有的标志是投资者对有关的海外经营性资产拥有控制权。

一、对外直接投资的概念与特点

（一）对外直接投资的概念

对外直接投资（foreign direct investment）也称国际直接投资（international direct investment，IDI）、跨国直接投资（transnational direct investment，TDI）、海外直接投资（overseas direct investment，ODI），是指投资者以控制企业部分产权、直接参与经营管理为特征，以获取利润为主要目的的资本对外输出。因此，对外直接投资不是单纯的资金外投，而是资金、技术、经营管理知识的综合体。

对外直接投资可分为创办新企业、控制外国企业股权、利润再投资三种形式：

（1）创办新企业是指投资者直接到国外进行投资，建立新的属于自己控制的企业，包括创办独资经营企业（简称“独资企业”）、创办合资经营企业（简称“合资企业”）、设立分支机构或附属机构、参加跨国公司等。

（2）控制外国企业股权是指购买外国企业股票并达到一定比例，从而对该外国企业拥有实质性所有权和经营管理权。

（3）利润再投资是指投资者在其国外企业获得的利润并不汇回本国，而是作为保留利润额对该企业进行再投资。虽然这种对外直接投资实际上并无资本流出流入，但也是一种直接投资。

对外直接投资的核心是取得或掌握对企业经营管理的控制权。在许多情况下，对外直接投资的投资形式不限于货币资本。机器设备、存货甚至经营管理技术、专利都可以作为投资资本。例如，母公司对子公司提供管理技能、商业秘密、技术、商标和市场销售指导，这些都没有实际货币资本的流动。

总体来说，对外直接投资反映了两个基本的核心因素：

（1）生产要素的跨国流动；

（2）投资主体拥有足够的经营管理权。

（二）对外直接投资的特点

与其他投资相比，对外直接投资具有实体性、控制性、渗透性和跨国性等重要特点。具体表现在：

（1）对外直接投资是长期资本流动的一种主要形式，它不同于短期资本流动，它要求投资主体必须在国外拥有企业实体，直接从事各类经营活动。

（2）对外直接投资表现为资本的国际转移和拥有经营权的资本国际流动两种形态，既有货币投资形式，又有实物投资形式。

（3）对外直接投资是取得对企业经营的控制权，不同于间接投资，它通过参与、控制企业经营权获得利益。

二、对外直接投资的类型

根据不同的分类标准，对外直接投资可以分为独资经营、合资经营、合作经营、合作开发以及绿地投资、跨国并购等不同类型。跨国公司选择何种类型的对外直接投资方式，取决于其自身条件和国际投资环境。

（一）按照投资主体对海外子公司拥有股权份额的程度，对外直接投资可分为独资经营、合资经营、合作经营与合作开发等形式

1. 独资经营

独资经营是指由外国投资主体根据东道国①的法律，经批准在东道国建立全部资本

① 东道国（host country）是指跨国公司从事海外经营活动的所在国家。

由外国投资主体所有的企业经营形式。独资企业的投资主体拥有企业的全部股权，因此享有企业的全部所有权，并独立承担企业经营的全部责任和风险。

由于跨国公司拥有垄断技术优势，并且采取独资经营方式可以实现内部价格转移①，所以大型跨国公司特别偏好以创办独资企业的形式进行对外直接投资。即使由于东道国的相关法律限制，跨国公司在开始时选择合资经营的方式，后来也会逐渐扩大股权比例，最终转化为独资经营的方式。

第二次世界大战以后，无论是在发达国家还是在发展中国家，独资企业都得到了较大的发展。跨国公司设立海外独资企业（亦即海外子公司②）的途径有两种：在东道国新建投资项目和并购东道国企业。跨国公司设立海外独资企业有如下一些特点：

（1）独资企业的法律地位独特。独资企业不是母国的企业和法人，而是东道国的企业和法人，所以从企业在东道国从事民事活动的法律地位来看，独资企业一方面受到东道国的法律保护，另一方面也受到东道国政府对其实行的监督和管理。

（2）东道国对独资企业掌握的尺度较严。一般东道国对设立独资企业的法律和政策都有利于本国国民经济的发展，往往要求独资企业采用本国尚未掌握的先进技术，要求独资企业的产品全部或部分用于出口。

（3）独资企业在经营管理权限上拥有充分的自主性。独资企业的组织形式、生产活动、销售活动、工资福利、职工聘任与解雇等，均由外国投资者根据东道国的法律自由决定，东道国除行使必要的、法律规定的管理职能外，一般都不干涉独资企业的经营活动。

2. 合资经营

合资经营又称股权式合营，是指由外国投资主体与东道国投资者依照东道国的法律，在东道国境内共同投资设立一个新的企业，投资各方依照各自出资额的多少共同行使经营管理权，共负盈亏、共担风险的经营形式。由此设立的企业被称为合资经营企业或合资企业。在合资比例上，投资各方出资多寡及在总股本中各占多少比重由投资各方协商确定。但从国际上合资经营的实践来看，大体上有三种做法：外国投资主体股权占半数以上；东道国投资者股权占半数以上；外国投资主体与东道国投资者股权对等。

合资企业从法律上讲是独立法人，它具有起诉和应诉的能力；从公司责任上讲是有限责任公司，投资者对公司所负的责任以其注册资本为限，相互间不负连带责任。这种形式适合于小型跨国公司采用。生产规模小、技术水平不高的小型跨国公司在进入东道国市场时采用这种直接投资方式可以获得东道国政府的支持。进行合资经营的途径也有两种：一种是通过新建投资项目的方式设立；一种是通过购买东道国企业股权的方式设立。③

---

① 跨国公司内部价格转移简称价格转移，这一内容将在本章第四节详细阐述。

② 海外子公司（abroad subsidiary）是指由跨国公司的母公司出资（独资或合资）在东道国依照该国有关法律注册的法人企业。

③ 国外投资者购买东道国企业股权的行为，既可能是对外直接投资，又可能是对外间接投资，区别是看能否获得实际的经营控制权。一般认为，国外投资者购买东道国企业10%以上的股权就有一定经营控制权，就可归入对外直接投资的范畴；低于这一比例，就属于对外间接投资的范畴。

跨国公司国外合资企业具有如下一些特点：

（1）共同投资。合资企业是由合资各方共同投资设立的，其出资既可以是资金，也可以是实物、产权、专有技术等。

（2）共同管理。根据出资比例，合资各方共同组成董事会，并聘请总经理和副总经理，建立经营管理企业的体系。

（3）共担风险。合资各方共同享受企业的盈利，共同承担企业的风险，盈亏均按股份比例分担。

（4）自主经营。合资企业是在东道国境内设立的具有独立法人资格的经济实体，其生产经营活动具有充分的自主权。

3. 合作经营

合作经营又称契约式合营，是指外国投资主体依据东道国的有关法律，与东道国的企业共同签订合作经营合同，而在东道国境内设立的合作经营组织。就东道国来说，合作经营是许多发展中国家利用外资的一种简便有效的形式。

合作经营企业（简称“合作企业”）又分为两种：一种是法人式，即合作企业享有独立的财产权，在法律上有起诉权、被起诉权，并以该法人的全部财产为限对其债务承担责任；另一种是非法人式，即合作企业没有独立的财产所有权而只有使用权，合作企业的管理可以由合作各方派出代表组成联合管理机构，也可以委托一方或聘请第三方进行管理。

合作企业和合资企业都表现为国外投资主体与东道国的投资者在东道国创办企业，合伙经营。两者既有联系，又有区别，其主要区别在于：一是合作经营双方的权利和义务建立在合作经营合同基础上，双方对利润的分享和风险的承担不一定以各自的出资比例为依据；二是合作经营不一定设立法人企业。与合资企业相比，合作企业有其明显的特点：

（1）经营方式。合作各方的权利和义务均由合同规定。合作双方可以组成法人，也可以不组成法人。作为法人的合作企业应成立董事会这种最高权力机构来作为企业的代表。不组成法人的合作企业不具有法人资格，既可以由合作各方的代表组成联合管理机构，负责经营管理，也可以由外方主要负责，进行管理。

（2）投资条件。一般情况下，东道国一方提供场地、厂房、设施、土地使用权和劳动力等，投资国企业一方提供外汇资金、设备和技术等。

（3）收益分配。由于合作企业属于契约式合营企业，投资各方不按股份计算，所以也不按股份分配收益，而是按合同中商定的比例进行分配，而且不能变动。

（4）合作期满的财产归属。不同行业项目的合作期限不同，但是一般来说，合作期满后，合作企业的全部资产不再作价，而是无偿地、不附带任何条件地转为东道国一方所有。

4. 合作开发

合作开发是指资源国利用对外直接投资共同开发本国资源的一种合作经营形式。合作开发通常由资源国政府（或政府组织机构、国有企业等）与国外投资主体共同勘探、开发本国自然资源，共同承担风险，分享利润。合作开发适用于大型自然资源（如石油、天然气、矿石、煤炭和森林等）的开发和生产项目。合作开发这种形式主要有两个明显的特点：

（1）东道国管理较严。与其他吸收国外直接投资的形式相比，由于合作开发涉及东道国自然资源的开发，所以管理更严格。国外投资者与东道国企业进行合作开发要由东道国政府批准，给予特许权，有关合作的区域面积以及合作对象、规则等，都是东道国政府有关主管部门审查的范围。

（2）投资多、风险大、利润高。由于大型自然资源开发项目一般投资规模大、技术水平要求高、投资资金量要求大，所以需要采取合作开发形式方能解决。正因如此，合作开发伴随的风险也大。这一风险往往由外国投资者承担，因为一旦勘探失败，东道国无须偿还勘探费用，由外国投资者自己承担费用。如果勘探成功，合作双方都可获得巨大利润。所以，与合资经营、合作经营相比，采取合作开发方式时东道国可能享受更大的利益，而投资者则要承担更大的风险。

（二）按照进入海外市场的方式，对外直接投资可分为绿地投资与跨国并购两种类型

1. 绿地投资

绿地投资（green field investment）又称创建投资，是指跨国公司等投资主体在东道国境内依照东道国的法律设置的部分或全部资产所有权归外国投资者所有的企业。绿地投资会直接导致东道国生产能力、产出和就业的增长。

绿地投资作为进入海外市场的一种方式，有其优点和缺点。

（1）绿地投资的优点。

绿地投资的优点主要表现在：

第一，绿地投资拥有较强的自主性。在利用绿地投资方式创建新企业时，跨国公司有更多的自主权，能够独立地进行项目的筹划，选择适合本企业全球发展战略的厂址，并实施经营管理。另外，企业能够最大限度地自己控制项目的风险，并能在较大程度上掌握项目策划各个方面的主动权。

第二，绿地投资较少受到东道国产业保护政策的限制。如果跨国公司通过向东道国企业提供技术、管理、销售渠道等与股权无关的各项服务参与企业的经营活动，那么跨国公司不动用资金、不占用股份，因而不会激起东道国民族主义者的排外情绪，从而会减少政治风险。另外，新建企业可以提高东道国的生产能力，为东道国带来很多就业机会，并且增加税收，因而受到东道国的欢迎。

第三，绿地投资能确保企业更大程度地维持公司在技术和管理方面的垄断优势。跨国公司将利用其技术、管理、生产和销售上的优势占领东道国市场。

第四，绿地投资有助于跨国公司选择符合其全球战略目标的生产规模和投资区位。

（2）绿地投资的缺点。

绿地投资的缺点主要表现在：

第一，绿地投资方式需要大量的筹建工作，因而建设周期长、速度慢、缺乏灵活性，

对跨国公司的资金实力、经营经验等有较高要求，不利于跨国公司的快速发展。

第二，在利用绿地投资方式创建企业的过程中，跨国公司完全独立承担风险，不确定性较大。

第三，新企业创建后，跨国公司需要在东道国自己开拓目标市场，且常常面临管理方式与东道国惯例不相适应、管理人员和技术人员匮乏等问题。

2. 跨国并购

跨国并购（cross-border mergers & acquisitions）是跨国兼并和跨国收购的简称，指一国企业（又称并购企业）为了达到某种目标，通过一定的渠道和支付手段，将另一国企业（又称目标企业）的所有资产或足以行使经营控制权的股份收买下来。其中，跨国兼并是指在当地或国外企业的资产或运营活动被融入一个新的实体或被并入已经存在的企业；跨国收购是指在已经存在的当地和外国附属企业中获得占有控制权的份额。跨国兼并的结果是两个或两个以上的法人合并为一个法人，而跨国收购的最终结果不是改变法人的数量，而是改变被收购企业的产权归属或经营管理权归属。

（1）跨国并购的优点。

第一，市场进入方便灵活，可以利用已收购企业的市场份额减少竞争。以制造业为例，并购方式使投资者可以大大缩短项目的建设和投资周期，迅速进入目标市场，同时建立国外的产销据点。从供求的角度分析，并购一般不会增加东道国原有的市场供给，从而降低了竞争的激烈程度。

第二，容易获得现有的经营资源，扩大产品种类并实现范围经济①。跨国并购能获得现成的管理人员、技术人员以及生产设备。如果目标企业与本企业的相关产品差异较大，并购方必然可以迅速增加企业的产品种类。于是在实现规模经济的同时实现了范围经济。

第三，企业融资更为便捷。跨国并购之后，原来对目标企业提供信贷的金融机构可能继续维持与该企业的借贷关系，为企业的融资提供更大的方便。

（2）跨国并购的缺点。

第一，由国际会计标准差异、信息不对称导致的无形资产评估等问题的存在，使得评估企业价值难度大，造成跨国公司决策困难，从而影响跨国并购的成功率。

第二，容易受到东道国的政策限制和地方保护主义的抵制。为了保护本国产业，东道国有时会对某些特殊行业的并购进行限制。

第三，容易受到企业规模、选址方面的约束。由于目标企业的规模、行业和地点都是固定的，所以跨国公司很难找到一个符合自己全球战略所要求的地点进行跨国并购，从而影响自己的战略实施以及经营管理。

在 20 世纪 80 年代以前，对外直接投资以绿地投资方式为主，以跨国并购方式进行对外直接投资的并不多。从 20 世纪 80 年代后期开始，跨国并购成为世界性的潮流，逐

---

① 范围经济（economies of scope）是指由厂商的范围而非规模带来的经济，也就是当同时生产两种产品的费用低于分别生产每种产品所需成本的总和时，所存在的状况就被称为范围经济。只要把两种或更多的产品合并在一起生产比分开生产的成本更低，就会存在范围经济。

渐取代绿地投资，成为跨国直接投资的主要手段。根据联合国贸易和发展会议《世界投资报告》的统计数字：1997年以后对外直接投资流出和流入的增幅比1996年陡然升高，1996年流出总额增幅为59%，1997年、1998年和1999年分别是25.1%、36.6%和16.4%。而令人瞩目的是跨国并购（多数股份）的增幅远高于FDI的增幅，1996年跨国并购的增幅仅为15.5%，1997年、1998年、1999年和2000年则分别跃升为45.2%、74.4%、35.4%和52.8%。这4年跨国并购的增幅均是1996年的2倍以上，从而使它占世界FDI的比重也由1996年的40%上升到了2000年的84.6%。这说明跨国并购已成为对外直接投资的主要方式。

总体来看，绿地投资和跨国并购两种方式各有所长又相互对立，跨国并购的优点恰恰就是绿地投资的缺点，而跨国并购的缺点又是绿地投资的优点。跨国公司在进行对外直接投资时，必须根据这两种方式的特点以及对跨国公司自身的实力和东道国的投资环境、政策法规等因素所进行的权衡，做出适当的选择。

第二节　跨国公司概述

一、跨国公司的定义与特点

（一）跨国公司的定义

跨国公司作为一种特殊的企业组织形态，出现于19世纪60年代中期。1865年，德国拜耳（Bayer）化学公司在美国纽约州开设苯胺工厂，如果将此视为世界第一个跨国公司，那么跨国公司迄今为止已经有了近160年的发展历史。此后，许多跨国公司纷纷在国外进行投资和开办工厂，这些企业具备了现代意义上的“跨国公司”的雏形。

学术界对于跨国公司曾经有过多种称谓，并出现过不同的定义标准。跨国公司（transnational corporation）又称多国公司（multinational corporation）、国际公司（international corporation）、国际企业（international business）、全球公司（global corporation）等。

对于跨国公司的一种定义是由联合国秘书长指定的“知名人士小组”在1974年提出的：跨国公司是指在它们基地之外拥有或者控制着生产和服务设施的企业。但这一概念属于对跨国公司的字面意思的定义，即跨国公司就是跨越国界在国外经营业务的企业，是比较宽泛的定义。

另一种定义是1983年由联合国跨国公司中心在其发布的第三个调查报告《世界发展中的跨国公司》中做出的，规定跨国公司必须具备如下三个要素：

第一，跨国公司是指一个工商企业，组成这个企业的实体在两个或两个以上的国家内经营，而不管这些实体的法律形式和经营领域如何。

第二，跨国公司必须在同一个决策体系下进行经营，有共同的政策，能通过一个或几个决策中心采取一致的对策和共同的战略。

第三，各构成实体通过股权或其他方式形成的联系，使其中的一个或几个实体有可能对其他实体施加重大影响。

1997 年，联合国对跨国公司做出了更加具体的表述：跨国公司是股份制或非股份制企业，包括母公司和其子公司。母公司是一个在母国以外的国家控制着其他实体的资产的企业，通常拥有一定的股本。[①] 子公司是一个股份制企业或非股份制企业，在那里其他国家的居民投资者对该企业的管理拥有可获得持久利益的利害关系。[②]

综上所述，跨国公司可简单地归结为跨国界进行直接投资并且获得控制权的企业。投资的数量以及向多少个国家进行了投资都不能构成跨国公司的必要条件，而只能说明是大型跨国公司还是中小型跨国公司。

（二）跨国公司的特点

跨国公司数量众多，发展历史各异，行业分布不同，因而也有不同的特点。但跨国公司的最本质特点可以归纳为：

1. 生产经营活动的跨国性

跨国性是跨国公司经营方式的最基本特征。跨国公司对生产经营活动的每一个环节都努力进行全球化资源配置，充分利用各种资源来安排生产，降低成本以增加盈利，提高企业的竞争力。跨国公司的跨国性不仅是指在世界各地进行直接投资，设立分支机构或子公司，生产经营活动存在跨国性特点，而且包括跨国公司的组织结构、管理体制、决策程序以及物质资源和人力资源配置的跨国性特点。

2. 实行全球性战略安排

全球战略是指跨国公司针对世界各国或地区的环境因素和所面临的市场竞争态势，在全球范围内建立一个有效的管理网络，协调公司的整体生产、市场营销、研究开发及金融投资等活动，以谋求公司整体利益最大化目标的实现。这客观上要求跨国公司把商品及服务的生产与贸易、直接投资以及技术转让结合起来，从公司的整体利益以及未来发展角度进行全面安排。跨国公司的全球性战略安排还表现为跨国公司不考虑局部利益的得失。母公司对子公司的业绩评估更多的是从其对跨国公司整体利益最大化目标实现的贡献来考虑，而不只是考察其盈利水平。因此，跨国公司经常通过公司内部贸易中的转移价格方式来避税，以减少或避免各种税收，保留公司整体的较高的盈利水平。

3. 公司内部实施一体化管理

在跨国公司的母公司与子公司、子公司与子公司之间，以母公司为中心，实现相互协作，统一为一个整体，以充分发挥跨国公司的各种优势。虽然跨国公司的管理体制多种多样，但为保证全球战略的实现，原则上都是集中决策，分散经营。跨国公司凭借现代化的交通和通信工具，把分散在世界各地的分公司和子公司组成一个整体，形成独特的内部一体化经营体系。

---

① 在股份制企业中拥有 10%或者更多的普通股或投票权，或者在非股份制企业中拥有同等的资产数量，通常被认为是资产控制权的门槛。

② UNCTAD, *World Investment Report 1997*, New York and Geneva: United Nations: 295.

二、跨国公司的产生与发展

跨国公司是垄断资本主义高度发展的产物，跨国公司的出现与资本输出密切相关。可以说，资本输出是跨国公司形成的物质基础。在资本主义自由竞争时期，已有资本输出的出现。进入垄断资本主义阶段，在少数发达资本主义国家，资本输出成为普遍和大规模的现象，此时真正意义的跨国生产经营实体便产生了。

（一）跨国公司的起源（1914 年以前）

早期的跨国公司起源于 19 世纪 60 年代，当时在发达的资本主义国家，一些大型企业通过对外直接投资，开始在海外设立分支机构和子公司，形成了早期的跨国公司。最具代表性的三个制造业公司情形如下：

● 1865 年，德国拜耳化学公司在美国纽约州的奥尔巴尼开设了一家制造苯胺的工厂。

● 1866 年，瑞典的诺贝尔（Nobel）公司在德国的汉堡兴办了制造甘油、炸药的工厂。

● 1867 年，美国的胜家（Singer）缝纫机公司在英国的格拉斯哥建立了缝纫机装配厂。

西方学术界把这三个公司看作跨国公司的先驱。

从 19 世纪末到第一次世界大战前夕，美国国内的大企业不断涌现，半数以上的大企业都开始向海外投资，在海外设立分厂或分公司。这类大企业包括国际收割机公司、西方联合电机公司、国际收银机公司、贝尔电话公司、爱迪生电灯公司等。

据统计，到 1914 年，发达国家的跨国公司设在海外的子公司约有 800 个，它们遍布世界各地，从事产品制造、销售以及采掘、种植等活动。对外直接投资总额累计达 143 亿美元，其中，英国 65 亿美元，美国 26.5 亿美元，法国 17.5 亿美元，德国 15 亿美元。①

（二）两次世界大战期间跨国公司的缓慢发展

受第一次世界大战以及 20 世纪 30 年代经济危机的影响，世界性的金融秩序变得混乱，发达国家对外投资停滞不前，跨国公司发展速度较慢。据统计，1914 年全世界对外直接投资总额达 143 亿美元，1938 年增至 263.5 亿美元，年均增速仅为 2.6%。在这一期间由于各发达国家经济力量发展不平衡，资本输出也不均衡。在 1914—1938 年间，英国对外直接投资总额由 65 亿美元增至 105 亿美元，虽仍居第一，但比重已经由 45.5%下降到 39.8%，而美国则由 26.5 亿美元增至 73 亿美元，所占比重也由 18.5%增至 27.7%，位于英国之后，居世界第二位。在此期间，美国跨国公司的海外分支机构数量也有了大幅增长。1913 年美国 187 个制造业大企业在海外的分支机构为 116 个，1919 年为 180 个，1929 年增至 467 个，1939 年增至 715 个。

① 罗进．跨国公司在华战略．上海：复旦大学出版社，2001：6.

（三）第二次世界大战后跨国公司的快速发展

第二次世界大战后，跨国公司成为对外直接投资的物质载体，无论在广度上还是深度上均获得了空前的发展。因此有学者认为，真正现代意义的跨国公司是在第二次世界大战以后出现的。第二次世界大战后，跨国公司的发展可以分为三个阶段。

1. 第一阶段：第二次世界大战后初期至 20 世纪 60 年代末

这一阶段的显著特征是，跨国公司对外直接投资在第二次世界大战后初期具有恢复性质，此后得到迅速发展，美国跨国公司在其中居主导地位。

第二次世界大战使西欧国家经济受到重创，对外直接投资锐减。而美国在第二次世界大战期间利用各种有利条件加速进行对外直接投资，到第二次世界大战结束时已成为世界最大的对外直接投资国。第二次世界大战后初期，美国垄断资本利用其他国家被战争削弱的机会，凭借在战争期间大大膨胀起来的政治、经济和军事实力攫取了世界经济霸主地位。从第二次世界大战后初期到 20 世纪 60 年代末，美国通过实施“马歇尔计划”，参与欧洲和国际经济重建，为美国跨国公司大规模对外直接投资创造了极好的条件。在第二次世界大战后的 20 余年内，美国的对外直接投资迅速增长，跨国公司也获得了空前发展。1945 年，主要资本主义国家对外直接投资总额为 200 亿美元，其中美国占 42%；到 1967 年，主要资本主义国家对外直接投资总额达 1 050 亿美元，其中美国占 50.5%。据统计，在 1956 年世界最大的 200 个跨国公司中，美国有 144 个，占 72%。因此，这一时期美国公司几乎成为跨国公司的同义词。

2. 第二阶段：20 世纪 70 年代至 80 年代末

这一阶段的特征是，对外直接投资规模继续扩大，西欧和日本的经济实力增强，跨国公司迅速崛起，美国跨国公司的地位相对受到削弱。在这一时期，对外直接投资格局逐步由美国占绝对优势向多极化方向发展。

西欧和日本经济在第二次世界大战后迅速得到恢复与发展。20 世纪 50 年代初，西欧和日本的工业生产就恢复到接近战前水平，其对外直接投资也很快发展起来，跨国公司的数量迅速增加。20 世纪 70 年代，西欧和日本的跨国公司积极对外扩张，在全球范围内与美国公司展开了激烈的竞争，对外直接投资年均增长率为 20%左右，远远高于美国同期 11.1%的年均增长率。同美国公司相比，西欧跨国公司不仅数量增加，而且规模扩大，经济实力和竞争力迅速增强，在资本、技术、管理和研发方面与美国的差距日趋缩小。与此同时，日本跨国公司的力量也在不断加强。因此，尽管美国公司在 20 世纪 70 年代对外直接投资增长较前期迅速，仍处于领先地位，但其相对优势已大大下降。另外，从 20 世纪 70 年代开始，随着石油大幅度涨价和某些原材料价格上涨，发展中国家的经济实力大大加强，在经济发展的同时，一些发展中国家开始对外直接投资，从事跨国经营。20 世纪 80 年代后，“亚洲四小龙”以及巴西、墨西哥等新兴工业化国家和地区涌现出一批有相当大规模与相当强实力的跨国公司，使对外直接投资呈现出多元化、多极化的新格局。当然，在这一时期，与发达国家相比，发展中国家对外直接投资的资金规模还相当小，地域分布还相当有限。

3. 第三阶段：20 世纪 90 年代至今

这一阶段的特征是，对外直接投资持续大幅增长，跨国公司数目空前增加，在全球经济一体化时代获得长足发展。

进入 20 世纪 90 年代以来，尽管受到某些不稳定因素如亚洲金融危机、发展中国家长期债务危机的影响，但随着世界经济全球化趋势的不断增强和国际分工的日益深化，对外直接投资依旧迅猛增长。据联合国贸易和发展会议历年《世界投资报告》统计，20 世纪 90 年代以来对外直接投资保持持续大幅增长，远远超过同期世界贸易增长率，尤其是 20 世纪 90 年代中期以来增长势头更为迅猛，1996—2000 年平均增幅超过 40%，2000 年全球外国直接投资流入量超过 1 万亿美元，达到 12 710 亿美元。此后，全球对外直接投资依旧保持了快速增长的态势。2007 年全球对外直接投资流入量达到 1.83 万亿美元。2008 年金融危机后，对外直接投资受到重创，但相对于全球经济，对外直接投资的复苏步伐相对更快。2011 年，全球对外直接投资流入量达到 1.66 万亿美元，基本恢复到危机前的水平。2015 年，全球对外直接投资流入量达到 1.76 万亿美元，而这个数值在其后的三年间连续下降。2016 年下降至 1.75 万亿美元；2017 年，FDI 延续了下降走势，全球 FDI 流入量下降至 1.411 万亿美元；2018 年进一步下降，下降至 1.3 万亿美元。值得一提的是，在这一阶段，中国吸引外资量逆势增长，稳居全球第二大外资流入国之位。

《2020 年世界投资报告》的数据显示，在疫情危机冲击下，全球 FDI 大幅下滑。预计 2020 年全球 FDI 流量将从 2019 年的 1.54 万亿美元下降 40%，是自 2005 年以来首次低于 1 万亿美元。预计 2021 年 FDI 将进一步减少 5%～10%，并在 2022 年开始复苏。在最乐观的情况下，2022 年 FDI 可能会恢复疫情前的基本趋势。对结构性脆弱的经济体来说，FDI 的前景极为消极。许多最不发达国家依赖对采掘业的 FDI，许多小岛屿发展中国家依赖对旅游业的 FDI，许多内陆发展中国家受到供应链中断的影响。2019 年，流入最不发达国家的 FDI 减少了 6%，至 210 亿美元，仅占全球 FDI 的 1.4%。全球投资前景存在高度不确定性。这取决于疫情持续时间以及经济干预政策的有效性。同时，地缘政治风险、金融风险、贸易紧张局势增加了不确定性。尽管危机期间全球 FDI 流量急剧下降，但国际生产体系将继续在经济增长和发展方面发挥重要作用。

相关案例

中国对外直接投资逆势而上，显著支撑全球经济

2020 年 9 月 16 日，商务部、国家统计局和国家外汇管理局联合发布《2019 年度中国对外直接投资统计公报》（以下简称《公报》）。《公报》显示，2019 年中国对外直接投资达 1 369.1 亿美元，流量规模蝉联全球第二。中国对外直接投资逆势而上，保持了平稳健康发展，对全球经济贡献显著。2020 年，“一带一路”沿线国家仍将是我国对外直接投资的重要目的地。企业“走出去”需增强合规风控意识；要高度重视海外资产安全和投资权益保护。

2019 年，中国对外直接投资的亮点主要表现为三个方面：一是对全球经济的支撑作用更加显著。2019 年，世界经济增长乏力，保护主义、单边主义不断蔓延，国际投资者

信心不足，国际投资不确定性显著上升。而中国对外直接投资逆势而上，依然保持了平稳健康发展，对全球经济的拉动作用更大，贡献更加显著。二是对“一带一路”沿线国家的投资保持稳固健康发展，投资合作有序推进。中国与“一带一路”沿线国家的投资合作优势不断凸显，为中国国际合作开拓了新空间，催生了世界产业发展新格局。三是与东道国共赢局面更加显著。2019 年，中国超七成投资流向租赁和商务服务、制造等境外行业，中国对外直接投资不仅促进了境内产业结构的调整，优化了产业链、价值链的全球布局，而且推动了东道国的产业发展，形成共同发展局面。

资料来源：中国经济时报，2020 - 09 - 19.

第三节　跨国公司与对外直接投资

跨国公司既是企业对外直接投资的载体，又是对外直接投资的产物，对外直接投资与跨国公司密不可分。

一、对外直接投资理论

第二次世界大战后，跨国公司不断进行对外直接投资，在其他国家或地区设立分支机构和子公司，从事国际化生产经营，对外投资规模迅猛增长。这种现象引起了西方学者的普遍关注，他们从不同方面、不同角度进行研究，探讨跨国公司对外直接投资的动因，继而形成了许多理论。自 20 世纪 60 年代以来，西方对外直接投资理论的发展大致可以分为两个阶段：前期阶段以海默和金德尔伯格的垄断优势理论以及弗农的产品生命周期理论（这一部分内容已在本书的第五章第四节进行了介绍）为代表。后期阶段则以巴克利和卡森的内部化理论以及邓宁的国际生产折中理论为代表。

（一）垄断优势理论

垄断优势理论（theory of monopolistic advantage）也称特定优势理论，是产业组织理论在跨国公司和对外直接投资领域的应用的结果，是关于跨国公司凭借其特定的垄断优势从事对外直接投资的一种跨国公司对外直接投资理论。该理论由美国学者斯蒂芬·海默（Stephen H. Hymer）于 20 世纪 60 年代初提出，而后由查尔斯·金德尔伯格（Charles P. Kindleberger）进行补充和完善，从而形成了跨国公司理论的基础——垄断优势理论。

垄断优势理论指出企业对外直接投资必须满足两个条件：一是企业必须拥有垄断优势，以抵消在与当地企业竞争中的不利因素；二是要有不完全市场的存在，以使企业能够拥有和保持这种优势。垄断优势理论认为市场不完全是企业进行对外直接投资的基础，因为在不完全竞争市场条件下，企业有可能获得东道国同类企业所没有的特定优势。

在垄断优势理论中，企业国际化经营的垄断优势主要包括：技术优势；先进的管理经验；雄厚的资金实力；信息优势；国际声望；销售渠道优势；规模经济优势。市场的不完全性体现在四个方面：产品市场的不完全；资本和技术等要素市场的不完全；规模经济导致的市场不完全；政府利用关税以及其他税负干预经济而导致的市场不完全。其中，前三种市场的不完全性使得企业拥有垄断优势，例如：产品市场不完全使企业保有产品差异、拥有商标专有权、销售技术独特、实施垄断价格等；要素市场不完全使企业对无法得到专利保护的技术进行垄断，使企业在进入要素市场的能力方面存在差异；由于规模经济的存在，企业可以利用国际专业化生产规避本国或东道国对规模经济的限制，从而取得内部规模经济的优势，同时又通过国际纵向一体化生产取得外部规模经济的优势，以达到限制竞争者介入的目的。第四种市场不完全则促使企业对外直接投资以利用其垄断优势，进入东道国市场。

垄断优势理论不仅开创了对外直接投资理论研究的先河，而且许多内容具有科学性。该理论首次提出了不完全竞争市场是导致对外直接投资的根本原因；提出了跨国公司拥有的垄断优势是其实现对外直接投资从而获得高额利润的条件。该理论对于研究当代跨国公司的对外直接投资动因具有十分重要的意义。但垄断优势理论也存在着一些局限性。该理论无法解释 20 世纪 60 年代后期日益增多的发展中国家跨国公司的对外直接投资，因为发展中国家的企业并不比发达国家的企业拥有更强的垄断优势。

（二）内部化理论

内部化理论（theory of internalization）又称市场内部化理论，是当代比较流行的关于对外直接投资的一般理论。该理论是由英国里丁大学（Reading University）的彼得·巴克利（Peter J. Buckley）和其同事马克·卡森（Mark C. Casson）在 1976 年合著的《跨国公司的未来》一书中提出的。后来，加拿大学者艾伦·鲁格曼（Alan Rugman）在其 1981 年出版的《跨国公司的内幕：国际市场的经济学》一书中对该理论进行了进一步的完善和拓展。

内部化是指把市场建立在公司内部的过程，以内部市场取代外部市场，公司内部的转移价格起着润滑的作用，使内部市场像外部市场一样有效地发挥作用。内部化理论建立在以下三个假设基础上：

（1）当生产要素特别是中间产品的市场不完全时，企业就有可能统一管理经营活动从而以内部市场取代外部市场。

中间产品（指知识、信息、技术、零部件、原材料等）市场是不完全的。这种不完全是由某些市场失灵及中间产品的特殊性质所致，如信息具有公共产品性质，在外部市场上转让容易扩散，这是市场失灵的典型。中间产品的这种特性将导致买方或交易的不确定性及价格的不确定性。因此，企业正常经营活动所需要的中间产品市场的不完全导致企业市场交易成本增加。在市场交易出现障碍且交易成本不断增加的情况下，企业只能采取内部市场取代外部市场的办法来控制企业内部的资源配置和商品分配。

（2）企业在不完全市场上从事经营的目的是追求利润最大化。

为追求最大限度的利润，企业必须建立内部市场，使外部市场内部化，利用企业管理手段协调企业内部资源流动与配置，避免市场不完全对企业经营效率的影响。

（3）内部化超越国界时就产生了跨国公司。

企业内部化超越国界就是企业对外直接投资的过程。此时以对外直接投资为手段的跨国公司便出现了。

因此，决定企业内部化的因素就成为决定企业对外直接投资的因素。也就是说，企业对外直接投资是为了避免外部市场不完全性对企业经营效率的不利影响。内部化理论认为，影响企业中间产品市场交易成本从而导致市场内部化的因素主要有四个：

（1）行业因素。这主要包括中间产品的特性、外部市场结构、企业的规模经济特征及行业特点等。

（2）区域因素。这是指有关区域内的社会文化差异、综合投资环境以及自然地理特征等。

（3）国别因素。这是指有关国家的政治体制、法律架构与财政经济状况等。

（4）企业因素。这是指企业的竞争优势与劣势、组织结构、管理水平、生产和销售技术以及企业文化等。

内部化理论从内部市场形成的角度阐述了对外直接投资理论，对跨国公司的内在形成机理有比较普遍的解释力。与其他对外直接投资理论相比，它适用于不同发展水平的国家，包括发达国家和发展中国家，因而在跨国公司理论研究中具有相当于“通论”的地位，大大推进了对外直接投资理论的发展。更为重要的是，该理论强调了知识产品内部一体化市场的形成，更加符合当今国际生产的现实状况。

内部化理论的不足之处是该理论过分注重企业经营决策的内部因素，却忽略了对影响企业运作的各种外部因素的分析，对跨国公司的国际分工和生产缺乏总体认识，对对外直接投资的区位选择等宏观因素也缺乏把握。

（三）国际生产折中理论

国际生产折中理论（eclectic theory of international production）由英国里丁大学教授约翰·邓宁（John H. Dunning）在1976年发表的题为《贸易、经济活动的区位与跨国公司：折中理论探索》一文中提出，并于1981年在其论著《国际生产与跨国公司》中进一步系统化、理论化、动态化地进行了修正。① 邓宁认为，过去的各种对外直接投资理论都只是从某个角度进行片面的解释，未能综合、全面地分析，因此需要用一种折中理论将有关理论综合起来解释企业对外直接投资的动机。国际生产折中理论将厂商理论、区位理论、产业组织理论以及国际经济学中的各派思想有机地结合在一起，构成一个整体，综合地对跨国公司的行为动机和条件做出了分析。

该理论的核心是，企业跨国经营是该企业具有的所有权特定优势、内部化优势和区位优势这三个优势综合作用的结果。

第一，所有权特定优势（ownership specific advantage）又称垄断优势（monopolistic advantage），是指企业所独有的优势。所有权特定优势具体包括：（1）资产性所有权优势，指在有形资产与无形资产上的优势，前者是指对生产设备、厂房、资金、能源及原材料等的垄断优势，后者是指在专利、专有技术、商标与商誉、技术开发创新能力、管理以及营销

① John H. Dunning, *International Production and Multinational Enterprise*, London: George Allen & Unwin, 1981.

技术等方面的优势；（2）交易性所有权优势，是指企业在全球范围内跨国经营、合理调配各种资源、规避各种风险，从而全面降低企业的交易成本所获得的优势。

邓宁认为，企业开展对外直接投资必然具备上述所有权特定优势，但具有这些优势并不一定会导致企业进行对外直接投资，也就是说，所有权特定优势只是企业开展对外直接投资的必要条件，而不是充分条件。当企业仅仅具有所有权特定优势而不具备内部化优势和区位优势时，国内生产再行出口销售或特许经营也是企业实现其优势的可行途径。

第二，内部化优势（internalization advantage）是指拥有所有权特定优势的企业，为了避免外部市场不完全对企业利益的影响而将企业优势保持在企业内部的能力。内部交易比非股权交易更节省交易成本，尤其是对于那些价值难以确定的技术和知识产品，而且内部化将交易活动的所有环节都纳入企业统一管理，使企业的生产销售和资源配置趋于稳定，企业的所有权特定优势得以充分发挥。

但邓宁同样认为，内部化优势和所有权特定优势一样，也只是企业对外直接投资的必要条件，而不是充分条件，同时具有所有权特定优势和内部化优势的企业也不一定选择进行对外直接投资，因为它也可以在国内扩大生产规模再行出口。

第三，区位优势（location advantage）是指某一国外市场相对于企业母国市场在市场环境方面对企业生产经营的有利程度，也就是东道国在投资环境因素上具有的优势条件，具体包括：当地的外资政策、经济发展水平、市场规模、基础设施、资源禀赋、劳动力及其成本等。如果某一国外市场相对于企业母国市场在市场环境方面特别有利于企业的生产经营，那么这一市场就会对企业的跨国经营产生非常大的吸引力。

邓宁认为，在企业具有了所有权特定优势和内部化优势这两个必要条件的前提下，如果在某一东道国又具有区位优势，该企业就具备了对外直接投资的必要条件和充分条件，对外直接投资就成为企业的最佳选择。

国际生产折中理论的主要贡献在于该理论注重综合分析、客观分析和动态分析，在理论形态上是完整和成熟的。国际生产折中理论比较综合地说明了三种优势，是直到目前为止经济学界最权威和全面的理论体系。但是，邓宁的国际生产折中理论并不是十全十美的，有的地方仍欠严谨、周密。主要表现在：一方面，该理论把各种不同的甚至没有多大联系的因素捏合在一起，从而陷入了对现象的罗列和归纳，缺乏严谨而系统的分析。另一方面，该理论强调只有三种优势同时具备才能进行跨国投资，但在现实经济活动中，并不同时具备三种优势的发展中国家不仅发展了对外直接投资，而且向发达国家进行逆向投资，这种现象给邓宁的理论以极大的冲击。

二、跨国公司对外直接投资的动因

国际直接投资动因（motives of international direct investment），是指投资者在进行投资决策时所要考虑的主要因素，或者说是投资者进行某一特定类型投资的内心起因。实践中，国际直接投资的动因也被称作国际直接投资的目的。西方经济学家在 20 世纪 60 年代就开始对跨国公司对外直接投资的基本动机进行研究。由于投资者在进行对外投资时既受企业本身特有的诸如资金、技术、管理、规模经济、市场销售技能等优势的影响，也受企业所处的客观社会经济环境，诸如自然资源禀赋、国内市场规模、经济发展水平、产业结构、技术水平、劳动力成本、政府政策等的制约，而这两方面在内容上存在相当大的差异，所以导致不同企业的对外投资动机以及同一企业的不同投资项目的动机不同。但就本质而言，国际直接投资的根本动机和目的都是利润最大化。综合起来，跨国公司开展对外直接投资的基本动因体现在以下几个方面：

（一）开发与利用国外的自然资源

企业为寻求稳定的石油、矿产品等自然资源供应，可以在世界的任何地方进行投资，这类投资被称为自然资源导向型投资。无论过去、现在还是将来，自然资源导向型投资在对外直接投资中均占有相当重要的地位。因为要开发自然资源，跨国公司只能在存在着自然资源或具备自然资源禀赋的地方进行投资。许多在南美洲、中西亚等地区的投资多出于这一动因。

（二）突破贸易壁垒，保护原有的出口市场或开拓国外新市场

这类投资一般被称为市场导向型投资。市场导向型投资可分为三种。第一种是为了突破贸易壁垒而进行的投资。在这种情况下，投资企业是出口型企业，在本国进行商品生产，通过出口进入国外市场，但由于东道国实行了贸易限制，阻碍了企业的正常出口，因而企业转为进行对外直接投资，在当地设厂生产，以维持原有的市场份额，或者是转向没有出口限制的第三国投资生产，再出口到原有市场所在国。第二种是为了稳定与扩大市场份额而进行的投资。企业在对出口市场的开辟达到一定程度之后，在当地直接投资进行生产和销售更为有利，因而企业转而进行对外直接投资。第三种是为了开拓新市场而进行的投资。一般来说，技术上的优势和规模经济都会导致以开拓新市场为目的的直接投资。

（三）利用国外廉价的生产要素，降低企业生产成本

企业在具有廉价生产要素的国家或地区进行投资生产，可以达到降低生产成本、提高生产效率的目的。这种投资一般被称为生产效率导向型投资。在国际经营中，劳动力的移动受到许多方面的限制，而土地则是不可能移动的，于是投资者要利用其他国家丰富的要素投入来提高企业的经营效果。这一动机不仅存在于发达国家的对外直接投资中，而且存在于发展中国家的对外直接投资中。自 20 世纪 90 年代以来，日本、美国等国家纷纷将劳动密集型产业转移到东南亚及我国沿海一带，其投资诱因就是本国劳动力成本上涨，而通过产业转移可尽量利用当地劳动力的比较优势。

（四）取得和利用国外的先进技术和信息，促进技术研究与开发

为了取得和利用国外先进的技术、生产工艺、新产品设计、管理知识、关键设备、零部件及新产品等而进行的对外投资，被称为技术与研发导向型投资。这类投资多发生在发达国家之间，具有较强的趋向性，而且投资方式多为收购当地高技术企业。在目前

盛行的跨国公司战略联盟形势下发生的直接投资，也多属于技术与研发导向型投资。

（五）充分利用企业现有的技术与设备

有些企业拥有相对过时但在一定条件下仍具备使用价值的技术和设备，为了充分利用这些残存的价值，企业就可以把它们作为股本在经济更不发达的国家进行投资，从而给企业带来新的机会。在进行这种投资时，企业得以输出原本已没有市场的机器设备，而这类投资往往能够带动相关原材料或相关产品的出口，所以也被称为带动出口型投资。

（六）分散与减少企业的风险

实行国际分散化经营，可以减少风险，取得较为稳定的收益。如果把企业可用于生产和销售产品的资产看作一个组合，那么将其仅仅置于一国之内与分散于多个国家，对于企业的经营风险和收益则大不相同。企业若仅在一国经营，无法回避一国经济周期波动以及其他政治经济突发事件的不利影响。企业若涉足多个国家，由于各国经济周期不同，政治经济环境等互有差异，就可以分散这类系统性风险，从而使企业在全球范围内的净现金流量保持稳定。

（七）实现企业的全球发展战略，取得最佳经营效果

全球发展战略是跨国公司进行全球扩张的一种经营战略。跨国公司在建立起了自己的国际生产体系之后，就可以以全球市场为目标，依据资源和市场的分布情况在世界范围内进行灵活、有效和统一的经营，有计划地安排投资、生产、销售和开发等业务活动，使有限的资源得到更有效的利用。一般来说，全球战略动机是国际投资发展到较高层次的体现，而对外直接投资是跨国公司实现其全球战略的手段。

总之，尽管不同时期、不同国别、不同行业及不同产品的国际投资者的具体动机可能是多种多样、互有差异的，但其诱因都可归于上述几类基本动机，它们总是构成跨国公司对外直接投资的最一般动机。这种基本动机的相对稳定性为发展中国家有的放矢地制定和改善投资环境的长期战略提供了可能。只要东道国能够洞悉外来投资者的一般动机及其变化，并在立足本国国情和本国长远利益的基础上提供各种可将动机转变为现实的基本条件，国际资本就会源源不断地流入东道国。

三、对外直接投资对东道国的经济效应

对于母国的企业来说，对外直接投资可缩短生产和销售的距离，并可减少运输成本；母国企业可利用当地廉价的劳动力、原材料、能源等生产要素降低制造成本；母国企业能随时获得当地市场信息和产品信息的反馈，从而可根据市场的需求来调整生产。此外，对外直接投资也有利于企业跨越东道国政府的各种贸易和非贸易壁垒，有时对外直接投资还能使企业享受到东道国提供的优惠政策。这些都是对外直接投资对母国和母国企业所带来的正面效应。对外直接投资对母国和母国企业的负面效应表现为对外直接投资需要大量的资金、管理和其他资源的投入，这就意味着风险更大、灵活性更差。

尽管资本输出对母国自身产生了一定的影响，但对东道国来说，也许更值得引起关注，特别是发展中国家要更关注引资问题。引进外资会对东道国产生正面和负面双重效应。

（一）引进外资对东道国的正面效应

外国直接投资的流入可能会对东道国产生各种广泛的正面效应，这些正面效应主要表现在以下几个方面：

（1）增加产出。外资的流入使东道国国内整个资本存量增加，这个资本存量连同劳动及其他资源一起投入生产能获得更大的总产出。

（2）提高工资。如果东道国的工资水平相对较低，则外资企业也可能会考虑在东道国进行投资。显然，如果生产过程是劳动密集型的，则外资的进入会导致东道国劳动力需求增加，从而导致工资水平上升。

（3）增加就业。外资进入会增加对东道国劳动力的需求。如果接受外资的东道国是一个由于人口压力而导致劳动力过度供给的发展中国家，那么这种增加就业的作用就特别明显。

（4）增加出口。如果外国资本生产的商品具有出口潜力，那么外资的引入会使东道国创造出稀缺的外汇。从发展的角度看，增加的外汇可用于进口所需的资本设备或材料，以帮助东道国实现其发展计划，或者外汇也可以用于支付该国外债的利息或用于偿还本金。

（5）增加税收收入。如果东道国采取有效的税收措施，那么从外国直接投资项目中产生的利润和增加的其他收入都能给该国提供新的税收源泉以用于发展项目的建设。

（6）实现规模经济。对于本国厂商来说，由于没有足够的生产资本，可能无法实现大规模生产所带来的成本下降。当外国企业进入某个行业后，它们可能会在这一行业中基于其市场规模及技术特征而实现规模经济。如果外国投资者的生产实现了规模经济，则消费品的价格就有可能会下降。

（7）为东道国提供技术、管理技能和新科技。许多经济学家认为这些管理技能是发展中国家最为稀缺的资源，当外国资本以管理者的形式引进关键的人力资本技能时，这一关键的瓶颈就会被打破。此外，新科技能够明显地提高东道国的劳动生产率。

（8）削弱国内的垄断势力。在外国资本流入前，如果一个国内厂商或者少数几个厂商垄断着东道国的某一特定行业，这种情况就可能会发生。在外资流入后，出现了新的竞争者，就可能会扩大该行业的产出并降低其价格，从而使原有的垄断势力被削弱。

（二）引进外资对东道国的负面效应

外国资本的流入对东道国来说也会产生一定的负面影响，主要表现在：

（1）东道国贸易条件的恶化。如果东道国在出口销售方面是一个大国，而外资进入该国的出口商品生产领域，则出口的增加就会压低出口商品相对于进口商品的价格，从而恶化东道国的贸易条件。另外，跨国公司在东道国的转移价格也会导致东道国贸易条件的恶化。

（2）国内投资的减少。在通常情况下，外国厂商可能会通过向东道国资本市场借入资金的方式部分地筹集直接投资的资金。这样会导致东道国利率上升，并通过挤出效应减少国内的投资。另外，发展中国家的资金供给者可能会出于降低风险的考虑将资金借给跨国公司而不是本国的企业，这主要是因为资金供给者认为跨国公司更有能力运营这笔资金，风险较小而收益更高。

（3）国际收支与汇率的不稳定性。当外国直接投资进入东道国时，它通常会提供外汇，因此改善了东道国的国际收支或者提高了东道国货币在外汇市场上的价值。然而，当跨国公司需要购买进口投入品或者需要把利润汇回投资来源国时，就会对东道国的国际收支产生压力，而后东道国货币就会贬值。由此，外国资本的流入和流出增加了国际收支和东道国货币汇率的不稳定性。

（4）对国内政策控制的丧失。实力强大的外国投资者从自身利益的角度考虑会以各种各样的方式对东道国的经济和政治施加影响。

（5）失业的增加。如果进入的外国厂商是资本密集型的，那么外国厂商凭借在资本和技术方面的强大优势可能会将当地的竞争厂商淘汰出局。特别是对于发展中东道国来说，当地竞争厂商更多属于劳动密集型厂商。因此，与被淘汰的当地厂商相比，资本密集型外国厂商会雇用相对更少的工人，从而使部分工人失业。

（6）当地垄断的形成。和外资会打破国内垄断的正面效应相反，由于一些特定的优势（如技术），大型外国厂商可能会通过削价与当地有竞争力的企业抢夺市场，并将国内企业从该行业赶走。然后，外国企业以垄断者的身份出现并带来垄断的所有不利后果。

（三）外资对东道国的整体效应

外国直接投资既可能会给东道国带来正面效应，又可能会给东道国带来负面效应，这两个效应孰大孰小是难以衡量的。因此，引进外资对东道国所产生的净福利效应是不确定的。不管是发达国家还是发展中国家，通常都会制定相应的政策，以加强外国资本流动产生的正面效应，减少负面效应。主要策略是对外国厂商实行业绩要求，如规定本地雇员的最小比例、汇回母国利润的最大比例以及用于出口创汇产品的最小比例，规定厂商的生产必须服从投入品的本国成分要求，或禁止外国厂商聚集在特定的关键行业以防止垄断等。

第四节　跨国公司与国际贸易

在跨国公司的全球生产经营活动中，各种投入的获得或供应链的组建是非常关键的一环。跨国公司母公司和子公司的投入品供应依赖于两个渠道：一是公司内部贸易，二是公司外部贸易。实际上，跨国公司外部贸易在公司贸易中一直占据主导地位。尽管如此，公司内部贸易对跨国公司意义重大。公司内部贸易属于公司全球战略实现途径的一个重要组成部分。它的作用不局限于产品或服务的获得。在某种程度上，它是跨国公司全球战略实现的一个工具。

一、跨国公司与公司内部贸易

（一）公司内部贸易的定义

公司内部贸易是指在跨国公司内部，母公司与子公司、子公司与子公司之间进行的产品、原材料、技术与服务的交换活动。

公司内部贸易实际上是跨国公司内部经营活动的方式，是它们有效地利用各地资源和机会获取最大经济效益的手段。公司内部贸易是在同一公司内部的不同单位进行的，是公司自身内部物品的调拨和转移。

（二）转移价格

1. 转移价格的定义

公司内部贸易的价格通常被称为转移价格（transfer price）或调拨价格，是跨国公司内部母公司与子公司、子公司与子公司之间进行商品、技术和服务交换时采用的价格。该价格在一定程度上不受市场供求关系的影响，因为它不是依照“独立竞争”原则确定的，而是根据跨国公司全球战略目标的需要，由公司高层管理人员制定的。它分为转移高价和转移低价两种形式。

2. 转移价格的目的

跨国公司内部贸易采用转移价格的目的主要包括以下几个方面。

（1）减轻税负。

跨国公司的子公司分设在许多国家和地区，其经营所得需向东道国纳税。但各国税率差别较大，税则规定也不统一，跨国公司往往利用各国税率的差异，通过转移价格——高出低进或高进低出——人为地调整母公司与子公司的利润，把公司总的所得税负降到最低限度。同时，鉴于各国关税税率的差异，在一般情况下，公司对设在高关税国家的子公司以偏低的转移价格发货来降低子公司缴纳的关税税额。

（2）增强子公司在国际市场上的竞争力。

跨国公司将转移价格作为促进国外子公司建立与发展的手段。如果子公司在当地遭遇强有力的竞争，或要占领新市场，跨国公司就会采用转移低价，降低子公司的成本，以提高子公司的竞争力。同时低成本带来的高利润也可以提高公司在当地的信誉，便于子公司在当地发行证券或取得信贷。

（3）减少或避免风险。

首先，采用转移价格可以减少或避免汇率风险。如果预测某一子公司所在国货币可能会贬值，跨国公司就可以采取子公司高进低出的办法，将利润和现金余额抽回，以减少因货币贬值造成的损失。其次，采用转移价格可以避免东道国的外汇管制。有些东道国政府为了实现外汇收支平衡，对国外公司利润和投资本金的汇回在时间上与数额上有限制，在这种情况下，子公司便可以利用高进低出的办法将利润或资金调出东道国。

（4）其他目的。

其他目的主要是指向子公司摊提管理费、研究和开发费用，避免因子公司利润过高引起工人过高的福利要求，在拥有部分股权的子公司中获得更多的利润等。

（三）跨国公司内部贸易的特点

跨国公司内部贸易由于是在同一公司内部不同单位进行的，所以在交易方式上和交易动机上有许多不同于一般贸易的特点。

第一，公司内部贸易的利益原则和获利动机通常不是以一次性交易为基础的，而是以综合交易为基础的。跨国公司的内部贸易把国际贸易市场通过自己的跨国组织机构内部化，这种内部化了的市场克服了国别限制所造成的障碍，为公司国际生产的专业化分工、资金运筹调拨、技术的转移及资源的利用提供了有利条件。

第二，公司内部贸易在很大程度上改变了传统国际贸易的内容。公司内部贸易创造的是一个内部一体化的市场，在这个内部一体化市场中，传统国际贸易中的国别市场界限在很大程度上消失了，传统的自由市场缩小，封闭市场日益扩大，这是一种真正的国际一体化市场。

第三，公司内部贸易的交易机制是转移价格，这种内部的不同经营公司或部门之间完成交易的内部结算价格，不以交易双方的互利为条件，也不受外部市场价格的影响，而是以实现公司全球战略、取得整个公司的最大利润为目标。因此，内部贸易不仅是跨国公司利润最大化的手段，也是发挥内部贸易经营优势、增强公司竞争力的手段。

第四，跨国公司的内部一体化市场并不是完全封闭的，通过商品的内部流转和外向扩散，在公司母国和子公司所在国之间建立起直接的联系机制。内部一体化市场与当地经济不是截然分开的，它们在原料、劳动力、资金和市场等方面都有着密切联系。

第五，在公司内部贸易条件下，各有关国家的关税政策、税收政策和汇率政策的作用都不同程度地受到了削弱，不能对跨国公司的经营活动进行有效的监督与控制。

（四）跨国公司内部贸易发生的动因

1. 降低外部市场造成的经营不确定风险

由于完全受市场自发力量的支配，企业经营活动面临着诸多风险，包括投入供应数量不确定，投入供应质量不确定，投入供应价格不确定，不同生产工序或零部件分别由独立企业承担但协调上又有问题，而公司内部贸易可以大大降低上述各种经营不确定性，通过合理计划，安排生产、经营活动。

2. 维持技术垄断，适应高技术产品生产的需要

技术优势是跨国公司进行跨国经营并实现经营目标的核心资源。跨国公司对技术研发的投入所形成的技术价值只有在市场上交易并实现价值后才能为公司创造财富。技术价值的实现可以通过两种方式：一是技术转移，包括外部转移和内部转移；二是生产高技术含量产品再出口，包括外部出口和内部出口。由于技术具有容易扩散和使用上的排他性等特点，高技术含量的产品通过外部市场销售也很容易被仿制，所以，通过外部转移和外部出口都会削弱跨国公司的技术优势。而内部转移和内部出口则可以使跨国公司继续保持其技术优势，因为技术在跨国公司内部转移，完全是由跨国公司最高管理层级组织统一控制和协调的，基本上隔断了技术向外扩散的途径，延长了跨国公司拥有技术

优势的时间。同样，高技术含量的产品通过内部转移和内部出口在跨国公司内部流动，减少了被竞争者仿制的机会，也可以防止技术优势的丧失。跨国公司内部贸易所具有的能够有效防止公司技术优势丧失的优势是跨国公司内部贸易得以形成的一个重要动因。

3. 降低交易成本，节约交易费用

一般国际贸易在国际市场上的运作有一定成本（即交易成本），具体包括：在市场交易中为寻找交易对象、获取价格信息而付出的搜寻成本；为达成合理的交易条件而产生的谈判成本；为保证合同顺利执行而形成的监督成本；等等。跨国公司内部贸易是在跨国公司内部母公司和子公司、子公司和子公司之间进行的，并且由跨国公司总部统一组织和安排，从而可以节省这些成本。当然，跨国公司为了统一组织和安排内部贸易，也需要增加一些额外的成本，主要是建立和维护管理层级组织的费用，其中包括支付管理人员工资、购买先进通信设施等的费用。随着管理水平的提高和通信技术的进步，这些额外成本显然要比外部市场交易成本低得多。正是因为跨国公司内部贸易的交易成本比一般国际贸易要低，所以，从全球利润最大化的经营目标出发，跨国公司必定优先选择内部贸易。

4. 实现特定目标

与转移价格的目标类似，实施内部贸易可以利用转移价格实现规避市场管制、逃避征税和外汇管制以及占领市场等特定目标。

5. 满足跨国公司生产体系对中间投入品的特定需求

在跨国公司的生产过程中，有些中间投入品是特定的。这些中间投入品在质量、性能或规格上都有特殊的要求，外部市场一般难以提供这种产品，而且在价格和供应量方面存在不确定性。只有把这些产品的生产纳入跨国公司的整个生产体系，才能确保中间投入品的供应，直接利用生产技术和销售技术上的优势，保证产品质量的稳定和生产过程的连续。除了特定的中间投入品外，跨国公司生产的原材料也需要及时供应。这同样是为了保证生产过程的顺利进行，但由于原材料的供给地点分散、质量差异大、自然条件和人为限制等原因使得价格波动和供给中断的可能性很大，跨国公司自然要把原材料供应内部化，在原材料储量分布相对集中的区域设立开发或采掘分公司，通过内部贸易来满足整个公司系统生产上的需要，这种长期或永久的内部供需安排可以保障生产活动的连续。

6. 增强公司在国际市场上的垄断地位与竞争力，实现全球利益的最大化

日益降低的贸易成本和技术进步使得跨国公司可以在世界范围内根据比较优势原则分割生产，形成公司内部的分工。海外投资成本的降低和市场的扩大，也可以部分地解释公司内部贸易迅速增长的原因。

二、跨国公司内部贸易的经济影响

跨国公司在推进全球经济一体化的过程中，作为第二次世界大战后国际贸易主要的直接经营者，有力地促进了国际贸易的发展，特别是公司内部贸易规模的不断扩大在一定程度上改变了第二次世界大战后国际贸易的结构、流向及市场构成，并对整个世界贸易的发展产生了重要影响。

（一）跨国公司内部贸易促进和控制了国际贸易的发展

跨国公司的发展是国际分工深化的结果，同时它又促进了国际分工进一步向纵深发展。跨国公司将原来母公司内的部门间和部门内的分工扩展到世界范围，加强了各国之间的相互依赖和协作，促进了各国商品在国际上的加速流动。同时，跨国公司新产品、新技术的不断推出和转移也扩大了国际贸易的流量以及各种技术与商品贸易的新领域。

跨国公司对国际贸易的一个特殊影响，就是公司体系内母公司与子公司之间、各子公司之间的贸易形成了一种大规模的内部贸易。第二次世界大战后跨国公司内部供货迅速增加，比重上升。据联合国统计，跨国公司内部贸易占世界贸易总额的30%以上。所以，第二次世界大战后国际贸易的迅速发展是与跨国公司内部贸易规模的扩大分不开的。跨国公司内部贸易也是国与国之间的贸易，但这种贸易不通过公开的交易市场实现，交易对手不是外部公司而是本公司体系内的有关公司，从而大大增强了跨国公司在国际贸易中的控制和垄断地位。跨国公司内部贸易的出现也使东道国对跨国公司难以管理，使国际市场变得更不稳定。

（二）跨国公司内部贸易在某种程度上改变了国际贸易的市场结构

所谓国际贸易的市场结构，即国际贸易中市场本身的特征。这种特征是通过商品或劳务的交换方式或交换渠道表现出来的。第二次世界大战后由于跨国公司的迅速发展，在世界市场上通过传统自由市场按照公平条件进行的交易所占的比重不断缩小，而通过所谓“封闭市场”进行的交易则日益扩大。

跨国公司利用不同地区的有利条件，在国际生产中分工协作制造零部件、集中装配、定向销售的经营策略，使国际贸易中很大一部分份额成为跨国公司内部的交易。跨国公司全球性的活动事实上已经引起国际市场的部分质变，即国际市场从原先的自由竞争状态变成了由生产的国际性集中和垄断带来的一定程度的管理交易市场，而公司内形成的协议型国际分工是这种管理交易市场运行的基础。因此，跨国公司在这种封闭的、变形的市场中进行的交易对国际市场结构的变化产生了重要影响。

（三）跨国公司内部贸易促进了技术贸易的迅速增长

跨国公司作为研究和开发新技术的策源地，在国际技术贸易中占有重要地位。跨国公司的直接投资与技术转移之间有着密切关系，技术往往是直接投资的重要组成部分。

在世界技术贸易中，跨国公司内部的技术转移所占比重很大。这表明，国际技术贸易在很大程度上受跨国公司的控制。跨国公司不仅通过技术转移获得大量收入，而且把专利技术的出售与资本输出有机结合起来，通过子公司对技术的应用来争夺国际市场，获取高额利润，一旦不能实现这一目标，就会限制技术的跨国转移。因此，跨国公司也有可能对技术在全球的传播和扩散起阻碍作用。

（四）跨国公司内部贸易在一定程度上推进了全球的贸易自由化

随着科学技术的进步，不断涌现的新产品要通过科技力量的合作，并要以整个世界为市场才能得到充分发展和完善。在技术装备先进的工业部门中，部门分工不断越出国界，形成了部门内的国际分工，在此基础上的国际交换日益加强。在这种情况下，客观上就要求各国政府减少各种贸易限制，使各国产品在国家间自由流动。因此，国际贸易自由化一度成为第二次世界大战后国际贸易的一个重要特点。

第二次世界大战后初期，一部分国家的贸易保护主义措施以及一些区域集团组织的建立曾经是跨国公司在那些地区投资的直接动因。跨国公司通过直接投资可以绕过贸易壁垒，以当地生产来代替本国对该地的出口。然而，随着跨国公司力量的不断发展，跨国公司开始要求建立全球性的生产网络和销售网络，这时资本和商品在国家间的自由流动对跨国公司来说就显得越来越重要了。这是因为跨国公司进行世界范围的生产经营活动扩大了产品生产的专业化。在跨国公司内部贸易日益发展的情况下，公司内部调拨引起的国际贸易数量与日俱增，因此跨国公司必然要求尽可能减少贸易壁垒。

第二次世界大战后，关贸总协定等国际经济组织主持的 8 轮谈判较大幅度地降低了发达国家工业品的关税，其他非关税壁垒也有所降低或被取消，使贸易自由化的进程有了较大的发展。这些谈判虽然由政府出面作为谈判者，但背后却有大垄断资本集团的活动，它们通过各种手段来影响政府的贸易决策。

当然，跨国公司倡导自由化是以维护和扩大其自身利益为前提的，跨国公司既可能是贸易自由化的受益者，也可能是贸易保护主义的得利者。特别是当它们的地位受到严重威胁时，它们就会放弃自由化而主张采取贸易保护主义措施。20 世纪 70 年代中期以来，西方各国贸易保护主义的兴起是与跨国公司要求政府保护本国工业、避免国外企业的竞争紧密相连的。这说明，跨国公司也有阻碍贸易自由化的一面。

三、跨国公司对国际贸易的影响

（一）跨国公司促进国际贸易总量增长

跨国公司对世界贸易发展的促进作用主要体现在以下三个方面：

第一，第三次科技革命导致了一大批新兴产业部门的建立，新技术、新工艺不断投入使用，新产品层出不穷，新的服务内容不断出现，扩展了国际贸易的商品范围。跨国公司作为新兴部门的主导者和践行者，作用不容忽视。

第二，跨国公司实施全球战略，为追求资源配置效率最佳，在全球范围内设立生产、销售、研发基地，建立公司内部的国际生产体系，扩大了公司的国际专业化生产与协作的范围，加深了国际分工。跨国公司内部贸易客观上表现为跨国贸易，因此，跨国公司国际生产的快速发展直接促进了国际贸易的增长。

第三，跨国公司的国际生产利益的实现，要求在全球范围内取消任何阻碍商品和服务自由流动的壁垒。从这个意义上说，跨国公司是全球自由贸易的积极倡导者，它们会利用自己的经济实力，通过游说政府消除各种形式的贸易壁垒，推进贸易的自由化进程。

（二）跨国公司影响国际贸易商品结构

20世纪80年代前，跨国公司对外直接投资（FDI）主要集中在制造业部门，尤其是在资本、技术密集型产业，这直接影响着国际贸易商品结构的变化。这种变化的集中反映是制成品贸易所占比重上升，初级产品贸易所占比重下降。20世纪90年代，制造业部门占全球贸易的比重以每年10%左右的速度上升。目前，制造业作为全球贸易最重要的部门占全球贸易的2/3以上。2017年，制造业产品贸易占全球贸易的73.1%，矿产品贸易占13%，而农产品贸易只占全球贸易的10.1%。此外，跨国公司内部国际专业化与协作生产的发展使得制成品贸易中中间产品贸易所占比重不断上升。

随着经济的发展，全球FDI的行业结构发生显著变化。《2016年世界投资报告》显示，近年来第一产业FDI大幅减少，制造业FDI则有所增长。受2014年中期以来初级产品价格大跌的影响，第一产业FDI大幅下降。制造业占全球跨国并购总额的比重提高至50%以上。从全球FDI存量来看，服务业占比保持在60%以上的水平。随着服务业吸收FDI的不断增多，国际服务贸易迅速发展，其增长速度已经超过货物贸易的增长速度。世界贸易组织发布的《2019年全球贸易报告》指出，服务贸易已经成为国际贸易的主要驱动力，2005—2017年的服务贸易年均增速达到5.4%，高于在此期间全球货物贸易4.6%的增速。自2011年以来，全球货物贸易总值年均增长1%，而全球服务贸易总值年均增速则达到3%。2019年，服务贸易占全球贸易的比重为20%。

（三）跨国公司影响国际贸易地区分布

在贸易流与FDI流之间存在着相关性。目前，跨国公司FDI的3/4集中于发达国家。跨国公司通过内部贸易和外部贸易促进了发达国家之间的贸易，还带动了这些国家对外贸易的发展。

自20世纪80年代以来，发展中国家的跨国公司不断发展，发展中国家吸收的FDI不断增加。2012年，发展中国家吸收的FDI首次超过发达国家，占全球FDI的52%。2017年，在全球外国直接投资下降23%的情况下，发展中国家占全球FDI的比重进一步上升，从2016年的36%上升至2017年的47%。这一发展趋势使得发展中国家之间以及发达国家和发展中国家之间的贸易量也在不断扩大。

（四）跨国公司控制国际技术贸易的发展

由于跨国公司是国际技术创新、技术转移、技术扩散中最活跃、最有影响的力量，跨国公司的发展促进了国际技术贸易的迅速发展。据联合国统计，1965年国际技术贸易总额仅为30亿美元，1975年达到110亿美元，1985年达到500亿美元，1999年达到5 400亿美元。至2002年，国际技术贸易总额达到近万亿美元。目前，国际技术贸易总额接近世界贸易总额的1/2。国际技术贸易的快速增长在很大程度上得益于跨国公司的技术创新和技术转移活动。跨国公司受利益驱动，不断地进行创新，不断地在公司内部进行技术转移。同时，为了收回一部分研发费用，跨国公司也向外部企业转让一部分专利保护即将到期或生命周期即将结束的技术。

本章练习题

一、不定项选择题

1. 市场不完全理论又称垄断优势理论，它的核心是基于下列这样一个假设：（ ）。

A. 厂商具有技术优势　　B. 企业具有规模优势

C. 企业处于不完全市场条件下　　D. 企业具有全球区位经营观念

2. 国际直接投资与国际间接投资的基本区分标志是（ ）。

A. 前者可用实物进行投资，而后者则不行

B. 能否有效地控制作为投资对象的海外企业

C. 前者是个别经营单位进行的投资，后者是政府进行的投资

D. 前者属于长期投资，后者属于短期投资

3. （ ）是国际直接投资大发展的客观前提。

A. 科技革命的发生　　B. 社会化大生产的发展

C. 国际分工的新发展　　D. 国际经济一体化的趋势

4. 在跨国公司对外直接投资中，我们通常说到的“绿地投资”指的是（ ）。

A. 吸收兼并　　B. 创新合并　　C. 公开收购　　D. 新建工厂

5. 国际生产折中理论是由（ ）于20世纪70年代后期提出的。

A. 巴克利　　B. 弗农　　C. 邓宁　　D. 海默

二、判断题

1. 利用国外廉价劳动力、土地等资源降低生产成本是一种防御层次上的投资动机。（ ）

2. 学习国外先进技术和管理经验是企业生存层次上的投资动机。（ ）

3. 产品生命周期理论中所说的产品寿命是指产品的使用寿命和使用价值。（ ）

4. 内部化理论无法解释对外直接投资的时机、地理方向及其与跨国经营战略的联系，所以不足以拥有“通论”的称号。（ ）

5. 通过转移价格所要转移的实际对象是产品与劳务的成本以及公司的利润收入。（ ）

三、简答题

1. 简述对外直接投资的特点及其类型。

2. 简述跨国公司的定义及其特点。

3. 简述对外直接投资的几个理论及其主要内容。

4. 论述跨国公司对外直接投资的目的以及对东道国产生的影响。

5. 简述跨国公司内部贸易的定义及其产生的经济影响。

第十二章
区域经济一体化

学习目标

1. 了解区域经贸集团的产生、发展和主要类型，以及它们对国际贸易的影响。
2. 掌握区域经济一体化的理论。
3. 掌握关税同盟的静态效应和动态效应。

本章教学重点和难点为区域经济一体化的发展动态和类型，关税同盟的静态效应和动态效应。

中国视角

本章结合引导案例和文中案例，重点对中国加入这些区域贸易协定可能的政治经济影响进行分析，展示了中国在应对和适应日益变化的国际规则方面所做出的努力和中国的能力。具体目标包括：

1. 政治认同：通过本章的案例分析，了解中国推进一系列高水平区域贸易协定所带来的经济效应和影响，强化民族自豪感，认识中国开放经济实践所取得的伟大成就。

2. 法治观念：通过对区域一体化规则的学习，树立牢固的法治观念，熟悉国际规则，理解和遵守相关政策和法律，学会运用法治思维和法治方式处理国际事务。

3. 职业规范与职业道德：通过对本章的学习，养成在世界经济发生深刻、复杂变化的大背景下，自主、有效、持续学习的意识和能力；充分认识到，在区域经济合作深化的背景下，在今后的工作中应时刻秉持诚信、敬业和职业理念，方能在国际竞争中立于不败之地。

引导案例

全球最大的自由贸易区来了

2022 年 1 月 1 日，《区域全面经济伙伴关系协定》（RCEP）生效实施，全球最大的自由贸易区正式启航。这标志着世界上人口最多、成员结构最多元、发展潜力最大的自由贸易区正式落地。自 2022 年 1 月 1 日起，RCEP 对文莱、柬埔寨、老挝、新加坡、泰国、越南、中国、日本、新西兰和澳大利亚 10 国正式生效。韩国将于 2022 年 2 月 1 日加入生效实施队列。剩余成员也将在完成国内批准程序后陆续加入生效实施队列。RCEP 生效后，已核准成员之间 90%以上的货物贸易将最终实现零关税。在协定生效当天，中国与东盟、澳大利亚、新西兰之间的立即零关税比例将超过 65%。中国与日本是首次建立自贸关系，相互立即零关税比例将分别达到 25%和 57%。除关税优惠外，RCEP 还在原产地规则、海关程序、检验检疫等方面为亚太地区经贸规则树立标杆。

2022 年 1 月 1 日 0 时许，伴着新年的钟声，南亚塑胶工业（广州）有限公司关务主管收到了一份大礼——该公司获得广州海关开出的全国首批 RCEP 项下原产地证书。“我们全年向 RCEP 成员出口 2 150 万美元的塑胶制品，办理 RCEP 项下原产地证书后，每年可节约税收成本约 650 万元人民币。”

原产地证书被称为商品流通世界的“身份证”，是各国根据相关的原产地规则签发的证明商品原产地——货物的生产或制造地的一种具有法律效力的证明文件，也是企业在境外享受关税减让等优惠待遇的凭证。

RCEP 在服务贸易、投资等方面做出了高水平开放承诺，域内各类经济要素流动将更加顺畅，产业链、供应链和价值链将进一步巩固和发展。RCEP 简化行政程序，减少贸易壁垒，必将有力推动地区实现更高质量、更深层次的区域经济一体化。可以说，RCEP 的生效实施是多边主义和自由贸易的重大胜利，充分体现了各方共同维护多边主义和自由贸易、促进区域经济一体化的信心和决心，将为区域乃至全球贸易投资增长、经济复苏和繁荣发展做出重要贡献。

资料来源：根据商务部消息整理。

第二次世界大战以后，区域经济一体化是世界经济格局变化的一个重要发展趋势。随着冷战时期的结束，这一趋势已经发展成当前世界经济的重要特征之一，是第二次世界大战后集团贸易自由化与贸易保护主义的一种新形势。区域经济一体化使区域内部贸易变得更加自由，而在区域之外则形成一定的贸易壁垒，从而使得两种贸易政策难以调和。因此，以区域贸易集团为代表的地区主义和以世界贸易组织为代表的多边主义一同成为国际贸易领域研究的重要内容。

第一节 区域经济一体化概述

一、区域经济一体化的内涵

（一）经济一体化的含义

经济一体化（economic integration）是指不同经济实体之间经济整合并最终形成一个统一整体的过程。经济一体化将有关阻碍经济最有效运行的人为因素加以消除，通过相互协作与统一，创造最适当的国际经济结构。

从范围来讲，经济一体化既可以指两个或者几个国家之间的经济一体化，也可以指世界上所有国家之间的经济一体化；从合作的程度来讲，经济一体化既指两个以上国家之间存在一定的经济联系，也指它们之间完全的经济联合。

（二）区域经济一体化的含义

区域经济一体化是经济一体化的形式之一。所谓“区域”，是指一个能够进行多边经济合作的地理范围，这一范围往往大于一个主权国家的地理范围。根据经济地理的观点，世界分为许多地带，并由各个具有不同经济特色的地区组成。但这些经济地区同国家地区并非总是同一区域。为了调和两种地区之间的关系，消除国境造成的经济交往中的障碍，区域经济一体化的设想应运而生。

区域经济一体化（regional economic integration）是指地理区域上比较邻近的两个或两个以上的经济体之间通过双边或多边合作协议，彼此减少乃至消除限制货物与要素流动的各种贸易（关税和非关税）壁垒，达到地区内部经济整合的过程。

区域经济一体化既可以描述为一种状态，又可以描述为一种过程。作为一种状态，它意味着逐步消除国家之间的经济歧视，使此前彼此相互独立的各国经济通过一体化而最终达到相互间的融合，强调的是一体化的动态性质。作为一种过程，它意味着国家之间已经形成了一体化，不存在各种经济歧视，强调的是一种结果，是一体化的静态性质。

二、区域经济一体化的组织形式

根据商品、生产要素自由流动程度的差别以及各成员政策协调程度的不同，区域经济一体化组织按照自由化程度由低到高可分为优惠贸易安排、自由贸易区、关税同盟、共同市场、经济联盟和完全经济一体化组织等形式。

（一）优惠贸易安排

优惠贸易安排（preferential trade arrangement，PTA）是区域经济一体化中最低级和最松散的组织形式，是指成员之间通过贸易条约或协议规定了相互贸易中对全部商品或部分商品的关税优惠，对来自非成员的进口商品，各成员则按自己的关税政策实行进口限制。例如，欧洲煤钢共同体（1951 年）和《东盟优惠贸易协定》[①]（1995 年）的合作形式就是典型的优惠贸易安排。

（二）自由贸易区

自由贸易区（free trade area，FTA）是指签订自由贸易协议的成员相互取消在商品贸易中的关税和数量限制，使商品在各成员之间可以自由流动的区域。但是，成员仍保留各自对来自非成员的进口商品的限制政策。最典型的自由贸易区是由美国、加拿大和墨西哥组建的北美自由贸易区（NAFTA）。

在世界上众多的自由贸易区中，自由贸易的商品范围有所不同。有的自由贸易区只对部分商品实行自由贸易，如在欧洲自由贸易联盟（EFTA）内，自由贸易的商品只限于工业品，而不包括农产品。这种自由贸易区也被称作“工业自由贸易区”。有的自由贸易区对全部商品实行自由贸易，如拉丁美洲自由贸易区和北美自由贸易区对区内所有的工农业产品的贸易往来都免除关税和数量限制。因此，经济一体化在理论上就有部分一体化和全部一体化之说。

自由贸易区的一个重要特征是在该一体化组织参加者之间相互取消了商品贸易的障碍，成员内的厂商可以将商品自由地输出和输入，真正实现商品的自由贸易。但是自由贸易区将这种贸易待遇限制在成员之间。自由贸易区的另一个重要特征是成员之间没有共同的对外关税。各成员之间的自由贸易并不妨碍各成员针对非自由贸易区成员采取其他自由贸易政策。

（三）关税同盟

关税同盟（customs union，CU）是指成员之间取消在商品贸易中的关税和数量限制，使商品在各成员之间可以自由流动。另外，成员之间还规定对来自非成员的进口商品采取统一的限制政策，关税同盟外的商品不论进入同盟内的哪个成员境内都将被征收共同的外部关税。例如，早期的欧洲共同体是典型的关税同盟形式。

作为较高层次的区域经济一体化组织，它规定成员之间实行共同的对外关税，强调以整体的力量参与国际市场竞争，实际上是将关税的制定权让渡给区域经济一体化组织。关税同盟使成员在商品贸易方面彻底形成了一体化。关税同盟不像自由贸易区那样，只是相互之间取消关税，而不让渡权利。关税同盟具有超国家性质，是实现全面经济一体化的基础。

（四）共同市场

共同市场（common market，CM）是指成员之间不仅在商品贸易方面废除了关税和数量限制，对非成员商品进口征收共同关税，而且规定了生产要素（资本、劳动力等）可以在成员间自由流动。例如，欧洲共同体在 1992 年底建成的统一大市场的主要内容就

---

① 1995 年 12 月 14 日至 15 日，在泰国首都曼谷举行的东盟首脑第五次会议上，东盟七国（柬埔寨、老挝、缅甸除外）首脑签署了《加强东盟经济合作框架协定修正议定书》（Protocol to Amend the Framework Agreement on Enhancing ASEAN Economic Cooperation），东盟部长们签署了包括《东盟优惠贸易协定》在内的 8 个文件。

是实现商品、人员、劳务、资本在成员之间的自由流动。

共同市场的特点是成员之间不仅实现了商品的自由流动，而且实现了生产要素和服务的自由流动。服务贸易的自由化意味着成员之间在相互提供通信、咨询、运输、信息、金融和其他服务方面实行自由化，没有人为的限制；资本的自由流动意味着成员的资本可以在共同体内部自由流出和流入；劳动力的自由流动意味着成员的公民可以在共同体内的任何国家自由寻找工作。为实现这些自由流动，各成员之间要实施统一的技术标准、统一的间接税制度，并且协调各成员之间同一产品的课税率，协调金融市场的管理法规，以及实现成员学历的相互承认等。

（五）经济联盟

经济联盟（economic union，EU）是指成员之间除了商品与生产要素可以进行自由流动及建立共同外部关税外，还要求成员实施更多统一的经济政策和社会政策，如财政政策、货币政策、产业政策、区域发展政策等。经济联盟是区域经济一体化的高级组织形式。对于非成员来说，经济联盟被视作一个经济、金融及社会实体。对于成员来说，经济联盟相当于一个扩大了的国家，在经济和政治上都有着非常密切的联系。欧洲联盟（European Union，EU）属于这类区域经济一体化组织。

经济联盟的特点是成员之间在形成共同市场的基础上，进一步协调它们之间的财政政策、货币政策和汇率政策。但理论上，成员应该在多大的范围内实现经济政策的协调才能称得上是经济联盟，尚没有明确的界定。但是，货币政策的统一作为一个重要标志是具有共识的，即成员之间有统一的中央银行、单一的货币和共同的外汇储备。到目前为止，世界上只有欧洲联盟达到这一阶段。

（六）完全经济一体化组织

完全经济一体化（complete economic integration）又称政治经济联盟（political and economic union，PEU），是区域经济一体化的最高级组织形式，是指区域内各成员在经济联盟的基础上全面实行统一的经济和社会政策，使各成员在经济上形成单一的经济实体。如果说其他五种形式是区域经济一体化过程的中间阶段，那么完全经济一体化就是最终阶段。在这个发展阶段，成员之间完全统一了所有的经济政策，各成员经济发展的最终决策权已转交给超国家的权力机构，并且实现了货币的统一。目前世界上尚无此类区域经济一体化组织形式，只有欧盟正在为实现这一目标而努力。

表 12-1 对六种区域经济一体化组织形式的基本特征进行了总结。

表 12-1　区域经济一体化组织形式的基本特征

	优惠贸易安排	自由贸易区	关税同盟	共同市场	经济联盟	完全经济一体化组织
对全部或部分商品关税优惠	√	√	√	√	√	√
废除商品关税与数量限制	×	√	√	√	√	√
对非成员设立共同贸易壁垒	×	×	√	√	√	√

续表

	优惠贸易安排	自由贸易区	关税同盟	共同市场	经济联盟	完全经济一体化组织
不限制生产要素的自由流动	×	×	×	√	√	√
成员执行统一的经济政策	×	×	×	×	√	√
成员执行统一的政治政策	×	×	×	×	×	√

另外，区域经济一体化按照不同分类标准，也可以划分为不同类型。

其一，按照一体化范围可以分为部门一体化和全盘一体化。

（1）部门一体化，是指区域内各成员的一种或几种产业（或商品）的一体化，如1952年建立的欧洲煤钢共同体与1958年建立的欧洲原子能共同体。

（2）全盘一体化，是指区域内各成员的所有经济部门的一体化，如欧洲经济共同体（欧盟）。

其二，按照参加国的经济发展水平可以分为水平一体化和垂直一体化。

（1）水平一体化，又叫横向一体化，是指由经济发展水平相同或接近的国家所形成的经济一体化。从区域经济一体化发展的现实情况来看，现存的一体化组织大多属于水平一体化组织，如欧洲经济共同体（欧盟）、中美洲共同市场等。

（2）垂直一体化，又叫纵向一体化，是指由经济发展水平不同的国家所形成的一体化。如北美自由贸易区（由经济发展水平不同的发达国家美国和加拿大，以及发展中国家墨西哥组成）就是比较典型的垂直一体化组织。垂直一体化使建立自由贸易区的国家之间在经济上具有更大的互补性。

三、区域经济一体化发展的动因

区域经济一体化的形成和发展不是一蹴而就的，在经济全球化的背景下，区域经济一体化的形成有其深刻的经济原因、社会原因和政治原因。

（一）多边贸易体制面临的新挑战是区域经济一体化发展的诱因

随着经济全球化的发展和世界贸易组织成员的增加，世界贸易组织体制在进一步推进多边合作上遇到一些障碍。例如，世界贸易组织的协调及谈判范围已从过去的关税减让、市场开放准入等，逐渐转向各种非关税措施如各种技术标准、环境要求等。由于受各成员经济发展水平和发展阶段的差异及不同利益诉求的制约，世界贸易组织各成员难以就某项议题达成广泛共识，迫使许多成员另辟蹊径，通过涉及成员少、见效快的区域经济一体化来寻求新的发展空间，增强本国和本地区的国际竞争力。此外，地理区域内国家间经济政治文化联系较为紧密，经济发展水平较为相似，价值观和宗教信仰比较接近，易于形成较为合理的经济协作体系，贸易自由化的地理范围较小并易于推进，使区域经济一体化呈现快速发展的势头。世界贸易组织西雅图会议失败促使各经济体更倾向于通过区域贸易协定来推进贸易自由化进程。世界贸易组织第五届部长级会议在坎昆的无果而终对签署区域贸易协定更是起了推波助澜的作用。由于多边途径的失败，出于各自经济利益或战略目标的考虑，许多成员已纷纷表示将努力通过双边或多边方式来达到在坎昆没有达到的目标。在亚太地区，对整个地区层面的贸易协定效果的失望情绪是亚太地区次一级区域贸易协定加速发展的重要原因。正如世界贸易组织原总干事穆尔所说："自 1993 年 GATT 多边贸易'乌拉圭'谈判结束后，至今未重新启动全球范围内卓有成效的多边贸易谈判，因此，现在出现了很多国家热衷于签署双边自由贸易协定或区域自由贸易协定的倾向。"

（二）对利益的追求是区域经济一体化发展的直接驱动力

对利益的追求既包括对经济利益的追求，也包括对政治利益的追求。对这些利益的追求和合作愿望是否强烈，是区域经济一体化得以启动和不断深化的动力。就对经济利益的追求来说，所有合作成员都希望通过合作为本国本地区带来经济利益的最大化，由于区域内各成员经济结构和经济发展水平不一，加上所带来的利益结构也不尽相同，因此对合作的期望值也不一样。一般来说，发达国家希望通过合作实现一体化后，能给本国带来发展中国家广阔的劳动力和产品消费市场；发展中国家则希望通过参与区域经济一体化获得发达国家所提供的、本国经济发展所需要的技术、资金和先进的管理经验。

就对政治利益的追求来说，安全保障可说是第一要务。不论是欧洲经济一体化启动、东盟国家的合作，还是北美自由贸易区的建立，都把安全利益放在首要位置。安全包括主权安全、经济安全、文化安全等。第二次世界大战结束后，欧洲各国把重新获得安全保障、经济繁荣和政治稳定作为欧洲各国的最重要目标，其中的安全保障就被当作第一要务。东盟的成立不是为了获得经济利益，而是为了减少或消除来自内外部环境的安全威胁，因此，东盟成立初期乃至相当长一段时间里，其性质实际上是一个国际性的区域政治合作组织，只是 20 世纪 90 年代以来随着世界经济一体化的迅猛发展，东盟各国意识到加强区域经济合作的重要性并开始规划逐步走向一体化组织进程。墨西哥加入北美自由贸易区其实也是为了本国的安全利益。所以，对包括安全利益在内的政治利益的追求也是实现区域经济一体化的动力之一。

（三）政府主导是区域经济一体化发展的保障

强烈的合作愿望是一体化得以启动和不断深化的动力。而强烈的合作愿望可以来自对合作收益的强烈预期，也可以来自内外部环境的挤压。在现有的一体化条件理论中，强烈的合作收益预期是一个暗含的前提条件，而这又是以社会多元化的发展为假定的。这就需要政府起主导作用，推动国家间的合作向纵深方向发展。所谓政府主导，是指在区域经济一体化进程中，不能单靠市场需求去推动，因为如果单靠市场发挥作用，经济合作和一体化进程将比较缓慢，甚至合作得不到保障，因此政府应该在其中发挥主导作用。欧洲一体化和北美自由贸易区的建立，就充分说明了政府主导的重要性。

（四）制度保障是区域经济一体化运行的前提

制度保障是指制度建设和运行机制，这是实现区域经济一体化的重要保障。这可以从欧洲一体化的实现和北美自由贸易区的建立以及东盟合作中得到进一步的启示。如果没有一套各国公认的共同遵守的一体化制度做保障，没有能保持超国家组织正常运转的机制，一体化是不可能一蹴而就的。此外，相同或相近的历史文化背景，对一体化的实现也具有促进作用。

第二节　区域经济一体化的经济效应

区域经济一体化通过在区域内实现局部的贸易、投资自由化，使参与其中的成员获得特殊的经济收益，从而成为当今全球经济的一股新浪潮。关于区域经济一体化的经济效应的分析，可以按照由静态到动态的路径进行，即首先在完全竞争框架下探讨区域经济一体化的静态效应，包括贸易创造效应和贸易转移效应，而后在分析中引入不完全竞争因素，从规模经济、竞争促进角度分析区域经济一体化的动态效应。无论是静态效应还是动态效应，都可以以关税同盟为例进行分析。

一、区域经济一体化的静态效应

区域经济一体化一般是从商品贸易开始的，因此经济一体化理论中首先出现的是有关贸易一体化的理论。完全竞争条件下的贸易一体化理论包括关税同盟理论和自由贸易区理论两种。其中，关税同盟理论是区域经济一体化经济学分析的核心理论，源于美国经济学家雅各布·瓦伊纳（Jacob Viner，1950）的开拓性研究成果《关税同盟问题》。传统的关税同盟理论对关税同盟资源配置效应的分析，是基于贸易创造效应（自由贸易效应）和贸易转移效应（保护贸易效应）两种静态效应所带来的影响。

（一）贸易创造效应

贸易创造效应（trade creation effect）是指关税同盟引致同盟内某成员原来对本国较高生产成本的产品的消费转移到对伙伴国较低生产成本产品的消费，从而创造了过去由于存在关税壁垒而不发生的那部分贸易。这种消费转移体现在以下两个方面：一是本国减少或取消与伙伴国同类产品的生产，国内对该产品的需求转而由从伙伴国的进口得到满足；二是增加消费伙伴国的产品以替代成本较高的国内产品。

这一方面会产生生产效应——节省原先在国内生产的商品所耗费的实际成本；另一方面会产生消费效应——以低成本商品取代高成本商品满足国内需求，从而增加消费者剩余。两个方面共同形成关税同盟的贸易创造效应。贸易创造效应使得资源得以重新优化配置，生产效率提高。下面举例说明。

假定在汇率不变的情况下，X商品的货币价格在A国为250美元，在B国为150美元，在C国为100美元。在A、B、C三国中，A、B两国成立关税同盟。

在A、B两国结成关税同盟前，A国为了保护国内市场，对X商品征收200%的进口从价税。这时A国将自己生产X商品，因为X商品在A国国内的价格，以A国商品的250美元最低，B国为450美元，C国为300美元。在A、B两国成立关税同盟后，若它们对外的共同关税仍为200%，则B国的商品价格就成为最低价格。因此，A国开始从B国进口X商品，A、B两国产生新的贸易。结果，X商品的生产从成本较高的A国移至成本较低的B国，创造出新的贸易和国际分工，这就是“贸易创造效应”。这时，A国可以用150美元从B国购买X商品，节省了100美元的计划成本，从而提高了福利水平。

那么，为什么A国要与B国结盟而不是与C国结盟，与C国结盟对A国不是更有利吗？日本经济学家小岛清对此做了深刻分析。小岛清认为，在国际贸易中起作用的是“相对竞争原理”而不是“绝对竞争原理”，保持贸易国之间国际收支平衡的要求决定了贸易伙伴之间必须相互有进出口，并大致保持贸易平衡。A国之所以与B国结成关税同盟，是因为还存在着另一种商品Y，其货币价格在A国为150美元，在B国为250美元，在C国则仍为100美元。A国若与C国结盟，A国的X、Y商品都处于绝对劣势，这样A国就会陷入入超困境而难以维持。A国与B国结成关税同盟后，A国虽然放弃了X商品的生产而从B国进口X商品，但另一种商品Y所获得的利益超过了因放弃从同盟外最低成本供给者处进口X商品所蒙受的损失。不仅如此，A、B两国结成关税同盟还因为C国强大竞争压力的存在。C国无论生产X商品还是Y商品，货币价格都是100美元。如果三国放任自由贸易，那么A、B两国都只能从C国进口X和Y两种商品。这样，A、B两国就会陷入贸易逆差。如果A、B两国分别对付C国，那就只好各自高筑关税壁垒。无论哪种情况，A、B两国都很难发展贸易关系。而如果A、B两国结成关税同盟，则既能共同对付外部的竞争，又能增加两国间的贸易，扩大国际分工，提高生产资源的使用效率。

（二）贸易转移效应

贸易转移效应（trade diversion effect）是指关税同盟导致区域内成员原先从区域外非成员处获得低成本进口商品，现在被区域内成员的高成本进口商品取代，从而使贸易方向发生了转变。这种贸易转移体现在以下两个方面：一是进口的商品成本增加，其原因在于进口来源从成本较低的区域外地区转向了区域内成员；二是消费者剩余减少，其原因在于区域内成员较高成本的商品替代了世界其余地区各种成本较低的商品。这两个方面共同构成了关税同盟的贸易转移效应。显然，这没有实现资源的优化配置，而且降低了区域内成员的整体福利水平。下面仍以上面的例子进行说明。

假定在关税同盟成立前，A国对X商品征收100%的进口税，其他条件与前例相同。在这种情况下，在关税同盟成立前，A国便从C国进口X商品，因为C国X商品在A国的价格为200美元，较A国的250美元、B国的300美元都低。在A、B两国成立关税同盟后，若其对外的共同关税仍为100%，则A国将改从B国进口X商品，因为A、B两国的关税被废除后，B国产品在A国的价格150美元就变成最低价格。结果，X商品的生产由成本较低的C国转移至成本较高的B国。这就是所谓“贸易转移效应”。显然，如果不考虑其他因素，仅就贸易转移本身来考察，这会给A国带来物质福利的损失，对C国来说则是失去了A国的市场，从整个世界来看，则是国际资源配置恶化，使生产的转移偏离了比较优势原则。

一般来说，关税同盟的贸易创造和贸易转移两个效应的大小受以下几个因素的影响：

（1）结盟前成员的关税壁垒越高，则关税同盟形成后在成员之间创造贸易的可能性就越大，社会福利水平的提高幅度也就越大。

（2）关税同盟与世界其余国家的贸易壁垒越低，贸易转移的损失就越小。

（3）形成关税同盟的成员越多并且成员经济规模越大，同盟就越有可能将低成本的生产者并入其内，从而导致贸易创造的可能性就越大。

（4）形成关税同盟前的贸易量越大以及关税同盟成员潜在的经济关系越紧密，结成同盟后各成员就越有机会获得显著的福利。

（5）成员之间经济结构的竞争性越大，随着关税同盟的形成，集团内生产专业化分工就越容易发展，贸易创造的机会也越大。

二、区域经济一体化的动态效应

贸易创造效应和贸易转移效应属于关税同盟的静态效应。这两类效应在分析之时做了重要的假设，其中包括抽取了长期时间变量假设、没有规模经济的假设，这使得分析是从短期静止状态考察经济一体化的贸易效应。但从长期看，如果引入时间变量，则关税同盟（或其他区域经济一体化形式）不仅会影响各成员的贸易结构，而且会对各成员的产业结构、投资结构等方面产生影响，进而对生产技术、生产成本等变量产生影响。这些影响便是区域经济一体化的动态效应。

（一）规模经济效应

规模经济效应（scale economy effect）是指当企业规模扩大到一定程度时，单位产品生产成本下降带来的福利增加效应。组建一体化经济集团使各成员有了一个比较稳定的扩大了的市场，更容易实现规模经济的要求。另外，由于共同市场内部生产要素可以自由流动，也便于生产资料的集中使用，有利于实现规模经济，所以，当区域经济一体化内某个成员在某种产业上具有比较优势时，它将有充分的物质条件来发挥这种优势。

规模经济有内部规模经济与外部规模经济之分。内部规模经济主要来自由内部贸易的开辟或创造而引起的生产规模的扩大和生产成本的降低。外部规模经济主要源于整个国民经济或一体化组织内的经济发展，即由区域性的经济结合导致的区域内部市场的扩大，从而带来各行业、各部门经济的相互促进和发展。

（二）促进竞争效应

在其他条件不变的情况下，市场竞争程度越高，经济效率就越高，经济资源的分配也就趋于最优状态。在组建一体化集团之前，生产者（尤其是那些垄断和寡头生产者）在贸易壁垒的保护下不愿降低成本、提高效率去获取利润，而是靠垄断来谋取高额利润。在形成一体化集团之后，由于成员之间的贸易壁垒被撤销，各国厂商直接面临集团内其他国家厂商的竞争，从而刺激劳动生产率的提高和成本的降低，并刺激新技术的开发与利用。产品成本和价格的下降，再加上人们的收入水平随生产发展而提高，市场与消费也随之扩大，出现了大市场—竞争激化—大规模生产—消费增加的良性循环。当然，在竞争增强的同时，经济一体化集团往往会出于与集团外国家竞争的需要，促进集团内有关企业联营、合并，这就可能会导致各成员厂商之间形成卡特尔一类的垄断组织。

（三）刺激投资效应

一体化经济集团内各企业为了适应市场的扩大和竞争的加剧，必然会千方百计增加投资，以更新设备、采用新技术、扩大生产规模。同时，一体化经济集团建成之后也会吸引集团外国家在区域内投资。一方面，经济一体化集团内生产要素可以自由流动，这为外部投资提供了新的经济条件；另一方面，经济一体化集团对成员和集团外国家实行的歧视性贸易政策，使集团外国家商品进入成员市场受到阻碍，而直接投资是冲破贸易壁垒、维护原有市场份额的重要手段。因此，经济一体化集团的形成不仅刺激了成员增加投资，而且吸引了大量集团外国家的资金。资金的增加无疑会有力地推动区域经济集团成员的经济增长。

（四）资源配置效应

就区域经济一体化的某些形式来说，其市场的统一使得其范围内的资本、劳动力、技术等生产要素可以在成员间自由流动，提高了要素的流动性。在要素价格均等化定律的作用下，技术、劳动力和资本从边际生产力低的地区流向边际生产力高的地区，从而人尽其才，物尽其用，并增加就业机会，提高劳动者素质。资源的优化配置还能促使企业家精神在一体化集团的成员之间传播和发扬，导致管理创新与制度创新。这些都将使生产要素配置更加合理，提高要素利用率，降低要素闲置的可能性，从而实现资源的最佳配置。

以上是区域经济一体化所带来的主要的动态经济效应，除此之外还能够产生出口扩大、经济加速增长、贸易条件改善等动态效应。

总体来说，经济一体化集团能够获得的诸多利益从某种意义上说是以牺牲集团外国家的利益为代价的。经济一体化集团采取歧视性贸易政策，对内开放，对外保护，对集团外国家的贸易和经济发展产生了广泛的影响。在形成经济一体化集团前，集团成员征收无歧视关税，仍能从其他国家进口。而形成集团后，由于取消了对成员的关税和非关税壁垒，改由从成员处进口，虽然有贸易创造效应，但仍然给集团外国家对该区域的出口造成了障碍。至于贸易转移型经济一体化则属于典型的集团贸易保护主义，对集团外国家更为不利。成员对某种商品国内市场的丧失是以占有伙伴国其他商品的国内市场为前提的。因此，经济一体化集团的歧视性外贸政策使集团外国家丧失的市场不只限于一种产品或相关产品，而是所有成员的贸易产品。集团外国家的出口商品结构与集团内成员的出口商品结构越相似，集团外国家出口商品被集团内商品替代的可能性就越大。不仅如此，经济一体化集团所形成的诸如规模经济等动态利益提高了成员商品的国际竞争力，对集团外国家在第三国出口市场上也形成了巨大冲击，威胁着集团外国家在第三国市场的利益。这是因为对于集团外国家来说，部分出口市场的丧失可能迫使其减少某种商品的生产，缩小生产规模，对于本来具有规模经济效应的商品来说，生产规模的缩小会使其生产成本趋于上升，这又增加了集团外国家重新获得集团内市场的困难。另外，经济一体化集团的成员销售市场的扩大使某种产品的生产规模扩大，成本降低，这不仅进一步增强了其对内部市场的占有能力，而且能与集团外国家争夺第三国市场，甚至把产品打入集团外国家的市场中去。

第三节　主要区域经济一体化组织

自 20 世纪 90 年代初以来，区域经济一体化已成为势不可当的潮流并在全球各地蓬勃兴起。作为区域经济一体化最显著标志的区域贸易协定（RTA）在过去 30 多年中出现了爆炸式扩散。《亚洲经济前景与一体化进程》报告指出，截至 2021 年 2 月，亚洲经济体与区域内外经济体生效的区域贸易协定共有 186 个，占全球区域贸易协定总数的 54.9%。

在所涌现出的各种区域经济一体化组织中，欧盟是一体化程度最高、发展也最快的区域组织，同时也是同质成员结构的代表，而北美自由贸易区是异质成员结构的典型代表。此外，亚太经济合作组织是一个特殊的案例，它既是异质成员结构的代表，又是开放型一体化组织的代表。

一、欧洲联盟

欧洲联盟（European Union，EU）简称欧盟，是当今世界上经济一体化程度最高、一体化发展最顺利的区域经济一体化组织，其建立对现有国际经济贸易的格局产生了不可忽视的影响。欧盟的一体化发展进程可以分为以下三个阶段。

（一）第一阶段：建立关税同盟阶段（1958—1967 年）

1951 年，德国、荷兰、比利时、卢森堡、法国和意大利西欧六国在 1948 年建立的比荷卢关税同盟基础上成立了欧洲煤钢共同体，该共同体于 1952 年 7 月生效。该共同体对煤、钢两种产品在成员间的贸易取消关税和限额、协调运费率和价格，并对生产进行干预。1957 年，欧洲煤钢共同体的 6 个成员在意大利罗马签订了《建立欧洲原子能共同体条约》和《建立欧洲经济共同体条约》，这两个条约合在一起被称为《罗马条约》。《罗马条约》于 1958 年 1 月 1 日正式生效，同时，欧洲原子能共同体和欧洲经济共同体正式成立。

《罗马条约》的主要内容有：建立全面的关税同盟，即内部取消各种商品的关税，实施共同外部关税；对外实行共同的贸易政策；内部实施共同农业政策，逐步协调经济和社会政策，实现商品、人员、服务与资本的自由流动。

根据《罗马条约》的规定，关税同盟应在 1958 年 1 月 1 日到 1969 年 12 月 31 日的 12 年内完成。这 12 年的过渡期分三个阶段，每个阶段又分为 4 年。每个阶段逐步削减成员之间的关税以实现自由贸易；调整成员的对外关税以实现共同的外部关税。1968 年 7

月1日，关税同盟在欧共体得以实现。10余年间，欧共体成员之间以及对区域外其他国家之间的贸易均得到了快速发展。各成员之间的贸易额翻了两番，成员之间贸易的增长速度是对其他国家贸易增长速度的两倍；同一时期，共同体国家的国内总产值的年均增长率达到5%，高于同期美国、英国等国家的经济增长速度。

在关税同盟的建设过程中，1965年4月8日，西欧六国又进一步签署了《布鲁塞尔条约》，决定将欧洲煤钢共同体、欧洲原子能共同体和欧洲经济共同体三个组织的所属机构合并为欧洲共同体（European Communities，EC），简称欧共体。1967年7月1日，欧共体正式成立。

（二）第二阶段：建立统一大市场阶段（1968—1992年）

1968年，欧共体关税同盟建成后，内部取消了关税和数量限制壁垒，并建立起了农业产品的共同价格（支持价格），对外实行了共同的外部关税。

20世纪70年代，由于经济危机使欧共体内部经济发展出现了滞胀，共同体内部和外部市场相对缩小，贸易竞争加剧，导致贸易保护主义卷土重来。由消除关税壁垒而建立起来的欧共体统一大市场被日益盛行的非关税壁垒分割，商品流通受阻。

1985年6月，欧共体执委会主席雅克·德洛尔相继组织起草了三份重要文件：《关于完善内部市场的白皮书》《欧洲一体化文件》《为一体化文件的成功而奋斗：欧洲的新边界》。在这三份文件中，德洛尔不仅提出了进一步取消内部壁垒，建立包括商品、服务、资本、劳动力完全流动的统一大市场的具体建议，而且提出在1992年底建成欧洲统一大市场的宏伟目标。这项目标的具体内容包括：

（1）取消所有的有形壁垒，包括开放边界，取消海关，设立统一身份证，以便各成员人民自由往来、自由居住和自由选择工作。

（2）取消各种技术壁垒，包括建立统一的欧洲技术标准，以便利商品的自由流动。

（3）取消各种财政税收上的差别，包括实行统一的商品税收政策，消除商品生产和销售成本上的差别，以保护商品公平竞争。

（4）消除商业投资法律方面的不同，包括建立统一的商业法规，以便利资本的自由流动。

在此阶段，欧共体不断扩大，增加了6个新的成员：英国、爱尔兰和丹麦（均于1973年加入），希腊（于1981年加入），西班牙和葡萄牙（均于1986年加入）。

1992年底，在成员内部基本实现了商品、服务、劳动力和资本的自由流动，欧洲统一大市场变为现实。

（三）第三阶段：实行统一大市场与建立政治经济共同体阶段（1993年至今）

1993年1月1日，欧共体的12个成员拆除了内部边界，取消了海关，进入了单一市场阶段。这是欧洲一体化进程中非常重要的阶段，它标志着欧洲统一过程中一个阶段的结束，同时也是一个新的阶段的开始。

1991年12月，12个成员的首脑在荷兰小城马斯特里赫特举行会议，提出了真正全面的欧洲统一的新目标。这次会议通过了《马斯特里赫特条约》（简称《马约》，又称

《欧洲联盟条约》)。其宗旨是，通过 12 个成员的共同努力，将欧洲共同体缔造成一个政治经济一体化的联盟。根据《马约》的安排，从 1993 年 11 月 1 日起，欧共体正式改名为欧洲联盟。在这期间，欧盟不断扩大，先是于 1995 年吸收奥地利、芬兰和瑞典成为成员，使欧盟由 12 国扩展为 15 国。

1999 年 1 月 1 日，标志着欧洲货币一体化进程的欧元诞生。2002 年 1 月 1 日欧元取代奥地利、比利时、法国、德国、芬兰、荷兰、卢森堡、爱尔兰、意大利、葡萄牙和西班牙 11 个国家的货币，正式进入流通。

2002 年 10 月 19 日，爱尔兰举行全民公决，审批并通过了对实施欧盟扩大计划至关重要的《尼斯条约》。爱尔兰是欧盟 15 个成员中最后一个批准欧盟东扩计划的国家。

2004 年 5 月 1 日，包括波兰在内的 10 个中东欧成员正式加入欧盟，欧盟成员增加至 25 个。

2007 年 1 月，罗马尼亚和保加利亚两国加入欧盟。

2013 年 7 月，克罗地亚加入欧盟，至此，欧盟经过 7 次扩大（见表 12-2)，成为一个拥有 28 个成员、人口达 5 亿、GDP 达 16 万亿美元的世界最大、最具影响力的区域一体化组织。

欧盟的区域经济一体化实践为世界其他地区进行经济一体化合作提供了至少两个方面的经验。第一是要有一个超国家的机构。早在欧洲煤钢共同体时就建立了超国家的管理机构，统一管理和协调区域内部的事务。第二是一体化要遵照循序渐进的原则。关税同盟是贸易一体化的较高级形式，但对经济一体化来说，则是初级阶段，欧共体从一体化初级阶段的关税同盟入手，先实现商品市场的一体化，进而追求资本与劳动要素的一体化，最后启动一体化的更高级阶段：政治经济一体化。

表 12-2　历次欧盟成员扩张一览表

过程	成员
欧洲共同体成立：1967 年 7 月	法国、德国、意大利、荷兰、比利时、卢森堡
第一次扩张：1973 年	英国、丹麦、爱尔兰
第二次扩张：1981 年	希腊
第三次扩张：1986 年	西班牙、葡萄牙
第四次扩张：1995 年	奥地利、瑞典、芬兰
第五次扩张：2004 年 5 月	波兰、匈牙利、斯洛伐克、拉脱维亚、立陶宛、爱沙尼亚、塞浦路斯、捷克、斯洛文尼亚、马耳他
第六次扩张：2007 年 1 月	保加利亚、罗马尼亚
第七次扩张：2013 年 7 月	克罗地亚

注：英国于 2020 年 1 月 31 日正式“脱欧”，结束了其 47 年的欧盟成员国身份。

二、北美自由贸易区

北美自由贸易区（North American Free Trade Area，NAFTA）由美加自由贸易区

（US-Canada Free Trade Zone）演变而来，它是世界上第一个由发达国家和发展中国家联合组成的异质成员结构的一体化组织，也是世界上最大的自由贸易区。

北美自由贸易区的产生和发展可以划分为两个阶段：第一阶段是美加自由贸易阶段；第二阶段是美加自由贸易进一步扩展到包括墨西哥在内的整个北美地区的阶段。从 1965 年的美加《汽车自由贸易协定》到 1992 年 12 月 17 日美、加、墨三国签署的《北美自由贸易协定》，这一世界上最大的自由贸易区的成立历经了 28 年的时间。

（一）美加自由贸易区的成立

美国与加拿大毗邻，语言文化、社会经济制度等相似，这构成了两国开展双边自由贸易的有利的客观条件。

1935 年和 1938 年，美国和加拿大之间就降低关税和相互给予最惠国待遇达成协议，但两国间关于自由贸易的谈判却迟迟没有启动。

1965 年，为了降低汽车生产成本，提高美加两国汽车在国际市场上的竞争力，加拿大与美国签订了在汽车及其零部件生产方面实行自由贸易的协议。其结果是，加拿大的汽车生产获得了规模经济的好处，效益大大提高。通过两国的专业化分工和同类产品的双向贸易，加拿大汽车工人的工资提高了将近 30%，而汽车价格则从原来高于美国汽车 10%左右的水平降低到了与美国汽车价格接近的程度。

此后直到 1986 年前，美加两国的自由贸易谈判进展缓慢。受国际竞争的压力以及欧共体一体化进程的刺激，1986 年 5 月，美加自由贸易谈判重启，1988 年两国签署了自由贸易协定。

从 1989 年 1 月 1 日起生效的《美加自由贸易协定》提出了用 10 年彻底消除双方贸易壁垒的目标。为此，美加还建立了一套解决相互间贸易纠纷的制度和机构。

（二）北美自由贸易区的成立

1. 成立背景

《美加自由贸易协定》签订一年后，墨西哥潜在的市场使美国决定将北美南部的墨西哥纳入自由贸易范围。1990 年 6 月，美国与墨西哥探讨订立双边自由贸易协定的可能性。美、加、墨三国之间的正式谈判始于 1991 年 6 月 12 日，经过 14 个月的谈判，于 1992 年 8 月 12 日达成协议。1992 年 12 月 17 日，美国、加拿大和墨西哥三国政府首脑签署了《北美自由贸易协定》。1993 年 11 月，《北美自由贸易协定》被三国国会先后批准。

2. 北美自由贸易区的宗旨和目标

北美自由贸易区的宗旨是：取消贸易壁垒，创造公平竞争条件，增加投资机会，保护知识产权，建立执行协定和解决争端的有效机制，以及促进三边和多边合作。其目标是：经过 15 年的过渡期，到 2008 年建成一个取消所有商品贸易壁垒的自由贸易区，实现生产要素在区内的完全自由流动。

自 1994 年 1 月 1 日起，这个全球最大的自由贸易区开始运转。3 000 个类别的关税被取消，相关产品加上此前已享受免税待遇的商品共有 4 000 种。第二轮关税取缔工作也于 1998 年完成，其中墨西哥有 85%的出口商品可以免税进入美国和加拿大的市场。

2004 年第三轮关税取缔工作完成后，受关税约束的产品几乎不复存在，之前的进口禁令和数量限制也同时被取消。

美国推动建立自由贸易区的目标不仅仅停留在北美，它要在《北美自由贸易协定》的基础上将自由贸易区扩大至中、南美洲，建立一个包括北美、中美、南美所有经济体在内的美洲自由贸易区。1994 年 12 月，在迈阿密召开的美洲国家首脑会议上，美国提出创建美洲自由贸易区的建议。

3.《北美自由贸易协定》的升级版——USMCA

特朗普上台以后，要求重新修订《北美自由贸易协定》。2017 年 8 月，《北美自由贸易协定》重谈进程正式开启。谈判伊始“以创纪录的速度”向前推进，三方的目标是在 2017 年底完成谈判工作，以保证在 2018 年墨西哥总统大选和美国国会中期选举之前完成相关程序。然而伴随谈判的深入、争议性议题的展开，比如汽车及零部件行业的原产地规则、争端解决机制改革、劳工工资、“落日条款”等谈判陷入僵局，举步维艰，三方未能在 2017 年达成协定。2018 年 4 月，为打破谈判僵局，特朗普明确表示要以征收钢铁和铝关税为砝码迫使加拿大和墨西哥在《北美自由贸易协定》谈判中做出让步，加拿大的回应是拒绝在关税压力下做出让步。随后美国改变策略，决定与加拿大和墨西哥两国分开谈判以推进谈判进程。2018 年 8 月 27 日，美国单方面与墨西哥就更新《北美自由贸易协定》达成初步原则性协议。2018 年 8 月 28 日，在美国多重强压之下，加拿大重新回到三方谈判桌上。2018 年 9 月 30 日，三方达成协定，历时 13 个月的谈判告一段落。2018 年 10 月 1 日，加拿大政府网站公布加拿大外长克里斯蒂娅·弗里兰（Chrystia Freeland）和美国贸易代表罗伯特·莱特希泽（Robert Lighthizer）的联合声明，称美国、加拿大和墨西哥达成三方贸易协定，该协定将被称为《美国-墨西哥-加拿大协定》（USMCA）。

2018 年 12 月 1 日，美国总统特朗普表示，他很快就会正式通知国会，将终止《北美自由贸易协定》（NAFTA），并敦促国会批准他与墨西哥和加拿大两国首脑签署的《美国-墨西哥-加拿大协定》（USMCA）。特朗普发出通知后、在国会正式终止《北美自由贸易协定》前，将启动为期 6 个月的等待期。在这个等待期，白宫将要求国会批准特朗普与加拿大及墨西哥首脑于 2018 年 11 月 30 日出席 G20 峰会期间签署的 USMCA。美国、加拿大和墨西哥历经数月艰难谈判，才签署 USMCA。不过，USMCA 需要美国国会批准，以及加拿大与墨西哥两国立法委员批准后，才能正式生效。

特朗普政府要求重谈《北美自由贸易协定》主要基于两个问题：第一，美国与墨西哥、加拿大之间巨大的贸易逆差。美国认为《北美自由贸易协定》让墨西哥和加拿大受益更多，美国损失巨大，比如墨西哥廉价的劳动力使得美国的制造业就业被转移，造成了巨大的贸易逆差，有必要通过重谈《北美自由贸易协定》改善本国贸易状况。第二，《北美自由贸易协定》的原有条款不能满足当前三国的经贸需要，协定签订二十多年之后，当今经贸领域的一些变化无法在《北美自由贸易协定》中找到对应条款。事实上重谈《北美自由贸易协定》并不是特朗普的创新，在此之前，三国都已经认识到了《北美自由贸易协定》无法满足三国当今的经贸需求，部分条款已经不合时宜，比如加拿大 74%的原油和 52%的天然气需要被优先供应给美国，事实上奥巴马政府时期已经派谈判代表与加拿大、墨西哥代表进行了三年磋商，并在开放加拿大乳品市场、推动墨西哥劳工方面陆续取得了一些进展。

4. 北美自由贸易区的特点

同欧盟等一体化组织相比较，北美自由贸易区有其自身的特点：

第一，北美自由贸易区是发达国家与发展中国家之间的合作，即异质成员结构之间形成的垂直型经济一体化组织。北美自由贸易区既有经济实力强大的发达国家，也有经济发展水平较低的发展中国家，区内成员的综合国力和市场成熟程度差距很大，经济上的互补性较强。各成员在发挥各自比较优势的同时，通过自由的贸易和投资，推动区内产业结构的调整，促进区内发展中国家的经济发展，从而缩小与发达国家的差距。

第二，北美自由贸易区由大国主导。北美自由贸易区是以美国为主导的自由贸易区，美国的经济运行在区域内占据主导和支配地位。由于以下原因，北美自由贸易区的运行方向与进程在很大程度上体现了美国的意愿：美国在世界上经济发展水平最高，综合实力最强；加拿大虽是发达国家，但经济实力远不如美国；墨西哥是发展中国家，对美国经济的依赖性很强。

第三，北美自由贸易区内部成员减免关税的不同步性。由于墨西哥与美国、加拿大的经济发展水平差距较大，而且在经济体制、经济结构和国家竞争力等方面存在较大的差距，所以，自《北美自由贸易协定》生效以来，美国对墨西哥的产品进口关税平均下降 84%，而墨西哥对美国的产品进口关税只下降 43%。墨西哥在肉、奶制品、玉米等竞争力较弱的产品方面有较长的过渡期，同时，一些缺乏竞争力的产业部门有 10～15 年的缓冲期。

北美自由贸易区的成功实践为其他区域经济合作提供了以下三个经验和启示：

首先，成员在经济上的互补性是建立自由贸易区的充要条件，在不同类型国家的利益存在一定差距的情况下，成员之间的经济互补性是推动南北自由贸易区建设的物质基础和内在动力。

其次，区域合作应以经贸为主，通过协议循序渐进地发展。北美自由贸易区对区域内自由贸易采取了以合作协议来逐步推进的方式。各协议国签订了大量的双边和多边协议。这些复杂的国际协议框架提供了一整套规则和制度框架来管理三国间的贸易和投资关系，这是其他国际经济协定都不具备的。

最后，各成员应按照统一的制度性安排对国内经济结构进行能动的调整，尽可能使之符合各成员的趋同标准，因而能够实行普遍的、无歧视的国民待遇原则，这是自由贸易区能够存在并健康运行的重要条件。

相关案例

USMCA 是 NAFTA 2.0 版吗？

尽管特朗普总统自豪地表示《美国-墨西哥-加拿大协定》（USMCA）并非《北美自由贸易协定》（NAFTA）的翻版而是一个全新的协定，但是很多学者却认为 USMCA 是 NAFTA 2.0 版，保留了 NAFTA 的主要框架，只是在部分章节上做了补充和调整。

USMCA 共计 35 章，涵盖关税、农业、原产地规则、纺织品、海关与贸易便利化、投资、电信、金融服务、数字贸易、知识产权、竞争政策、国有企业、劳工、环境、中小企业、反腐等诸多内容。其调整的内容主要集中在原产地规则、市场准入、知识产权、劳工等条款中。

我们应当特别关注该协定的以下三点：

第一，汽车行业的原产地规则。USMCA 将汽车行业的原产地规则视为该协定最核心的议题之一，它将 NAFTA 现有原产地规则规定的汽车行业区内产值含量比例不低于 62.5％提高到 75％，2017 年中国汽车零配件出口额达到 496.6 亿美元，显然原产地规则规定对如中国这样的汽车零部件出口大国非常不利。

第二，劳工条款。USMCA 规定到 2023 年 40％～45％的汽车零部件必须由小时工资不低于 16 美元的工人制造。墨西哥同意通过法律保护工会对工人的代表权、移民的劳动权以及妇女免受歧视和不公平待遇的权利。协定还专门指出，违反劳工法将成为缔约方制裁的理由。

第三，与“非市场化经济体”签署自由贸易协定时的提前告知义务。根据 USMCA 第 32 章“例外与一般规定”第 10 款，成员如果与“非市场化经济体”签署自由贸易协定，必须将协定文本提交给其他成员审查，以确定是否会对 USMCA 产生影响。评论家认为这一条款是专门为中国设置的，且不排除美国在与其他国家签订经贸协定时继续附加这一条款。

资料来源：熊洁，万容．从北美自由贸易协定到美、墨、加三国协定．学习时报，2018－10－29.

三、东南亚国家联盟

东南亚国家联盟（Association of Southeast Asian Nations，ASEAN）简称“东盟”，是集合东南亚区域国家的一个政府性国际组织。

（一）东盟的发展

东盟的前身是由马来亚（1963 年改名“马来西亚”）、菲律宾和泰国于 1961 年 7 月在曼谷成立的东南亚联盟。1967 年 8 月 8 日，印度尼西亚、泰国、新加坡、菲律宾四国外长和马来西亚副总理在曼谷举行会议，发布了《曼谷宣言》，正式宣告东南亚国家联盟成立，并取代东南亚联盟。

文莱于 1984 年 1 月 8 日加入东盟，越南于 1995 年 7 月 28 日成为东盟的第 7 个成员。老挝和缅甸于 1997 年 7 月 23 日被正式接纳为成员，柬埔寨于 1999 年 4 月 30 日成为东盟的第 10 个成员。

1992 年 1 月，印度尼西亚、泰国、新加坡、菲律宾、马来西亚和文莱六国首脑签署了《东盟自由贸易区协定》（AFTA），决定建立东盟自由贸易区。其目标为：从 1993 年 1 月 1 日起，在 15 年内建成东盟自由贸易区，关税最终降至 0～5％（这一目标于 2002 年在文莱、印度尼西亚、马来西亚、菲律宾、新加坡和泰国基本得以实现）。1997 年亚洲金融危机爆发后，AFTA 进程进一步加快。1999 年 9 月，在第 13 次东盟自由贸易区理事会上，各成员确定东盟自由贸易区的最终目标为实现零关税。1999 年 11 月举行的第三届东盟非正式首脑会议决定 6 个创始国于 2010 年免除所有产品的关税，实现完全自由化；越南、老挝、缅甸和柬埔寨于 2015 年实现自由化目标。

（二）东盟的宗旨与原则

东盟的宗旨是，本着平等合作的精神，通过共同努力来加速地区的经济增长、社会进步和文化发展；增进地区间的积极合作和相互援助，同国际组织及区域性组织保持紧密和有益的合作。《曼谷宣言》确定东盟遵循以下基本原则：

（1）以平等合作精神，共同努力促进本地区的经济增长、社会进步和文化发展；

（2）遵循正义、国家关系准则和《联合国宪章》，促进本地区的和平与稳定；

（3）促进经济、社会、文化、技术和科学等问题的合作与相互支持；

（4）在教育、职业、技术、行政训练与研究设施方面相互支持；

（5）在充分利用农业和工业、扩大贸易、改善交通运输、提高人民生活水平方面进行更有效的合作；

（6）促进对东南亚问题的研究；

（7）同具有相似宗旨和目标的国际组织或地区组织保持紧密且互利的合作，探寻与其更紧密的合作途径。

（三）中国-东盟自由贸易区

中国-东盟自由贸易区（China and ASEAN Free Trade Area，CAFTA）是中国与东盟十国组建的自由贸易区。2010 年 1 月 1 日，中国-东盟自由贸易区正式全面启动。自由贸易区建成后，中国和东盟的贸易占到世界贸易的 13%，成为一个涵盖 11 个国家、19 亿人口、GDP 达 6 万亿美元的巨大经济体，是目前世界人口最多的自由贸易区，也是发展中国家间最大的自由贸易区。

1. 中国-东盟自由贸易区的建立

1997 年 12 月，中国和东盟领导人在首次中国-东盟领导人非正式会议上确定了建立睦邻互信伙伴关系的方针。为扩大双方的经贸交往，中国于 1999 年在第三次中国-东盟领导人会议上提出中国愿加强与东盟自由贸易区的联系，这一提议得到东盟国家的积极响应。

2000 年 11 月，中国在第四次中国-东盟领导人会议上首次提出建立中国-东盟自由贸易区的构想，并建议在中国-东盟经济贸易合作联合委员会框架下成立“中国-东盟经济合作专家组”，就中国与东盟建立自由贸易关系的可行性进行研究。2001 年 3 月，中国-东盟经济合作专家组在中国-东盟经济贸易合作联合委员会框架下正式成立。专家组围绕中国加入世界贸易组织的影响以及中国与东盟建立自由贸易关系两个议题进行了充分研究，认为建立中国-东盟自由贸易区对中国和东盟是双赢的决定，建议中国和东盟用 10 年时间建立自由贸易区。这一建议经过中国-东盟高官会和经济部长会议的认可后，于 2001 年 11 月在文莱举行的第五次中国-东盟领导人会议上正式宣布。

2010 年 1 月，中国-东盟自贸区如期全面建成。自贸区建立后，双方对超过 90%的产品实行零关税，中国对东盟平均关税率从 9.8%降到 0.1%，东盟六个老成员对中国的平均关税率从 12.8%降到 0.6%。为进一步提高本地区贸易投资自由化和便利化水平，2013 年 10 月，李克强总理在中国-东盟领导人会议上倡议启动中国-东盟自贸区升级谈判。2015 年 11 月，在李克强总理和东盟十国领导人的共同见证下，中国与东盟在马来西亚吉隆坡正式签署中国-东盟自贸区升级谈判成果文件——《中华人民共和国与东南亚国家联盟关于修订〈中国-东盟全面经济合作框架协议〉及项下部分协议的议定书》（以下简称《议定书》）。2018 年 11 月，《中国-东盟自由贸易协定》的“升级版”正式全面生效。

2. 中国-东盟自由贸易区的内容

《中国-东盟全面经济合作框架协议》提出了如下全面经济合作目标：中国与东盟加强和增进各缔约方之间的经济、贸易及投资合作；促进货物和服务贸易，逐步实现货物和服务贸易自由化，并创造透明、自由和便利的投资机制；为各缔约方之间更紧密的经济合作开辟新领域。

2004 年 11 月，中国与东盟签署了《货物贸易协议》。该协议规定自 2005 年 7 月起，除 2004 年已实施降税的早期收获产品和少量敏感产品外，双方将对其他约 7 000 个税目的产品实施降税。

3. 中国-东盟自由贸易区的意义

建立中国-东盟自由贸易区对中国与东盟都有着积极的意义。第一，中国-东盟自由贸易区的建立有利于巩固和加强中国与东盟之间的友好合作关系，有利于中国与发展中国家、周边国家的团结合作，也有利于东盟在国际事务上提高地位、发挥作用。第二，中国-东盟自由贸易区的建立有利于进一步促进中国和东盟各自的经济发展，扩大双方的贸易和投资规模，促进区域内各国之间的物流、资金流和信息流，促进区域市场的发展，创造更多的财富，提高本地区的整体竞争力，为区域内各国人民谋求福利。第三，中国-东盟自由贸易区的建立有利于推动东盟经济一体化，对世界经济的增长也有积极作用。

相关案例

中国第一个自由贸易区及升级版：中国-东盟自贸区

中国-东盟自贸区是我国对外商谈的第一个也是最大的自由贸易区。2002 年双方签署《中国-东盟全面经济合作框架协议》并启动自贸区建设，后陆续签署货物、服务、投资等协议。2015 年双方签署的升级《议定书》是我国完成的第一个自贸区升级协议，是对原有中国-东盟自贸区系列协议的丰富、完善、补充和提升，体现了双方深化和拓展经贸合作的共同愿望。2019 年 8 月 22 日，所有东盟国家均完成了国内核准程序。2019 年 10 月 22 日，升级《议定书》对所有协定成员全面生效。中国-东盟自贸区有力地推动了双边经贸关系的长期、稳定、快速发展，成为发展中国家间互利互惠、合作共赢的良好范例。2002 年，当中国-东盟自贸区刚刚启动时，双边贸易额为 548 亿美元。到 2018 年，双边贸易额已高达 5 878.7 亿美元，16 年间增长了近 10 倍。双向投资从 2003 年的 33.7 亿美元增长到 2018 年的 159.2 亿美元，增长近 4 倍。目前，中国是东盟最大的贸易伙伴，东盟是中国的第二大贸易伙伴，双方累计双向投资达到 2 233 亿美元。同时，自贸区的建设和实施为域内人民带来了“看得见、摸得着”的好处和便利。以农产品为例，自贸区的优惠政策使东盟国家的山竹、榴梿等热带水果走进了中国老百姓的生活，也让中国的温带水果在东盟各国超市全面铺开。升级《议定书》的全面生效，将进一步释放自贸区实施的红利。让自贸协定的优惠政策真正惠及自贸区所有协定成员的企业和人民，必将有力地推动双方经贸合作再上新台阶，为双方经济发展提供新的助力，为实现《中国-东盟战略伙伴关系 2030 年愿景》做出积极贡献。

资料来源：商务部国际司．中国-东盟自贸区升级《议定书》全面生效．中国自由贸易区服务网，2019－10－23.

四、亚太经济合作组织

随着欧洲经济一体化和北美自由贸易的发展，亚洲太平洋地区国家亦日益认为有必要加强地区内的经济贸易联系。不过，相对于欧洲的经济一体化进程而言，亚洲的经济一体化进程要缓慢得多。自 20 世纪 90 年代中期以来，随着亚洲尤其是东亚经济与北美、拉美经济联系的加强，出现了一种跨越区域经济协调的要求，由此而导致了一个独特的潜在的一体化组织，即亚太经济合作组织（Asia-Pacific Economic Cooperation，APEC）。这个组织旨在推动整个亚太地区经济的协调与整合。

APEC 现有成员 21 个。其中，澳大利亚、文莱、加拿大、印度尼西亚、日本、韩国、马来西亚、新西兰、菲律宾、新加坡、泰国、美国 12 个成员于 1989 年 11 月 APEC 成立时加入；1991 年 11 月，中国以主权国家身份、中国台北和中国香港以地区经济体名义加入；1993 年 11 月，墨西哥、巴布亚新几内亚加入；1994 年 11 月，智利加入；1998 年 11 月，秘鲁、俄罗斯、越南加入。APEC 接纳新成员需全部成员一致通过。1997 年温哥华领导人会议宣布 APEC 进入 10 年巩固期，暂不接纳新成员。

（一）APEC 的发展历程

亚太经济合作组织（APEC）是亚太地区最具影响力的经济合作官方论坛，APEC 的发展历程大致可以分为如下三个阶段：

1. 酝酿筹备阶段（1989—1992 年）

1989 年 1 月，澳大利亚总理霍克访问韩国，提出了“汉城[①]倡议”，建议召开部长级会议，讨论加强亚太地区经济合作问题。经与有关国家磋商，首届部长级会议于 1989 年 11 月 6 日至 7 日在澳大利亚首都堪培拉举行，澳大利亚、美国、加拿大、日本、韩国、新西兰和当时的东盟六国（印度尼西亚、马来西亚、菲律宾、新加坡、泰国以及文莱）的外交和经济部长参加了会议，APEC 正式成立。

1991 年在汉城举行的部长级会议是 APEC 发展历程中的一个里程碑。这次会议不仅

---

① 今首尔。

为 APEC 确立了宗旨和目标，而且更重要的是，亚洲最富有经济活力的三个经济体——中国、中国台北和中国香港被吸收为成员。

1992 年 APEC 第 4 届部长级会议在曼谷举行。这届会议又进一步加强了 APEC 的行政组织工作，设立了秘书处和部门工作组，同时还成立了一个“名人小组”（eminent persons group）来负责研究亚太地区的发展目标。

2. 规划行动阶段（1993—1996 年）

1993 年 11 月 20 日，APEC 各成员领导人在美国西雅图附近的布莱克岛首次会晤，发布了《经济展望声明》，认为开放式的多边贸易体系是该地区经济发展的基础。

1994 年 11 月 15 日，在印度尼西亚茂物召开的 APEC 第二次领导人非正式会议发布了《APEC 经济领导人共同决心宣言》（又称《茂物宣言》）。在雅加达召开的部长级会议在进一步开放投资方面达成了一定共识，并决定设立“经济委员会”（EC）和有关中小企业政策的工作组。

1995 年 11 月，APEC 第 7 届部长级会议和第三次领导人非正式会议在日本大阪举行。大阪会议的主要议题是如何落实《茂物宣言》中提出的贸易投资自由化目标。会议发布了《APEC 经济领导人行动宣言》（简称《大阪宣言》）和《大阪行动议程》，将贸易投资的自由化及便利化与加强经济技术合作作为亚太经济合作的两大支柱。

1996 年 11 月 22 日至 25 日，APEC 第 8 届部长级会议和第四次领导人非正式会议分别在菲律宾马尼拉和苏比克举行。《马尼拉行动计划》提出各个成员开始实施“单边行动计划”，而在苏比克会议中，美国总统克林顿提出信息技术产品自由化的提议，而接下来的新加坡世界贸易组织首届部长级会议通过了《信息技术协议》（ITA），使 APEC 的影响达到了顶峰。

3. 调整及面向全球化阶段（1997 年至今）

1997 年席卷亚洲的金融危机使 APEC 从高峰跌入低谷。1997 年加拿大温哥华会议把 APEC 的注意力放在了减轻亚洲金融危机的影响上。

1998 年的马来西亚吉隆坡会议继续讨论金融合作等问题。

1999 年的新西兰奥克兰会议则呼吁取消贸易保护主义，加强贸易便利化和经济技术合作建设。

2000 年 11 月，在文莱斯里巴加湾召开了第八次领导人非正式会议，讨论了经济全球化、新经济、次区域合作、经济技术合作、人力资源开发和石油价格等问题，通过了《APEC 经济领导人宣言》和《新经济行动议程》，就经济全球化等问题达成了更为广泛、深入的共识。

2001 年 6 月 6 日至 7 日，APEC 部长级会议在中国上海举行，来自 21 个成员的代表围绕共同关心的主题展开了富有建设性的讨论，通过了《主席声明》。在随后举行的第九次领导人非正式会议上，达成了《上海共识》。《上海共识》是 APEC 在新世纪、新经济背景下确定的合作规划，是为实现茂物目标采取的具体步骤。

2002 年 10 月 26 日，APEC 第十次领导人非正式会议在墨西哥的洛斯卡沃斯召开。此次会议的主题是“扩大经济增长与发展的益处——执行远景规划”。在此基础上，各经济体领导人就促进经济增长、发展新经济、推动中小企业发展和扩大妇女与青年融入等制定了政策措施。

2003 年 10 月 17 日，APEC 第 15 届部长级会议在泰国首都曼谷召开。会议就执行《上海共识》及开展世界贸易组织新一轮谈判等问题充分交换意见，达成了许多共识。2003 年 10 月 20 日，APEC 第十一次领导人非正式会议举行。中国提出了三点主张：第一，要加强相互信任，保持亚太地区稳定。第二，要采取有效措施，促进经济社会协调发展。第三，要推动相互开放市场，健全多边贸易体制。

2004 年 11 月 17 日，APEC 第 16 届部长级会议在智利首都圣地亚哥举行。会议围绕“一个大家庭，我们的未来”这个主题重点讨论了多边贸易体制、贸易和投资自由化与便利化以及反恐等问题，并达成了共识。该部长级会议发布了联合声明，承诺为实现亚太地区开放型贸易体制而努力。2004 年 11 月 20 日至 21 日，APEC 第十二次领导人非正式会议也于圣地亚哥举行。

2005 年 11 月 15 日，APEC 第 17 届部长级会议在韩国南部港口城市釜山的国际会展中心开幕。这次会议是为 2005 年 11 月 18 日举行的 APEC 第十三次领导人非正式会议做准备。

2006 年 11 月 15 日，APEC 第 18 届部长级会议在越南首都河内召开，会议的首要任务是重启多哈回合谈判，同时，在这次部长级会议上首次讨论了关于美国提议的在 21 个经济体范围内建立环太平洋自由贸易区的相关前景。2006 年 11 月 17 日，APEC 第十四次领导人非正式会议在越南首都河内举行。但遗憾的是，环太平洋自由贸易区的计划由于各方意见分歧过大而被搁浅。

2007—2013 年的 APEC 部长级会议及领导人非正式会议分别在澳大利亚、秘鲁、新加坡、日本、美国、俄罗斯、印度尼西亚举行。

2014 年，APEC 第 26 届部长级会议及领导人非正式会议继 2001 年在中国上海举办后时隔 13 年重返中国。

2015—2018 年 APEC 部长级会议及领导人非正式会议分别在菲律宾马尼拉、秘鲁利马、越南岘港、巴布亚新几内亚莫尔兹比港召开。2018 年的部长级会议就区域经济一体化、经贸互联互通、多边贸易体制、包容性增长等议题进行了讨论。

2019 年智利担任 APEC 东道主，合作优先领域为数字经济、一体化 4.0、妇女、中小企业和包容增长、可持续增长。因智利国内局势原因，智方取消当年 APEC 领导人非正式会议。2019 年 12 月 7 日，2019 年 APEC 最后一次高官会在新加坡 APEC 秘书处举行，通过了《妇女与包容增长路线图》《海洋垃圾治理路线图》《打击非法捕鱼路线图》等文件。智利发表 2019 年 APEC 东道主领导人声明。

2020 年，马来西亚以视频方式举行 APEC 领导人非正式会议。会议围绕“激发人民潜能，共享强韧、繁荣未来”的主题进行讨论，通过了《2040 年 APEC 布特拉加亚愿景》，提出 2040 年建成开放、活力、强韧、和平的亚太共同体目标。会议发表《2020 年 APEC 领导人吉隆坡宣言》，表明各方抗疫和经济复苏合作意愿并提出举措。

2021 年 6 月 5 日，APEC 第 27 届部长级会议以视频方式召开。本届会议是在新冠肺炎疫情仍在发展、全球和区域经济发展面临诸多严峻挑战的形势下召开的一届重要会议，也是 2021 年亚太地区区域经贸合作机制的首届部长级会议。各方就共同应对新冠肺炎疫情、支持多边贸易体制等 APEC 各成员及国际社会高度关注的议题进行了深入讨论，达成了务实成果，共同发出亚太声音，推动亚太地区各经济体携手抗击疫情，维护区域产业链供应链安全，促进区域经济稳定复苏、健康发展。

应新西兰总理阿德恩的邀请，国家主席习近平于 2021 年 11 月 11 日以预录视频方式出席 APEC 工商领导人峰会并发表主旨演讲，又于 2021 年 11 月 12 日在北京以视频方式出席亚太经合组织第二十八次领导人非正式会议并发表重要讲话。

2021 年 11 月 12 日，泰国接任 APEC 轮值主席国一职，泰国总理巴育·占奥差在以视频方式举行的仪式上宣布 2022 年 APEC 的主题为“开放-连通-平衡”。

（二）APEC 的性质

与欧洲联盟和北美自由贸易区有所不同，APEC 既不是经济共同体，也不是关税同盟，而是一个区域性的旨在促进贸易、投资和技术合作的开放型国际组织。

与一般的自由贸易区相比，APEC 有两个明显的不同：

（1）APEC 是一个开放的而非排他性的区域性组织。APEC 实行非歧视原则，在最惠国待遇的基础上实现贸易与投资自由化。APEC 不仅在内部相互开放，对非区域内国家和地区也同样开放。

（2）APEC 是一个自愿的合作组织，不具有强制性。各成员的贸易与投资自由化都是建立在单边的、自愿的基础上，相互之间通过协商而非谈判来达成共识。

（三）APEC 的宗旨和目标

1991 年 11 月在韩国汉城举行的 APEC 第 3 届部长级会议通过了《汉城宣言》，正式将 APEC 的宗旨和目标确立为：相互依存，共同利益，坚持开放的多边贸易体制，减少区域贸易壁垒。

APEC 确立了第一步实现亚太自由贸易区的计划，并在 1994 年 11 月的第二次领导人非正式会议上发布了《茂物宣言》，宣布了 APEC 的第一步长期目标，即发达经济体不迟于 2010 年、发展中经济体不迟于 2020 年实现区域内贸易与投资自由化。

（四）APEC 的特点

1. 成员的广泛性

APEC 是当前规模最大的多边区域经济集团化组织，APEC 成员的广泛性是世界上其他经济组织所少有的。APEC 的 21 个成员，就地理位置来说，遍及北美、南美、东亚和大洋洲；就经济发展水平来说，既有发达经济体，又有发展中经济体；就社会政治制度来说，既有资本主义经济体，又有社会主义经济体；就文化来说，既有西方文化，又有东方文化。成员的复杂多样性是 APEC 存在的基础，也是它制定一切纲领所要优先考虑的前提。

2. 独特的官方经济性质

APEC 是一个区域性的官方经济论坛，在此合作模式下，不存在超越成员主权的组织机构，成员自然也无须向有关机构进行主权让渡。坚持 APEC 官方论坛的性质，是符合亚太地区经济体社会政治经济体制多样性、文化传统多元性、利益关系复杂性的现实情况的。这种比较松散的“软”合作特征，很容易把成员之间的共同点汇聚在一起，并抛开分歧和矛盾，培养和创造相互信任及缓解或消除紧张关系，从而达到如下目标：通过平等互利的经济合作，共同发展、共同繁荣，同时推动世界经济增长，以实现通过发展促和平的愿望。

3. 组织的开放性

APEC 是一个开放的区域经济组织。APEC 之所以坚持开放性，其中一个重要原因是 APEC 的大多数成员在经济发展过程中采取以加工贸易或出口为导向的经济增长方式及发展战略。这样的发展战略所形成的贸易格局使这一地区对区外经济的依赖程度非常大，而采取开放的政策，不仅可以最大限度地发挥区域内贸易的长处，而且可以避免对区域外的歧视政策而缩小区域外的经济利益。除此之外，APEC 成员的多样性及其实行的单边自由化计划也客观要求它奉行“开放的地区主义”。

4. 组织的自愿性

由于成员之间政治经济上的巨大差异，在推动区域经济一体化和投资贸易自由化方面要想取得协商一致是非常困难的，因此，APEC 成立之初就决定了其决策程序的软约束力，是一种非制度化的安排。由于不具有硬性条件，只能在自愿经济合作的前提下，以公开对话为基础，各成员根据各自经济发展水平、市场开放程度与承受能力对具体产业及部门的贸易和投资自由化进程自行做出灵活、有序的安排，并在符合其国内法规的前提下予以实施，这就是所谓的“单边自主行动计划”。

5. 组织的松散性

APEC 的松散性主要表现在三个方面：一是没有组织首脑。二是没有常设机构，各成员轮流举办会议。2001 年 7 月在中国上海举行第九次领导人非正式会议，这是自该组织成立以来首次在中国举办，这对让世界了解中国、展示中国 20 多年来改革开放的成果具有非常积极的意义。而 2014 年 APEC 峰会第二次在中国召开，则有利于中国展示国家软实力，同时有利于中国在符合其他国家利益的基础上引领亚太地区的经济发展方向。三是组织对成员的约束力较小。

五、《区域全面经济伙伴关系协定》

（一）RCEP 的成员及主要发展历程

《区域全面经济伙伴关系协定》的成员包括东盟十国、中国、日本、韩国、澳大利亚和新西兰共 15 方。

2012 年 11 月 20 日，东盟十国与中国、日本、韩国、印度、澳大利亚、新西兰的领导人共同发布启动 RCEP 谈判的联合声明。

2013—2015 年：缓慢推进阶段。在此期间举行了 10 轮谈判和 3 次部长级会议。

2016—2018 年：加速推进阶段。2018 年 4 月 28 日—5 月 8 日，RCEP 第 22 轮谈判

在新加坡举行。在全体会议召开的同时，货物、服务、投资、原产地规则、海关程序与贸易便利化、卫生与植物卫生措施、技术法规与合格评定程序、贸易救济、金融、电信、知识产权、电子商务、法律机制、政府采购等领域都并行举行了工作组会议。各方按照2017年11月首次RCEP领导人会议和2018年3月3日部长级会议的指示，继续就货物、服务、投资和规则领域议题展开深入磋商，谈判取得了积极进展。会议强调各方将按照《RCEP谈判指导原则》，齐心协力，务实突破，推动尽早结束谈判。

2018年6月30日—7月1日，RCEP第5次部长级会议在日本东京举行。东盟十国、中国、澳大利亚、印度、日本、韩国、新西兰等16方经贸部长或代表出席会议。商务部副部长兼国际贸易谈判副代表王受文代表钟山部长参会。国家发展改革委、工业和信息化部、财政部、农业农村部和海关总署派员参会。

2018年11月14日，国务院总理李克强在新加坡会展中心出席第二次RCEP领导人会议。东盟十国领导人以及韩国、日本、澳大利亚、新西兰、印度领导人与会。

2019—2020年：凝心聚力阶段。2019年7月22—31日，RCEP第27轮谈判在河南郑州举行。东盟十国、中国、日本、韩国、澳大利亚、新西兰和印度等RCEP 16方约700名代表参加谈判。

2019年9月8日，RCEP第7次部长级会议在泰国曼谷举行。东盟十国和中国、日本、韩国、澳大利亚、新西兰、印度16方经贸部长或代表出席会议。

2019年11月4日，第三次RCEP领导人会议在泰国曼谷闭幕。会后RCEP领导人发布了联合声明。声明表示，RCEP 16个国家中有15个国家已经完成了所有20个章节以及几乎所有市场准入制度的文本谈判，下一步将进行法律审查以让该协议在2020年正式签署。而印度仍然有许多悬而未决的问题，RCEP将共同努力，以各方都满意的方式来解决这些问题。

2020年7月5日，印度新闻网站“The Print”援引政府高级别消息人士的话称，印度已决定不考虑加入任何由中国主导的贸易协定，其中包括RCEP。

2020年11月15日，第四次RCEP领导人会议以视频形式举行，由东盟轮值主席国越南总理阮春福主持会议。东盟十国以及中国、日本、韩国、澳大利亚、新西兰15个国家正式签署RCEP，标志着全球规模最大的自由贸易协定正式达成。签署RCEP，是地区国家以实际行动维护多边贸易体制、建设开放型世界经济的重要一步，对深化区域经济一体化、稳定全球经济具有标志性意义。

2022年1月1日，RCEP在文莱、柬埔寨、老挝、新加坡、泰国、越南、中国、日本、新西兰、澳大利亚10个成员正式生效。

（二）RCEP的目标

（1）建立一个现代、全面、高质量和互惠的经济伙伴关系框架，以促进区域贸易与投资的扩张，推动全球经济增长与发展，同时兼顾缔约方，特别是最不发达缔约方，所处的发展阶段和经济需求。

（2）通过逐步取消缔约方之间实质上所有货物贸易的关税和非关税壁垒，逐步实现缔约方之间货物贸易的自由化和便利化。

(3) 逐步在缔约方之间实施涵盖众多服务部门的服务贸易自由化，以实现实质性取消缔约方之间在服务贸易方面的限制和歧视性措施。

(4) 在区域内创造自由、便利和具有竞争力的投资环境，以增加缔约方之间的投资机会，提升投资的促进、保护、便利化和自由化。

（三）RCEP 的主要内容

RCEP 由序言、20 章、4 个市场准入承诺表（包括关税承诺表、服务具体承诺表、服务和投资保留及不符措施承诺表、自然人临时移动具体承诺表）组成。表 12－3 展示了 RCEP 的主要内容。

表 12－3 RCEP 的主要内容简表

序号	各章核心内容	序号	各章核心内容
1	初始条款和一般定义	11	知识产权
2	货物贸易	12	电子商务
3	原产地规则	13	竞争
4	海关程序和贸易便利化	14	中小企业
5	卫生与植物卫生措施	15	经济技术合作
6	标准、技术法规和合格评定程序	16	政府采购
7	贸易救济	17	一般条款和例外
8	服务贸易	18	机构条款
9	自然人临时移动	19	争端解决
10	投资	20	最终条款

相比“东盟＋1”自由贸易协定，RCEP 的内容更为广泛和深入，更新了现有的“东盟＋1”自由贸易协定的涵盖范围，并考虑了不断变化的贸易现实。具体来看，RCEP 的核心内容主要为：

1. 货物贸易

依照 RCEP 在货物贸易章节的相关规则，15 个成员均采用双边两两出价的方式对货物贸易自由化做出安排。协定生效后，区域内 90％以上的货物贸易将最终实现零关税，且主要是立刻降税到零和 10 年内降税到零。

2. 服务贸易

RCEP 在服务贸易章节的相关规则，旨在通过削减影响各成员跨境服务贸易的限制性、歧视性措施，为缔约方进一步扩大服务贸易创造条件。该章包括市场准入规则、国民待遇、最惠国待遇、本地存在等现代和综合性的规定以及其他承诺，这些规定受缔约方的具体承诺表或不符措施承诺表以及附加承诺的约束。在服务方面，RCEP 成员采用正面清单和负面清单。其中，日本、韩国、澳大利亚、新加坡、文莱、马来西亚、印度尼西亚采用负面清单方式做出承诺，中国等 8 个成员采用正面清单方式做出承诺，并将于协定生效后6年内转化为负面清单。就开放水平而言，15方均做出了高于各自“东盟+1”自由贸易协定水平的开放承诺。这一章还包括影响服务贸易的国内法规的合理性、客观性和公正性的规定，这些规定超出了现有“东盟+1”自由贸易协定中的等效规则。

3. 投资

RCEP在投资章节的相关规则，是对多个“东盟+1”投资协定的全面整合和提升，将创造一个更加稳定、开放、透明和便利的投资环境。RCEP投资章主要包括四方面内容：投资自由化、投资保护、投资促进和投资便利化措施。具体而言，该章包含了公平公正待遇、征收、外汇转移、损失补偿等投资保护条款以及争端预防和外商投诉的协调解决等投资便利化条款。该章还包含了其他一些重要的规定。在对外国投资开放方面，RCEP选择采用负面清单方式。

15国均采用负面清单方式对制造业、农业、林业、渔业、采矿业5个非服务业领域的投资做出较高水平的开放承诺，大大提高了政策透明度。RCEP不允许实施本地含量等业绩要求和其他一些会提高外国投资进入成员门槛的措施，同时允许国内投资在竞争不那么激烈的环境中发展。

4. 争端解决

RCEP在争端解决章节的相关规则，旨在为解决RCEP产生的争端提供有效、高效、透明的规则和程序。RCEP争端解决程序的主要特征包括：

第一，管辖的选择。当争端涉及RCEP项下和争端各方均为缔约方的另一国际贸易或投资协定项下实质相等的权利和义务时，起诉方可以选择解决争端的管辖，并且应当在使用该管辖的同时排除其他管辖。

第二，磋商。相关规定要求被诉方在被提出磋商请求的情况下，应首先与起诉方进行磋商。

第三，斡旋、调解或调停。允许争端当事方自愿采取争端解决替代方式。

第四，设立专家组。请求设立专家组的情况包括：被诉方未在规定的时限内对磋商请求做出答复，磋商未能在规定的期限内进行，或磋商未能在规定的期限内解决争端。

第五，对案件有利益的第三方的权利。允许对案件有利益的第三方参与争端解决，并且专家组在审议时应考虑其观点。

5. 其他规则

RCEP扩展了“东盟+1”自由贸易协定的规则涵盖领域，既对标国际高水平自由贸易规则，纳入了知识产权、政府采购、电子商务等议题，又在经济技术合作、中小企业等领域做出了加强合作等规定。

（1）在知识产权方面，RCEP涵盖著作权、商标、地理标志、专利、外观设计、遗传资源、传统知识和民间文艺等内容。不过，知识产权议题也是RCEP所覆盖的议题中最棘手的议题之一。减轻知识产权的不平等是一个艰苦的过程，需要系统研究导致RCEP中的知识产权不平等的根源。

（2）在政府采购方面，东盟及其多个成员首次在贸易协定中纳入政府采购相关规则。

RCEP 各方就积极开展政府采购信息交流和合作、提供技术援助、加强能力建设达成了共识。

(3) 在竞争方面，RCEP 没有关于劳工和环境的章节，但有关于竞争的一章。该章要求当事方维护禁止反竞争活动的竞争法律和法规，并确保独立执行，但这一章不包括对国有企业的规定。

(4) 在电子商务方面，RCEP 规定了电子认证和签名、在线消费者保护、在线个人信息保护、网络安全、跨境电子方式信息传输等条款。

(5) 在经济技术合作方面，RCEP 突出了自由贸易协定在加强对中小企业和经济技术合作的支持和投入方面的作用，使 RCEP 的各项内容能更好地惠及中小企业和发展中经济体。

(6) 针对中小企业，RCEP 单独设有中小企业专章，为有关计划和活动提供了框架，可增强中小企业参与能力和其从 RCEP 中获益的能力。

（四）RCEP 的重要意义

第一，RCEP 为世界经济增长增添了更重要的动力源。RCEP 的成员涵盖了 22 亿人口，成员经济体量全球占比约为 30%。汇丰银行经济学家预测，到 2030 年，RCEP 经济圈的经济体量全球占比将提高至 50%。对 RCEP 成员来说，关税削减、贸易便利、要素流通等一系列实质性利好，将为区域合作搭建新平台，提供新动力。

第二，RCEP 的生效确立了全球经济亚太、北美和欧盟三足鼎立格局。RCEP 纳入发达经济体、发展中经济体和最不发达经济体，具有很强的多元性和包容性。全球将由此形成亚太、北美和欧盟三大主要自由贸易经济圈，期待这三者开展合作，共同推动世界经济增长。RCEP 不仅是全球最大的自贸协定，而且是全面、现代、高质量和互惠的自贸协定。它不仅涵盖货物贸易，而且涵盖服务贸易、投资等市场准入、经济技术合作、知识产权、电子商务等领域。

第三，RCEP 有助于推动区域更均衡发展。RCEP 生效后，区域内发展中经济体和最不发达经济体将获得更大力度的经济和技术援助，RCEP 的执行有助于逐步弥合成员间发展水平的差异。

本章练习题

一、不定项选择题

1. 经济一体化较低级和松散的一种组织形式是（　　）。

A. 经济同盟　　B. 自由贸易区　　C. 关税同盟　　D. 优惠贸易安排

2. 就目前所出现的经济一体化而言，其范围包括（　　）。

A. 优惠贸易安排　　B. 自由贸易区

C. 共同市场　　D. 关税同盟和经济同盟

3. 成员之间商品自由流动，并对非成员实行统一的关税政策的经济一体化形式是（　　）。

A. 自由贸易　　B. 共同市场　　C. 关税同盟　　D. 经济同盟

4. 战后建立了具有世界性的国际经济贸易组织，如（　　）。

A. 欧洲共同体　　B. 关税及贸易总协定

C. 国际货币基金组织　　D. 世界银行

5. 欧洲经济共同体的最初成员有（　　）。

A. 法国、联邦德国　　B. 英国、瑞士

C. 意大利、比利时　　D. 荷兰、卢森堡

6. 设甲、乙、丙三国对进口汽车内胎征税如下：甲国 17%，乙国 15%，丙国 13%。结盟后，内部关税免征，对外甲国征收 17%、乙国征收 15%、丙国征收 12%，则这种形式的一体化是（　　）。

A. 自由贸易区　　B. 共同市场　　C. 关税同盟　　D. 优惠贸易安排

7. 贸易创造效应属于关税同盟的（　　）。

A. 动态效应　　B. 静态效应　　C. 贸易转移效应　　D. 贸易损失效应

8. 关税同盟的动态效应包括（　　）。

A. 提高专业化分工程度，强化竞争，提高资源利用率

B. 实现规模经济

C. 刺激投资

D. 提高生产要素自由移动程度，合理配置区内生产要素

二、判断题

1. 对非成员实行统一关税，成员之间实现商品和生产要素自由流动的经济一体化形式是经济同盟。（　　）

2. 东南亚国家联盟按其贸易壁垒取消的程度，属于经济一体化的自由贸易区形式。（　　）

3. 世界上第一个正式由发达国家与发展中国家建立的经济一体化组织是北美自由贸易区。（　　）

4. 竞争效应是关税同盟带来的动态效应。（　　）

5. 欧共体成员于 1992 年 2 月 7 日签署了《建立欧洲经济共同体条约》。（　　）

三、简答题

1. 区域经济一体化有几个层次？

2. 简述区域经济一体化的静态效应。

3. 区域经济一体化对国际贸易有什么影响？

第十三章 全球多边贸易体制

学习目标

1. 了解国际贸易条约与协定的概念及种类。

2. 了解GATT/WTO的产生与发展，GATT与WTO的区别，以及它们对推动全球多边贸易体制形成所起的作用。

3. 了解世界贸易组织的宗旨、基本职能与主要机构，重点了解世界贸易组织的基本原则。

4. 重点了解中国入世后的对外贸易发展状况、巨大成就与重要作用。

本章教学重点和难点为全球多边贸易体制的形成、发展及面临的主要挑战，以及WTO的基本职能和基本原则。

中国视角

通过对中国加入WTO后的履约承诺以及WTO争端解决机制等内容的学习，能够从实务角度加强对相关专业概念的理解和认识，同时正确认识中国入世承诺及对国际不公正质疑的回应。具体目标包括：

1. 政治认同：通过对本章的学习，了解中国自加入WTO以来在推进贸易自由化和融入全球经济方面所做出的切实努力和取得的显著成效，强化政治认同感。

2. 法治观念：通过对本章的学习，充分了解WTO的主要机构和基本规则，形成从国际视野出发的对国际经贸规则的深入、具体、客观认知。

引导案例

坚持与改革全球多边贸易体制的历史使命

1995 年，世界贸易组织（WTO）正式成立，标志着全球多边贸易体制建构完成。在其制度规则精神的指引和参照下，双边和区域自由贸易安排蓬勃发展，共同形成了当今以多边贸易体制为主导、以双边和区域安排为补充的全球贸易治理体系。2001 年 12 月 11 日，中国正式加入 WTO，与世界各成员一起，共同把世界贸易、贸易自由化和经济全球化推向了 21 世纪头十几年的鼎盛阶段。但是近年来，美国竭力推行单边主义和贸易保护主义，阻挠 WTO 的正常运行，并不断从世界各多边组织“退群”。2020 年新冠肺炎疫情肆虐全球，世界经济深度衰退，经济全球化遭遇逆流，多边贸易体制和全球贸易治理面临严峻挑战。作为 WTO 的一员，中国应正确认识贸易摩擦以及新冠肺炎疫情对全球经济与贸易、WTO 今后走向的影响，遵守 WTO 规则，参与规则制定，加强国际合作，坚定不移地维护多边贸易体制。那么全球多边贸易体制是怎么形成的呢？有哪些国际条约和协定有利于全球多边贸易体制的建立呢？WTO 内部的组织结构是怎样的呢？WTO 的基本原则又有哪些呢？只有真正了解这些问题，中国才能够在经济全球化遭遇逆流的情况下，充分利用 WTO 规则保护自己的利益，从多边贸易规则的学习者成长为建设者，积极推动 WTO 改革与全球贸易治理。

资料来源：裴长洪，倪江飞．坚持与改革全球多边贸易体制的历史使命：写在中国加入 WTO 20 年之际．改革，2020（11）：5－22.

第二次世界大战后，国际贸易领域最引人注目的发展变化是多边贸易体制的形成与发展。它对世界经济产生了多方面的重大影响。1948 年 1 月 1 日，关贸总协定的生效标志着全球多边贸易体制的诞生。1995 年 1 月 1 日，世界贸易组织的正式建立及此后的顺利运作标志着一个以贸易自由化为宗旨、囊括当今国际贸易诸多领域的多边贸易体制的框架已经构筑起来。半个多世纪以来，国际贸易的发展远远超过世界生产的速度，这与世界多边贸易体制的作用是密不可分的。

第一节　国际贸易条约与协定

全球多边贸易体制建立在缔约方签订一系列国际贸易条约与协定的基础上，以此协调缔约方的经济活动，确定彼此的权利和义务。因此，本节首先介绍国际贸易条约与协定。

一、国际贸易条约与协定的概念及构成

（一）国际贸易条约与协定的概念

国际贸易条约与协定是指两个或两个以上的主权国家为确定彼此的经济关系，特别

是贸易与商务合作关系方面的权利和义务而缔结的书面协议。

国际贸易条约与协定按照缔约方的多少，可分为双边贸易条约与协定以及多边贸易条约与协定。前者是指两个主权国家之间所缔结的贸易条约与协定；后者是指两个以上主权国家共同缔结的贸易条约与协定。这些贸易协定一般都反映了缔约方对外贸易政策的要求，并为缔约方实现其对外贸易政策目的服务。在国际经济关系中，由于各国的社会经济制度和政治经济实力对比关系存在差异，它们之间所缔结的贸易条约与协定的内容和作用也有所不同。

（二）国际贸易条约与协定的主要结构

国际贸易条约与协定一般由序言、正文和结尾三个部分组成。

序言通常载明缔约各方发展经济贸易关系的愿望及缔结条约或协定所遵守的原则。

正文是国际贸易条约与协定的主要组成部分，是有关缔结各方权利、义务的具体规定。不同种类的贸易条约与协定，其正文所包括的条款和内容也有所不同。

结尾通常说明国际贸易条约与协定的生效期、有效期、延长或废止的程序、份数、条约使用的文字等内容，以及签订条约与协定的地址及各方代表签名。缔结条约与协定的地点对于需要经过批准的条约与协定有特别的意义。以双边条约为例，如果条约是在缔约一方的首都签订的，按国际惯例批准书就应在对方国家的首都交换。贸易条约与协定所使用的文字就双边贸易条约而言，一般以缔约双方的文字写成，并且规定两种文字具有同等的效力。如系多边贸易条约，应使用国际通用的文字，如英文、法文、拉丁文等。

二、国际贸易条约与协定适用的主要法律待遇条款

在国际贸易条约与协定中，通常所适用的法律待遇条款是最惠国待遇条款和国民待遇条款。

（一）最惠国待遇条款

最惠国待遇（most-favored nation treatment，MFNT）条款是国际贸易条约与协定中的一项重要条款。它的基本含义是，缔约一方现在和将来给予任何第三方的一切特权、优惠及豁免，也同样给予缔约对方。

1. 最惠国待遇条款的种类

最惠国待遇条款有无条件的最惠国待遇条款和有条件的最惠国待遇条款两种。

无条件的最惠国待遇条款是指缔约一方现在和将来给予任何第三方的一切优惠待遇，立即无条件地、无补偿地、自动地适用于对方。例如，1911 年英国与玻利维亚签订的条约，就含有这种最惠国待遇条款。无条件的最惠国待遇条款首先是英国采用的，所以又叫作欧洲式最惠国待遇条款。

有条件的最惠国待遇条款是指如果一方给予第三方的优惠是有条件的，则另一方必须提供同样的补偿，才能享受这种优惠待遇。例如，1911 年美国与日本签订的条约就含

有有条件的最惠国待遇条款。有条件的最惠国待遇条款首先是美国采用的，所以又叫作美洲式最惠国待遇条款。现在的国际贸易条约与协定一般多采用无条件的最惠国待遇条款。

2. 最惠国待遇条款的适用范围

最惠国待遇条款可以适用于缔约方经济合作和贸易关系的各个方面，也可以只在贸易关系中的某几个具体问题上适用。在签订贸易条约与协定时，缔约方通常对最惠国待遇的范围加以列举。在列举范围内的事项适用最惠国待遇条款，在列举范围外的事项则不适用最惠国待遇条款。

最惠国待遇条款的适用范围很广，通常包括以下几个方面：

（1）有关进口、出口、过境商品的关税及其他各种税收；

（2）有关商品进口、出口、过境、存仓和换船方面的海关规则、手续和费用；

（3）进出口许可证发放的行政手续；

（4）船舶驶入、驶出和停泊时的各种税收、费用和手续；

（5）关于移民、投资、商标、专利及铁路运输方面的待遇。

3. 最惠国待遇条款适用的限制和例外

在贸易条约与协定中，一般都规定有适用最惠国待遇的限制或例外条款。

（1）最惠国待遇条款适用的限制，是指将适用范围限制于若干具体的经济和贸易方面。包括直接限制和间接限制。

① 直接限制，即在贸易条约或协定中明确规定最惠国待遇适用范围的限制，通常从商品范围、地区和商品来源上加以限制。

② 间接限制，即未在贸易条约或协定中明确规定，而采用其他办法（如将税则精细分类等）以达到限制缔约方的某些商品适用最惠国待遇条款的范围的目的。

（2）最惠国待遇的例外，是指某些具体的经济和贸易事项不适用最惠国待遇。主要有以下几种：

① 边境贸易。一些国家往往对边界两边 15 千米以内的小额贸易在关税、海关通关手续上给予减免等优待，这一优待不适用于任何有最惠国待遇条款国家的正式贸易关系。

② 关税同盟。已结成关税同盟的成员之间在关税上的免税待遇，应作为最惠国待遇的例外。

③ 国内法令和规章的规定。一国为了维持社会秩序、国家安全、人民健康以及防止动植物病害、衰退、死亡等而制定的法令和规章，在执行的过程中缔约双方有权对这类商品的输入或输出加以限制或禁止，这种行为不应作为对最惠国待遇的违背。

④ 沿海贸易和内河航行。在航行问题上，对于缔约一方在沿海贸易和内河航行方面给予他方的优惠应被视为例外。

⑤ 多边国际条约或协定承担的义务。缔约一方参加其他多边国际条约或协定而履行其所承担的义务如果触及最惠国待遇利益，应被视为例外。

⑥ 区域性特惠条款。若干特定的国家之间通过条约或协定相互给予的优惠待遇，应被视为例外。

⑦ 其他例外。如沿海捕鱼、武器进口、金银外币的输出入和文物及贵重艺术品的出口限制与禁止等，也常被视为例外。

（二）国民待遇条款

国民待遇（national treatment，NT）条款是国际贸易条约与协定中的一项重要条款。它的基本含义是，缔约一方保证缔约另一方的公民、企业和船舶在本国境内享受与本国公民、企业和船舶同等的待遇。例如，《中华人民共和国和朝鲜民主主义人民共和国通商航海条约》第 9 条规定：如果缔约一方的船舶在缔约另一方沿岸遭遇海难或倾覆，该船舶和货物应享受缔约另一方在相同情况下给予本国船舶的同样待遇。

国民待遇条款一般适用于外国公民或企业的经济权利，如外国产品所应缴纳的国内税收，利用铁路运输和转口过境的条件，船舶在港口的待遇，商标注册、著作权及发明专利权的保护，等等。一般来说，沿海贸易权、领海捕鱼权、土地购买权等通常都不包括在国民待遇条款的范围之内。

三、国际贸易条约与协定的种类

（一）通商航海条约

通商航海条约（treaty of commerce and navigation）又称通商条约、友好通商条约，是全面地规定两国间经济和贸易关系的条约。其内容非常广泛，常涉及缔约方之间经济和贸易关系的各方面问题，关系国家的经济利益和国家主权。贸易条约一般由国家元首或以国家元首的名义签字，需要经签约国立法机构批准后才能生效，而且有效期比较长。一般来说，通商航海条约的正文主要包括以下几个方面内容：

1. 关于缔约双方进出口商品的关税与通关待遇问题

这是条约中的主要问题，其中包括进出口商品的关税、海关附加税以及履行海关通关手续等问题依据的原则，一般为最惠国待遇原则。

2. 关于缔约双方公民与企业在对方国家所享有的经济权利问题

这些权利包括移民权、财产购置权、经营工商企业权、税收以及相关的法律保护等问题。

3. 关于船舶航行与港口设施的使用问题

通常规定缔约一方的船舶在进入另一方港口时，在卸货和装货、停泊时在缴纳港口税收等方面应享有最惠国待遇或国民待遇。

4. 关于铁路运输与过境问题

条约中规定了缔约双方在运送旅客及货物、办理铁路运输手续以及承担运输费用等方面享有最惠国待遇。缔约一方的货物通过另一方领土运往第三方领土时免征过境税及其他税。但是缔约一方禁止过境的货物，以及对于来自或运往缔约方停止贸易国家的货物，该缔约方有权不准通过国境。由于在铁路运输方面已签订有若干国际多边公约，如国际铁路运输公约等，通常在条约中引用这些多边公约。

5. 关于知识产权保护问题

条约中往往规定缔约双方公民和企业在对方境内享有和利用专利权、商标权、版权等问题的条款，通常在这些问题上引用相应的国际公约，如《保护工业产权巴黎公约》《制止商品产地虚假或欺骗性标记马德里协定》《商标国际注册马德里协定》《工业品外观设计国际保存海牙协定》等。

6. 关于进口商品的国内税收问题

缔约双方在相互贸易中对来自另一方的商品征收关税或其他税种时，所适用的税率不得高于来自任何第三国的商品，而且不论商品是直接来自缔约对方，还是产于缔约对方，但辗转经过其他一个或几个国家，最后输入另一缔约方。这种优惠除了优惠税率外，还包括在适用规章制度及办理有关手续方面给予便利。依据的原则是最惠国待遇条款或国民待遇条款。

7. 关于进出口数量限制问题

由于许多国家往往采用各种进出口数量限制措施，所以有些条约对这些问题做了某些规定，如数量限制的对象和限制的原则等。

8. 关于仲裁问题

仲裁条款一般规定了当缔约双方的法人或机构因贸易合同或其他合同的解释、履行而发生争议时，如果当事人双方已通过适当方式，同意由为解决此类争议而专门设立的或者常设的仲裁机构审理该项合同争议，那么缔约双方应保证执行该项争议的仲裁裁决。

相关案例

关于放弃新冠肺炎疫苗专利的争论

针对新冠肺炎病毒最有效的疫苗大多是由发达国家的制药公司研发的。截至2021年夏天，大多数疫苗的接种都是在富裕国家进行的，贫穷国家在获取和分配疫苗方面远远落后。印度和南非已经提议放弃这些疫苗的专利和强制性许可，这样发展中国家的生产就可以迅速增加。这是一个争论激烈的问题，双方都有很好的证据。

支持放弃专利和强制性许可的观点（Mazzucato，Ghosh and Torreele，2021）如下：

（1）知识产权从来不是为了在卫生紧急情况下使用而设计的。在过去，为了确保专利不会成为公共健康的障碍，曾出现对一般的例外，例如，第二次世界大战期间青霉素生产的例外。

（2）疫情应对研究和发展从来不依赖传统的基于市场的激励措施，如专利。相反，主要的驱动力是政府研究资金和旨在降低风险的预购承诺。大量公共投资降低了这些努力带来的行业风险。

（3）在疫情期间，当务之急是消除尽可能多的障碍以提高产量，而专利是一个根本性的、影响深远的障碍。

尊重专利的观点（McMurry-Health，2021）如下：

（1）放弃知识产权保护的提议破坏了最初产生拯救生命科学的体系。此外，这削弱了企业在下一次卫生紧急情况出现时，为努力寻找解决方案而承担风险的动力。

（2）发展最快的新冠肺炎疫苗（辉瑞公司的疫苗）是在没有政府资助的情况下研发出来的，工业化国家研发疫苗的时间表由于私人的捐款而大大缩短——为实验室、临床实验基础设施和击败疫情所需的专门技术提供资金，这些资金是通过数十年的私人投资积累起来的，并得到了对沿途发现的知识产权保护的保证。

（3）知识产权是将想法转化为产品的灵丹妙药。它还通过提供法律确定性来提高生产力，使公司能够在全球范围内进行合作。以新冠肺炎疫苗为例，它是技术的许可，而不是专利的废除。

（4）疫苗的稀缺不是知识产权问题的结果，而是源于各国令人遗憾地未能应对生产和分销的挑战。

这场争论没有简单的对错之分。就新冠肺炎疫苗而言，放弃专利可能会加速结束疫情，但这很可能会导致未来创新的减少。这是世界必须面对的问题。

资料来源：2021年全球价值链发展报告．中国服务贸易指南网，2021-12-28.

（二）贸易协定

贸易协定（trade agreement）是指缔约方为调整和发展彼此之间的贸易关系而签订的一种书面协议。贸易协定的特点是其对缔约方之间的贸易关系规定得比较具体，有效期也相对较短。贸易协定的签订程序比较简单，一般只需缔结协定国家的行政首脑或其代表签署即可生效。贸易协定的正文通常包括以下主要内容：

（1）关于最惠国待遇条款的规定；

（2）关于进出口商品货单和进出口贸易额的规定；

（3）关于作价原则和交易货币的规定；

（4）关于支付和清算办法的规定；

（5）关于优惠关税的规定；

（6）关于其他事项的规定。

（三）贸易议定书

贸易议定书（trade protocol）是缔约方就发展贸易关系中的某个具体问题所达成的书面协议。从贸易议定书与贸易协定的关系来看，贸易议定书往往是作为贸易协定的补充、解释或修改而签订的。有的贸易议定书是贸易协定的附件，有的则不作为附件。在签订长期贸易协定时，关于年度贸易的具体事项，往往通过议定书的方式加以规定。贸易议定书的签订程序和内容比贸易协定更简单，一般由签字国有关行政部门的代表签署后即可生效。

（四）国际支付协定

国际支付协定（international payment agreement）是指两国间关于贸易和其他方面

债权债务结算方法的书面协议。国际支付协定通常对清算机构、清算账户、清算项目与范围、清算货币、清算方法和清算账户差额处理方法等问题做出具体的规定。

国际支付协定是外汇管制的产物。在实行外汇管制的情况下，一种货币不能被自由地兑换成另一种货币，一国对另一国所拥有的债权也不能用来抵偿其对第三国的债务，结算只能建立在双边的基础上。因此，通过缔结国际支付协定的方法来解决两国间的债权债务关系就显得尤为必要。国际支付协定的主要内容包括：

1. 关于清算机构的规定

国际支付协定的目的在于为避免支付外汇和黄金，各方采用直接抵销债务债权的办法进行两国之间的结算。因此，必须设立清算机构。通常缔约双方均指定其各自的中央银行作为清算的负责机构，处理双边的清算工作。

2. 关于清算账户的规定

办理清算业务要通过清算账户进行。清算账户主要有两种：

（1）单边账户（single account），即只在缔约一方的中央银行开立清算账户，这种账户既有强制建立的，也有根据协定建立的。

（2）双边账户（bilateral account），即缔约双方的中央银行互为对方国家开立清算账户。目前，绝大多数清算账户都是双边账户。

3. 关于清算项目与范围的规定

清算项目与范围是指两国之间的贸易和非贸易往来应通过清算账户进行清算的项目和范围。除了进出口贸易外，清算项目与范围还包括进出口贸易的从属费用，如运费、保险费、佣金等。此外，也可以包括一些其他项目，如外交费用、侨汇等。凡未列入清算范围的项目结算，皆用收付现汇的方法办理。

4. 关于清算货币的规定

在单边账户下，用开立清算账户国家的货币记账和进行支付；在双边账户下，使用的货币分为记账货币和支付货币两种。记账货币可以用一方的货币，也可以用第三方的货币，用何种货币记账可由缔约双方协商确定。但双方的债权人和债务人在具体办理收付时，则应分别使用本国的货币。

5. 关于清算方法的规定

缔约双方的债务人（主要指进口商）要用本国货币把应付款项通过指定银行交入负责清算的本国中央银行，记入对方国家的清算账户，结清所欠的债务；缔约双方的债权人（主要指出口商）也应通过指定银行从本国中央银行的清算账户领取本国的货币，收回货款。

6. 关于清算账户差额处理方法的规定

支付协定都规定了有效期，当协定到期时，协定所规定的清算项目仍可进行一段时间，一般为3～4个月，清算账户的差额才进行总结算。

清算账户差额处理方法主要有四种：（1）在一定期限内由债务国向债权国输出商品；（2）用双方同意的可兑换的货币或黄金支付；（3）用双方同意的其他不可兑换的货币支

付；（4）将金额转入下年度清算账户内。

（五）国际商品协定

国际商品协定（international commodity agreement）是指某项商品的主要出口国和进口国之间为了稳定该项商品价格和保证供销等目的所缔结的政府间多边协定。国际商品协定的主要对象是发展中国家的初级产品。发展中国家希望通过协定维持这些商品的合理价格，保证这些商品的正常生产和销售。迄今为止，国际上仅就糖、锡、咖啡、橄榄油、小麦、可可、天然橡胶共7种商品签署了国际商品协定。

国际商品协定通常由序言、宗旨、经济条款、行政条款和最后条款等部分构成，并具有一定的格式。其中，经济条款和行政条款是国际商品协定中最主要的条款。

1. 经济条款

经济条款是确定各成员权利和义务的依据，它关系各成员的具体权益，是国际商品协定中最重要的内容。由于所涉及的商品不同，所以有关经济条款的内容也相应地有所不同。从现行的国际商品协定来看，经济条款主要有以下四种规定：

（1）关于缓冲存货的规定。即由该商品协定的执行机构按最高限价和最低限价的规定，运用其成员提供的实物和资金，干预市场和稳定价格。

适用办法如下：在最高限价和最低限价之间划分三档，即高档、中档、低档。当市场价格涨到高档时，抛售缓冲存货的实物以将价格维持在最高限价之下；当市场价格跌到低档时，利用缓冲存货的现金在市场上收购，把价格保持在最低限价以上。

采用缓冲存货规定的有国际锡协定和国际天然橡胶协定。

（2）关于出口限额的规定。即规定一个基本的出口限额，每年再根据市场需求和价格变动确定当年平均的年度出口限额，平均出口限额按固定部分和可变部分分配给有基本限额的各出口成员，可变部分按出口成员的库存量占全体出口成员总库存量的比例进行分配。

采用出口限额规定的有国际咖啡协定。

（3）关于多边合同的规定。主要有两种做法：规定进口国在协定规定的价格幅度内向各出口国购买一定数量的有关商品；规定出口国在协定规定的价格幅度内向各进口国出口一定数量的有关商品。进口国（出口国）在完成所应进口（出口）的数量后，可在任何市场上以任何价格购买（出售）任何数量的有关商品。

国际小麦协定就属于此类。

（4）关于出口限额与缓冲存货相结合的规定。主要有三种做法：第一种是规定最高限价和最低限价；第二种是确定指示价格，一般按该种商品主要国际集散市场的平均价格来确定；第三种是当指示价格超过最高限价或低于最低限价时，采取出口限额和缓冲存货所规定的办法来调节价格，使价格恢复到最高限价与最低限价幅度内。

国际可可协定采用的就是这种办法。

2. 行政条款

行政条款主要涉及权力机构和表决票的分配。国际商品协定的权力机构有理事会、执行委员会和监督机构。各权力机构达成的协议除采用协商一致的办法外，一般要通过表决来决定。各成员针对重大问题进行投票表决，是参加协定成员的一项基本权利。因此，各协定对表决票的分配及使用有具体的规定，从而确保每个成员均享有一定的表决权。

第二节 关税及贸易总协定

关税及贸易总协定（General Agreement on Tariffs and Trade，GATT），简称关贸总协定，是美、英、法、中等 23 个经济体于 1947 年 10 月 30 日在瑞士日内瓦签订并于 1948 年 1 月 1 日正式生效的，旨在调整和规范缔约方对外贸易政策和国际贸易关系方面的相互权利、义务的一项多边协定。

一、关贸总协定的产生

关贸总协定的产生可以一直追溯到 20 世纪 30 年代，当时世界经济陷入危机，国际经济严重萧条，国际贸易秩序混乱，贸易保护主义盛行。第二次世界大战结束后，解决复杂的国际经济问题，特别是制定国际贸易政策，成为战后各国面临的重要任务。作为二战后首屈一指的经济强国，实现自由贸易、提高本国产品的国际市场占有率是符合美国的最大利益的，因此，美国倡议并发起了 GATT。

1945 年 11 月，美国提出了一个计划，准备缔结一个旨在制约和减少国际贸易限制的多边国际公约，该计划被称为“扩大世界贸易与就业方案”或“国际贸易与就业会议考虑方案”。该方案将确定国际贸易所有方面的规则，包括关税、优惠、数量限制、补贴、国际商品协定等，同时还准备建立“国际贸易组织”（International Trade Organization，ITO），作为国际贸易领域中与国际货币基金组织和世界银行相对应的组织。

1946 年 2 月，美国以上述方案为基础正式拟定了《国际贸易组织宪章草案》，并提请联合国经济与社会理事会第一次会议通过。1946 年 10 月，国际贸易与就业会议在英国伦敦召开，会议邀请包括中国在内的 19 个国家共同组建一个筹备委员会。筹备委员会分别在伦敦和纽约召开会议，审议和补充了《国际贸易组织宪章草案》。

1947 年 4 月在日内瓦召开第二次筹备委员会会议。1948 年 3 月在古巴首都哈瓦那举行的国际贸易与就业会议上审议并通过了《国际贸易组织宪章》（《哈瓦那宪章》）。在这次会议上，23 个经济体进行了关税减让谈判并达成了 123 项双边关税减让协议。为了使关税减让谈判达成的结果尽快付诸实施，各方将《国际贸易组织宪章》中有关贸易政策的条款与达成的 123 项关税减让协议加以合并和修改，汇总成为关贸总协定，并经过谈判达成《关贸总协定临时适用议定书》。该议定书作为总协定的组成部分，宣布在《国际贸易组织宪章》生效前，各缔约方之间的贸易关系临时适用关贸总协定。关贸总协定于 1948 年 1 月 1 日生效。

由于各参加国对《国际贸易组织宪章》提出的许多修正案不符合美国的利益，加之拟增加的一些条款也与美国的国内法相冲突，所以，《国际贸易组织宪章》首先在美国遭遇国会的否决。美国的做法对一些国家产生了重大的影响，《国际贸易组织宪章》最终没有得到符合法定数量国家的批准，由此成立国际贸易组织的努力宣告失败，从而关贸总协定便成为缔约方调整其对外贸易政策以及国际经济贸易关系方面的重要法律准则，一直持续到 1995 年世界贸易组织的正式运转。

因为关贸总协定赖以成立的依据只不过是 1947 年 23 个经济体达成的《关贸总协定临时适用议定书》，它只是政府间签订的文件，不需要本国议会或立法机关通过，所以，关贸总协定被看作一个行政性协议，从国际经济法的角度而言，其地位比正式的国际公约弱。关贸总协定生效以后，随着形势的发展，逐渐形成了一个临时性的国际经济组织。关贸总协定与联合国有关，但不是联合国的专门机构。1948 年 1 月 1 日关贸总协定生效时的正式成员为 23 个，1994 年底为 128 个，缔约方之间的总贸易额占世界贸易额的 90%以上。1948—1995 年，关贸总协定一直是被用于规范和管理国际贸易的唯一的多边协定，已经成为事实上的国际贸易组织。

二、关贸总协定的运行

（一）历次多边贸易谈判概况

关贸总协定在其 48 年的历程中共进行了 8 轮多边贸易谈判（见表 13-1），使缔约方的关税大幅下降，削减了非关税壁垒，促进了国际贸易的发展。

第一轮谈判于 1947 年 4 月至 10 月在瑞士日内瓦举行，有 23 个成员参加，主要进行削减关税的谈判，达成了 45 000 项商品的关税减让，使占应税进口值 54%的商品的平均关税降低了 35%。

第二轮谈判于 1949 年 4 月至 10 月在法国安纳西举行，有 33 个成员参加。此次谈判使占应税进口值 56%的商品的平均关税降低了 35%。谈判达成了约 5 000 项商品的关税减让。

第三轮谈判于 1950 年 9 月至 1951 年 4 月在英国托奎举行，有 39 个成员参加。谈判达成了约 8 700 项商品的关税减让，从而使 1948 年确定的关税下调了 25%，并使占应税进口值 11.7%的商品的平均关税降低了 26%。

第四轮谈判于 1956 年 1 月至 5 月在瑞士日内瓦举行，有 28 个成员参加。谈判达成了近 3 000 项商品的关税减让，使占应税进口值 16%的商品的平均关税降低了 15%。

第五轮谈判于 1960 年 9 月至 1962 年 7 月在瑞士日内瓦举行，被称为“狄龙回合”，有 45 个成员参加。谈判达成了 4 400 项商品的关税减让，谈判达成的关税减让涉及 49 亿美元的贸易额，使占应税进口值 20%的商品的平均关税降低了 20%。

第六轮谈判于 1964 年 5 月至 1967 年 6 月在瑞士日内瓦举行，被称为“肯尼迪回合”，有 54 个成员参加。这轮谈判确定了削减关税采取“一刀切”的办法，在经济合作与发展组织成员间工业品一律平均削减 35%的关税。在这一轮多边贸易谈判中，关贸总协定规则增加了第四部分“贸易与发展”。第四部分阐明了有关发展中经济体参与国际贸易竞争的总目标和一些具体政策措施。

第七轮谈判于 1973 年 9 月至 1979 年 4 月开始于日本东京，后转移到瑞士日内瓦举行，被称为“东京回合”，有 102 个成员参加。这次谈判的重心已从关税转移到非关税壁垒上，并达成了 7 个非关税壁垒方面的守则。这 7 个守则在法律上独立于关贸总协定，它们仅对在守则上签字的成员具有法律效力。

第八轮谈判自 1986 年 9 月开始，于 1994 年 4 月结束，在瑞士日内瓦举行，历时近 8 年，被称为“乌拉圭回合”，有 123 个成员参加。这是关贸总协定发展进程中最重要的一轮多边贸易谈判，无论从规模、参加方数量，还是从议题内容和涉及面来看，都大大超过了关贸总协定设立以来的所有多边贸易谈判。这轮谈判不仅包括传统的货物贸易议题，而且涉及服务贸易、与贸易有关的知识产权以及与贸易有关的投资措施等新议题。这轮谈判宣布从 1995 年 1 月 1 日起由世界贸易组织取代关贸总协定。

表 13-1 关贸总协定各谈判回合的情况

年份	地点/名称	涵盖的主题	参加成员数
1947	日内瓦	关税	23
1949	安纳西	关税	33
1950—1951	英国托奎	关税	39
1956	日内瓦	关税	28
1960—1962	日内瓦 狄龙回合	关税	45
1964—1967	日内瓦 肯尼迪回合	关税和反倾销措施	54
1973—1979	东京、日内瓦 东京回合	关税、非关税壁垒、框架协议	102
1986—1994	日内瓦 乌拉圭回合	关税、非关税壁垒、规则、服务、知识产权、争端解决、纺织品、农业、世界贸易组织的创建等	123

资料来源：WTO 网站。

（二）历轮多边贸易谈判的特点

1. 多边贸易谈判的时间越来越长

历轮多边贸易谈判所达成的协议都是各国相互妥协的产物。在谈判过程中，各成员尤其是发达经济体为了在协议中订入对己方有利的条款，在谈判中争吵不休，矛盾重重，再加上成员数量越来越多，达成妥协的难度也在加大，这些都导致多边贸易谈判所花费的时间越来越长。肯尼迪回合用了 3 年多时间；东京回合则耗时 5 年多；在乌拉圭回合中，由于各缔约方在农产品贸易、与贸易有关的知识产权保障条款和纺织品贸易等问题上发生严重分歧，谈判一再中断和延期，历经 7 年多才最后完成。

2. 多边贸易谈判的内容和范围越来越大

前五轮谈判的主要内容是减免货物贸易的关税；肯尼迪回合将非关税壁垒纳入谈判内容，并制定了第一个反倾销规则，规定了反倾销税的征收要件、倾销的认定基准及损害的认定基准等；东京回合谈判的重点已经转到非关税壁垒上来，制定了减轻非关税壁垒的国际统一规则，通过了补贴与反补贴、反倾销、政府采购和海关估价等守则；乌拉圭回合则突破了传统的货物贸易谈判格局，将关贸总协定的规则范围扩大到服务贸易、与贸易有关的知识产权和与贸易有关的投资措施等，并达成了《建立世界贸易组织的马拉喀什协定》，为世界贸易组织的建立做出了巨大贡献。

3. 美国是历轮多边贸易谈判的主要发起国

关贸总协定是在美国的策动下成立的，历轮多边贸易谈判也主要是由美国发起的。前五轮谈判是在美国展延了《互惠贸易法》之后倡议举行的；1962 年美国通过了《扩大贸易法》，倡议举行了第六轮多边贸易谈判；第七轮谈判是在美国尼克松总统的倡议下举行的，因此第七轮谈判又曾被称为“尼克松回合”。在此期间，美国通过了 1974 年《贸易法》，并根据这项法案参加谈判。第八轮谈判也是由美国倡导的，其中只有第四轮谈判由于美国国会对美国政府代表团的授权有限，所以影响了这轮谈判的规模。在历轮谈判中，美国都竭尽全力维护自身的利益：一方面促使其他国家和地区减少贸易壁垒、开放市场；另一方面尽量不将本国可能受到外国竞争的商品列入谈判货单。此外，美国还利用例外条款、国家安全条款等特殊规定，在自己认为有必要时撤销已减让的关税或提高进口关税。可见，多边贸易谈判往往成为美国争夺国外市场和保护本国市场的重要手段。

4. 发达经济体与发展中经济体都得到了一定的利益，但前者得到的利益多于后者

在历轮多边贸易谈判中，发达经济体是谈判的主角，它们竭力维护自己的利益，成为谈判的主要受益者。从第六轮谈判开始，发展中经济体的意见逐渐受到重视，关贸总协定规则增设了“贸易与发展”部分以维护发展中经济体的利益，还增加了一些对发展中经济体的优惠待遇。总的来看，发展中经济体在谈判中所取得的利益有所增加，但仍然有限。例如，在第八轮谈判中，发达经济体所关注的议题如服务贸易、与贸易有关的知识产权等较快达成了协议，而发展中经济体关注的议题如纺织品服装贸易则迟迟得不到解决。因此，发展中经济体要想提高自身的地位并取得更多的利益，还需团结起来，进行不懈的斗争。

三、关贸总协定的历史贡献与局限性

（一）历史贡献

(1) 在世界经济史上首次建立起一套调节国际贸易政策和措施的规章，在一定程度上为缔约方制定和修改对外贸易政策和措施及从事对外贸易活动提供了主要法律依据。关贸总协定规定了国际贸易政策和措施的各项基本原则，如非歧视待遇原则、关税为唯一保护手段原则、公平竞争原则、一般禁止数量限制原则和透明度原则等。同时，在其主持下的八轮多边贸易谈判达成了一系列协议，形成了一套比较完整的国际贸易政策与措施的规章和法律准则，这些原则和协议对各缔约方具有一定的约束力，成为各缔约方制定和修改对外贸易政策及措施与从事对外贸易活动的主要法律依据。

(2) 降低了贸易壁垒，促进了国际分工和国际贸易的发展。经过关贸总协定主持下的八轮多边贸易谈判，各缔约方的关税有了大幅度下降。发达经济体的加权平均关税税率从 1947 年的 35%下降至 4%，发展中经济体的平均关税税率下降至 12%。通过第七轮、第八轮谈判，各缔约方的非关税措施也有所减少。关税的下降和非关税壁垒的约束与减少，反映了市场准入程度的提高。关贸总协定的关税减让有两种方式，即减少和约束。前者指降低现行关税；后者指约束现行关税，也就是把现行税率固定下来，不再提高，或规定一个上限，不得突破。这样就消除了关税变动的不确定性，减轻了关税战的危险。从实际效果看，贸易壁垒的降低对于促进国际贸易和世界经济的发展做出了积极贡献。

（3）为缔约方解决经济贸易争端提供了一个对话和谈判场所，暂时缓和了各成员的矛盾。关贸总协定规则适用于所有缔约方，一旦发生争议，可用多边贸易规则解决，而不用一国贸易法裁决，这样就可以较公正地解决纠纷。虽然关贸总协定在处理国际经济贸易纠纷方面尚缺乏强制性手段，一般主要靠协商，但它仍拥有一个最后手段：缔约方全体的联合行动。在关贸总协定存在期间，它已经成功地解决了几百起贸易纠纷。关贸总协定及其达成的协议是各缔约方暂时妥协的产物。在历轮多边贸易谈判中，虽然各缔约方之间经常争吵不休，相互指责，甚至扬言要对某些成员采取报复手段，但往往经过长期的谈判，采取了磋商、调解的方法，解决了某些争端，达成了某些协议。这些协议对于暂时缓和或推迟缔约方之间在国际贸易领域的某些矛盾起到了一定的作用。当然，关贸总协定不可能解决国际贸易领域里的所有矛盾。

（4）对维护发展中经济体利益和扩大它们的出口能力起到了一定作用。关贸总协定条款最初是按照发达经济体的意愿拟定的，但是，随着发展中经济体成员越来越多，也增加了有利于发展中经济体的条款，包括给予发展中经济体特殊优惠待遇、普遍优惠待遇和延长过渡期等。所以，关贸总协定为维护发展中经济体的利益和促进其对外贸易发展起到了一定的作用。

（二）局限性

（1）关贸总协定只是一个临时适用的政府间协定。关贸总协定仅是根据《关贸总协定临时适用议定书》生效的临时性协议，并不是正式的国际公约，仅是一个政府间行政协议。

（2）关贸总协定的许多规则不严密，执行起来有很大回旋余地，还有一些缺乏法律约束力。一些成员按照自己的利益理解协定条文，关贸总协定又缺乏必要的监督和制裁手段。东京回合虽然补充了有关协议，但没有从实质上解决问题。

（3）存在大量灰色区域，有很多例外和限制。某些缔约方违背关贸总协定的原则，以国内立法和行政措施对其他成员实行歧视性待遇。它们利用“自愿”出口限制等灰色区域措施，强迫其他成员接受某些产品的出口限制。关贸总协定规定了种种例外和限制，使基本原则具有很大程度的灵活性。这些例外包括：一般性例外、安全例外、数量限制原则的例外、外汇安排例外、特定缔约方之间互不适用关贸总协定的例外、边境贸易和关税同盟与自由贸易区的例外、对发展中经济体的特殊优惠待遇例外以及特惠制度的例外等。限制措施包括：反倾销和反补贴措施、因利益受到损害而暂停减让条款、解除义务条款和祖父条款等。例外和限制的过多过滥，致使许多原则不能得到很好的贯彻实施。

（4）争端解决机制缺乏有效性。关贸总协定的争端解决机制要求在做出决策时所有缔约方完全协商一致，即只要有一个缔约方不同意争端解决专家小组的仲裁结果，争端解决专家小组的报告就不能获得通过。这导致关贸总协定很难在公正、客观的基础上按其本身规则对贸易争端做出裁决，为经济和贸易大国操纵与控制争端解决结果提供了可能性和现实性。加上美国国会从未批准过关贸总协定，美国始终将其视为一个政府间的行政性协议，采取实用主义做法：当贸易争端的解决方案对美国不利时，美国就会反对争端解决专家小组的裁决报告。这极大地降低了关贸总协定的权威性和它解决贸易争端的能力。

（5）管辖范围狭窄。关贸总协定仅管辖货物贸易，并且农产品、纺织品和服装不受关贸总协定的约束，这与世界性产业结构转移和国际经济贸易大环境的变化是不相适应的。

第三节　世界贸易组织

世界贸易组织（World Trade Organization）简称“世贸组织”。它是根据关贸总协定乌拉圭回合谈判达成的《建立世界贸易组织的马拉喀什协定》（Marrakesh Agreement Establishing the World Trade Organization，简称《马拉喀什协定》）于 1995 年 1 月 1 日建立，取代关贸总协定，并将按照乌拉圭回合谈判所达成的最后文件形成的一整套协定和协议的条款作为国际法律规则，对各成员之间经济贸易关系的权利和义务进行监督、管理和履行的正式国际经济组织。

一、世界贸易组织的诞生

（一）世界贸易组织的产生过程

关贸总协定临时适用生效后，虽然在促进国际贸易发展和推进贸易自由化方面做出了很大贡献，但其局限性也日益暴露。

乌拉圭回合谈判启动时，拟订的 15 个谈判议题中没有关于建立世界贸易组织的议题，只是设立了一个关于修改和完善关贸总协定体制职能的谈判小组。到了乌拉圭回合谈判的后期，在对许多实质性重要议题基本上达成协议后，如何执行乌拉圭回合协议及国际贸易组织采取何种组织框架等问题渐渐提上议事日程。

1990 年初，时任欧共体轮值主席国意大利首先提出了建立一个多边贸易组织（multilateral trade organization）的倡议，同年 7 月 9 日欧共体把这一倡议以 12 个成员的名义向乌拉圭回合体制职能谈判小组正式提出。欧共体建议的主要内容有：成立一个新的组织，以便作为最有效、最实用的体制来贯彻落实乌拉圭回合的成果；使这一新组织成为永久性的牢固体制，以便它与国际货币基金组织、世界银行一道，在制定全球经济政策中发挥更大的作用。欧共体的这一建议立即得到了美国、加拿大等西方大国的支持。经各成员反复磋商，1990 年 12 月，布鲁塞尔贸易部长级会议决定让关贸总协定体制职能谈判小组负责《多边贸易组织协议》的谈判，并最终于 1993 年 11 月形成了《多边贸易组织协议》。1993 年 12 月 15 日，根据美国的建议，“多边贸易组织”更名为“世界贸易组织”。

1994 年 4 月 15 日，在摩洛哥马拉喀什部长级会议上，104 个缔约方政府代表（包括中国政府）通过并签署了《建立世界贸易组织的马拉喀什协定》，该协定规定世界贸易组织于 1995 年 1 月 1 日正式成立。从此，世界贸易组织取代关贸总协定，担负起调整国际贸易秩序和调节国际贸易关系及各国对外贸易政策措施的重大历史责任。

（二）世界贸易组织与关贸总协定的区别

世界贸易组织取代关贸总协定，并不仅仅是换了一个名称。世界贸易组织继承和发展了关贸总协定的长处，并在一定程度上弥补了关贸总协定的不足。世界贸易组织与关贸总协定存在重大区别。

1. 组织机构的正式性不同

关贸总协定是由一个临时委员会管理的多边条约。根据《联合国宪章》的有关条款，关贸总协定不是联合国的专门机构，只是一个“联系机构”（related agency）。所以，关贸总协定设立的组织机构的法律地位始终是模糊不清的，其设在日内瓦的总部和秘书处及有关工作人员，由瑞士政府参照联合国的正式机构授予外交特权和豁免权。

世界贸易组织是具有法人地位的正式国际经济组织。从法律地位来看，世界贸易组织与国际货币基金组织、世界银行具有同等地位，都是国际法主体，其组织机构和有关人员均享有外交特权和豁免权，无须再经瑞士政府授予。

2. 法律地位不同

关贸总协定仅是临时适用的协定，不是一个正式的国际组织，在法律地位上处于很尴尬的境地。

世界贸易组织是根据《维也纳条约法公约》正式批准和生效成立的国际组织，具有独立的国际法人资格，是一个常设性、永久性存在的国际组织，具有法律人格，体现为：可以订立与其职能相关或履行职能所需的合同、协议；可以拥有动产与不动产；可以进行诉讼，并以自身的名义享有权利、承担义务；等等。

3. 管辖范围不同

关贸总协定仅管辖货物贸易，并且在实施过程中农产品贸易、纺织品和服装贸易又先后脱离其管辖。

世界贸易组织的管辖范围不仅包括货物贸易的各个方面，而且包括《服务贸易总协定》及其分部门协议、《与贸易有关的知识产权协定》《与贸易有关的投资措施协定》。世界贸易组织还努力通过加强贸易与环境保护的政策对话和协调，强化各成员对经济发展过程中的环境保护和资源的合理利用。值得强调的是，最近诸边贸易协定的一个趋势是超越《与贸易有关的知识产权协定》的条款，加入《与贸易有关的知识产权协定》附加条款。主要涉及药品的一些重要的《与贸易有关的知识产权协定》附加条款是，数据的专有权、专利期限的延长、专利状况与伪劣注册之间的联系、强制性许可限制的理由等。

4. 权利与义务的平衡性不同

关贸总协定体制基本上是以关贸总协定的文本为主的协议，对有关缔约方权利和义务做了规定和安排，但在东京回合谈判中达成的消除非关税壁垒协议以及纺织品协议却是选择性的，可由缔约方和非缔约方自行选择签署参加，如果不参加便无须履行相关协议的义务，因而缔约方的权利与义务不尽平衡。

世界贸易组织要求所有缔约方成员不分大小，必须无选择地以“一揽子”方式签署参加乌拉圭回合达成的所有协议，不能选择性地参加某一个或某几个协议，不能对协议提出保留。因为《乌拉圭回合多边贸易谈判结果最后文件》包括了东京回合及其他有关协议的内容，所以，它们是完整的、不可分割的统一体，权利和义务的平衡是在所有协议的基础上达成的，从而加强了缔约方的权利和义务的统一性及约束性，维护了多边贸易体制的完整性。

5. 争端解决机制的有效性不同

关贸总协定争端解决机制的运行程序通常是，关贸总协定根据争端当事方的请求组成一个专家小组。该专家小组首先要力促双方协商解决争端。如果找不到妥善的解决办法，它要对案情展开调查和了解。专家小组不是法庭，无权裁决争议。它只在调查的基础上向理事会报告调查结论和提出解决争议的建议。理事会接受它的建议之后，再提交缔约方全体正式通过和形成决议，通知并监督各方执行。如果情况严重，缔约方全体可批准申诉方对有关缔约方暂停实施关贸总协定规定的减让或其他义务。受到不利影响的缔约方可在这项行动被采取后 60 天内书面通知缔约方全体执行秘书长，宣布退出关贸总协定。从关贸总协定的争端解决机制我们可以看出，这一机制本身存在很大的缺陷，如专家小组的权限很小、监督后续行动不力等，导致争端解决的时间拖得很长或根本就无法解决争端，48 年来关贸总协定只解决了几百起贸易争端。

世界贸易组织所实行的综合争端解决机制是一套较为完善的机制，限制了争端解决的时间，扩大了专家小组的权限，裁决的权威性和履行的有效性也大为提高。

6. 与相关国际经济组织的关系不同

关贸总协定与国际货币基金组织、世界银行的地位不同，无法建立起对等的直接联系，在协调决策上也处于尴尬地位。

世界贸易组织的职能之一就是协调与国际货币基金组织及世界银行的关系，以保障全球经济决策的一致性。因此，世界贸易组织将与国际货币基金组织及世界银行这两个国际组织在决策方面加强合作与协调，为国际经济和贸易的发展创造更有利的条件。

二、世界贸易组织的宗旨、职能与主要机构

（一）世界贸易组织的宗旨①

《建立世界贸易组织的马拉喀什协定》在其前言中就明确阐明了世界贸易组织的宗

① 崔日明，李丹，张欣．世界经济概论．北京：北京大学出版社，2020：112.

旨：全体成员在处理贸易和经济关系发展方面，应以提高生活水平、保证充分就业、大幅度和稳定地增加实际收入和有效需求，以及扩大货物和服务的生产与贸易、可持续发展为目的，开发世界资源并加以充分利用，寻求对环境的保护和维护，并根据成员不同经济发展水平下各自需要的方式，加强采取各种应对措施。此外，世界贸易组织应积极努力确保发展中经济体，尤其是最不发达经济体在国际贸易增长中获得与其经济发展需要相称的份额和利益。

（二）世界贸易组织的基本职能

为实现世界贸易组织的宗旨，《建立世界贸易组织的马拉喀什协定》赋予该组织以下几个方面的主要职能：

1. 负责制定和规范国际多边贸易规则

主要是指世界贸易组织负责促进乌拉圭回合达成的各项法律文件以及今后可能达成的各项新协议的实施、管理与运作；为已接受世界贸易组织各项协议的各成员提供执行、管理与运作的多边贸易合作框架。

2. 负责组织多边贸易谈判

世界贸易组织负责为成员就协议范围内的问题和世界贸易组织授权范围内的新议题进行进一步谈判提供场所和舞台。具体来讲，世界贸易组织不仅为成员之间开展多边贸易谈判和磋商提供了一个适宜的平台，而且根据部长级会议的决定，为各成员的多边贸易关系的进一步谈判提供了一个舞台，从而为执行有关谈判结果以及解决各成员在多边贸易关系中的其他问题提供了有效途径和组织框架。

3. 建立贸易分歧与争端解决机制

主要是指国际贸易组织负责管理实施《关于争端解决规则与程序的谅解》（简称《争端解决谅解》）。客观地说，世界贸易组织为解决各成员在货物贸易和知识产权等领域发生的贸易争端所制定的这套解决机制是有效的，为保证多边贸易体制和提高其预见性发挥了核心作用，并有利于该组织成员权利与义务的保护和履行。

4. 负责监督和定期审议其成员的贸易政策

世界贸易组织负责对各成员内贸易政策进行审议和监督。这一审议制度是为了促使各成员在制定贸易政策和措施时进一步增强透明度，以使其保持与全球经济政策和制度的统一协调性，促进各成员坚持多边贸易体制的原则、规则，实现其所做出的承诺，从而确保世界贸易组织的顺利运行。

5. 负责保证全球经济政策的一致性

主要是指世界贸易组织负责以适当的方式与国际货币基金组织、世界银行及其附属机构进行合作，以便更好地协调制定全球的经济政策。

（三）世界贸易组织的主要机构

世界贸易组织的各项职能均由其所属的组织机构实现。世界贸易组织的主要机构是部长级会议及其下设的总理事会和秘书处。其中总理事会的工作得到货物贸易理事会、服务贸易理事会和知识产权理事会三个理事会以及贸易与环境委员会、贸易与发展委员会、区域贸易协议委员会、国际收支限制委员会以及预算、财务与行政委员会五个专门委员会的协助，其组织机构如图 13－1 所示。

1. 部长级会议

根据《建立世界贸易组织的马拉喀什协定》的规定，世界贸易组织的最高决策权力机构是部长级会议（Ministerial Conference)。部长级会议由世界贸易组织所有成员主管外经贸的部长、副部长级官员或其全权代表组成。部长级会议负责履行世界贸易组织的职责，并可为此采取必要的措施，可对多边贸易协议的所有事务做出决定。部长级会议至少每两年举行一次会议。

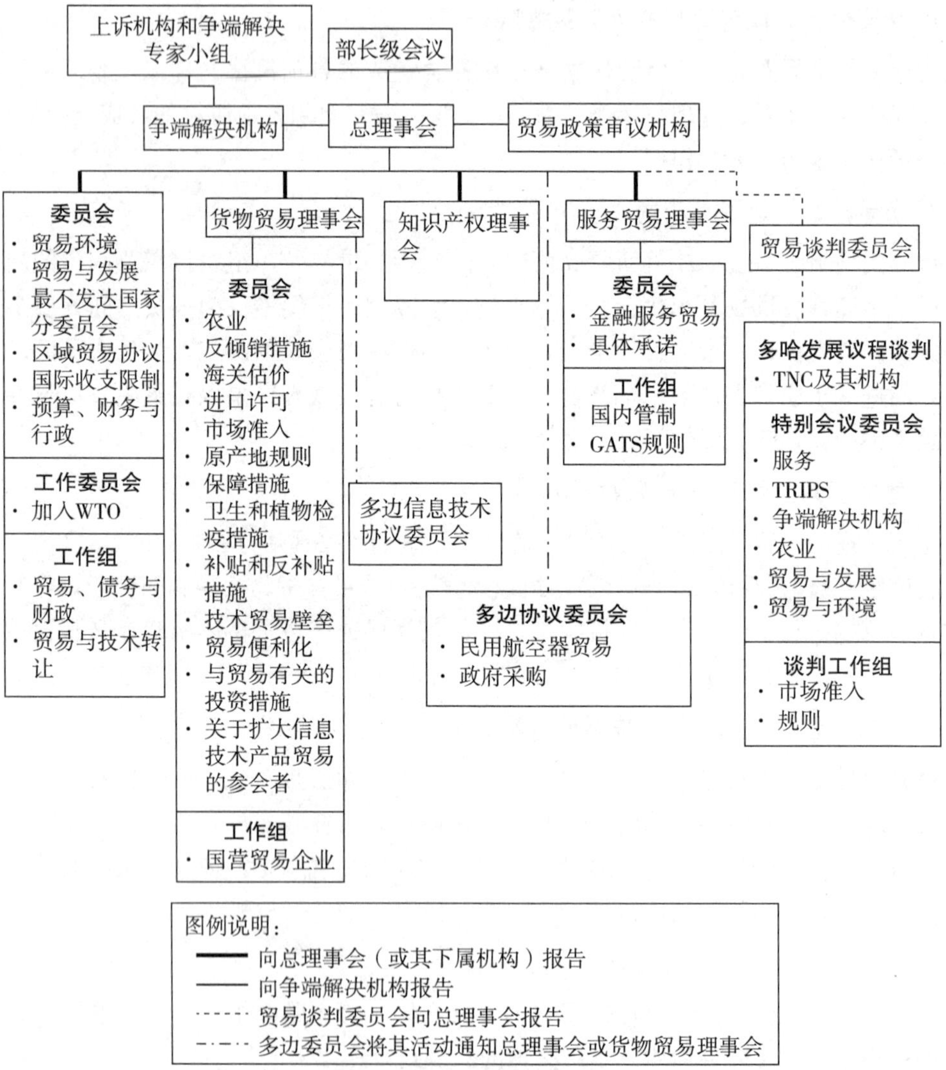

图 13－1 WTO 机构设置

资料来源：WTO 网站。

部长级会议主要有立法权、裁决权和审批权。从法律的角度来讲，只有世界贸易组织的部长级会议才有权对其协议等做出权威性解释和必要的修改；部长级会议有权对其成员之间发生的争议或某个成员的贸易政策是否与世界贸易组织的规定一致等问题做出裁决，并有权豁免某一个成员在特定情况下的义务；部长级会议审批非世界贸易组织成员所提出的取得世界贸易组织观察员资格的申请，批准非世界贸易组织成员成为世界贸易组织的成员。

2. 总理事会

在部长级会议休会期间，由总理事会（General Council）履行部长级会议的职能。总理事会由全体成员的代表组成，负责处理世界贸易组织的日常事务，监督和指导各项协定以及部长级会议所做决定的贯彻执行情况。总理事会定期举行会议，通常每两个月一次。在部长级会议休会期间，总理事会代表部长级会议处理有关部门事务并向部长级会议直接报告。

总理事会还有两项具体职能：履行争端解决机构和贸易政策审议机构的职责。在审议成员之间的诉讼和采取必要的措施解决它们之间的争端时，总理事会作为争端解决机构召开会议，履行《争端解决谅解》所赋予其的争端解决机构的职能。该机构也有自己的主席和程序规则。总理事会还负责根据世界贸易组织秘书处准备的报告，就各国的贸易政策进行审议。另外，总理事会还可视情况需要随时开会，自行拟订议事规则和议程。

总理事会的工作得到三个理事会和五个专门委员会的协助。

3. 理事会

理事会（council）为总理事会的附属机构，共有货物贸易、服务贸易、知识产权三个理事会。各理事会由所有成员的代表组成。一般来讲，每个理事会每年至少召开八次会议。各理事会负责处理各自领域内的事务。

货物贸易理事会（Council for Trade in Goods）主要负责监督 1994 年关贸总协定及其附属协议的实施与运作，这些协议包括关贸总协定及有关《争端解决谅解》和《建立世界贸易组织的马拉喀什协定》附件中的 12 个其他协议。

服务贸易理事会（Council for Trade in Service）主要负责《服务贸易总协定》的实施与运作。服务贸易理事会目前设有基础电信谈判组、自然人流动谈判组、海上运输服务谈判组、金融服务贸易委员会和专业服务工作组五个附属机构。

知识产权理事会（Council for TRIPS）主要负责《与贸易有关的知识产权协定》的运作。具体来讲，就是除了争端解决职能由争端解决机构履行外，知识产权理事会负责监督《与贸易有关的知识产权协定》的运作及履行由总理事会赋予的其他职责。

4. 专门委员会

部长级会议下设专门委员会（committee），以处理特定的贸易及其他有关事宜。目前，已设立的专门委员会如下：

(1) 贸易与环境委员会（Committee on Trade and Environment）。主要负责处理有关贸易与环境方面的事务。

(2) 贸易与发展委员会（Committee on Trade and Development）。主要负责定期审

议多边贸易协议中有关优惠最不发达成员的特别规定及执行情况，并就此向总理事会提出报告，以便采取适当行动，促进发展中成员的贸易发展。

（3）区域贸易协议委员会（Committee on Regional Trade Agreements）。负责统一处理原来由24个区域贸易问题的工作组专门处理的工作，并使世界贸易组织内有专门处理区域贸易问题的新论坛。

（4）国际收支限制委员会（Committee on Balance of Payments Restrictions）。主要负责处理由于国际收支原因而采取贸易限制措施的有关事宜。

（5）预算、财务与行政委员会（Committee on Budget，Finance and Administration）。主要负责审议总干事提出的世界贸易组织的年度预算和财务报告，并就此向总理事会提出建议，将这些报告报总理事会审批；同时，负责向总理事会提出财务规则的建议。

这些委员会执行世界贸易组织协议及多边贸易协议所赋予的职能，以及总理事会赋予的额外职能。所有成员代表都有权参加上述委员会。

5. 秘书处和总干事

世界贸易组织设立秘书处（Secretariat）来负责日常工作。世界贸易组织秘书处由一位总干事（director general）领导，另有三位副总干事协助总干事工作。总干事由部长级会议任命，其权力、职责、服务条件和任期由部长级会议通过规则予以确定；副总干事由总干事经与成员磋商后任命。总干事有权任命其下属工作人员。在履行职务的过程中，总干事和秘书处工作人员不得寻求和接受任何政府或世界贸易组织以外任何组织的指示，各成员也应尊重他们职责的国际性，不得寻求有碍其履行职责的影响。

6. 争端解决机构与贸易政策审议机构

争端解决机构（Dispute Settlement Body，DSB）是世界贸易组织部长级会议的一个常设机构，负责处理世界贸易组织成员之间的贸易争端。争端解决机构可以根据需要建立自己的程序规则，设立自己的主席。争端解决机构通过争端解决专家小组（Dispute Settlement Panels）和上诉机构（Appellate Body）来处理争端。

贸易政策审议机构（Trade Policy Review Body）是世界贸易组织部长级会议的一个重要机构，主要负责对成员的贸易政策进行综合性定期检查，目的是增加贸易政策与措施的透明度。

三、世界贸易组织的基本原则

世界贸易组织的基本原则是在继承关贸总协定基本原则的基础上，进行必要的补充和修改得来的。最主要的几项原则有非歧视待遇原则、关税保护原则、公平竞争原则、透明度原则、互惠贸易原则、市场准入原则、对发展中经济体和最不发达经济体优惠待遇原则、公平解决争端原则和区域贸易安排原则等。

（一）非歧视待遇原则

非歧视（non-discrimination）待遇原则又称无差别待遇原则，是世界贸易组织全部规则体系的基础。非歧视待遇原则规定：成员在实施某种优惠或限制措施时不得对其他成员采取歧视待遇。非歧视待遇原则要求每个成员在任何贸易活动中都要给予其他成员平等待遇，使所有成员都能在同样的条件下进行贸易。非歧视待遇原则充分体现了平等的原则精神，完全符合各国主权平等的国际法原则。非歧视待遇原则主要通过最惠国待遇条款和国民待遇条款体现。最惠国待遇和国民待遇都体现了非歧视待遇原则，二者的区别在于：最惠国待遇强调一国不得针对不同进口来源的商品实行歧视待遇。最惠国待遇的目的是使来自不同国家的进口商品在成员市场上处于同等竞争地位，不受歧视；国民待遇则强调一国不得在进口商品与本国商品之间实行歧视待遇，其目的是使进口商品在成员的国内市场上与其本国商品处于同等竞争地位，不受歧视。

（二）关税保护原则

关税和非关税措施是国家管制进出口贸易的两种常用方式。与名目繁多的非关税措施相比，关税的最大优点是它具有公开性和可计量性，能够清楚地反映关税对国内产业的保护程度。世界贸易组织主张各成员主要通过关税来保护国内产业和市场，也就是说，关税是唯一合法的保护手段。不断地降低关税是世界贸易组织最重要的原则之一。世界贸易组织之所以倡导将关税作为唯一的贸易保护手段，主要是因为关税在管理贸易方面较进口数量限制具有明显的好处。

(1) 关税使国内外同类产品价格保持自动联系，使国内外生产商的竞争地位显而易见。而配额、许可证等进口数量限制则切断了这种联系，极易导致生产商寻求过度保护。

(2) 所有世界贸易组织成员都非歧视地征收关税，而数量限制则极易导致对不同国家的歧视。

(3) 关税更具透明度，一旦被公布，一国容易判断其产品进入市场的难易程度。而进口数量限制的透明度较差，极易导致贸易商采取不公正手段获取配额或许可证，助长贿赂和犯罪。

(4) 关税是一国政府财政收入的重要来源，而进口数量限制带来的利润会因其配置方式的不同，在进口商、出口商、中间商或有关政府部门之间甚至个人之间形成不同的利益分配。在多数情况下进口数量限制不仅起不到保护具体产业的目的，反而会影响政府关税收入。

(5) 关税针对的是某一产品的所有进口商，而不是某一特定的企业或产业群体。进口数量限制则直接使某些企业或少数产业受惠，形成阻碍关税自由化改革的利益集团，增加国家间的贸易摩擦。

基于上述理由，世界贸易组织极力主张其成员将关税作为唯一的贸易保护手段。

（三）公平竞争原则

所谓公平竞争通常是指在市场经济条件下，生产者和消费者按市场供求形成的价格进行的贸易行为；反之，以人为方法低于此价格出口，使别国同类产品生产厂商受到损害的竞争，或者人为地限制进口，不保护知识产权等活动被称为不公平行为。

世界贸易组织负责处理两种扭曲竞争条件的不公平贸易行为：一是出口商品向国外市场倾销；二是出口商品得到补贴。世界贸易组织的《反倾销协议》和《补贴与反补贴措施协议》授权各成员对从不公平贸易中获得好处的出口商品征收补偿税。也就是说，进口国如果遇到其他国家出口商以倾销或补贴方式出口商品，就可以采取反倾销或反补贴措施来抵制不公平竞争，维护公平竞争的贸易环境。但是为了防止成员滥用反倾销和反补贴措施达到贸易保护的目的，世界贸易组织对反倾销和反补贴规定了严格的程序和标准。

（四）透明度原则

透明度原则要求各成员正式实施的有关进出口贸易的所有法律、法规、条例以及与其他成员达成的所有影响贸易政策的条约与协定等都必须事先正式公布，否则不得实施。因此，这个原则也被称为贸易政策法则透明度原则。

透明度原则的目的在于防止各缔约方之间进行不公开的贸易，避免歧视的发生。但是，该原则并不要求缔约方公开那些会妨碍法令得以贯彻执行、违反公共利益或损害某一企业的正当商业利益的机密资料（即商业秘密）。

为了增加贸易政策的透明度，世界贸易组织要求成员政府通报其所采取的贸易措施，并建立了贸易政策审议机制（Trade Policy Review Mechanism，TPRM）以监督各成员贸易政策的调整和执行。

（五）互惠贸易原则

互惠互利是世界贸易组织成员之间利益、优惠或特权的相应让与，是成员之间确定贸易关系的基础，也是多边贸易谈判的行为规范。互惠贸易原则要求成员在互惠互利的基础上通过多边贸易谈判进行关税或非关税措施的削减，对等地向其他成员开放己方市场，以获得己方产品或服务进入其他成员市场的机会。此外，当新成员加入时，要求申请加入方保证通过关税及其他事项的谈判做出一定的互惠承诺，以此作为享受其他成员给予优惠的先决条件。

互惠贸易原则的例外主要体现在世界贸易组织允许成员在某些特殊情况下援引免责条款来撤销已做出的关税减让，例如，当发展中经济体出现严重的国际收支困难时可暂时免除互惠义务。

（六）市场准入原则

市场准入是指成员允许其他成员的货物、服务与资本进入其市场的程度。市场准入原则要求各成员根据自身经济发展水平，在一定期限内对其他成员的货物、服务与资本逐步开放国内市场，并不断加大开放程度。该原则在世界贸易组织现在达成的有关协议中，主要涉及关税减让、纺织品和服装贸易、农产品贸易、热带产品贸易和自然资源产品贸易、服务贸易以及非关税壁垒的消除等领域。

（七）对发展中经济体和最不发达经济体优惠待遇原则

这一原则是指如果发展中经济体在实施世界贸易组织协议时需要一定的时间和物质准备，可享受一定期限的过渡期优惠待遇。这是关贸总协定和世界贸易组织考虑到发展中经济体经济发展水平和经济利益而给予的差别和更加优惠的待遇，是世界贸易组织非歧视待遇原则的一种例外。

（八）公平解决争端原则

世界贸易组织的争端解决机制以公正、平等为原则，这些原则体现在调节程序、上诉机构、从关贸总协定的全体一致通过机制到世界贸易组织的全体一致否决机制的转变、对上诉的规定以及对发展中经济体及最不发达经济体的特殊规定等方面。公平解决争端原则要求成员之间一旦出现国际贸易争端，应通过公正、客观、平等和友好的方式使有关贸易争端得到妥善解决。

（九）区域贸易安排原则

二战以后，随着世界经济联系的加强和国家间经济依赖程度的加深，国际贸易领域出现了区域化、集团化的趋向，各集团内部纷纷采取减少或废除关税的区域性贸易安排。此外，伴随着 WTO 成员的不断增加、谈判范围的不断扩大，各成员利益诉求相差很大，达成共识的成本颇为高昂，这使得一些 WTO 成员转向区域合作以实现其经济利益目标。尽管如此，全球多边贸易体制依然是不可替代的，它能为所有成员提供公共产品（能够提供这样的公共产品的国家并不多），维护全球贸易秩序，而区域贸易协定提供区域公共产品，维护区域贸易秩序，两者之间通常是相互促进、相互补充的关系。

对这种区域贸易安排，WTO 对 GATT 1947 第 24 条予以认可。该条规定：GATT 的各项规定不得阻止任何缔约方为便利边境贸易对毗邻国家给予某种利益……不得阻止缔约各方在其领土之间建立关税同盟或自由贸易区，或为建立关税同盟或自由贸易区的需要采用某种临时协定。

与此同时，区域贸易安排是建立在全球多边贸易体制的规则制度之上的。WTO 对区域贸易安排也做出了严格的限制。GATT 1947 规定：成立关税同盟或自由贸易区的目的，应为便利组成同盟或自由贸易区的各领土之间的贸易，但对其他缔约方与这些领土之间进行的贸易，不得提高壁垒。这就意味着区域贸易安排提出的标准高于 WTO 现有协议中做出的承诺。在这些高标准中，有许多是建立在 WTO 规则之上的条款，被称为 WTO-plus 条款。由此可见，区域贸易安排是多边贸易体制的有益补充，而不是对多边贸易体制的挑战，其最终目的是促进多边贸易体制的实现。

相关案例

发展中成员享受的差别优惠待遇问题

自 2019 年 2 月以来，美国一改之前只破不立的态度，开始对部分议题提出了自己的建议和方案。特别是针对发展中成员享受的差别优惠待遇问题，单方面提出了四个“毕业”条件，即 G20 成员、OECD 成员、人均收入达到中等水平的成员以及贸易额占千分之六以上的成员。针对美国的提议，中国驻 WTO 首席代表在 2019 年 4 月召开的 WTO 理事会上，对美方的文件进行了严厉的驳斥，有力地维护了发展中成员的核心利益，得到了广大发展中成员的认可和普遍支持。美国随后即扬言要单方面采取措施。2020 年 2 月 10 日，美国贸易代表办公室宣布取消包括中国在内的 25 个发展中经济体的优惠待遇的文件，这可以被理解为美国根据 WTO 改革形势采取的针对性措施。美国的这一做法不仅不符合 WTO 的基本原则，而且是对国际多边规则的明显挑衅，进一步暴露了美国单边主义和霸权主义的一贯做法，其结果必然导致广大发展中成员的反对，并将使美国在 WTO 中变得更加孤立。

资料来源：霍建国．WTO 改革面临的重大原则问题：兼论发展中成员的差别优惠待遇权利．开放导报，2021(6)：7－12.

四、世界贸易组织与多哈回合谈判

（一）世界贸易组织的运行

自 1995 年 1 月 1 日成立至今，世界贸易组织先后召开了 12 届部长级会议。

第一届部长级会议于 1996 年 12 月 9 日至 13 日在新加坡召开。会议主要审议了世界贸易组织成立以来的工作及上一轮多边贸易谈判即乌拉圭回合协议的执行情况，并决定成立贸易与投资、贸易与竞争政策、政府采购透明度 3 个工作组，同时将贸易便利化纳入了货物贸易理事会的职责范围。会议最后通过了《新加坡部长宣言》。

第二届部长级会议于 1998 年 5 月 18 日至 20 日在瑞士日内瓦举行。会议主要讨论了已达成的贸易协议的执行情况、既定日程和未来谈判日程等问题以及第三届部长级会议举行的时间和地点。会议的主要目的是为第三届部长级会议启动新一轮多边贸易谈判做准备。

第三届部长级会议于 1999 年 11 月 30 日至 12 月 3 日在美国西雅图召开。由于非政府组织的示威游行和干扰所产生的压力以及成员间在一系列重大问题上的意见分歧，会议未能启动拟议中的新一轮多边贸易谈判，最终以失败告终。

第四届部长级会议于 2001 年 11 月 9 日至 14 日在卡塔尔首都多哈举行。会议启动了被称为“多哈发展议程”即多哈回合的新一轮多边贸易谈判。会议的另一个重要成果是批准中国加入世界贸易组织。会议最后通过了《卡塔尔部长宣言》等 3 个文件。

第五届部长级会议于 2003 年 9 月 10 日至 14 日在墨西哥坎昆举行。由于发达成员在削减农业补贴和农产品关税问题上不愿意做出实质性让步，会议无果而终。会议仅通过了《坎昆部长宣言》。

第六届部长级会议于 2005 年 12 月 13 日至 18 日在中国香港举行。与会者围绕多哈回合议题经过 6 天谈判发表了《部长宣言》，在取消棉花出口补贴和农产品出口补贴以及向最不发达成员开放市场问题上取得了进展，但多哈回合谈判仍未全面完成。

第七届部长级会议于 2009 年 11 月 30 日至 12 月 2 日在瑞士日内瓦举行。与往届部长级会议不同的是，这不是一次贸易谈判。会议主要回顾和审议世界贸易组织的工作，以及在金融危机和不利经济形势的大背景下如何继续推动世界贸易组织和多边贸易体系的发展，探讨如何在逆境中扩大全球贸易，帮助世界经济走出困境，并未就多哈回合展开谈判。但与会的各方代表仍然就 2010 年结束多哈回合谈判做出了政治承诺。

第八届部长级会议于 2011 年 12 月 15 日至 17 日在瑞士日内瓦举行。会议为最不发达经济体在服务贸易、知识产权、加入便利等诸多方面做出了重要决议，为最不发达经济体更好地融入世界贸易组织多边贸易体制并推动其经济贸易发展进一步提供了必要基础。同时，会议还在政府采购方面取得了新进展，特别是扩大政府采购市场准入，从而进一步推进了公共采购市场的自由化程度。

第九届部长级会议于 2013 年 12 月 3 日至 7 日在印度尼西亚巴厘岛举行。会议正式签署了世界贸易组织成立近 20 年以来的第一个多边贸易协定——《巴厘一揽子协定》。该协定的内容涵盖了简化海关及口岸通关程序、允许发展中成员在粮食安全问题上具有更多选择权、协助最不发达成员发展贸易等。同时，该协定也被认为是世界贸易组织历史上推动全球贸易自由化的真正成果。

第十届部长级会议于 2015 年 12 月 15 日至 19 日在肯尼亚内罗毕举行。会议通过了《内罗毕部长宣言》，162 个成员首次承诺全面取消农产品出口补贴，并就出口融资支持、棉花、国际粮食援助等方面达成了新的多边纪律；达成了近 18 年来世界贸易组织首个关税减让协议——《信息技术协定》扩围协议，涉及 1.3 万亿美元的国际贸易；在优惠原产地规则、服务豁免等方面切实给予最不发达成员优惠待遇；正式批准阿富汗和利比里亚加入世界贸易组织。

第十一届部长级会议于 2017 年 12 月 10 日至 13 日在阿根廷布宜诺斯艾利斯举行，这是世界贸易组织高级别会议首次在南美国家举行。会议达成了渔业补贴部长决定、电子商务工作计划部长决定、小经济体工作计划部长决定、知识产权非违反之诉和情景之诉部长决定、关于设立南苏丹加入工作组的部长决定等一系列部长决定。但会议并没有在粮食安全公共储备、农业国内支持、农业出口竞争、棉花、服务业规制等主要谈判议题上取得突破。

第十二届部长级会议于 2022 年 6 月 12—17 日在瑞士日内瓦举行。经过五天多的集中磋商和艰难谈判，大会在新冠肺炎疫情应对、防疫相关知识产权豁免、粮食安全、人道主义粮食采购、渔业补贴、电子传输暂免关税和世界贸易组织改革等全球广泛关注的议题上取得成果。

（二）多哈回合谈判

在世界贸易组织成立之前，其前身关贸总协定曾经进行了八轮多边贸易谈判，这些谈判为推动全球贸易自由化进程发挥了重要作用。世界贸易组织从成立起就把启动新一轮谈判、进一步完善多边贸易体制作为重要使命。经过各方的不懈努力，终于在 2001 年 11 月在卡塔尔首都多哈举行的第四届世界贸易组织部长级会议上决定正式启动谈判，因而此轮谈判被人们称为“多哈回合”。该轮谈判确定了 8 个议题，包括农业、非农产品市场准入、服务贸易、知识产权、规则、争端解决、贸易与发展以及贸易与环境。与以往的多边谈判相比，多哈回合是包括议题范围最广、参加成员最多的一轮谈判。

更加自由的多边贸易体制虽然为各成员发展国际贸易带来了明显的好处，但是在谈判过程中，由于世界贸易组织各成员从各自利益出发，加之发达成员与发展中成员之间本已存在的利益不平衡，谈判的实质进展极其缓慢，谈判过程一波三折。

2003 年在墨西哥坎昆召开的世界贸易组织第五届部长级会议无果而终。此后，经广大成员共同努力，各方于 2004 年 7 月达成《多哈框架协议》。根据这一协议，发达成员同意在具体时限内取消所有形式的农业出口补贴，对扭曲农业贸易的国内支持进行实质性削减。作为补偿，发展中成员同意降低工业品的进口关税和其他壁垒，进一步开放非农业产品市场，降低市场准入门槛；对一些极度贫穷的成员，协议允许它们继续在一些关键领域实行贸易保护政策。同时，还增加了对最不发达成员和新成员的待遇安排上的灵活度。但这一协议只设定指导原则和基本内容，不包含具体的减让数字。此外，框架协议明确了多哈回合谈判结束的时间将推迟。多哈回合谈判在框架协议达成后恢复了势头，各主要谈判方均表示愿意推动谈判，把 2006 年结束多哈回合谈判作为目标。但由于在主要谈判议题特别是农业议题上分歧巨大，各方未能就“协议初稿”达成协议，谈判再次陷入低潮。

多哈回合谈判已经取得了阶段性成果，包括给予最不发达国家 97%税目产品零关税待遇的承诺框架，贸易便利化，以及放宽公共健康领域的知识产权规定。但是自 2008 年以来谈判一直没有取得新的进展。

农业问题是多哈回合谈判的核心难点。在这一问题上，发达成员和发展中成员之间、发达成员之间、老成员和新成员之间的利益分歧主要表现在农产品关税削减和出口补贴等方面。

美国的农产品具有较强的竞争力，美国极力推动农产品贸易自由化，主张大幅削减国内支持乃至取消出口补贴，降低关税并缩小成员间的关税差异。而欧盟、瑞士、挪威、日本和韩国等成员因缺乏农业比较优势，试图尽可能维持对农业的高度保护和支持，主张采用乌拉圭模式进行关税减让和削减国内支持，给予成员较大的灵活性，严格规范和削减出口信贷。同时大部分发展中成员则强调出口竞争方面的严重不平衡以及发展中成员的发展需要，主张关税减让和出口补贴削减相联系，给予发展中成员切实有效的特殊差别待遇政策。

第四节　世界贸易组织与中国

一、中国入世后的对外贸易发展状况

（一）入世后过渡期前期中国对外贸易发展迅猛

据统计，2001—2004 年我国出口贸易年均增长 30.6%，进口贸易年均增长 32.1%，2004 年对外贸易规模更是首次突破万亿美元，进出口总值达到 1.15 万亿美元（见表 13-2）。我国出口贸易占世界总出口贸易的比重由 2001 年的 4.30%上升到 2004 年的 6.43%，年均增长率达 14.4%，而我国在世界货物贸易总额中的排名由 2001 年的第六位上升为 2004 年的第三位。同时，我国国民经济保持平稳快速发展，综合国力也得到进一步增强。

表 13-2　2001—2004 年中国商品贸易总额

	进出口总额	出口额	进口额	出口贸易占世界总出口贸易的比重
2001	5 096.51	2 660.98	2 435.53	4.30
2002	6 207.66	3 255.96	2 951.70	5.01
2003	8 509.88	4 382.28	4 127.60	5.77
2004	11 545.55	5 933.26	5 612.29	6.43
年均增长率	31.30	30.60	32.10	14.40

资料来源：根据 UNCTAD 数据库计算得出。

注：进出口总额、出口额、进口额的单位为亿美元，年均增长率及出口贸易占世界总出口贸易的比重单位为%。

（二）入世后过渡期后期中国对外贸易增长依然强劲

中国在入世后过渡期内，贸易管制逐步减少，关税税率逐年降低，非关税措施逐步被取消，入世承诺的终极目标逐步兑现。这一时期，商业、金融、旅游等敏感的服务领域分别履行了开放的承诺。在过渡期后期，我国对外贸易发展仍然强劲有力，且表现出以下特征：

(1) 货物贸易进出口权完全开放，国内贸易和国际贸易开始融合。

(2) 服务贸易中的大部分限制已被取消。

(3) 绝大多数非关税措施已被取消，关税降至承诺的终点。

(4) 外贸体制与世界贸易组织的要求间的差距逐步缩小。基本完成国内外贸法律与世界贸易组织规则的接轨，做到了外贸法律的国内统一实施并完成了"立、改、废"工作。

(5) 在中国入世后过渡期后期，中国面临的贸易摩擦更加频繁，与主要贸易国的贸易摩擦不断加剧。

二、评价中国入世以来的巨大成就与重要作用

加入 WTO 20 多年以来，中国得以全面地融入 WTO 多边贸易体制，充分参与全球化，中国的货物贸易居世界首位，服务贸易居世界第二位，中国已经成长为世界贸易大国。自中国加入世界贸易组织以来，中国逐年调低进口关税，2010 年关税总水平由 15.3%调整至 9.8%。自 2018 年以来，中国连续主动降低进口关税，当前中国的进口关税总水平仅有 7.4%，货物、服务出口贸易规模迅速扩大。具体来看，2001—2020 年间，中国的货物贸易出口额由 2001 年的 2 660.98 亿美元增长至 2020 年的 25 902.21 亿美元，增长了约 9 倍，年均增长率达 12.7%。2001—2020 年间，中国的服务贸易出口额由 2001 年的 333.34 亿美元增长至 2020 年的 2 806.3 亿美元，增长了 7 倍多，年均增长率达 11.9%。值得注意的是，尽管 2020 年新冠肺炎疫情在全球蔓延，但我国的出口贸易规模增长依然可观。从中国出口的商品结构来看，入世后带来的贸易自由化促进了中国产业结构升级。① 2000—2020 年中国初级产品在总出口中的份额从 11.56%下降至 5.38%，

① 裴长洪，倪江飞．坚持与改革全球多边贸易体制的历史使命：写在中国加入 WTO 20 年之际．改革，2020 (11)：5-22.

而工业制成品的比重从 87.98%提升至 93.45%。工业制成品的出口结构得到进一步优化，主要表现为劳动和资源密集型制成品出口比重的持续下降，以及中高技术制成品出口比重的不断上升。表 13-3 的数据显示，中国劳动和资源密集型制成品的出口比重从 2000 年的 31.48%下降至 2020 年的 19.61%，而中等技能和技术密集型制成品的出口比重从 2000 年的 20.15%上升至 2020 年的 27.51%，高技能和技术密集型制成品的出口比重从 2000 年的 26.64%上升至 2020 年的 37.04%。另外，值得注意的是，低技能和技术密集型制成品的出口比重在 2000—2020 年没有显著的变化，这表明价格低廉的鞋袜、衣服、玩具以及塑料产品在中国出口商品中仍然占有一定的比重。此外，在 WTO 分类的 160 多个服务贸易部门中，中国已经开放了 104 个，占 65%，是服务业开放程度最高的发展中国家，接近发达国家的平均水平。中国相继颁布了几十项开放服务贸易领域的法规和规章，涵盖金融、分销、物流、旅游、建筑等数十个领域，服务贸易对外开放的法律体系已基本完善。

表 13-3　中国各类产品出口占总出口的比重（%）

	2000	2002	2004	2006	2008	2010	2012	2014	2016	2018	2020
初级产品	11.56	9.94	8.40	7.34	6.82	6.32	5.97	5.90	6.01	6.43	5.38
工业制成品	87.98	89.61	91.18	92.22	92.90	93.44	93.79	93.83	93.61	93.17	93.45
劳动和资源密集型制成品	31.48	29.13	24.89	23.38	20.99	21.86	21.94	22.28	22.15	19.91	19.61
低技能和技术密集型制成品	9.72	8.42	9.52	10.47	12.80	10.91	10.67	10.33	9.82	9.89	9.29
中等技能和技术密集型制成品	20.15	20.57	19.41	20.25	22.48	21.90	22.94	23.69	25.24	25.81	27.51
高技能和技术密集型制成品	26.64	31.49	31.76	38.12	36.62	38.77	38.24	37.52	36.39	37.54	37.04

资料来源：根据 UNCTAD 数据库计算得出。

加入 WTO 20 多年以来，中国不仅成长为世界第一大出口国，而且是第二大进口国，为世界提供了巨大的市场，对世界的经济增长做出了重要的贡献。2001—2020 年期间，中国的货物贸易进口额由 2001 年的 2 435.53 亿美元增长至 2020 年的 20 572.17 亿美元，增长了 7 倍多，年均增长 11.9%，是世界货物进口增长率的 2.2 倍，远远高于美国、欧盟，中国对世界进口增长的贡献率达到 27.7%，远远大于美国和欧盟。[①] 中国还向 42 个最不发达国家提供了 97%的税目免关税待遇，成为最不发达国家最大的出口市场，吸收了最不发达国家 25%的出口。[②] 中国的服务贸易进口额由 2001 年的 392.67 亿

① 参见《2021 中国进口发展报告》中的“观点 2：中国对世界进口增长的贡献率达到 27.7%”。

② 薛荣久，杨凤鸣．开放是当代中国的鲜明标识：中国加入世贸组织 20 周年回顾与展望．国际经济合作，2021（6）：3-11.

美元增长至 2020 年的 3 810.9 亿美元，增长了约 9 倍，年均增长 12.7%。此外，中国从《区域全面经济伙伴关系协定》（RCEP）国家的进口规模整体增加。RCEP 是由包括中国、日本、韩国、澳大利亚、新西兰和东盟 10 国共 15 方成员制定的协定。RCEP 于 2012 年由东盟发起，在 2020 年 11 月 15 日第四次领导人会议期间成功签署协定，于 2022 年 1 月 1 日正式生效。在 2012—2020 年期间，中国从 RCEP 国家的进口规模从 6 328.08 亿美元增加到 7 753.96 亿美元，年均增长率为 2.57%；中国从 RCEP 国家的进口占中国总进口的比例从 34.8%增加到 37.72%，这意味着中国进口对 RCEP 国家出口的贡献有所提升。① 中国还通过中国国际进口博览会——迄今为止世界上第一个以进口为主题的国家级展会——主动向世界开放市场，以扩大进口。

入世后的 20 多年以来，中国发生了巨大的变化，已经成为追求商业公平的典范，能更好地理解世界贸易游戏规则。中国已成为一个经济大国，而不再只是一个出口加工基地。中国 2001 年的入世是水到渠成的结果，无论对世界贸易组织还是经济全球化来说都是决定性的一步，是中国和世界双赢的举措。世界贸易组织无法把像中国这样一个如此重要的经济体排除在外，任何一个国际组织都不能。自入世以来，中国充分履行了世界贸易组织成员的义务，在减免关税、开放国内市场、制定法律规范等方面都做出了巨大努力。中国始终在世界贸易组织中扮演着不可或缺的角色，特别是入世后中国的产业法律变得越来越透明，外国企业进入中国市场容易多了。在未来，中国将在与其他发展中国家的良性互动与协商中继续推动世界贸易组织的发展。中国加入世界贸易组织是中国改革开放进程中具有划时代意义的大事，它开启了中国改革开放和发展建设的新航程，使中国与世界各国的融合更加紧密，世界对中国的依赖程度加大。难能可贵的是，入世 20 多年以来，中国根据世界贸易组织的规则办事，已成为令人刮目相看的世贸大家庭中最合格的成员之一。

三、中国加入 WTO 20 多年后面临的挑战

当前，中国面临的国内外环境已经发生显著变化，WTO 多边贸易体制正在经受挑战，特别是 2020 年新冠肺炎疫情肆虐全球、世界经济深度衰退、经济全球化遭遇逆流时，中国成为全球唯一实现正增长的主要经济体。中国的发展带来的身份变化所引发的其他 WTO 成员的反应，均对中国未来发展、推动经济全球化、共建开放型世界经济形成挑战。

首先，国际经贸格局正发生巨大变革。世界经济尚未从国际金融危机中完全恢复，又面临新冠肺炎疫情全球大流行，全球产业链、供应链遭受冲击，世界经济前景依然具有很大的不确定性，再叠加全球化进程中生态失衡、环境污染、资源短缺、南北关系、难民移民潮等全球问题的突生与蔓延，使得单边主义、保护主义、霸凌行径上升，逆经济全球化的现象出现。随着各国国内经济发展面临越来越大的困难，失业问题扩大，自由贸易、经济全球化成为替罪羊，使得各国尤其是美国等发达国家支持自由贸易、经济全球化和 WTO 多边贸易体制的动因和积极性大为减弱。

---

① 参见《2021 中国进口发展报告》中的“观点 7：RCEP 国家在中国总进口的比例增加到 37.72%”。

其次，WTO多边贸易体制的健康运行受到挑战。自2001年至今，WTO成员仅仅在贸易便利化、取消农业出口补贴等少数议题上达成了一致，遗留下众多传统议题有待解决。与此同时，随着世界贸易的扩张和贸易新模式的不断涌现，WTO成员也没能就有关新议题制定出新的规则。世界经济日益面临的新问题，以及对WTO带来挑战的焦点议题应包括：全球变暖下的环境与贸易，贸易与能源，服务贸易，标准和规则，与WTO的交往等。如何将这些问题纳入世界贸易组织的管辖范围，如何正确处理这些问题，无不影响着WTO的健康有序发展。

最后，中国身份转变受到挑战。加入WTO 20多年来，中国已经发展成为贸易投资大国，经贸实力大为提升，因此利用WTO规则的整体能力也显著增强。WTO成为中国开拓更加广阔的世界市场的平台。中国已经从一个新的成员成长为WTO的核心成员，因此，中国对WTO的关注点和诉求将有很大转变。中国在接受规则、履行规则的基础上，需要向参与和制定规则方向迈进；中国需要加大参与度，推动多边贸易体制向更加公开、高效、公平的方向发展。同时，当前国内改革已经进入攻坚期和深水区，改革的难度增大，国内也出现抵制多边贸易体制的舆论和势力，出现弱化恪守WTO规则的意识。随着中国经贸实力的增强，国际社会开始出现警惕、敌视中国特殊性的苗头。例如，美国试图为中国"量身定制"一套规则，把中美的体制之争、意识形态之争和地缘政治之争引入WTO改革中。当前，美国及其盟友联合针对中国的倾向也更加明显，它们在"非市场导向"、产业补贴、发展中国家地位等议题上的立场逐渐靠近，还意图为国有企业、强制性转让、强迫劳工、竞争中立等制定新规则。①

本章练习题

一、不定项选择题

1. 关税及贸易总协定是（　　）。

A. 调整各国国际贸易关系的组织

B. 国际贸易组织与制度体系

C. 国际贸易自由化组织

D. 约束各国企业开展贸易活动的组织

2. 除了对发展中经济体和最不发达经济体优惠待遇原则外，下面属于WTO主要原则的还有（　　）。

A. 非歧视待遇原则、关税保护原则

B. 公平竞争原则、透明度原则

C. 互惠贸易原则、市场准入原则

D. 公平解决争端原则和区域贸易安排原则

3. 世界贸易组织是典型的（　　）。

A. 国际贸易组织　　B. 具有组织性的协议

C. 在协议基础上的协调机构　　D. 有强有力约束力的国际组织体系

① 薛荣久，杨凤鸣．国际贸易．6版．北京：对外经济贸易大学出版社，2016：365－366.

4. WTO 协议及其涵盖的多边货物贸易协议在一些重要方面更新了 GATT 1947，这些方面的表现有：（　　）。

A. 取消了“祖父条款”

B. 禁止实施灰色区域措施等隐蔽的数量限制

C. 建立了农产品和纺织品贸易规则

D. 将原有的约束非关税壁垒的守则纳入多边贸易框架

5. WTO 原则和规则将给其成员公民、工商企业带来的利益是：（　　）。

A. 减少了贸易障碍，提高了工商企业市场准入的安全性和稳定性

B. 企业可以在 WTO 争端解决机构解决有关的贸易纠纷

C. 企业可以享受多边贸易规则授予的许多权利

D. 企业有权要求进口国非歧视地对待其出口的产品

二、判断题

1. GATT 东京回合谈判的重要成果是达成了约束非关税壁垒的 9 个守则和协议，要求缔约方一体遵守。（　　）

2. 当 WTO 协议与其涵盖的多边贸易协议不符时，在不符的范围内，后者优先适用。（　　）

3. 《农产品协议》要求 WTO 成员立即取消对农产品的出口补偿。（　　）

4. 一项与标准有关的贸易限制措施应首先考虑是否适用《实施卫生与动植物检疫措施协议》。如不适用，就应适用《技术性贸易壁垒协议》。（　　）

5. 按照 WTO 协议的规定，WTO 设有部长级会议、总理事会、专门理事会、委员会、总干事、秘书处等机构。（　　）

三、简答题

1. 简述最惠国待遇条款的内容、种类及适用范围。

2. 简述国民待遇条款的内容及适用范围。

3. 简述 GATT 的历史贡献与局限性。

4. 论述 GATT 与 WTO 的联系与区别。

5. 简述 WTO 的基本职能和基本原则。

教学支持说明

1. 教辅资源获取方式

为秉承中国人民大学出版社对教材类产品一贯的教学支持，我们将向采纳本书作为教材的教师免费提供丰富的教辅资源。您可直接到中国人民大学出版社官网的教师服务中心注册下载——http://www.crup.com.cn/Teacher。

如遇到注册、搜索等技术问题，可咨询网页右下角在线 QQ 客服，周一到周五工作时间有专人负责处理。

注册成为我社教师会员后，您可长期根据您所属的课程类别申请纸质样书、电子样书和教辅资源，自行完成免费下载。您也可登录我社官网的“教师服务中心”，我们经常举办赠送纸质样书、赠送电子样书、线上直播、资源下载、全国各专业培训及会议信息共享等网上教材进校园活动，期待您的积极参与！

2. 高校教师可加入下述学科教师 QQ 交流群，获取更多教学服务

经济类教师交流群：809471792

财政金融教师交流群：766895628

国际贸易教师交流群：162921240

税收教师交流群：119667851

3. 购书联系方式

网上书店咨询电话：010-82501766

邮购咨询电话：010-62515351

团购咨询电话：010-62513136

中国人民大学出版社经济分社

地址：北京市海淀区中关村大街甲 59 号文化大厦 1506 室　100872

电话：010-62515803　010-62516948

传真：010-62514775

E-mail：jjfs@crup.com.cn